Axel Tüting / Christiane Maier-Stadtherr / René Serradeil

Joomla!-Extensions entwickeln

D1666758

Axel Tüting
Christiane Maier-Stadtherr
René Serradeil

Joomla!-Extensions
entwickeln

Eigene Komponenten, Module und Plugins programmieren

Mit 104 Abbildungen

Bibliografische Information der Deutschen Bibliothek

Die Deutsche Bibliothek verzeichnet diese Publikation in der Deutschen Nationalbibliografie;
detaillierte Daten sind im Internet über http://dnb.ddb.de abrufbar.

© 2012 Franzis Verlag GmbH, 85540 Haar bei München

Lektorat: Anton Schmid
Satz: DTP-Satz A. Kugge, München
art & design: www.ideehoch2.de
Druck: GGP Media GmbH, Pößneck
Printed in Germany

ISBN 978-3-645-60134-4

Vorwort

Wenn Sie dieses Buch in die Hand nehmen, werden Sie wissen was Sie tun. Wir sparen uns deshalb das übliche »Worum geht es in diesem Buch«. Allerdings müssen wir dennoch schreiben, dass dieses Buch nicht für Menschen gedacht ist, die Programmierung lernen wollen. Wir setzen voraus, dass Sie zumindest weitreichende Grundlagen der PHP-Programmierung besitzen. Auch setzen wir voraus, dass Sie Joomla soweit beherrschen, dass Sie es fehlerfrei installieren können und sich einigermaßen im Backend zurechtfinden. Kenntnisse über SQL und Datenbanken sind wünschenswert. Wir helfen Ihnen bei der Objektorientierten Programmierung – es kann jedoch nicht schaden, wenn Sie bereits ein paar Grundlagen mitbringen.

Als wir anfingen, dieses Buch zu schreiben, lag Joomla noch in der Version 1.6 vor. Eine Dokumentation gab es seinerzeit nicht, also suchten und entdeckten wir, probierten aus und versuchten das neue Framework zu verstehen. Dann kam Joomla! 1.7 heraus, das *Framework* hieß nun *Platform* und Teile unseres Codes funktionierten plötzlich nicht mehr. Also mussten wir nicht nur umprogrammieren, sondern vor allem auch verstehen, warum das so ist. Eine Dokumentation gab es erst zum Ende der Versionsreihe. Dann kam Joomla 2.5 und abermals funktionierten Teile unseres Codes nicht. Oder aber, es stellte sich nun heraus, dass mitten in unserer Entwicklung einige Funktionen *deprecated* wurden, also als veraltet galten und nicht mehr in zukünftigen Entwicklungen Berücksichtigung finden werden. Also auch da mussten wir einiges umprogrammieren, denn wir wollten Ihnen natürlich nichts empfehlen, was nicht weiterentwickelt wird. Dazu kam und kommt eine Dokumentation, die an vielen Stellen unzureichend ist. Oft standen wir fasziniert vor Wörtern wie »unknown use«, die sich an einigen Stellen in der offziellen Joomla-Dokumentation finden, oder konnten Funktionen einfach garnicht auffinden. Zum Beispiel gibt es bislang noch immer keine komplette Liste der Ereignisse, die in Plugins benutzt werden können. In diesem Buch finden Sie allerdings eine solche Liste. Zumindest glauben wir, dass sie einigermaßen vollständig ist.

Durch diese ganzen Schwierigkeiten und die Tatsache, dass so ein Buch ja auch nicht mal eben so nebenbei geschrieben wird, zog sich die Veröffentlichung viele Monate hin.

Nicht zuletzt deshalb einen großen Dank an den Franzis Verlag, der stets geduldig blieb und ganz besonderen Dank an unseren Lektor Anton Schmid, dem wir das Leben phasenweise wahrlich nicht leicht gemacht haben, der jedoch stets hinter uns stand!

Als wir mit dem Buch anfingen, hatten wir eine ganze Schar Testleser. Je länger das Projekt dauerte, je kleiner wurde diese Schar. Dennoch euch allen Dank fürs kritische Lesen und so manchen Tipp oder auch einfach für eure Motivation!

Einen jedoch müssen wir ganz besonders erwähnen: Christian Linsner. Was dieser Mann alles gelesen hat ist an sich schon unglaublich. Das alles stets kritisch, mit

Adleraugen, Unzulänglichkeiten, Fehler und andere Ungereimtheiten findend und dennoch stets konstruktiv kritisierend – einen ganz besonderen lieben Dank an Dich, Christian!

Aufbau des Buches

Der erste Teil hat das Ziel, dass Sie schnell und unkompliziert erste Erfolge und schnelle Lernerfolge haben. Sie erhalten hier jedoch auch die Grundlagen, auf die das Buch im weiteren Verlauf aufbauen wird.

Der zweite Teil vertieft dann eben dieses. Die Komponentenentwicklung wird stetig komplexer, Module und Plugins zeigen, was möglich ist, und die Joomla-API wird natürlich auch genauer betrachtet. Ein bunter Mix aus Theorie und Praxis.

Sie können das Buch von vorn bis hinten durcharbeiten und unserem Aufbau folgen. Sie können sich aber ebenso gut querbeet durch das Buch arbeiten und lesen, was Ihnen gefällt. Wir haben meistens bei den Kapiteln vorangestellt, was Sie im jeweiligen Kapitel finden und auch jeweils auf die Downloads verwiesen, die das Buch begleiten.

Sie können mit diesem Buch lernen, wie Sie eigene Erweiterungen in Joomla erstellen können. Wir haben viele Fragen aufgegriffen, können aber natürlich nicht alles beantworten. Wir waren jedoch bemüht, Ihnen das nötige Rüstzeug zu geben, um letztlich eigene Erweiterungen zu entwickeln. Das beinhaltet auch manchmal »Hilfe zur Selbsthilfe«.

Inhaltsverzeichnis

1   Bevor es losgeht 17
     1.1   **Die GNU General Public License (GPL)** 17
     1.1.1   Was ist eigentlich GNU GPL? 17
     1.1.2   Open Source versus GPL 19
     1.1.3   Was bedeutet das für uns? 19
     1.2   **Arbeitsumgebung** 20
     1.2.1   Lokale Joomla-Installation 20
     1.2.2   Der geeignete Arbeitsplatz 20
     1.2.3   Der Quellext-Editor 20
     1.2.4   Integrierte Entwicklungsumgebung 21
     1.2.5   Debugger 22
     1.3   **Git und Github** 22

2   Joomla-Grundwortschatz 23
     2.1   **Internetjargon** 23
     2.2   **CMS – Backend und Frontend** 24
     2.3   **Zwei Hüte, ein Kopf: Platform vs. Framework** 25
     2.4   **Finger weg vom Core** 26
     2.5   **Erweiterungen in Joomla** 27
     2.5.1   Komponenten 28
     2.5.2   Module 28
     2.5.3   Plugins 29
     2.6   **Die Datenbank** 29
     2.7   **Das MVC-Entwurfsmuster** 31

3   Erste Ausgabe im Frontend 35
     3.1   **Der Ausgangspunkt** 35
     3.2   **Vorbereitung** 36
     3.2.1   Die Komponente MyThings einschmuggeln 37
     3.2.2   Die Datenbanktabelle anlegen 38
     3.2.3   Beispieldaten einfügen (optional) 40
     3.2.4   Die berühmte Datei index.html 41

3.3   **Programmieren – die erste Ausgabe** 41
3.3.1   Der Einstiegspunkt der Komponente 41
3.3.2   Erweiterung der Klasse JController 43
3.3.3   Erweiterung der Klasse JModel 44
3.3.4   Erweiterung der Klasse JView 46
3.3.5   Die Listenansicht 48
3.3.6   Einen Menütyp anlegen 50
3.4   **Zweite View: Detailansicht** 51
3.4.1   Link zur Detailansicht einfügen 51
3.4.2   Das Model MyThing 52
3.4.3   View für die Detailansicht erstellen 54
3.5   **Zusammenfassung** 56

4   **Unser erstes Modul** 57
4.1   **Model: helper.php** 58
4.1.1   Hintergründiges zu $query und SQL 60
4.2   **Controller: mod_mythingsstats.php** 61
4.3   **Layout: default.php** 62
4.3.1   Hintergrundwissen: Warum dieser Aufbau? 63
4.4   **Installer: mod_mythingsstats.xml** 64

5   **Das erste Plugin** 65
5.1   **Einfach nur einen Titel** 66

6   **Sprachen** 69
6.1   **Eleganter: mit Sprachdateien** 69
6.2   **Eins, viele oder nichts** 72
6.3   **Und noch mehr Sprache: *.sys.ini** 72
6.3.1   Gleiches Schlüsselwort – unterschiedliche Texte 74
6.4   **JText im Überblick** 76
6.5   **Kleine Anmerkung zu den Sprachen** 77

7   **Standards, Regeln, Konventionen** 79
7.1   **Allgemeine Empfehlungen zum Code** 79
7.1.1   PHP 5.2.x 80
7.1.2   PHP-Tags 80
7.1.3   Textkodierung UTF-8 ohne BOM 81
7.1.4   Code einrücken, Zeilen umbrechen, Leerzeilen verwenden 81
7.1.5   Kontrollblöcke klammern 85

7.1.6	Sprechende Namen vergeben		87
7.1.7	Schreibweisen von Bezeichnern und Namen in PHP		88
7.1.8	Joomla-Sprache ist britisches Englisch		88
7.1.9	You can say you to me		89
7.1.10	Reservierte Wörter in Klassennamen		89
7.1.11	Dokumentation durch Kommentare		91
7.2	**Namenskonzepte in Joomla**		**95**
7.2.1	Klassen, damals und heute		95
7.2.2	Frontend, Backend, »joomla« und »cms«		96
7.2.3	Schnelle Wege zur Klasse		96

8	**Objekte & Co.**		**101**
8.1	**Objekte sind ein Abbild der Wirklichkeit**		**101**
8.2	**Abstrakte Klassen**		**104**
8.3	**Statische Klassen**		**105**
8.4	**Und das Ganze mit PHP**		**106**
8.4.1	Der Konstruktor		106
8.4.2	... und der Destruktor		106
8.4.3	Kapselung		107
8.4.4	Abstrakte Klassen in PHP		108
8.4.5	Statische Klassen in PHP		108
8.4.6	Mehrfachvererbung		109
8.4.7	Wer ist $this?		110
8.4.8	Das __call-Center		111
8.4.9	Singleton-Entwurfsmuster		112
8.5	**Abschließende Bemerkungen**		**113**

9	**Die Joomla-API – eine Art Einführung**		**115**
9.1	**Rundgang um die Pakete der Platform**		**115**
9.2	**Objektfabrik: JFactory**		**116**
9.2.1	Fabrikmodel oder getInstance()?		117
9.3	**Keine Referenz**		**118**
9.3.1	Der Urschleim: base		119
9.3.2	Anwendungen: application		120
9.3.3	Ausgabe: document		130
9.3.4	HTML-Fragmente: html		134
9.3.5	Formulare: form		134
9.3.6	Validierung: filter		134
9.3.7	Texte: string		135
9.3.8	Sprachen: language		136

9.3.9 Systemumgebung: environment 137

9.3.10 Helferlein: utilities 138

9.3.11 Sitzungsverwaltung: session 139

9.3.12 Mutter aller Parameter: registry 141

9.3.13 Datenbanken: database 142

9.3.14 Benutzer: user 148

9.3.15 Zugriffsrechte: access 150

9.3.16 Plugins und Ereignisse: plugin & event 153

9.3.17 Protokolle: log 154

9.3.18 Postversand: mail 155

9.3.19 Dateisystem: filesystem 157

9.3.20 Netzwerken über FTP & LDAP: client 158

9.3.21 Code-Archiv: Github 159

9.3.22 Optimierung: cache 159

9.3.23 Installieren und aktualisieren: installer & updater 162

9.3.24 Bilder manipulieren: image 163

9.4 Extrawurst CMS **163**

9.4.1 Hab dich! in: cms/captcha 163

9.4.2 Klick mich! Schnellstart-Symbole in: cms/html 164

9.4.3 Und der ganze Rest 165

9.5 Konstante Pfade zum richtigen Ziel **165**

9.6 Sammelbecken JHtml **170**

9.6.1 Verwaltung 171

9.6.2 Datum, Kalender und Ressourcen 173

9.6.3 Formularelemente 175

9.6.4 HTML-Widgets und Behaviors 176

9.6.5 Toolbar 177

9.6.6 Mögen Sie Mootools ... nicht? 179

9.7 Die Joomla-API unterm Strich **180**

9.7.1 Es bleibt alles anders 180

9.8 Einsatz missbilligt: deprecated **181**

9.8.1 Schritte bei der Migration von 1.5er Erweiterungen 182

10 Unsere Komponente: Backend **187**

10.1 Das Einstiegs-Skript **188**

10.2 Der Chef-Controller **189**

10.3 Die Verzeichnisstruktur **189**

10.4 Die Controller **191**

10.4.1 Controller für die Listenansicht 192

10.4.2 Controller für die Formularansicht 192

10.5   **Die Views** **192**
10.5.1   Die Toolbar 192
10.5.2   Die Klasse JView 193
10.5.3   Die Listenansicht: View MyThings 193
10.5.4   Das Default-Layout 195
10.5.5   Die Formularansicht: View MyThing 198
10.5.6   Das Layout edit 200
10.6   **JTable – die Schnittstelle zur Datenbank** **202**
10.7   **Die Models** **203**
10.7.1   Das Model MyThings 203
10.7.2   Die Formulardefinition 204
10.7.3   Das Model MyThing 205
10.8   **Noch mal Controller** **207**
10.8.1   Der Controller der Listenansicht: MyThings 207
10.8.2   Der allgemeine Controller 208
10.9   **Das Geheimnis der drei Controller** **209**
10.10   **Die Sprachdateien** **211**
10.11   **Aus Fehlern lernen** **212**
10.12   **Backend, die erste – geschafft!** **213**

11   **Formulare cleverer: JForm** **215**
11.1   **XML-Dateien für HTML-Formulare** **215**
11.1.1   Container, Strukturen, Daten und Dateien 215
11.1.2   Fields und Attribute. Viele davon 217
11.1.3   Datenfilter 219
11.1.4   Kleine Feldstudie 220

12   **Fehlerbehandlung** **225**
12.1   **Mit Ausnahmen umgehen** **226**
12.1.1   Mit Ausnahmen üben 229
12.1.2   Die Ausnahme zur Regel machen 231
12.2   **Ausnahmen in MyThings** **231**

13   **Alles bleibt anders – Exkurs Refactoring** **233**
13.1   **Refactoring im Backend** **234**
13.2   **Refactoring im Frontend – Hausaufgabe!** **235**
13.3   **Schrotflinten-Chirurgie und Nebenwirkungen** **235**

14 Filter – Sortierung – Pagination 237

   14.1 Die Listenansicht wird erwachsen 238

   14.1.1 Neue Eigenschaften für die View 238

   14.1.2 Die Ausgabe anpassen 239

   14.2 Das Model und sein state 243

15 Kategorien, User und JForms 247

   15.1 Komponenten-Submenü einschleusen 247

   15.2 Normalisierung der Datenbank 249

   15.2.1 Mini-Exkurs Normalisierung 249

   15.2.2 Tabelle #__mythings ändern 250

   15.2.3 MyThingsTableMyThings anpassen 251

   15.3 Das Model anpassen: categories und user 251

   15.4 Die Listenansicht anpassen 255

   15.4.1 Das Submenü der Listenansicht 255

   15.4.2 Listenansicht mit Kategoriefilter 257

   15.5 Formularansicht und JForms 259

   15.5.1 Man nehme ... fieldsets und fields 259

   15.5.2 ... garniere sie mit Eigenschaften 260

   15.5.3 ... zeige sie als Formular 263

   15.5.4 Layout-Variante mit Schleife 265

   15.6 Erweiterung der Sprachdateien 265

   15.7 Frontend anpassen 266

16 Kosmetik fürs Frontend 267

   16.1 Layout-Overrides erstellen 267

   16.2 Alternatives Layout erstellen 268

   16.3 Ressourcen einbauen: JDocument 271

   16.3.1 Gegen den Inline-‹script› 272

   16.3.2 Probieren Sie mal Heredocs 273

   16.4 Browser-Ressourcen in ./media 275

   16.4.1 Medien in der manifest.xml 275

   16.5 Trickreiche Ausführung 275

17 Plugins – Arbeiten im Untergrund 277

   17.1 Klammern ersetzen im Beitrag 277

   17.2 Dynamischer Titel per Parameterübergabe 280

   17.3 Triggern von Ereignissen 282

17.4	**System-Plugins**	**285**
17.4.1	Plugin MyThings Systemtools: Verleihstatus	286
17.5	**Bemerkenswerte Ereignisse**	**290**
17.5.1	onContentBeforeSave und onContentAfterSave	290
17.5.2	onContentPrepareData und onContentPrepareForm	291

18	**Module: Daten immer anders**	**293**
18.1	**Eines für alle**	**293**
18.1.1	Das einfachste vorweg: Erweiterte Optionen	295
18.1.2	Eigene Parameter in den Basisoptionen	295
18.1.3	Alles unter Kontrolle	300
18.1.4	Ausgabe der Arrays	300
18.2	**Und weiter...**	**301**

19	**Die Komponente wird konfigurierbar**	**303**
19.1	**Globale Einstellungen der Komponente**	**304**
19.1.1	Toolbar: Das Icon »Optionen«	304
19.1.2	Die config.xml	305
19.1.3	Verwendung im Frontend	307
19.2	**Einstellungen zum Menüpunkt**	**307**
19.3	**Eine Extrawurst für jedes Ding**	**308**
19.3.1	Parameter definieren	309
19.3.2	Formularansicht erweitern	309
19.3.3	Datenbank und JTable	310
19.4	**Feuer frei! Einsatz im Frontend**	**312**
19.4.1	Wer gewinnt? Parameter zusammenführen	312
19.4.2	Menü-Parameter für die Listenansicht	313
19.4.3	Die Detailansicht MyThing	314
19.5	**Zusammenfassung**	**315**
19.5.1	Kurz und bündig – Parameterdefinitionen	316
19.6	**Sprachdateien**	**317**

20	**Wer darf was? Zugriffsrechte**	**319**
20.1	**Globale Konfiguration der Berechtigungen**	**319**
20.2	**Der Dreh- und Angelpunkt: Die access.xml**	**320**
20.3	**Asset – Das Objekt der Begierde**	**323**
20.3.1	Die Tabelle #__assets	323
20.3.2	Tabelle #__mythings erweitern	324
20.3.3	JTable erweitern, um assets zu generieren	325

20.4   Der User, das bekannte Wesen 327

20.5   Wächter in Aktion – Zugriffsrechte prüfen 327

20.5.1 Zugang zur Komponente einschränken 327

20.5.2 Zugriffsregeln für einzelne Datensätze 330

20.6   Zusammenfassung 331

21   Formular im Frontend 333

21.1   Das Model 333

21.2   Die View 336

21.3   Der Controller 337

21.4   Weniger ist mehr 339

21.5   Sprachschlüssel 339

22   Routing und SEF 341

22.1   BuildRoute 342

22.1.1 Alias, Slug und der Rest 344

22.1.2 Die Itemid sticht 344

22.2   ParseRoute 345

23   Installer 349

23.1   Das XML-Grundgerüst 349

23.1.1 !DOCTYPE 352

23.1.2 manifest.xml 352

23.1.3 method: install oder upgrade 353

23.2   Die Container im Überblick 353

23.3   Übersicht der einzelnen Standardtypen 354

23.3.1 Komponente 354

23.3.2 Modul 358

23.3.3 Plugin 359

23.3.4 Language 360

23.3.5 Template 363

23.3.6 Library 364

23.3.7 File 365

23.3.8 Package 367

23.4   install-, uninstall-, update-Skripte 369

23.4.1 SQL-Skripte 370

23.4.2 PHP-Skripte 373

23.5   Media 375

23.6 **Update-Server** 376
23.6.1 type="extension" 376
23.6.2 type="collection" 378
23.6.3 Anmerkungen zum Update-Server 380

Anhang A – Nützliche Links 381
A.1 **Entwicklungsumgebungen und -hilfen** 381
A.1.1 NetBeans 381
A.1.2 PHPEdit 381
A.1.3 EasyCreator 381
A.1.4 PHPUnit 381
A.1.5 Versionskontrolle und gemeinsame Projekte 382
A.2 **GNU/GPL** 382
A.3 **PHP** 382
A.4 **SQL** 382
A.5 **HTML, CSS und Co.** 382
A.6 **Programmierung allgemein** 383
A.7 **Joomla** 383

Anhang B – Events (Plugins) 385
B.1 **System (Anwendung)** 385
B.2 **Authentifizierung, Login, Logout** 385
B.3 **Content (allgemein)** 386
B.4 **Erweiterungen (Backend)** 387
B.5 **Installation** 387
B.6 **Formulare und Models (JForm, JModel)** 387
B.7 **Komponente: Beiträge (com_content)** 388
B.8 **Komponente: Kontakte (com_contact)** 389
B.9 **Komponente: Benutzer (com_users)** 390
B.10 **Komponente: Suche** 390
B.11 **Editor** 391
B.12 **Captcha** 392

Anhang C – Entwicklungsumgebung 393
C.1 **PHPEdit – Axels Editor** 394
C.1.1 Moderne Oberfläche 394
C.1.2 Alles Einstellungssache 396
C.1.3 Benutzung von Frameworks 398
C.1.4 Debug 399

C.1.5   Datenbankabfragen 399

C.1.6   Fazit 401

C.2   **NetBeans – Christianes Werkzeugkasten** **402**

C.2.1   NetBeans installieren 402

C.2.2   XDebug installieren 403

C.3   **NetBeans verwenden** **404**

C.3.1   Projekt einrichten 405

C.3.2   Klassen und Methoden 406

C.3.3   PHP-Editor 407

C.3.4   Debuggen 408

Stichwortverzeichnis **409**

1 Bevor es losgeht

1.1 Die GNU General Public License (GPL)

Warum stellen wir dies an den Anfang unseres Buches?

- Weil es weder Joomla in der jetzigen Form noch dieses Buch noch Ihre zukünftigen Erweiterungen geben würde, wenn es diese Lizenz nicht gäbe.
- Weil Sie selbst verpflichtet sind, die Regeln dieser Lizenz einzuhalten.
- Weil diese Lizenz einen Schutz für Sie gegen Gewährleistungsansprüche darstellt.

Die meisten Benutzer laden sich Software herunter und bestätigen »Ich bin mit den Lizenzbedingungen einverstanden« ohne darüber nachzudenken, dass sie damit einen Vertrag eingehen, den sie gar nicht kennen. Haben Sie die Lizenzbedingungen jemals vollständig gelesen? Dann sind Sie eine Ausnahme. Dabei ist die Geschichte dieser Lizenz hochinteressant. Sie hat die Welt verändert!

1.1.1 Was ist eigentlich GNU GPL?

de.wikipedia.org/wiki/GNU-Projekt:
Das GNU-Projekt wurde von Richard Stallman mit dem Ziel gegründet, ein vollständig freies Betriebssystem, genannt GNU (»GNU's Not Unix«), zu entwickeln. Bekannt geworden ist das Projekt vor allem auch durch die von ihm eingeführte GNU General Public License (GPL), unter der viele bekannte Softwareprojekte veröffentlicht werden.
Die vom GNU-Projekt veröffentlichte Software wurde unter eigene Lizenzen gestellt, welche die entsprechenden Freiheiten gewährten. Für das Prinzip einer Lizenz, welche die Pflicht zur Offenheit explizit einbaut, nutzte Stallman den Begriff Copyleft [...]. Später entschloss sich Stallman, eine einheitliche Lizenz zu schaffen, unter der alle Software veröffentlicht werden konnte. Er entwarf daher mit Hilfe von Jerry Cohen die GNU General Public License [...].

Unter *http://www.gnu.org/philosophy/free-sw.html* ist eine Präzisierung dieses Begriffs zu finden. Unter *http://www.gnu.de* finden Sie die inoffizielle deutsche Übersetzung der verschiedenen Versionen/Varianten der GPL und weitere Informationen. Auch die folgende Übersetzung stammt von dieser Seite.

http://www.gnu.de/free-software/index.de.html
Die freie Software, von der hier die Rede sein soll, ist kein »Freibier«, sondern sie gibt Ihnen die *Freiheit,*

0. die Software für einen beliebigen Zweck *auszuführen,*

1. die Funktionsweise der Software *zu studieren* und sie an Ihre eigenen Bedürfnisse *anzupassen,*

2. Kopien der Software *weiterzugeben,*

3. sowie die Software zu *verbessern* und

4. diese Verbesserungen zu *veröffentlichen.*

Joomla steht unter GNU GPL. Sie haben also die Freiheit, Joomla bzw. die Joomla-Platform und alle ihre Erweiterungen in diesem Sinne zu verwenden. Und **Sie sind verpflichtet, die Software, die Sie damit entwickeln, ebenfalls unter der GPL als freie Software weiterzugeben.**

Deshalb muss in allen Programmen, die Sie als Erweiterungen von Joomla erstellen, auch der Hinweis auf die GPL stehen. So wie Sie die Freiheit erhalten haben, den Code von Joomla und jeder Erweiterung zu studieren und zu modifizieren, müssen Sie diese Freiheit auch denen gewähren, die Ihre Programme »für einen beliebigen Zweck« nutzen, egal ob kostenlos oder kostenpflichtig.

Die GPL sagt nicht, dass Sie mit Ihrer Arbeit kein Geld verdienen dürfen! Sie können sich den Aufwand und das Wissen bezahlen lassen, etwas zu programmieren. Aber Sie erstellen auf jeden Fall wieder freie Software und gewähren den Benutzern alle Freiheiten gemäß der GPL. Die Lizenz sagt »alles oder nichts«, einschränkende Klauseln gibt es nicht.

Darüber hinaus beinhaltet die GPL, deren Text jeder unter GPL veröffentlichten Software beizulegen ist, auch eine Warnung: Wer Software einsetzt, die unter GPL steht, hat keinen Gewährleistungsanspruch gegenüber dem Autor. Das Risiko liegt also auf den ersten Blick allein beim Anwender, der die Software benutzen und einsetzen darf, *wie sie ist* (»as is«). Damit sind Sie zunächst einmal gegen Ansprüche Dritter geschützt, falls Ihre Software fehlerhaft ist.

Gleichfalls gibt diese Freiheit aber Ihren Nutzern auch das Recht etwaige Fehler selbst zu beheben oder Dritte mit der Fehlerbehebung zu beauftragen und nicht darauf warten zu müssen, bis Sie Zeit und Muße finden dies zu tun. Bei *proprietären* Systemen und Programmen wie sie etwa von Microsoft oder Apple angeboten werden, ist dies nicht der Fall, denn die Quelltexte dieser Programme liegen den Anwendern nicht vor ...

1.1.2 Open Source versus GPL

Was noch wichtig ist: Open Source und die GNU GPL haben nichts miteinander zu tun. Open Source heißt: Der Benutzer darf den Quellcode einsehen, sonst nichts. Kopieren, Modifizieren und Veröffentlichen ist auch bei Offenen Quellen nur erlaubt, wenn der Lizenzgeber der betreffenden Software es gestattet. Selbst wenn der Lizenzgeber das gestattet, kann er immer noch den Einsatz der Software *einschränken*. Unter GPL gibt es das nicht. Wir erinnern uns, dass noch vor dem »ersten« Punkt stand:

0. die Software für einen beliebigen Zweck *auszuführen*

Um zu illustrieren, wie weit die Freiheiten gehen, welche die GPL gewährt, sei hier exemplarisch das Projekt WikiLeaks genannt, das 2010 für allerlei Aufregung gesorgt hat. Mediawiki[1], die Basis für die Software von WikiLeaks, steht unter GPL. Die Freiheit, die *Software für einen beliebigen Zweck auszuführen* gab den Betreibern das Recht, WikiLeaks mit dieser Software zu realisieren und ins Netz zu stellen, ohne dass die Wikimedia-Stiftung[2] als Urheber und Lizenzgeber von Mediawiki dies hätte verbieten oder ahnden können.

1.1.3 Was bedeutet das für uns?

Inzwischen gibt es mehrere GPL-Versionen. Dies ist vor allem den unterschiedlichen Rechtssprechungen der verschiedenen Nationen geschuldet und neuere Fassungen der GPL sind i. d. R. »kompatibler«, aber darauf wollen wir hier wirklich nicht eingehen.

Für unsere Absicht, Erweiterungen für Joomla zu schreiben, brauchen wir nur eines berücksichtigen: Wir erzeugen freie Software und stellen sie (mindestens) unter die General Public License Version 2 (GPLv2 or later).

Häufig liest man die Frage: »Darf ich für meine Erweiterung Geld verlangen?« oder umgekehrt »Darf der für seine Erweiterung Geld verlangen?«. Die Antwort ist »ja«. Wenn das Produkt dem Benutzer/Kunden etwas wert ist, wird er den Preis bezahlen. Wenn ein Benutzer/Kunde die gewünschten Änderungen an einem Programm nicht selbst durchführen kann, kann er den Quelltext jemanden geben, der dies gegen entsprechendes Salär für ihn ausführt.

Arbeitszeit, Know-how, Dienstleistung – das gibt es nicht (immer) kostenlos und der Nutzer einer Software unter GPL hat keinerlei Anspruch darauf, etwas kostenlos zu erhalten.

---

[1] Mediawiki Software *http://www.mediawiki.org*
[2] Wikimedia-Stiftung *http://wikimediafoundation.org*

Es gibt aber einen guten Grund, weshalb Joomla und viele Extensions kostenfrei zu haben sind: Marketing! Unter dem Motto:

> »*Es kann durchaus sinnvoll sein, Lampen
> zu verschenken, um Öl zu verkaufen.*«
> John D. Rockefeller

1.2 Arbeitsumgebung

1.2.1 Lokale Joomla-Installation

Wir setzen voraus, dass Sie Joomla in der Version 2.5.x mit der deutschen Sprachversion lokal installiert haben. Dann können Sie davon ausgehen, dass die richtige PHP-Version im Einsatz ist und auch sonst alle Systemvoraussetzungen erfüllt sind, sodass der Programmierung nichts im Wege steht.

1.2.2 Der geeignete Arbeitsplatz

Auf einem kleinen Notebook zu programmieren ist mitunter eine Strafe. Ein großer Monitor, auf dem mehrere Fenster gleichzeitig sichtbar sind, schont Augen und Nerven – jedenfalls für Entwickler ab einem gewissen Alter …

Auf den nächsten Seiten stellen wir eine kleine Komponente auf die Beine. Es ist überraschend, wie schnell und einfach das unter Joomla geht. Sie können den Code von *http://www.buch.cd* herunterladen. Wir empfehlen aber, am Anfang alles selbst zu schreiben, es ist nicht viel. Man bekommt beim Selberschreiben doch ein besseres Gespür für die Zusammenhänge.

1.2.3 Der Quellext-Editor

Professionelle Entwicklung verlangt professionelles Werkzeug. Aber man kann auch klein anfangen. Für die ersten Schritte bei der Programmierung mit Joomla reicht ein einfacher Quelltext-Editor. Windows-Anwendern empfehlen wir Notepad++, der kostenlos von der Website des Anbieters[3] heruntergeladen werden kann. Er bietet alles, was man für den Anfang braucht. Mac-User[4] streiten sich gerne über Textmate, BBEdit oder Textwrangler. Linux-Anwendern eine Empfehlung zu geben ist sicher nicht nötig, da das System schon mit guten Code-Editoren ausgestattet ist.

Der Editor sollte PHP-Code farbig hervorheben können und er muss Dateien im (Unicode Transformation Format) UTF-8 ohne BOM (Byte Order Mark) speichern

---

[3]   *http://notepad-plus-plus.org/download*

[4]   *http://macromates.com/, http://www.barebones.com/products/bbedit/,*
       http://www.barebones.com/products/textwrangler/

können. UTF-8 ist eine Zeichencodierung, die es erlaubt, Sonderzeichen und Umlaute abzubilden, die im ASCII- oder ANSI-Zeichensatz nicht enthalten sind. Sie erspart uns Ärger mit Schmierzeichen (nicht darstellbare Zeichen, die oft als kleine schwarze Rauten oder Quadrate mitten im Text auftauchen, wo eigentlich Umlaute stehen sollen) und nicht funktionierenden Abfragen auf Datenbanken.

Mit Notepad++ können Sie diese Kodierung überprüfen bzw. auch bei Bedarf bestehende Textdateien nach UTF-8 konvertieren. Wir kommen im Kapitel 7 über Programmierkonventionen darauf zurück.

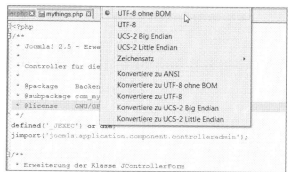

Bild 1.1: Notepad++ Konvertierungsmöglichkeiten

In XML-Dateien ist UTF-8 überlebenswichtig. Alte Hasen schreiben einfach ein paar Umlaute als <!-- äöüß --> Kommentar an den Dateianfang. Sollte die Codierung mal nicht stimmen, dann sehen sie es daran sofort.

1.2.4 Integrierte Entwicklungsumgebung

Bei größeren Entwicklungsvorhaben ist der Einsatz einer leistungsfähigen Entwicklungsumgebung (Integrated Development Environment, IDE) angesagt, denn es ist sehr mühsam, sich ohne eine Navigation in einem Framework zurechtzufinden.

Es gibt verschiedene solcher Tools, einige kostenfrei, andere gegen Gebühr. Sie sind sich in den Funktionen ähnlich. Wir stellen im Anhang zwei dieser Tools vor, NetBeans (kostenfrei) und PHPEdit (kommerziell). Unter *http://webification.com/23-best-php-ides-compared* gibt es eine Übersicht, die auch auf die Stärken der einzelnen Produkte eingeht, allerdings nur auf Englisch.

Es ist nicht nötig, dauernd mit einer IDE zu arbeiten, für schnelle Korrekturen bleiben wir bei unserem schlanken Code-Editor. Aber im Framework und beim Debuggen kommt man doch nicht um die IDE herum.

1.2.5   Debugger

Zum Testen und Debuggen einer Komponente ist ein Debugger unentbehrlich. Je nachdem, welche Entwicklungsumgebung eingesetzt wird, ist der Debugger schon in die IDE integriert oder muss erst installiert werden, das zeigen wir kurz im Anhang C.

1.3   Git und Github

Git ist ein modernes verteiltes Versionsverwaltungssystem. Wer es einmal verwendet hat, möchte es nicht mehr missen. Die Funktionen beschreiben wir nicht, das würde den Rahmen des Buches sprengen. Schlaue Menschen haben alles zu Git bereits in Buchform und natürlich im Web niedergeschrieben (http://git-scm.com/), bedienen Sie sich!

Sie sind sicher daran interessiert, immer den neuesten Stand der Joomla-Platform und des Joomla-CMS als Basis für eigene Entwicklungen zu nutzen. Diesen neuesten Stand finden Sie auf *github.com:*

- https://github.com/joomla/joomla-cms

- https://github.com/joomla/joomla-platform

Github ist ein webbasierter Dienst für Software-Entwicklungsprojekte die ihre Versionskontrolle mit Git durchführen, wie auch Joomla. Jeder kann sich dort kostenfrei anmelden, ein eigenes Softwarearchiv (Repository) reservieren, eigene Projekte ablegen und auf Wunsch aktiv an der Entwicklung anderer Projekte teilnehmen.

Denn die Zeiten sind vorbei, in denen der Entwickler im stillen Kämmerlein und ganz für sich Programme entwickelte und sie dann in einer Nacht-und-Nebel-Aktion den staunenden Anwendern präsentierte.

Wir haben die PHP-Quelltexte für die Erweiterungen, die wir gemeinsam mit Ihnen in diesem Buch erstellen, ebenfalls auf Github untergebracht und laden Sie herzlich ein mitzumachen: *https://github.com/MyThings.*

2 Joomla-Grundwortschatz

Das Joomla! Content Management System (CMS) ist eine recht umfangreiche Anwendung. Das Wissen über den Einsatz und die Bedienung des CMS setzen wir voraus. Wir schauen jetzt aus der Sicht des Entwicklers von Erweiterungen auf diese zahlreichen Verzeichnisse und Dateien.

Im Gesamtsystem Joomla! steckt nicht nur viel praktisches Wissen sondern jede Menge Softwaretheorie. Nun gibt es zwar nichts Praktischeres als eine gute Theorie und auch wenn wir nicht die Absicht haben, Sie mit allen Details dieser Theorien zu belästigen, so möchten wir zu Anfang ein paar wichtige Begriffe abklopfen und ihre Bedeutung klären.

2.1 Internetjargon

Bevor wir uns der Terminologie in und um Joomla widmen, klären wir zuerst ein paar allgemeine Begriffe[5] rund um »Internetseiten« von denen einige immer wieder gerne verwechselt und fälschlich synonym verwendet werden:

1. Domain: Die allgemeine Definition bezeichnet »einen (geografischen) Bereich der unter der Kontrolle einer einzelnen Person oder Organisation steht«. Im World Wide Web entspricht dies »einem Namensbereich, der dazu dient, Computer im Internet zu identifizieren; er ist unter anderem Bestandteil der URL einer Webseite«. Vorzugsweise haben Sie ebenfalls die Kontrolle über Ihr virtuelles Hoheitsgebiet im Internet, um darin bspw. auch *Subdomains* anzulegen und zu verwalten.

2. URL: Abkürzung für *Uniform Resource Locator*, ist die eindeutige Bezeichnung für eine Ressource in einem Computernetzwerk wie dem Internet. Diese *lokalisierbaren Ressourcen* sind dort unter anderem die einzelnen *Webseiten* einer *Website*.

3. Webseite: Ein einzelnes HTML-Dokument, das über eine URL adressiert und mitsamt den darin verknüpften Bildern und Mediendateien z. B. in einem Web-Browser angezeigt werden kann. In Joomla! kann mit Hilfe von Menüeinträgen das Erscheinungsbild einer oder mehrerer Webseiten sowie die Elemente, welche darin angezeigt werden sollen, entscheidend mitbeeinflusst werden. Hierzu dienen zahlreiche Parameterebenen mit denen direkt und indirekt das eigentliche HTML-Seitentemplate, das Layout einer Komponente und die Anzahl und Reihenfolge von Modulen festgelegt werden.

---

[5] Begriffsklärungen frei nach *http://en.wiktionary.org* und *http://en.wikipedia.org*

4. Site: englisch u. a. für Standort, Sitz, Niederlassung. Eine *Website* stellt den funktionalen Teil einer Domain im WWW dar und für die Besucher die Gesamtheit aller darüber verfügbaren öffentlichen Ressourcen bereit. Im allgemeinen Sprachgebrauch werden *Internet* und *Web* synonym verwendet, weshalb gerade im Deutschen aufgrund des gleichen Wortklangs von »Seite« und »Site« die Begriffe Internet*seite* und Web*site* gleichbedeutend verwendet werden. In der Marketingsprache wird die Website zur *Internetpräsenz* oder zum *Webauftritt*[6].

5. Root: englisch für *Wurzel*, bezeichnet in einem Dateisystem allgemein die (hierarchische) oberste Ebene. Im Kontext einer Anwendung verwendet man die »denglischen« Begriffe Root-Ordner/-Verzeichnis ebenso wie Stamm- und Hauptverzeichnis synonym für das Verzeichnis in welchem der ausführbare Teil der Anwendung installiert ist. Bei Web-Anwendungen in PHP ist es der Ordner in dem die Datei *index.php* liegt.

2.2 CMS – Backend und Frontend

Das Joomla! CMS enthält bei der Auslieferung drei ablauffähige Web-Anwendungen:

- Den *Installer* für die Installation des CMS über das Verzeichnis */installation*.

- Das *Backend* für die Administration des CMS im Verzeichnis */administrator*.

- Das *Frontend*, das den öffentlichen Teil der Website repräsentiert.

Der Installer wird üblicherweise mitsamt Ordner gelöscht, nachdem er seine Aufgabe erfüllt hat. Somit verbleiben Backend und Frontend, zwei (nahezu) eigenständige Web-Anwendungen, die mit verschiedenen URLs aufgerufen werden.

Alternativ werden auch gerne die Begriffe *Admin* und *Administrator* für das Backend und *Site* für das Frontend verwendet. Diese Bezeichnungen finden sich auch in unterschiedlicher Schreibweise im PHP-Quellcode wieder, wie Sie im späteren Verlauf des Buches noch sehen werden.

Backend und Frontend haben ihre eigenen Komponenten, Module, Templates und Sprachdateien. Das Frontend ist in seiner Gesamtheit nicht so ganz eigenständig und einige Erweiterungen bedienen sich immer wieder der Programmdateien aus dem Backend.

Zusätzlich zu den drei Web-Anwendungen die im Browser aufgerufen werden, befinden sich im Ordner */cli* drei weitere Anwendungen für den Einsatz auf der Kommandozeile (CLI = command line interface) mit denen ein Administrator des CMS Wartungsaufgaben der Volltextsuche (com_finder) automatisieren kann.

---

[6] Insofern korrekt, da viele derart konzipierte Auftritte und Präsenzen zwar die Auftretenden präsentieren, selten genug aber von praktischem Nutzen für Besucher sind.

Joomla! besteht somit aus sechs PHP-Anwendungen, die zusammen das Content Management System bilden und von denen Sie die beiden wichtigsten Anwendungen, Backend und Frontend, um neue Funktionen erweitern können.

2.3 Zwei Hüte, ein Kopf: Platform vs. Framework

Eine Plattform bezeichnet ein einheitliches Basissystem auf dem Software ausgeführt wird. Programme werden i. d. R. für eine bestimmte Plattform geschrieben. Das Betriebssystem auf Ihrem Rechner oder Smartphone ist solch eine Plattform. Verschiedene Programmiersprachen sorgen über mehr oder minder ausgeklügelte Konstrukte dafür, dass damit geschriebene Programme auch mehr oder minder erfolgreich plattformübergreifend genutzt werden können. Java ist hierbei im Desktop- und Serverbereich verhältnismäßig erfolgreich und so programmieren Menschen unterschiedliche Software für die »Java-Plattform«.

Ein Framework ist ein Gerüst oder Rahmen, mit dessen Hilfe das Programmieren von Software vereinfacht und/oder vereinheitlicht wird. Doch so wenig wie ein Gerüst das fertige Haus oder ein Rahmen das fertige Gemälde darstellt, so wenig ist ein (Software-) Framework ein lauffähiges Programm. Es enthält jedoch eine Menge Bausteine, die Sie als Entwickler verwenden können, um die immer wiederkehrenden Aufgaben in den eigenen Programmen einfacher und schneller umsetzen zu können. Wie jedes Baukastensystem bestimmt das eingesetzte Framework die grundlegende Form der erstellten Programme, will sagen: Ein Gebilde aus Lego-Bausteinen folgt den mechanischen Bedingungen dieser Steine und wird auch immer als Legobausteingebilde zu erkennen sein.

In Joomla! 1.5 wurde ein solches Framework eingeführt, um damit Erweiterungen für das CMS zu programmieren. Seit der Joomla!-CMS-Version 1.7 heißt dieses Framework *Joomla! Platform*. Der Markenname *Joomla!* soll zukünftig nicht mehr nur mit dem CMS und Webseiten alleine in Verbindung gebracht werden, sondern *Joomla!* soll alle nur erdenklichen Arten an PHP-Anwendungen ermöglichen und eventuell auch vereinen, deren gemeinsame Grundlage eben diese *Joomla! Platform* sein wird.

Die *Platform* (und hier auch absichtlich mit einen »t« geschrieben) ist dann auch als ein eigenständiges *Produkt* der Marke *Joomla!* ausgelegt, mit eigener Versionszählung und eigenem Lebenszyklus. Updates der *Platform* erscheinen in einem festen Turnus, etwa alle drei Monate, sodass sich die Versionsnummer mehrmals pro Jahr ändern wird: 11.4, 12.1, 12.2 etc. Diese Versionszählung weicht hier von der semantischen[7], dreistelligen Versionierung ab. Ebenso wie die seit ca. 2010 zu beobachtenden inflationären Versionssprünge bei Web-Browsern liefert die Höhe der Versionsnummer der Joomla Platform kaum mehr einen Hinweis auf die Möglichkeiten und Funktionen. Versionsnummern bekommen mehr und mehr den Charakter eines Verfallsdatums.

---

[7] *http://semver.org/* Semantic Versioning Specification

Joomla! CMS Version 2.5.x enthält und verwendet die **Joomla! Platform Version 11.4** (Jahr 2011, Release 4). An dieser Konstellation wird sich auch nichts ändern. Joomla! 3.0.0 wird vermutlich eventuell eine frischere Version der Platform enthalten.

Wenn Sie und wir Ende 2012 mit dem Gedanken spielen, Erweiterungen für Joomla! *3.x* zu programmieren, ist für uns als Entwickler die dann mitgelieferte Version der Platform mitunter wichtiger, als die Versionsnummer des CMS. Für den Anwender dagegen ist es genau umgekehrt. Welche Vor- oder Nachteile diese Trennung der Entwicklungsstränge auf die Kompatibilität und Interoperabilität von CMS-Erweiterungen und Platform-Applikationen haben wird, muss sich erst noch zeigen.

Die Joomla!-Platform ist *aus* dem Joomla!-CMS und dessen technischen Anforderungen heraus entstanden und hat aufgrund dieser gemeinsamen Historie *noch* eine recht enge funktionale Verbindung mit dem CMS. Dies wird sich mit der fortschreitenden, *unabhängigen* Weiterentwicklung der *Platform* zunehmend ändern und die Unabhängigkeit zum *CMS* und dessen was ein CMS an Funktionalität braucht, wird von Quartal zu Quartal größer.

Was Sie heute in der Kombination CMS 2.5/Platform 11.4 noch als Bestandteil der Platform identifizieren *würden*, kann im CMS 3.x/Platform 12.y gänzlich andere Strukturen haben, nicht mehr existieren, anders heißen, oder, oder. Im Kapitel 11 werden Sie einen ersten Eindruck dieses leicht chaotischen Übergangs kennenlernen, der auch uns beim Schreiben dieses Buches immer wieder überrascht hat.

Insgesamt erlaubt dieses Konzept aber der Joomla!-Platform (also dem PHP-Framework) die schon längst überfälligen neue Wege zu gehen, ohne auf das CMS zu warten oder sich im Funktionsumfang nur auf die Anforderungen von Web-Anwendungen zu beschränken. Das CMS-Team *kann* die technischen Neuerungen der Platform ganz oder teilweise in zukünftige Versionen einbauen. Sie als Entwickler müssen nun jedoch genauer darauf achten, ob sie Erweiterungen *für* eine bestimmte Version des *Joomla! CMS* programmieren oder PHP-Anwendungen *mit* einer bestimmte Version der *Joomla! Platform*.

Der Zweck eines Framework ist abgesteckt, egal wie sein Produktname lautet. Daher werden wir in den Programmier-Kapiteln dessen technische Aspekte beschreiben und weniger auf den Produktnamen »Platform« eingehen. Für die Zwecke, die wir hier verfolgen, sind die feinen Unterschiede auch nicht von Bedeutung. Im Zweifelsfall ist es dann auch einfach Joomla.

2.4   Finger weg vom Core

Der Core ist das Kernstück eines Systems. In den verschiedenen Joomla-Foren ist oft von einem *Core Hack* die Rede, und verwendet wird diese Bezeichnung üblicherweise für das gesamte CMS-Paket, das Sie über *http://joomla.org* herunterladen können. Dieses Paket enthält Sprachdateien, Templates, Komponenten, Module, Plugins sowie weitere PHP-Bibliotheken von Drittanbietern, weshalb man gerade letztere nicht direkt zum

Core zählen dürfte. Jede Änderung an diesen Originaldateien wird allgemein als Core Hack bezeichnet und das Vorgehen als solches (meist) zurecht verdammt.

Das CMS ist offen für Erweiterungen und stellt hierzu eine große Auswahl an Schnittstellen und zahlreiche Einstiegspunkte bereit. Jeder manuelle Eingriff in den Core *sollte* daher von vornherein unnötig sein und birgt im Gegenteil die schleichende Gefahr nicht nur für potenzielle Fehler. Bei jedem offiziellen Update dieses Kernstücks der Website, kann eine gehackte Core-Datei wieder überschrieben werden. Die gehackten Aufrufe von dann geänderten oder veralteten und ungenutzten Schnittstellen können schnell zu einem Sicherheitsrisiko für die gesamte Website werden. Aber wem erzählen wir das hier eigentlich? Da Sie dieses Buch bereits lesen, rennen wir mit der folgenden Empfehlung ohnehin schon offene Türen bei Ihnen ein: Schreiben Sie lieber eine Erweiterung, anstelle eines Core Hacks.

2.5 Erweiterungen in Joomla

Sie wissen als Betreiber einer Joomla-Website natürlich, dass es folgende Arten an Erweiterungen gibt:

- Komponenten

- Module

- Plugins

- Sprachpakete

- Templates

- Bibliotheken / Dateipakete

Wir beschäftigen uns in diesem Buch mit der Programmierung von Komponenten, Modulen und Plugins. Joomla bringt diese Erweiterungen in verschiedenen Verzeichnissen unter: *./components*, *./modules* und *./plugins*.

Mit Templates und Bibliotheken befassen wir uns hingegen nicht, was nicht bedeutet, dass man in und um Templates herum nicht ebenso praktische und spannende Dinge programmieren kann und das Framework deshalb auch dort bestmöglich einsetzen sollte.

Allen Erweiterungen, die einer Joomla-Website nachträglich hinzugefügt werden, ist eins gemeinsam: der Installationsvorgang, durch den nicht nur die notwendigen Dateien kopiert, sondern zusätzliche Verwaltungsinformationen in der Datenbank abgelegt werden. Erst wenn eine Erweiterung in der Datenbank eingetragen ist, kann sie im Gesamtsystem effektiv genutzt werden.

Bibliotheken und Dateipakete sind eher selten anzutreffen oder werden von komplexeren Erweiterungen und Paketen eher klammheimlich mitinstalliert. Sie tauchen (wenn überhaupt) lediglich im Backend in der Gesamtübersicht installierter Erweiterungen auf.

Die Joomla-Platform im Ordner *./libraries/joomla* ist übrigens aus Sicht der Installationsverwaltung seit Joomla! 1.7 auch nur eine Bibliothek.

Früher oder später werden Sie oder Ihr Kunde feststellen, dass die vorhandenen Möglichkeiten des CMS trotz kreativer Zweckentfremdung nicht ausreichen und unter den Abertausenden existierender Erweiterungen[8] nichts Adäquates zu finden ist, das den neuen Anforderungen genügt. Die erste Frage ist daher: Welche Art von Erweiterung kommt überhaupt in Frage?

2.5.1   Komponenten

Komponenten repräsentieren den *Hauptinhalt* einer einzelnen Webseite und sind gefragt, sobald besondere Datenstrukturen aufzubauen und zu verwalten sind. Aus Entwicklersicht sind Komponenten die größte Herausforderung. Es sind Anwendungen innerhalb einer Anwendung die zwar einige Grundregeln befolgen müssen, denen ansonsten aber nur sehr wenige Schranken auferlegt sind in dem, was sie machen können und dürfen.

Komponenten bestehen in fast allen Fällen aus einer Komponente für das Backend und einer für das Frontend mit demselben Namen. Die Verwaltungsaufgaben übernimmt hierbei die Komponente im Backend, während mit dem Gegenstück im Frontend die erstellten Daten auf unterschiedliche Weise angezeigt werden.

Die Funktionsweise des CMS bestimmt, dass pro URL/Menüeintrag/Webseite exakt eine Komponente ausgeführt wird. Hierzu wird im Frontend die Komponente einem Menüeintrag zugeordnet und eine Präsentationsform festgelegt, welche die Komponente hierfür bereitstellen muss. Aus der Artikelkomponente kennen Sie diese z. B. als Blog-, Kategorien- oder Einzelansicht. Die Daten, welche in diesen Ansichten dargestellt und verarbeitet werden, stammen aus einer oder mehreren Datenbanktabellen.

Die Programmierung von Komponenten erscheint, jedenfalls am Anfang, äußerst komplex und aufwändig und fast für jeden verwirrend, solange das Verständnis für die API, die verschiedenen Namenskonzepte und das MVC-Entwurfsmuster, erst noch aufgebaut wird. Praktischerweise können Komponenten klein und bescheiden anfangen und stetig wachsen.

2.5.2   Module

Ein Modul bietet sich in den Fällen an, wenn irgendwelche Daten aus irgendeiner Quelle unter bestimmten Bedingungen auf einer Webseite anzuzeigen sind. Die Datenquelle *kann* die aktuelle Joomla-Datenbank sein, muss aber nicht. Die Bedingungen legt der Administrator im Backend fest und entscheidet dort auch, welche Module auf einer bestimmten Webseite angezeigt werden und an welcher Stelle. So kann auf einer Web-

---

[8]   Joomla Extension Directory (JED) *http:/extensions.joomla.org*

seite zwar nur eine Komponente ausgeführt werden, aber (nahezu) beliebig viele Module, um weitere Daten um die Komponente herum anzuzeigen.

Backend und Frontend haben ihren eigenen Satz an Modulen, wobei die Großzahl sicherlich im Frontend im Einsatz ist. Ihre Programmierung ist im Vergleich zu Komponenten deutlich einfacher. Dennoch – oder gerade deshalb – sind sie sehr vielseitig einsetzbar und eine gern genutzte Beilage von Komponenten. Unabhängig davon, welche Komponente für den Hauptinhalt der aktuellen Webseite tatsächlich verantwortlich ist, präsentieren Module ihre eigenen Daten bzw. die »ihrer« Komponente.

2.5.3 Plugins

Plugins sind ereignisgesteuerte Routinen und gehören Frontend und Backend gleichermaßen an. An allen Ereignissen, die im CMS zwischen der Anfrage durch den Browser bis zur Auslieferung der fertigen Webseite auftreten, können Plugins teilnehmen. Zu diesen Ereignissen zählen bspw. das Lesen und Speichern der Datensätze, Suchanfragen, Anzeigen der Inhalte, An- und Abmelden der Benutzer. Mit wenigen Zeilen Code können Sie das CMS oder bestimmte Komponenten durch (eigene) Plugins ergänzen und an deren Ereignissen teilhaben, um »Dinge zu tun«.

2.6 Die Datenbank

Joomla hält seine Daten standardmäßig in einer MySQL-Datenbank. Die sogenannte »Community Edition« des MySQL-Server ist für alle gängigen Betriebssysteme kostenfrei verfügbar und wird u. a. mit Komplettpaketen wie MAMP,[9] WAMP[10] oder XAMPP[11] installiert. Bei Linux-Distributionen ist MySQL ebenso wie der Apache-Webserver i. d. R. bereits enthalten und mit hoher Wahrscheinlichkeit läuft auch Ihr Webspace »unter« Apache und »mit« MySQL.

Bei der Installation des CMS wird eine Datenbank mit allerlei Basis- und Verwaltungsdaten eingerichtet. Dazu gehören der erste Benutzereintrag für den Administrator, einige Benutzergruppen und Zugriffsrechte, die Menüs für das Backend und die im Standardpaket enthaltenen Erweiterungen.

Die Tabellen der Datenbank erhalten bei der Installation ein zufälliges Präfix, etwa »a5j6_«. Alle Tabellen mit demselben Präfix gehören zu einer Joomla-Installation. So können sich mehrere CMS eine einzelne Datenbank teilen. Das Präfix ist auch in der Konfigurationsdatei *configuration.php* hinterlegt.

---

[9] *http://www.mamp.info*
[10] *http://www.wampserver.com*
[11] *http://www.apachefriends.org*

Die etwas kryptische Zeichenfolge, die Ihnen das Installationsprogramm als Präfix vorschlägt, dient als Sicherheitsmaßnahme. Jeder Webseitenbetreiber kann zudem ein eigenes Präfix vergeben. Bei einem Live-System sollte unbedingt vermieden werden, ein Standardpräfix wie »jos_« anzugeben.

> **Hinweis:** Wir verwenden für unsere SQL-Beispiele immer das generische Tabellenpräfix »#__«. Zum einen wird es von Joomla bei der Code-Ausführung automatisch in das richtige Präfix Ihrer Installation übersetzt, zum anderen verhindern wir damit, dass Sie den Code einfach auf Ihre Datenbank anwenden und mitunter die falsche Tabelle/Installation erwischen. Sie werden es hassen.

Diese Datenbank ist nach der Installation darauf vorbereitet, Kategorien, Beiträge, Kontakte und andere Benutzerdaten aufzunehmen. Komponenten benötigen meist eine oder mehrere eigene Datenbanktabellen.

Wenn Sie noch keine Erfahrung mit dem Aufbau einer Joomla-Datenbank haben, sollten Sie sich eine kleine Erkundungsreise gönnen und sich die Tabellen nach einer Neuinstallation von Joomla z. B. mit phpMyAdmin anschauen.

Jeder Satz in der Tabelle hat einen eindeutigen Schlüssel. Die betreffende Spalte heißt entweder einfach id oder tabellenname_id. Über diese identifizierenden Schlüssel verweisen die Datenbanktabellen zum Teil auch auf Inhalte anderer Tabellen und das CMS baut auf diese Art auch hierarchische Strukturen auf.

> **Tipp:** Für Interessierte ein paar Stichworte für die Suchmaschine ihres Vertrauens: *Datenbanknormaliserung* und *Nested Sets*. Ein sehr interessantes Konzept zur Abbildung hierarchischer Datenstrukturen, auf das wir leider nicht allzu detailliert eingehen können.

SQL-Datenbanken werden über die *Structured Query Language* (SQL) abgefragt und bearbeitet. Die aktuellste Dokumentation für MySQL findet sich unter *http://dev.mysql.com/doc/*.

Die gute Nachricht: Man braucht nicht viel SQL-Wissen aufbauen, um einfache Abfragen zu erstellen und Daten auszulesen. Das Framework stellt mehrere Klassen zur Verfügung, mit denen auch ein Anwender ohne detaillierte MySQL-Kenntnisse einfache Abfragen formulieren sowie Daten einfügen und ändern kann. Wer komplexere Auswertungen erstellen und Inhalte mehrerer Tabellen verknüpfen will, wird um eine Einarbeitung in die Konzepte von SQL langfristig nicht herumkommen.

Joomla lässt sich auch mit einem Microsoft-SQL-Server für die Datenbank oder unter Windows Azure einsetzen. Die technischen Voraussetzungen[12] weichen jedoch sehr von

---

[12] Joomla mit Microsoft Technologien *http://joomla.org/technical-requirements.html*

den klassischen *AMP-Umgebung ab und bergen eigene Tücken in sich, die wir hier leider nicht behandeln können.

2.7 Das MVC-Entwurfsmuster

Ein *Entwurfsmuster* beschreibt einen Weg, ein immer wieder auftretendes Problem standardisiert zu lösen. Der Begriff selbst wurde in der Architektur zuerst eingeführt und für die Softwarearchitektur übernommen. Das Entwurfsmuster, nach dem die Komponenten in Joomla aufgebaut sind, nennt sich MVC: Model-View-Controller. Es ist ein klassisches Muster aus der objektorientierten Programmierung (OOP) und orientiert sich an den besagten, wiederkehrenden Aufgaben interaktiver und interoperabler Applikationen (wie einer Website) und trennt ein Softwareprogramm in drei Schichten:

- Datenbasis (Model)
- Präsentation der Daten (View)
- Programmsteuerung (Controller)

Durch die Trennung der Aufgaben möchte man den Code in erster Linie wiederverwendbar und änderungsfreundlich machen – und geändert wird beim Programmieren viel und ständig.

Das Ganze erschließt sich eigentlich erst im Nachhinein nach dem Motto »Das Leben wird vorwärts gelebt, aber rückwärts verstanden«. Lesen Sie den Abschnitt dann später nochmal wenn die erste Komponente fertig ist, und Sie werden Ihre Aha-Erlebnisse haben!

In einer Web-Anwendung sind ganz typische, wiederkehrende Aufgaben:

1. Anfrage empfangen (URL)

2. Daten von der Datenbasis holen

3. Daten ausgeben

oder

1. Eingabe des Benutzers annehmen

2. Daten prüfen und ggf. speichern

3. Bestätigung ausgeben

und alle dazwischen liegenden Varianten.

Das Prinzip sieht jedoch stets so aus:

- Das Model verwaltet die Daten und enthält die sogenannte *Geschäftslogik*
- Die View präsentiert diese Daten und nimmt Benutzereingaben entgegen

- Der Controller steuert und koordiniert den ganzen Ablauf und die Verbindung zur »Außenwelt«

Die Rollenverteilung der drei Akteure ist somit geklärt. Die Geschäftslogik gehört ins Model, denn beim Speichern eines Datensatzes sind etwa Berechnungen durchzuführen und andere Datensätze / Datenquellen zu aktualisieren. Das kann heute eine XML-Datei sein, morgen eine relationale Datenbank und übermorgen ein hipper, neuer Web-Service in der allmächtigen Wolke.

Aber ein Entwurfsmuster ist keine Zwangsjacke und MVC ist vor allem kein Allheilmittel für *jedes* Softwareproblem. Als Entwickler sollten Sie immer die Lösung verwenden, die sich nicht störend auf das Gesamtsystem auswirkt und einer Aufgabe am besten gerecht wird.

Um es mal ehrlich zu sagen: Für kleine Komponenten schießt man mit MVC schon mit der Kanone auf Spatzen. Aber wenn diese kleinen Komponenten groß werden, und das geht schneller, als man anfangs denkt, dann weiß man ein solch standardisiertes Vorgehen zu schätzen, bei dem insbesondere das Framework dem Entwickler schon viel Basisarbeit abnimmt – weil dieses MVC-Dings tatsächlich *änderungsfreundlich* ist.

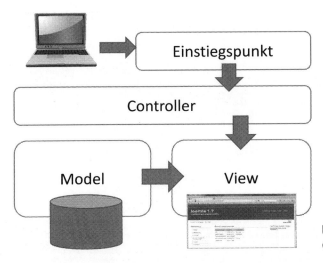

Bild 2.1: Model-View-Controller

Ganz nebenbei erleichtert diese Aufteilung auch die Arbeit im Team. Nehmen wir an, ein Designer hat ein wunderschönes Design entworfen, der HTML-Spezialist hat das Design in ein Template nach allen Regeln der Kunst umgesetzt und alles funktioniert aufs Schönste. Nun beschließt aber die Datenbankspezialistin, dass in der Datenbank ein paar Spalten zusätzlich notwendig sind, um zum Beispiel Statistiken mitzuführen. Sie kann ruhig neue Spalten einfügen – der HTML-Spezialist braucht sich nicht darum kümmern. Seine *Views* erscheinen weiterhin korrekt, auch wenn das Daten*model* umstrukturiert wird. Vielleicht wird auch anstelle der Datenbank eine ganz andere Datenquelle eingesetzt, etwa eine Schnittstelle zu einem anderen System oder eine Datei.

Die Präsentationsschicht bleibt, wie sie ist, denn das Model bietet der View in gewohnter Weise Zugriff auf die benötigten Daten. Wie aber das Model diese Daten letztlich beschafft oder welche Daten sonst noch verarbeitet werden, geht die View nichts an. Umgekehrt kann der Webdesigner die Daten, die vom Model angeboten werden, präsentieren, wie er will – einspaltig, mehrspaltig, als Blog, als Zahlenkolonne in endlosen Tabellen oder als interaktive Infografik – und dies wahlweise eingebunden im seriösen CI-Design des Unternehmens, einem bunten Layout für Kinder oder einem barrierearmen Layout für Blinde; dem Model ist es ganz egal.

Der Controller stellt im allereinfachsten Fall eine Verbindung zwischen Model und View her und steuert deren Dialog und Wechsel anhand der eingehenden Anfragen.

3 Erste Ausgabe im Frontend

»Das Leben wird vorwärts gelebt aber rückwärts verstanden«
Kierkegaard

Unter diesem Motto arbeitet man sich am besten in Joomla ein. Wir fangen gleich mit den ersten Programmen an, um ein Gefühl dafür zu bekommen. Rückblickend bildet sich auch das Verständnis heraus, indem man den Code studiert und analysiert. Wenn schon ein Bezug zur Praxis vorhanden ist, versteht man anschließend die Theorie viel besser.

3.1 Der Ausgangspunkt

Wir hatten in einer Tabelle eine Inventarliste aller unserer Besitztümer. Dinge, die wir ausgeliehen hatten, waren mit dem Namen des Freundes und dem Ausleihdatum versehen.

	A	B	C	D	E	F	G	H	I
1	Besitzer	Kategorie	Bezeichnung	Beschreibung	Zustand	Wert	Gewicht	Ausgeliehen_an	Ausgeliehen_am
2	Christiane	Werkzeug	Akkuschrauber					Axel	
3	Christiane	Schmuck	Armband Muschelschalen						
4	Christiane	Schmuck	Armbanduhr bicolor		Glas verkratzt	3 000,00 €			
5	René	Sport	Basketball						
6	René	Garten	Baumschere					Olivia	04.12.10
7	Christiane	Deko	Bodenvase		Rand angeschlagen				
8	Axel	Geschirr	Bräter Le Creuset				6 kg		
9	Christiane	Deko	Bronzebuddha			1 000,00 €	8 kg		
10	Christiane	Kunst	Die große Welle	Originaldruck Hokusai, am Rand leicht beschädigt, gerahmt		4 300,00 €			
11	Axel	Fachbuch	Die Kunst des Krieges					Julian	01.01.10
12	Axel	Game	Fifa 12						
13	Christiane	Deko	Gemälde abstrakt	Künstler: Nachtigal, gekauft, 1980, abstrakt, grundfarbe blau-grün, Öl auf Holz					
14	Axel	Game	Halo reach						
15	Axel	Fachbuch	Joomla 1.6						
16	René	Geschirr	Küchenmaschine						
17	Axel	Elektronik	Lautsprecher						
18	Christiane	Schmuck	Modeschmuck – schwarz						
19	René	Sport	Mountainbike	Marke Die-und-Jene, kaum gefahren		1 000,00 €		Thomas	01.07.11
20	René	Elektronik	MP3 – Türklingel						
21	Axel	DVD	Pulp Fiction						
22	Axel	Elektronik	Radio	antikes Stück, Braun, preisgekröntes Design von 1956	Sammlerstück	1 300,00 €			
23	René	Garten	Rasenmäher					Julian	
24	Christiane	Geschirr	Reisschalen						
25	Christiane	Werkzeug	Schraubendreher Set						
26	Axel	DVD	Scrubs						
27	Christiane	Geschirr	Silberbesteck	Robbe und Berking, 12 Gedecke im Koffer				Eva H.	
28	Axel	DVD	Star Wars					Christiane	12.08.11
29	René	Elektronik	Translator – chinesisch						
30	René	Elektronik	USB-Stick 1						
31	Christiane	Geschirr	Wok				2 kg		
32	René	Geschirr	Wok	Gusseisen			5 kg		
33	Christiane	Fachbuch	XML						
34									

Bild 3.1: Tabelle vorher

Wir wollen aber jetzt unsere Sachen zentral in Joomla verwalten. Dies ist der typische Fall einer Komponente. Wer weiß, vielleicht können wir später mit einem Ausleihservice Geld verdienen? Bevor wir aber die Geldsäcke stapeln, fangen wir klein an – zuerst wollen wir die Liste unserer Sachen sichtbar machen.

Der Lesbarkeit halber werden wir in unserem Beispielprogramm nur einige Spalten dieser Tabelle verwenden. Eine kleine Sammlung mit Beispieldaten liefern wir mit, Sie können aber gerne eigene Daten verwenden. Zuerst wollen wir Daten sehen, um die Schönheit der Ausgabe kümmern wir uns später.

Wir verleihen viele Dinge!

Bezeichnung	Kategorie	Ausgeliehen an	Ausgeliehen am
Wok	Haushalt	Axel	21.09.2011
Dirndl	Kleidung	Eva	21.02.2011
Abendanzug	Kleidung		
DAEMON	Buch		

Bild 3.2: So soll die Übersicht aussehen

Lernziel:

Am Ende dieses Kapitels sollten Sie verstanden haben:

- wie eine Komponente im Frontend nach dem MVC-Entwurfsmuster aufgebaut ist,
- was es bedeutet, Joomla zu erweitern,
- wie in groben Zügen Model, View und Controller zusammenarbeiten,
- welche Basisklassen für eine Komponente verwendet werden.

Unsere Arbeitsschritte:

1. SQL-Skripte für die Tabelle zu MyThings erzeugen
2. Beispieldaten laden (optional)
3. Komponente MyThings für Joomla »bekannt machen«
4. Komponente (Frontend) programmieren
5. Erfolg feiern (optional)

3.2   Vorbereitung

Sie kennen das Vorgehen bei der Installation einer aus dem Internet heruntergeladenen Komponente: Alles ist in einer zip-Datei verpackt und wird über die Erweiterungsverwaltung im Backend installiert. Danach

- stehen alle Dateien in ihren angestammten Verzeichnissen,

- sind die benötigten Datenbanktabellen eingerichtet und

- die Komponente ist dem CMS bekannt.

Wir haben aber noch keine Komponente. Also fangen wir mit einem Trick an und schieben Joomla eine nicht existierende Komponente unter. Das ist tricky aber sehr nützlich für Entwickler. Sie brauchen bis zum Ende des Buchs nichts installieren.

Legen Sie sich als Erstes das Verzeichnis *administrator/components/com_mythings* an. Für die vorbereitenden Schritte ist das Ihr Arbeitsplatz.

Download: *com_mythings_start.zip* von *www.buch.cd*
enthält die Dateien, die für diesen ersten Schritt benötigt werden.
Entpacken Sie diese Datei in *administrator/components/com_mythings*
Wenn Sie es nicht abwarten und ihre Tippfinger schonen wollen: Das Ergebnis des ersten Teils finden Sie in *com_mythings_kap03.zip*.

3.2.1 Die Komponente MyThings einschmuggeln

Tipp: Erfahrungsgemäß verprogrammiert man sich am Anfang immer wieder rettungslos. Ich bin dann eine Freundin von Rundumschlägen. Deshalb verwende ich für die Programmierung immer eine Extra-Installation, dich ich jederzeit einstampfen kann.

Das CMS findet die installierten Komponenten in der Datenbank über Einträge in den Tabellen für Extensions und Menüs. Solange es diese Einträge in der Datenbank nicht gibt, kann ich zwar meine Programme schreiben, sie aber nicht aufrufen oder testen (außer über eine direkten Aufruf im Browser, aber das ist unpraktisch).

Wir überlisten das CMS und installieren eine noch nicht existierende Komponente mit einem Dummy-Installationsskript.

Erstellen Sie zunächst in *administrator/components* ein Verzeichnis *com_mythings* Schreiben Sie folgenden Code (UTF-8 ohne BOM).

administrator/components/com_mythings/mythings.xml
```
<?xml version="1.0" encoding="utf-8"?>
<extension type="component" version="2.5" method="upgrade">
    <name>com_mythings</name>
    <administration>
        <menu img="class:component">mythings</menu>
    </administration>
</extension>
```

Die Datei steht nun im Hauptverzeichnis der Komponente im Backend.

Nun lassen Sie Joomla selbst die neue Komponente finden, um sie zu installieren: Starten Sie im Backend die Funktion *Erweiterungen/Überprüfen* und klicken Sie auf das Icon »Überprüfen«.

Die Erweiterungsverwaltung findet diese neue unbekannte Komponente *com_mythings* und zeigt sie an. Die Komponente *com_mythings* markiert und rechts oben auf Installieren geklickt – und der Joomla-Installer nimmt die benötigten Einträge in der Datenbank vor.

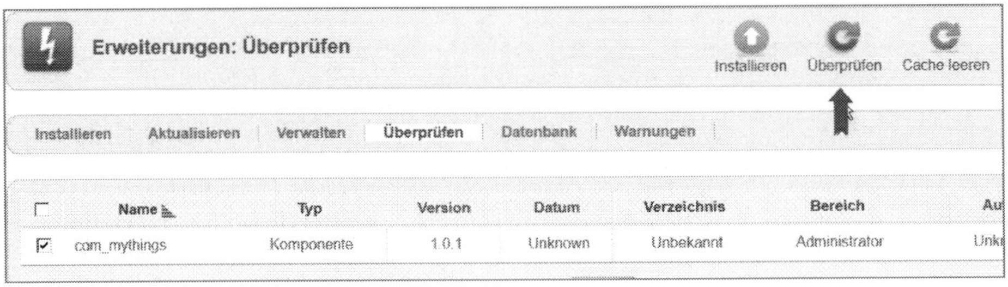

Bild 3.3: Die Komponente einschleusen

Damit haben Sie der Anwendung eine Komponente untergeschoben, die es noch gar nicht gibt und können einfach drauflos programmieren.

3.2.2 Die Datenbanktabelle anlegen

Legen Sie jetzt in *administrator/components/com_mythings* ein Verzeichnis *sql* an. Es folgt ein SQL-Skript, mit dem Sie dann direkt in phpMyAdmin die Tabelle für MyThings generieren.

Achtung: Das Datenbankpräfix

Haben Sie Abschnitt 2.6 gelesen? Dies ist hier im Buch das erste Vorkommen der ungeliebten Datenbankpräfix-Platzhalter. Ersetzen Sie #_ durch Ihr Präfix, und wir werden nie wieder darüber reden.

administrator/components/com_mythings/sql/install.sql

```
CREATE TABLE IF NOT EXISTS #__mythings (
  id int(11) NOT NULL AUTO_INCREMENT,
  title varchar(100),
  owner varchar(50),
  category varchar(50),
  description text,
  state varchar(50),
  value varchar(12),
```

```
 weight varchar(12),
 lent_by varchar(50),
 lent datetime DEFAULT '0000-00-00 00:00:00',
 PRIMARY KEY (id)
) ENGINE=MyISAM  DEFAULT CHARSET=utf8;
```

Diese Datei wird dann später das Installationsskript.

Tipp: Sie können die Tabelle natürlich einfach in *phpMyAdmin* generieren und dann exportieren oder das heruntergeladene Skript *install.sql* verwenden.

Ein uninstall-Skript ist auch schnell geschrieben, das könnten Sie später einmal brauchen.

administrator/components/com_mythings/sql/uninstall.sql
```
DROP TABLE IF EXISTS #__mythings;
```

Für das erste Programmbeispiel haben wir die Tabelle einfach aufgebaut. Jeder Gegenstand hat einen Besitzer, gehört zu einer Kategorie und jedes Ding hat seinen Namen. Manche Dinge beschreiben wir genauer mit einem Text. Der Wert und der Zustand sind manchmal angegeben, auch das Gewicht, man muss ja wissen, ob für den Transport eine Plastiktüte oder ein Gabelstapler nötig ist. Wenn etwas ausgeliehen ist, stehen Ausleihdatum und der Name des Ausleihers dabei. Jeder Datensatz hat eine identifizierende Nummer, den Primärschlüssel (id). Standardmäßig ist der Primärschlüssel bei Joomla ein Integer-Wert mit AUTO-INCREMENT.

Lassen Sie das Skript unter *phpMyAdmin* laufen (Präfix ersetzen!) und vergewissern Sie sich, dass es eine korrekte Tabelle mit dem Präfix Ihrer Datenbank erzeugt.

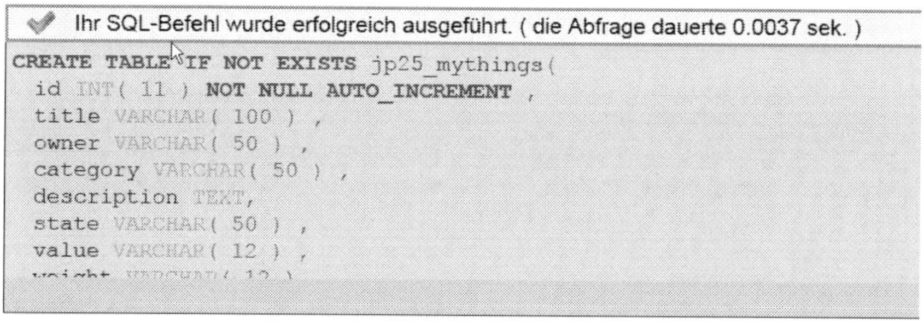

```
  ✓   Ihr SQL-Befehl wurde erfolgreich ausgeführt. ( die Abfrage dauerte 0.0037 sek. )
CREATE TABLE IF NOT EXISTS jp25_mythings(
 id INT( 11 ) NOT NULL AUTO_INCREMENT ,
 title VARCHAR( 100 ) ,
 owner VARCHAR( 50 ) ,
 category VARCHAR( 50 ) ,
 description TEXT,
 state VARCHAR( 50 ) ,
 value VARCHAR( 12 ) ,
 weight VARCHAR( 12 )
```

Bild 3.4: Die Tabelle #__mythings erzeugen

3.2.3 Beispieldaten einfügen (optional)

Sie können die vorhin eingerichtete Tabelle mit Beispieldaten füllen, etwa mit dem heruntergeladenen Skript *sampledata.sql* oder direkt in phpMyAdmin, oder ein Skript nach dem folgenden Muster aufbauen.

```
INSERT INTO #__mythings  VALUES
(0,
'Wok',
'René',
'Haushalt',
'Gußeisen ',
'gebraucht',
'120.-€',
'4kg',
'Axel',
'2011-09-21 00:00:00'),
(0,
'Dirndl',
'Christiane',
'Kleidung',
'Nicht während des Oktoberfests ausleihbar.',
'fast neu',
'1250.-',
'normal',
'Eva',
'2011-02-21 00:00:00');
```

Setzen Sie diese Tabelle nach Belieben fort oder wählen Sie ganz andere Inhalte. Schauen Sie sich in Ihrer Wohnung um – was könnten Sie verleihen? Sportgeräte, Juwelen, Computerspiele, Werkzeug? Abendanzug? Kuscheltiere? Kinderwagen? Dieses Skript wird nur temporär verwendet und später nicht mehr gebraucht.

id	title	owner	category	description	state	value	weight	lent_by	lent
1	Wok	René	Haushalt	Gußeisen	gebraucht	120.-€	4kg	Axel	2011-09-21 00:00:00
2	Dirndl	Christiane	Kleidung	Nicht während des Oktoberfests	fast neu	1250.-	normal	Eva	2011-02-21 00:00:00
3	Abendanzug	Axel	Kleidung	Groß	gut	NULL	NULL	NULL	0000-00-00 00:00:00

Bild 3.5: So könnte Ihre Tabelle aussehen

Die Daten, die Sie eingegeben haben, können dabei natürlich anders sein. Das ist die gesamte Vorbereitung, jetzt können wir mit der eigentlichen Programmierung beginnen und beschäftigen uns zunächst nur noch mit dem Frontend.

3.2.4   Die berühmte Datei index.html

Sie kennen diese Datei, sie ist in jedem Verzeichnis einer Joomla-Installation enthalten. Jedesmal, wenn Sie ein (Unter-)Verzeichnis anlegen, sollte Ihre erste Aktion das Kopieren dieser Datei aus einem übergeordneten Verzeichnis sein. Sie enthält normalerweise nur eine Zeile:

```
<html><body bgcolor="#FFFFFF"></body></html>
```

Diese Datei schützt davor, dass ein Neugieriger mit dem Browser direkt auf ein Verzeichnis zugreift, sie ist eine Sicherheitsmaßnahme.

Diese *index.html*-Datei ist ein Ärgernis, sie bläht die Verzeichnisse auf und macht sie unübersichtlich. Sie wird nur auf dem Server gebraucht und auch nur dann, wenn der Schutz der Verzeichnisse mittels *.htaccess* nicht möglich ist.

> **Tipp:** Vergessen Sie diese Datei, solange Sie lokal arbeiten. Wenn die Komponente weitergegeben werden soll, ist die Datei notwendig. Die zukünftigen Anwender könnten ja mit unsicheren Servern arbeiten.
> Also nehmen Sie diese Datei dann aus irgendeinem der Joomla-Verzeichnisse und kopieren sie am Ende in einem Rundumschlag in alle Ihre Unterverzeichnisse hinein.

3.3   Programmieren – die erste Ausgabe

Joomla ist nach dem Model-View-Controller-Entwurfsmuster aufgebaut. Das wurde im Kapitel 2.7 erklärt.

Jetzt geht es gleich zur Sache mit dem Programmieren – Hands On Code! Als erstes erstellen Sie in *components* (nicht in *adminstrator/components!*) ein neues Verzeichnis *com_mythings*. Das ist ab jetzt Ihr Arbeitsplatz, alle weiteren Verzeichnisse und Dateien werden dort erstellt.

> **Download:** Die Dateien zu diesem Kapitel können Sie herunterladen: *com_mythings_ kap03.zip.*

3.3.1   Der Einstiegspunkt der Komponente

Als Erstes programmieren Sie das Einstiegsskript für die Komponente im Frontend, das grundsätzlich den Komponentennamen trägt. Dieses Skript kann man direkt mit einem Link aufrufen: *http://localhost/verzeichnisname/index.php?option=com_mythings*

Hinweis:
Wir verzichten hier im Buch auf alle Kommentare innerhalb des Codes zugunsten einer knappen Darstellung und schreiben die Erläuterungen getrennt.
In den heruntergeladenen Programmen ist der Code ausführlich kommentiert. Lesen Sie dazu auch die Abschnitte zu Programmierkonventionen in Kapitel 7.1.

Erstellen Sie diese Datei:

components/com_mythings/mythings.php

```php
<?php
defined('_JEXEC') or die;
jimport('joomla.application.component.controller');

$controller = JController::getInstance('mythings');

$input = JFactory::getApplication()->input;
$controller->execute($input->get('task'));
```

Erklärungen zum Code:

```php
<?php
defined('_JEXEC') or die;
```

Joomla setzt beim Start einer Anwendung die globale Konstante _JEXEC auf 1. Die Abfrage dieser Konstanten stellt sicher, dass ein Skript nur innerhalb einer Anwendung abgearbeitet wird. Alle globalen Werte sind dann richtig gesetzt, alle Filter sind aktiv. Wenn ein Programm außerhalb dieses Kontexts direkt aufgerufen würde, könnte es zu Fehlern kommen und sogar zur ungewollten Anzeige sensibler Daten.

Die Übersetzung ist sinngemäß: »Ist _JEXEC nicht gesetzt, dann stirb!« Ab hier werden wir auf die Beschreibung dieser Zeile verzichten. Sie steht immer und unbedingt am Anfang jedes PHP-Skripts.

```php
jimport('joomla.application.component.controller');
```

jimport lädt hier die Klasse JController, sodass wir ab sofort deren Variablen und Methoden verwenden können. Dieses jimport wird Ihnen noch oft begegnen – im Kapitel 7.2.3 finden Sie mehr dazu.

```php
$controller = JController::getInstance('mythings');
```

Der Controller ist für den Ablauf und die Steuerung von Komponenten zuständig. Jede Komponente instanziiert sich als Erstes einen eigenen Controller.

Für Einsteiger in die objektorientierte Programmierung mit PHP
JController ist eine Basisklasse der Joomla-Platform. Um zu verstehen, was wir hier machen, hilft Ihnen vielleicht ein Vergleich: Nehmen wir an, wir müssten ein Schiff in einen Hafen bringen. Dafür brauchen wir einen Lotsen. Wir haben die Stellenbeschreibung für Lotsen an Bord. Die holen wir aus der Schublade (jimport).

Wir brauchen aber jetzt einen echten Lotsen für unser Schiff, nicht nur eine Stellenbeschreibung. Deshalb fordern wir einen an (getInstance). Die Hafenbehörde schickt uns den Herrn MyThingsController. Er ist ausgebildeter Lotse und kann alles, was die Stellenbeschreibung angibt. Er ist nur für unser Schiff zuständig, die anderen Schiffe haben ihren eigenen Lotsen.

```
$input = JFactory::getApplication()->input;
```

Das Input-Objekt hält die Eingaben in der Applikation.

```
$controller->execute($input->get('task'));
```

Hiermit bitten wir die Applikation, uns zu sagen, welche Aufgabe ansteht, und den Controller, sie auszuführen. In diesem Fall ist es denkbar einfach: »Standard-View ausgeben«. Das Joomla-Framework weiß ebensogut wie ein Lotse, was seine Standard-Aufgabe ist, dazu braucht es keine weiteren Anweisungen.

In unserem Vergleich wäre JInput der Funker. Diese Klasse von Joomla nimmt alle eingehenden Kommandos und Nachrichten an, säubert sie, hebt sie auf und gibt sie bei Verlangen weiter. Der Funker filtert dabei die Nachrichten, entfernt Störsignale, entsorgt den Spam – der Kapitän fragt den Funker, »Was liegt an?«, und bekommt eine saubere und verständliche Ausgabe des Funkspruchs.

3.3.2 Erweiterung der Klasse JController

Nun erweitern wir die Klasse JController für MyThings.

Dass Zusatzprogramme bei Joomla »Erweiterungen« heißen, ist kein Zufall. Natürlich erweitern Komponenten auch den Funktionsumfang des Systems. Aber der Entwickler erweitert buchstäblich die Klassen des Joomla-Frameworks. Das ist jetzt allerdings eine sehr kleine Erweiterung. Genauer gesagt, unser MyThingsController erbt einfach alles von der Joomla-Klasse JController. Schreiben Sie nun folgenden Code

components/com_mythings/controller.php

```
<?php
defined('_JEXEC') or die;
jimport('joomla.application.component.controller');

class MyThingsController extends JController
{ }
```

Standardverhalten eines jeden Controllers ist die Ausgabe einer View, das können wir ausnutzen und müssen nichts weiter dazu schreiben.

Hinweis: Die Schreibweise von MyThings oder mythings oder MYTHINGS ist an dieser Stelle eigentlich egal. Joomla verwendet Filter, die alles in Kleinbuchstaben umwandeln. Die gemischte Groß-/Kleinschreibung (CamelCaps oder CamelCase genannt) dient nur der Lesbarkeit des Codes.
Für Dateinamen gilt das aber nicht! Sie werden ausnahmslos in Kleinbuchstaben geschrieben, um Probleme mit unterschiedlichen Betriebssystemen zu vermeiden.

Im Model-View-Controller-Entwurfsmuster haben Sie jetzt die Klasse JController erweitert und nun sind Model und View dran.

Hinweis: Als PHP-Programmierer fragen Sie sich vielleicht, wo in unseren Skripts das schließende ?> geblieben ist. Dies und vieles andere ist im Kapitel 7 zu den Programmierkonventionen beschrieben (speziell 7.1.2 PHP-Tags).

3.3.3   Erweiterung der Klasse JModel

JModel ist die Klasse, welche Daten aus der Datenbasis bereit stellt. In unserem ersten Beispiel ist die Datenbasis eine MySQL-Datenbank (das ist Standard in Joomla, muss aber nicht sein).

Erstellen Sie ein Verzeichnis *models* in *components/com_mythings* und schreiben Sie folgenden Code

components/com_mythings/models/mythings.php

```php
<?php
defined('_JEXEC') or die;
jimport('joomla.application.component.modellist');


class MyThingsModelMyThings extends JModelList
{
   protected function getListQuery()
   {
    $db = $this->getDbo();
    $query = $db->getQuery(true);
    $query->from('#__mythings');
    $query->select('*');
    return $query;
   }
}
```

Erklärungen zum Code:

```php
<?php
defined('_JEXEC') or die;
jimport('joomla.application.component.modellist');
```

Für die Behandlung von Listen haben die Joomla-Entwickler eine spezielle Klasse mitgeliefert. Sie enthält Methoden, die alles fix und fertig haben, was man mit Listen so machen kann, z. B. alle Elemente der Tabelle auslesen.

```php
class MyThingsModelMyThings extends JModelList
{
```

Es ist eine Namenskonvention bei Joomla, dass der Komponentenname vor der zu erweiternden Klasse steht und danach der Name der speziellen Erweiterung. Unser Model *MyThings* erweitert die Klasse `JModelList`.

```php
protected function getListQuery() {
```

Sie müssen nur eins machen, damit Joomla den Rest praktisch von selbst erledigen kann: eine Abfrage definieren. Dafür überschreiben Sie die Methode `getListQuery()` von `JModelList`.

```php
$db = $this->getDbo();
$query = $db->getQuery(true);
```

Diese beiden Zeilen sind »zum Auswendiglernen« und der Beginn jeder Datenbankabfrage. Als Erstes benötigen Sie ein Datenbankobjekt und von diesem verlangen Sie ein neues Query-Objekt, das dann die eigentliche Abfrage aufnimmt.

```php
$query->from('#__mythings');
$query->select('*');
```

Joomla erzeugt daraus eine Abfrage: `SELECT * from #__mythings`. Und ersetzt den Platzhalter für das Datenbankpräfix aus der Konfigurationsdatei. Warum schreibt man die Abfrage nicht einfach als sql-statement? Joomla baut sich Abfragen selbst zusammen. Es könnte ja auch ein anderer Datenbanktyp als MySQL verwendet werden, dort wäre die Syntax der Abfrage eventuell anders. `JDatabaseQuery` bietet eine Menge Methoden, um eine Abfrage aufzubauen, von denen Sie hier nur zwei sehen: `from` nimmt den Tabellennamen an, `select` nimmt die Spaltennamen an, auf die sich die Suche beziehen wird.

```php
return $query;
}
}
```

Nun steht die Abfrage fertig im Query-Objekt und wartet darauf, benutzt zu werden. Das ist die Aufgabe der Klasse `JView`, die Sie als Nächstes erweitern.

3.3.4   Erweiterung der Klasse JView

Erzeugen Sie ein Verzeichnis *views*. So sieht das Verzeichnis *com_mythings* dann aus:

> **com_mythings**
> |-- *mythings.php*
> |-- *controller.php*
> |-- **models**
> |-- *mythings.php*
> |-- **views**

Und im Verzeichnis *views* geht es jetzt weiter.

Eine Komponente kann viele Ansichten bzw. Views haben, und jede Ansicht kann verschiedene Darstellungen bzw. Layouts haben. Nehmen Sie als Beispiel die Komponente *com_content*. Sie kennt die Ansichten »Einzelner Artikel«, »Blog« usw. Bei einer kleinen Komponente mit nur einer View verwendet man gewöhnlich den Namen der Komponente selbst für diese View. Damit bekommen Sie von Joomla vieles gratis, was Sie andernfalls selbst programmieren und bedenken müssen. Es lohnt sich immer, sich an Standards zu halten – jede Abweichung rächt sich furchtbar!

> **Der View oder die View?**
> Die Ausgabe heißt im Englischen *the view*. »Denglisch« also **die** View.
> Oder etwa nicht? Wie wäre es mit der Übersetzung »der Anblick« sodass es »denglisch« **der** View heißen würde? Es gab da eine kleine Diskussion im Autorenteam (*hüstel*) – aber tatsächlich ist »die Ansicht« die korrekte Übersetzung von *the view* und demnach schreiben wir »**die View**«.

Ihre View heißt *mythings* und dafür erstellen Sie wieder ein eigenes Verzeichnis, unterhalb *views*.

Los geht's mit der Datei *view.html.php*. Dieses Skript stellt die Verbindung zum Model her und besorgt die Daten. Die Ausgabe in Form von HTML-Code, also das Layout, liegt im Verzeichnis *tmpl* innerhalb von *views*. *default.php* ist das Standardlayout.

> **com_mythings**
> |-- *mythings.php*
> |-- *controller.php*
> |-- **models**
> |-- *mythings.php*
> |-- **views**
> |-- **mythings**
> |-- *view.html.php*

Speichern Sie in den folgenden Code:

components/com_mythings/views/mythings/view.html.php

```php
<?php
defined('_JEXEC') or die;
jimport('joomla.application.component.view');

class MyThingsViewMyThings extends JView
{
    protected $items;

    function display($tpl = null)
    {
        $this->items = $this->get('Items');
        parent::display($tpl);
    }
}
```

Erklärungen zum Code:

```php
class MyThingsViewMyThings extends JView
{
```

Die View namens MyThings erweitert die Klasse JView.

```php
protected $items;
```

Dies sind die Datensätze, welche die View präsentieren wird.

```php
function display($tpl = null)
{
```

display ist eine Standardfunktion der Klasse JView. Diese Methode überschreiben Sie hier.

```php
$this->items = $this->get('Items');
```

Wir müssen die Tabellenzeilen erst einmal vom Model bekommen.

Die Methode get der Klasse JView wendet sich an das Model mit dem Auftrag get('Items') – also »Zugriff auf die Datenbank und alle Sätze auslesen«. JModelList führt das auch gleich aus, denn die Abfrage ist ja schon definiert worden, und gibt als Ergebnis die Treffer zurück. Damit haben Sie ein Array mit allen Tabellensätzen (Zeilen), die die Abfrage zurückgeliefert hat.

```php
parent::display($tpl);
    }
}
```

Und jetzt aktivieren Sie die `display`-Methode der Eltern-Klasse `JView`, damit die Zeilen endlich in einem HTML-Dokument ausgegeben werden. `$tpl = null` bedeutet: Default-View ausgeben.

Tipp: Programmierer haben auch ihre Vorlieben. Manche schreiben get('Items') andere wieder get('items'). Die get- und set-Methoden der platform bügeln sich das schon zurecht. Aber verwenden Sie jedenfalls immer dieselbe Schreibweise, das erleichtert dem Leser das Verständnis.

3.3.5   Die Listenansicht

Erstellen Sie in *views/mythings* ein weiteres Verzeichnis *tmpl*.

> ***com_mythings***
>   *|-- mythings.php*
>   *|-- controller.php*
>   *|-- **models***
>   *|-- mythings.php*
>   *|-- **views***
>   *|-- **mythings***
>   *|-- view.html.php*
>   *|-- **tmpl***
>   *|-- default.php*

Schreiben Sie den nachstehenden Code. Es ist die Ausgabe der Datensätze im Browser. Wir machen es uns einfach und produzieren eine ganz normale Tabelle, aber geben nur ein paar Spalten unserer Datensätze aus.

Hinweis: Der Code hier enthält einige `style`-Angaben. Das ist »igitt«, solche Sachen gehören in die css-Datei, nicht in den Quellcode. Hier verwenden wir das ausnahmsweise, um schnell zu einem Ergebnis zu kommen. Zu CSS kommen wir später.

components/com_mythings/views/mythings/tmpl/default.php

```php
<?php
defined('_JEXEC') or die;

$nullDate = JFactory::getDbo()->getNullDate();
?>
<h1>Wir verleihen viele Dinge</h1>

<?php if ($this->items){ ?>
```

```
<table>
<tr>
  <th style="background: #ccc;">Bezeichnung</th>
  <th style="background: #ccc;">Kategorie</th>
  <th style="background: #ccc;">Ausgeliehen an</th>
  <th style="background: #ccc;">Ausgeliehen am</th>
</tr>

<?php foreach ($this->items as $item) : ?>
<tr>
  <td><?php echo $item->title; ?></td>
  <td><?php echo $item->category; ?></td>
  <td><?php echo $item->lent_by; ?> </td>
  <td>
      <?php
      if ($item->lent != $nullDate) {
          echo JHtml::_('date', $item->lent, 'd.m.Y');
      } ?>
  </td>
</tr>
<?php endforeach;?>

</table>
<?php } ?>
```

Joomla verwendet die *default.php*, wenn beim Aufruf der View nichts anderes angegeben ist.

Erklärungen zum Code:

```
$nullDate = JFactory::getDbo()->getNullDate();
```

Diese Methode liefert den Nullwert der Datenbasis für einen Zeitwert zurück, er könnte bei verschiedenen Datenbasen ja völlig verschieden aussehen.

```
if ($this->items){ ?>
```

Falls Datensätze gefunden wurden, bauen Sie eine Tabelle auf.

Der Anfang ist ganz normaler HTML-Code und braucht keine Erläuterung. Erst ab der foreach-Schleife wird es interessant.

```
<?php foreach ($this->items as $item) : ?>
```

Erinnern Sie sich? In *view.html.php* haben Sie $items von der Datenbank geholt und als Eigenschaft der View ($this) gespeichert. Jede Zeile ist ein Array mit dem Inhalt eines Datenbanksatzes, auf dessen einzelne Elemente Sie direkt über den Spaltennamen zugreifen können.

```php
<?php
if ($item->lent != $nullDate) :
    echo JHtml::_('date', $item->lent, 'd.m.Y');
endif;
?>
```

Hier geben Sie das Datum der Ausleihe aus, falls es gesetzt ist. JHtml hat zahlreiche Methoden, mit denen Elemente einer HTML-Seite aufbereitet werden. Sie werden diese im Streifzug durch die API näher kennenlernen.

3.3.6   Einen Menütyp anlegen

Fast geschafft! Aber Sie brauchen noch einen Menüpunkt, damit Sie die View auch aufrufen können. Dazu brauchen Sie die im Backend einen Menütyp. Schreiben Sie diesen Code (UTF-8 ohne BOM):

components/com_mythings/views/mythings/tmpl/default.xml

```xml
<?xml version="1.0" encoding="utf-8"?>
<metadata>
  <layout title="My Things "></layout>
</metadata>
```

So sieht die Struktur jetzt aus:

```
com_mythings
    |-- mythings.php
    |-- controller.php
    |-- models
            |-- mythings.php
    |-- views
            |-- mythings
                    |-- view.html.php
                    |-- tmpl
                        |-- default.php
                        |-- default.xml
```

Glückwunsch! Ihre erste Komponente mit einer ersten View im Frontend ist fertig. Sie können jetzt im Backend einen Link auf diese View anlegen.

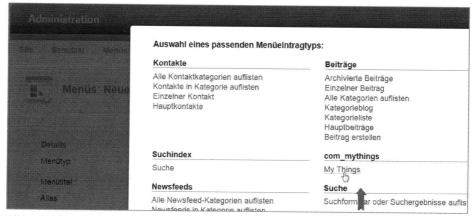

Bild 3.6: Einen Link zu MyThings anlegen

Und jetzt ins Frontend um zu gucken. Die Übersicht ist da!

Wir verleihen viele Dinge!

Bezeichnung	Kategorie	Ausgeliehen an	Ausgeliehen am
Wok	Haushalt	Axel	21.09.2011
Dirndl	Kleidung	Eva	21.02.2011
Abendanzug	Kleidung		
DAEMON	Buch		

Bild 3.7: Erste View: Die Übersicht

Allerdings kann man noch nicht viel damit anfangen, zumindest möchte man ja die Detailangaben zu den Dingen sehen können, und deshalb fügen Sie noch schnell eine zweite View hinzu.

3.4 Zweite View: Detailansicht

Durch Klick auf eins der Dinge soll die Detailansicht aufrufbar sein. Diese View bekommt den Namen »mything«. Falls Sie über diese Namen den Kopf schütteln – das Joomla-Namenskonzept erklärt, warum ich mir hier nichts Originelleres einfallen lasse. In den folgenden Kapiteln erfahren Sie mehr dazu.

3.4.1 Link zur Detailansicht einfügen

Zunächst einmal brauchen wir in der Übersicht einen Link, den der Anwender anklicken kann, um zur Detailansicht zu gelangen. Dieser Link adressiert die Komponente *com_mythings*, die View *mything* und übergibt den Schlüssel des Satzes, der gezeigt werden soll. Dazu muss nur die Default-View an einer Stelle erweitert werden: Ändern Sie nur die fett markierte Zeile im Skript.

components/com_mythings/views/mythings/tmpl/default.php

```
. . . .
<?php foreach ($this->items as $row) : ?>
<tr>
<td><?php echo $item->category; ?></td>
<td><?php echo $item->title; ?></td>
<td><?php echo $item->lent_by; ?> </td>
. . . .
```

Ersetzen Sie diese Markierung durch folgenden Code:

```
<td>
<?php
  $link =
  JRoute::_("index.php?option=com_mythings&view=mything&id=" .$item->id);
  echo '<a href="' .$link .'">' . $item->title .'</a>'; ?>
</td>
```

Erklärung zum geänderten Code
Der eigentliche Link zur Detailansicht wird von JRoute::_() je nach den SEO-Einstellungen der Anwendung erzeugt und in einem <a>-tag verwendet.

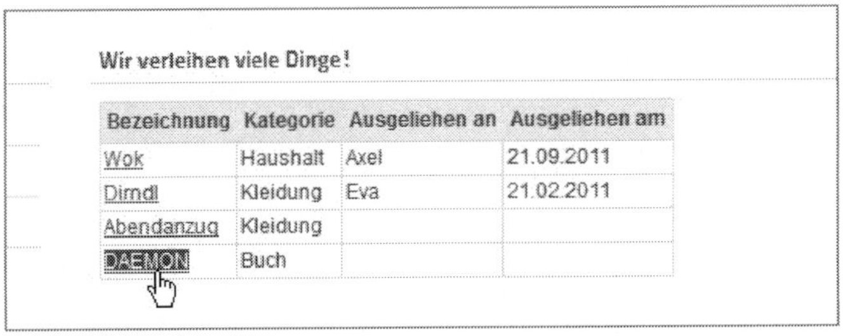

Wir verleihen viele Dinge!

Bezeichnung	Kategorie	Ausgeliehen an	Ausgeliehen am
Wok	Haushalt	Axel	21.09.2011
Dirndl	Kleidung	Eva	21.02.2011
Abendanzug	Kleidung		
DAEMON	Buch		

Bild 3.8: Links zur Detailansicht

3.4.2   Das Model MyThing

Auch bei der Entwicklung von Komponenten führen viele Wege zum Ziel. Um die Details eines Dings anzuzeigen, erstellen wir eine zweite View, ganz nach dem MVC-Entwurfsmuster, mit einem Model *MyThing,* einer View *MyThing* und dort einem Standardlayout *default.*

Irgendwie kommt einem das doch recht abwegig und überdimensioniert vor. Ein Lastwagen, um eine Streichholzschachtel zu transportieren? Ein extra Model und eine extra View nur um einen einzelnen Satz anzuzeigen, der sowieso schon da ist? Ein zweites Layout anstelle einer View würde es doch auch tun? Ganz recht. In meiner ersten

Version dieses Kapitels stand an dieser Stelle nur ein zweites Layout namens »thing«. Aber die Komponente wird größer werden, wer weiß, was wir mit dieser Detailansicht noch machen, und deshalb gibt es nun doch ein extra Model, mit dem der gewünschte Satz aus der Datenbank gelesen wird. Die Basisklasse dafür ist JModelItem.

components/com_mythings/models/mything.php

```php
<?php
defined('_JEXEC') or die;
jimport('joomla.application.component.modelitem');

class MyThingsModelMyThing extends JModelItem
{
    public function getItem($id = null)
    {
        $app = JFactory::getApplication();
        $requested_id = $app->get('input')->get('id', 0, 'int');
        if ($requested_id > 0) {
            $db = $this->getDbo();
            $query = $db->getQuery(true);
            $query->from('#__mythings');
            $query->select('*');
            $query->where('id = ' .$requested_id );
            $db->setQuery($query);
            $result = $db->loadObject();
        }
        return $result;
    }
}
```

Erklärung zum Code:

```php
class MyThingsModelMyThing extends JModelItem
{
    public function getItem($id = null)
    {
```

Die Methode getItem() liest einen einzelnen Satz aus der Datenbank aus.

```php
$input = JFactory::getApplication()->input;
$requested_id = $input->get('id', 0, 'int');
```

Wenn der Anwender auf einen Link geklickt hat, steht die id des angeforderten Satzes im Model MyThings.

```php
        if ($requested_id > 0) {
            $db = $this->getDbo();
            $query = $db->getQuery(true);
            $query->from('#__mythings');
```

```
$query->select('*');
$query->where('id = ' .$requested_id );
```

Die Abfrage selbst ist im Prinzip dieselbe wie schon im Model MyThings, nur ist die Suche auf den einen gewünschten Satz eingeschränkt.

```
$db->setQuery($query);
$result = $db->loadObject();
```

Hier wird die Abfrage ausgeführt. Das Ergebnis ist ein einziger Datensatz, der an die View zurückgegeben wird.

```
    }
    return $result;
    }
}
```

3.4.3   View für die Detailansicht erstellen

Sie haben jetzt nur noch eine View *MyThing* für die Detailansicht zu erstellen, zunächst wieder ohne Anspruch auf Schönheit. Am Anfang steht das Einrichten der Verzeichnisstruktur: Unter *views* erstellen Sie ein weiteres Verzeichnis *mything*.

component/com_mythings/views/mything/view.html.php

```php
<?php
defined('_JEXEC') or die;
jimport('joomla.application.component.view');

class MyThingsViewMyThing extends JView
{
    protected $item;

    function display($tpl = null)
    {
        $this->item = $this->get('Item');
        parent::display($tpl);
    }
}
```

Dieser Code unterscheidet sich von dem Code der View *MyThings* nur durch ... Haben Sie es bemerkt? Nur durch einen einzigen Buchstaben! MyThing statt MyThings und Item statt Items.

Weiter geht's mit dem Layout, genau wie bei der Übersicht: Das neue Verzeichnis *tmpl* nimmt das Layout in der Datei *default.php* auf. Die Tabellendarstellung ist eine Peinlichkeit und ist der Übersichtlichkeit auf Papier geschuldet – seien Sie ruhig kreativ bei Ihrem Design!

component/com_mythings/views/mything/tmpl/default.php

```php
<?php
defined('_JEXEC') or die;
$item = $this->item;
?>

  <h1><?php echo $item->title; ?></h1>
  <strong><?php echo $item->description; ?></strong>
  <table>
  <tr>
    <td>Zustand: </td>
    <td><?php echo $item->state; ?></td>
  </tr>
  <tr>
    <td>Wert: </td>
    <td><?php echo $item->value; ?></td>
  </tr>
  <tr>
    <td>Gewicht: </td>
    <td><?php echo $item->weight; ?></td>
  </tr>
  </table>
  <h1>
  <?php
  if ($item->lent == $nullDate) {?>
    Ist ausleihbar
  <?php } else {?>
    Ist gerade verliehen.
  <?php }?>
  </h1>
```

Erklärungen zum Code:

```php
<?php
defined('_JEXEC') or die;
$item = $this->item;
```

Die View zeigt den Inhalt des Items.

Bild 3.9: Die zweite View: Detailansicht

Weiter gibt es nichts zu erklären. Um die Kosmetik der Ansichten kümmern wir uns später. Das Framework bietet dafür viele und interessante Funktionen, die eine detaillierte Behandlung in einem eigenen Kapitel (Kap. 16) verdient haben.

3.5 Zusammenfassung

Mit ganz wenig Programmierarbeit haben wir jetzt eine erste Frontend-Komponente mit zwei Views erstellt und eine Basis für die weitere Entwicklung geschaffen.

```
com_mythings
    |-- mythings.php
    |-- controller.php
    |-- models
            |-- mythings.php
            |-- mything.php
    |-- views
            |-- mythings
                    |-- view.html.php
                    |-- tmpl
                        |-- default.php
                        |-- default.xml
            |-- mything
                    |-- view.html.php
                    |-- tmpl
                        |-- default.php
```

Sie haben gelernt

- wie im MVC-Entwurfsmuster Model View und Controller zusammenarbeiten,

- was es heißt, die Basisklassen JModel, JView und JController zu erweitern,

- wichtige Klassen/Methoden einzusetzen, zum Beispiel

    – JFactory, um eine Referenz zu erhalten,

    – JHtml, für die Aufbereitung von html-Ausgaben,

    – JRoute, für die Aufbereitung von Links,

    – JDatabase, für den Datenbank-Nullwert,

    – JInput, für die Abfrage der Benutzereingabe,

- den Input-Bereich der Applikation anzusprechen,

- eine Datenbankabfrage zu erstellen und das Ergebnis anzufordern.

Ebenso schnell schreiben Sie im nächsten Abschnitt Ihr erstes Modul.

4 Unser erstes Modul

Was sich Christiane da mit ihrer Verleihliste ausgedacht hat, gefällt mir recht gut. Nun bin ich schon immer ein neugieriger Mensch gewesen und habe mir gedacht, dass es doch recht nett wäre, wenn auf den ersten Blick auf jeder Seite unseres Webauftritts ein kleines Modul steht, dass uns die Anzahl der Dinge, die aktuell verliehen sind oder werden können, anzeigt. Zugegebenermaßen ist das in unseren Beispielen momentan noch ausgesprochen übersichtlich und kann mit einer Hand abgezählt werden, aber es könnten ja auch mal mehr Einträge in der Liste stehen, und irgendwann kann man das nicht mehr so ohne Weiteres auf einen Blick erfassen.

Also habe ich mir überlegt, ein kleines Statistikmodul, welches die Einträge der Liste zählt, zu programmieren.

Das Lernziel in diesem Kapitel:

Am Ende sollten Sie verstanden haben, wie ein Modul grundlegend aufgebaut ist.

Download: Sie können dieses erste Modul auf der Website *www.buch.cd* unter dem Namen *mod_mythingsstats_00.zip* downloaden.

Auch ein Modul folgt der MVC-Logik. Wenn auch in einer sehr einfachen und keiner echten, weil die Modelklassen nicht benutzt werden. Man könnte quasi von einer Light-MVC sprechen. Um aber die Aufgabenaufteilung der Dateien besser zu verstehen, benutze ich hier den MVC-Begriff. So gibt es eine Datei, die sich um die Ausgabe unserer Daten kümmert, eine, die sowohl Klasse, Eigenschaften und Methoden beinhaltet, und eine, die das Zusammenspiel dieser Dateien koordiniert.

Module werden in Joomla immer in das Unterverzeichnis *modules* gespeichert. Dort drin wird ein Verzeichnis angelegt, welches genauso heißt wie unser Modul und mit dem Präfix *mod_* beginnt. Im Modulverzeichnis selber gibt es noch das Verzeichnis *tmpl*, welches die View-Dateien beinhaltet. Model und Controller liegen direkt im Modulverzeichnis. Ebenso wie die Installationsdatei. Wir benötigen vier Dateien für unser Modul:

- *mod_mythingsstats.php*
- *mod_mythingsstats.xml*
- *helper.php*
- *default.php*

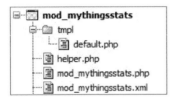
Bild 4.1: Dateiverzeichnis unseres ersten Moduls

Schauen wir uns nun die einzelnen Dateien an. Folgen wir zunächst der Model-Datei, bevor wir dann einen schnellen Blick in die View werfen und uns dann dem Controlling zuwenden.

4.1   Model: helper.php

In dieser Datei findet sich der eigentliche Ablauf, die Methoden unseres Moduls.

Methoden?

Genau. Unser Modul erhält eine eigene Klasse. Und bei Klassen werden aus Funktionen Methoden. Bei Unklarheiten empfiehlt sich ein Blick weiter hinten bei Kapitel 8, wo es einen kleinen Exkurs in die objektorientierte Programmierung (OOP) gibt. Joomla! 2.5 ist strikt objektorientiert aufgebaut.

Hier zunächst der gesamte Code:

```php
<?php

defined('_JEXEC') or die;

class modMyThingsStats
{
   public function getThings()
   {
      $db = JFactory::getDbo();
      $query= $db->getQuery(true);
      $query->select('COUNT(id)');
      $query->from('#__mythings');
      $db->setQuery($query);
      $things = $db->loadResult();

      return $things;
   }
}
```

Ich verzichte, wie auch Christiane, auf jegliche Kommentierung innerhalb des Codes hier im Buch, um ihn so besser lesbar zu machen. Der Code, den Sie jedoch downloaden können, um diese Beispiele nachzuvollziehen, hat eine Kommentierung. Wenn ich unter realen Bedingungen programmiere – also für mich oder für Kunden oder auch für die

Allgemeinheit – dann geize ich nicht mit Kommentaren im Code. Zum einen, weil ich bereits nach wenigen Tagen und Wochen vergesse, was ich da eigentlich wie und warum programmiert habe, und insbesondere, wenn ich die Erweiterung Monate später wieder anfasse, macht es Sinn, mittels Kommentaren zu erfassen, warum man etwas so und nicht anders programmiert hat und was die Variablen für eine Aufgabe haben. Aber auch und gerade unter dem Open-Source-Gedanken ist es zweckmäßig, seinen eigenen Code gut zu dokumentieren. Denn wenn ein anderer die Erweiterung umprogrammieren möchte, so freut der sich über eine gut dokumentierte Erweiterung.

Am Anfang steht auch im Modul der Aufrufschutz – wie in der Komponente bereits beschrieben. Danach geht es dann aber mit dem eigentlichen Modul los:

```
class modMyThingsStats
```

definiert unsere eigene Klasse. Der Name ist egal – ich könnte auch *Apfelkuchen* schreiben. Wir folgen aber der üblichen Schreibweise. Einleitend *mod* für Modul und dann der Name unserer Erweiterung. Zur besseren Lesbarkeit mit einigen Großbuchstaben.

Alles was nun unterhalb der Klasse steht, sind die Methoden zur Klasse:

```
public function getThings()
```

In unserem ersten Modul ist das an dieser Stelle noch sehr übersichtlich. Kompliziert können wir es immer noch machen. Zunächst wird eine Verbindung zur Datenbank aufgebaut und auch sogleich mit einer SQL-Abfrage bearbeitet.

JFactory ist eine joomlaeigene Klasse, die uns einige interessante Methoden zur Verfügung stellt. Eine ist die direkte Verbindung zur Datenbank (*getDbo()*). Wir brauchen uns also keine Gedanken darüber zu machen, wie die Datenbank heißt, wo sie liegt und was für Passwörter sie hat. Das Ergebnis weise ich dem Objekt *$db* zu. Auch hier ist der Name natürlich egal, wird aber sehr häufig so benutzt. Ebenso wie das anschließende Objekt *$query*. Ich erzeuge so neue Objekte und kann mittels des Pfeils auf passende Eigenschaften und Methoden zugreifen.

```
$query    = $db->getQuery(true);
```

Die Methode *getQuery()* wird aufgerufen mit den gespeicherten Datenbankinformationen, die in dem Objekt *$db* stehen und das Ergebnis wird an das Objekt *$query* übergeben. Damit kann ich nun SQL-Anweisungen definieren und diese mittels dem Objekt *$query* aufrufen bzw. an die Methode *setQuery()* übergeben.

Für ungeübte in der Objektorientierung ist das vermutlich etwas verwirrend an dieser Stelle. Stellen Sie sich eine große Küche vor: Der Meisterkoch weiß alles (der Meisterkoch ist unsere *JFactory*). Das Wissen über das 5-Gänge-Menü wird nun abgefragt (*JFactory::getDbo()*) und die Arbeitsschritte zur Erstellung des Menüs entsprechend vorbereitet. Damit man sich nicht mit dem ganzen anderen Wissen des Meisterkochs beschäftigen muss, erhält der Kochgeselle nur diese Information (*$db*). Dieser kann nun Teilbereiche des 5-Gänge-Menüs abfragen und selber ausführen oder an Kochgehilfen weiterleiten. Ein Kochgehilfe (*$query*) erhält alle Töpfe, in denen er verschiedene

Zutaten vorbereiten kann, bevor er dann alles an den Kochgesellen zurückgibt, der das dann alles in dem großen Topf zusammenrührt (*$db->setQuery($query*).

```
$query->select('COUNT(id)');
```

In dieser Zeile nun wird eine Information aus der Datenbank ausgelesen. Es werden einfach die Datensätze gezählt, was die SQL-Anweisung *COUNT* macht. *Id* ist ein Feld in der Datenbanktabelle *mythings*, die Christiane zuvor in ihrer Komponente angelegt hat. Und eben diese Tabelle wird auch ganz konkret angesprochen:

```
$query->from('#__mythings');
```

#_ bedeutet auch hier das Gleiche, wie in der Komponente bereits genannt. Joomla ersetzt diesen Teil mit dem tatsächlich vorhandenen Datentabellen-Präfix. Früher war das sehr oft »jos«. Seit Joomla 1.7 wird dieses Präfix per Zufallsprinzip vergeben und kann aber auch selbst verändert werden. Ich habe lokal bei mir meist mehrere Joomlas auf einer Datenbank laufen, und damit es da keine Schwierigkeiten gibt, hat jedes Joomla auf meinem Rechner sein eigenes Datenbank-Präfix. Mit diesem Zusatz am Anfang (#_) erkennt Joomla von allein, welches Präfix das richtige ist.

Mit den beiden Zeilen habe ich eine vollständige SQL-Anweisung: *Zähle die Anzahl der Zeilen in der Spalte »id« in der Datenbanktabelle »#__mythings«.* Oder in SQL-Syntax ausgedrückt: SELECT COUNT(id) FROM #__mythings

```
$db->setQuery($query);
```

Diese Zeile führt nun den SQL-Befehl in der Datenbank aus und liefert das Ergebnis in die Methode *loadResult()* zurück. Diesen Wert müssen wir nun abermals abfragen und einer Variablen übergeben. Ich habe dafür den Variablennamen *$things* gewählt:

```
$things = $db->loadResult();
```

Damit haben wir nun die Anzahl an Dingen ermittelt und geben diesen Wert mittels *return* zurück

```
return $things;
```

Damit haben wir alles getan, was wir brauchen, um die Anzahl unserer Verleihdinge zu erfassen. Was wir nun brauchen, ist eine Datei, die die Ausgabe und die Methode kontrolliert und somit steuert.

4.1.1 Hintergründiges zu $query und SQL

Auf den ersten Blick sieht das ja doch etwas umständlich aus. Gäbe man die SQL-Zeichenkette direkt ein, müsste man ja eigentlich mit einer Zeile hinkommen. Aber dieser »Umstand« hat durchaus Sinn. Wenn man die SQL-Befehle dergestalt zerlegt und entsprechend einzeln übergibt, kann Joomla sie völlig unabhängig von der gerade benutzten Datenbank ausführen. Joomla schaut also nach, welches Datenbanksystem benutzt wird, und kann nun die einzelnen SQL-Befehle ganz einfach passend für das verwendete System zusammenbauen. Zwar benutzen wir in den allermeisten Fällen eine MySQL-Datenbank, aber Joomla hat durchaus Ambitionen, auch für andere Datenbanksysteme Schnittstellen zur Verfügung zu stellen. Und jedes Datenbanksystem benutzt seine eigene SQL-Syntax. Die Befehle sind immer gleich, aber die Schreibweise ändert sich. Mit dieser Technik ist es Ihnen als Programmierer letztlich egal, welches System benutzt wird – Ihre Erweiterungen laufen damit auf jeder Joomlainstallation.

4.2 Controller: mod_mythingsstats.php

Diese Datei steuert also nun die Logik zwischen Ausgabe und der eigentlichen Programmierung des Moduls.

Das ganze Listing ist recht überschaubar:

```php
<?php

defined('_JEXEC') or die;

require_once dirname(__FILE__).DS.'helper.php';
$stats = modMyThingsStats::getThings();
require JModuleHelper::getLayoutPath('mod_mythingsstats');
```

Oben finden wir wieder unseren »Aufrufschutz«.

```php
require_once dirname(__FILE__).DS.'helper.php';
```

Diese Zeile bindet die *helper.php* von weiter oben in diesem Kapitel in diese Datei ein. Damit können wir hier die Klasse, die wir zuvor erzeugt haben, nutzen. Und genau das machen wir auch eine Zeile darunter:

```php
$stats = modMyThingsStats::getThings();
```

Wir rufen die Methode *getThings()* der Klasse *modMyThingsStats* auf. Also exakt das, was wir zuvor in der *helper.php* programmiert haben. Das Ergebnis dieses Aufrufs speichern wir in die Variable *$stats*. Zur Erinnerung: Das Ergebnis ist die Anzahl der Zeilen in unserer Datenbanktabelle.

Zu guter Letzt binden wir die Ausgabedatei ein:

```php
require JModuleHelper::getLayoutPath('mod_mythingsstats');
```

Da wir als Pfad unser Modul angeben und keine andere Ausgabedatei benennen, wird so automatisch die *default.php* als Ausgabedatei von Joomla genommen. Wir könnten auch schreiben:

```php
require JModuleHelper::getLayoutPath('mod_mythingsstats', 'default');
```

Was den gleichen Effekt hätte, wie die Zeile zuvor. Wir können aber auch einen anderen Dateinamen hier angeben. Also statt *default* beispielsweise *anderesicht*. Setzt allerdings voraus, dass zuvor eine Datei namens *anderesicht.php* im *tmpl*-Verzeichnis gespeichert wurde. Dann wird nicht die *default.php* bei der Ausgabe genommen, sondern die *anderesicht.php*.

Tipp: Mir passierte es im Eifer der Programmierung, dass ich die letzte Zeile, die den Viewer einfügt, an den Anfang des Blocks gesetzt hatte. Also direkt nach *require_once*. Das führt dazu, dass nichts ausgegben wurde. Das *require* des Viewers muss also stets am Ende der Datei stehen.

4.3   Layout: default.php

Die *default.php* liegt im Unterverzeichnis *tmpl* und ist die Standardausgabedatei. In dieser Datei erzeuge ich die Ausgabe, also die Zeichenkette, und formatiere meine Ausgabe oder was auch immer ich tun möchte, damit meine Statistik zur Anzeige gebracht wird.

```php
<?php
defined('_JEXEC') or die;
echo "Anzahl der Dinge, die wir verleihen: ".$stats;
```

Neben dem Aufrufschutz haben wir eine einzige Zeile für die Ausgabe angegeben:

```php
echo "Anzahl der Dinge, die wir verleihen: ".$stats;
```

Interessant ist allerdings die Logik, die dahintersteckt: Die Ausgabedatei ruft die Variable auf, die wir im Controller definiert haben, in dem wir die Methode im Model aufgerufen haben.

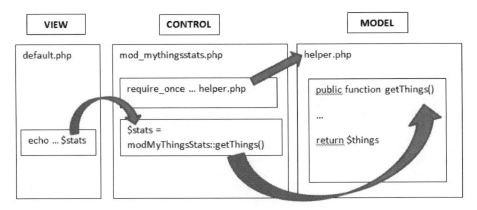

Bild 4.2: Schematische Darstellung der »Light-MVC«

4.3.1   Hintergrundwissen: Warum dieser Aufbau?

Betrachtet man nun diese Dateien, dann stellt sich vielleicht die Frage, warum dieser Umstand? Kann man ja schließlich auch alles in eine Datei schreiben, was prinzipiell auch möglich ist, und es gibt auch Module, wo das genau so ist. Es gibt auch Module, die machen keine Ausgabe oder haben keine Helper-Datei, weil sie das einfach nicht brauchen. Es gibt immer und stets auch Ausnahmen. Dieser Aufbau aber bietet einige Vorteile, die nicht zu unterschätzen sind:

Zum Beispiel ist es eine Leichtigkeit, eine neue Ausgabe zu programmieren und die einfach in das *tmpl*-Verzeichnis zu speichern mit neuem Namen. Im Backend kann man dann das Modul einfach editieren und unter *Alternatives Layout* eine neue Ausgabe im Frontend auswählen. Anders ausgedrückt: Ich kann so ganz einfach ein *Override* programmieren. Ein Designer muss sich so keine Gedanken über mehr oder weniger komplizierte Programmierungen machen, sondern kann sich auf die Ausgabe der Daten konzentrieren.

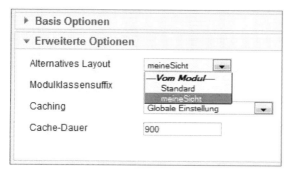

Bild 4.3: Modul-Override – Auswahl

Die *mod_mythingsstats.php* ist der Einstiegspunkt in das Modul für Joomla. Das Modul heißt so, und Joomla schaut im *modules*-Verzeichnis nach, ob es da ein Verzeichnis und dann da eine Datei mit eben dem Namen gibt, ruft diese auf und arbeitet diese dann ab. In dieser Datei werden die notwendigen Dateien und Klassen inkludiert und alles ist klar aufgebaut. Und jemand, der dieses Modul im Rahmen des Open-Source-Gedankens erweitern möchte, weiß ganz genau, wo was steht. Mit diesem Aufbau ist ein Modul generell transparent.

Wer eine neue Methode implementieren möchte, der braucht diese einfach nur in der *helper.php* anzulegen und macht in der *mod_mythingsstats.php* den Methodenaufruf, den er wiederum in der Ausgabedatei lediglich aufzurufen braucht. Man braucht sich keine Gedanken darüber zu machen, wo was wie genau steht und ob man was beachten muss beim Aufbau und wo man seine eigenen Methoden etc. implementiert.

4.4 Installer: mod_mythingsstats.xml

Natürlich stellen Sie sich jetzt zu Recht die Frage, warum diese Datei hier nicht weiter beschrieben ist, schließlich muss ja auch alles nun in Joonla installiert werden. Da wir aber in jeder Erweiterung etwas zu installieren haben und entsprechende Installations-dateien erzeugen müssen, die ganz oft den gleichen Inhalt haben, haben wir aus diesem Vorgang ein eigenes Kapitel gemacht (Kap. 23). Die Datei, die Sie hier benötigen, ist denn auch in Kapitel 23.3.2 komplett abgedruckt, einschließlich der Sprachdateien, wie Sie in Kapitel 6 zum Thema Sprache beschrieben sind.

Wenn Sie Lust haben, können Sie als erste Übung die Installationsdatei ohne die Sprachdateien erstellen. Aber Sie haben recht, das ist natürlich zu easy, Sie brauchen ja nur den *language-Block* zu löschen, dann passt das schon.

5 Das erste Plugin

Plugins arbeiten im Hintergrund und warten darauf, dass ein Ereignis stattfindet. Ein Ereignis kann beispielsweise das Anzeigen von Inhalten sein. Oder wenn sich ein Benutzer das erste Mal einloggt oder wenn Inhalt vollständig geladen wurde. Joomla schaut dann nach, ob und wenn ja, welche Plugins für ein bestimmtes Ereignis gesetzt sind, und arbeitet diese der Reihe nach ab. Die Reihenfolge steht in der Pluginübersicht im Backend und kann dort beeinflusst werden. Das muss man in den seltensten Fällen tun, da die Plugins normalerweise unabhängig von einander ablaufen. Aber Ausnahmen bestätigen bekanntlich die Regel.

Plugins beeinflussen die Ausgabe oder manipulieren Daten. So können beispielsweise Platzhalter im Content mit neuen Inhalten gefüllt werden. Das können Textersetzungen oder auch das Aufbereiten von Bildern sein, die anstelle der Platzhalter angezeigt werden oder das Verschleiern von E-Mail-Adressen, das Anzeigen von Buttons unter dem Editor und vieles mehr.

Plugins sind also eine großartige »Erfindung« innerhalb Joomlas, die sehr vieles ermöglichen und meist auch recht einfach programmiert sind.

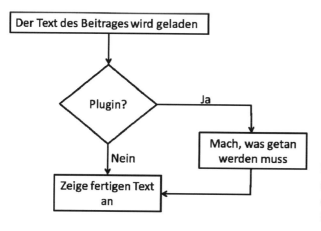

Bild 5.1: Vereinfachte schematische Darstellung des Aufrufs eines Content-Plugins

Lernziele in diesem Kapitel:
In diesem Kapitel werden wir nur einen klitzekleinen allgemeinen Einblick in die Funktionsweise von Plugins werfen und an Hand eines sehr einfachen Beispiels aufzeigen, wie Text an den Anfang von Inhalten platziert werden kann.

5.1   Einfach nur einen Titel

Download: Unter dem Namen *plg_mytitel_01.zip* können Sie das Plugin auf *www.buch.cd* downloaden.

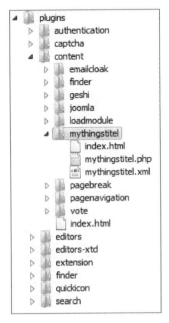

Bild 5.2: Plugins für viele verschiedene Bereiche

Plugins werden für verschiedene Bereiche innerhalb Joomlas programmiert. Man unterscheidet u. a. System-Plugins, Content-Plugins, Editor-Plugins und noch ein paar weitere. Details dazu finden sich weiter hinten im Kapitel 17 zu den *Arbeiten im Untergrund*. Zum Einstieg programmieren wir ein Plugin, das nichts weiter macht als am Anfang einer Seite mit Beiträgen einen Text auszugeben. Wir programmieren also ein *Content-Plugin*.

Zunächst der ganze Code unseres kleinen Plugins:

```php
<?php
defined('_JEXEC') or die;

class plgContentMyTitel extends JPlugin {

    public function onContentPrepare($context, &$article, &$params,
$limitstart) {
        $titel = "<p>Wir programmieren ein erstes Plugin</p>";
        $article->text = $titel . $article->text;
```

```
    return true;
    }
}
```

Ganz oben steht wieder unser Aufrufschutz. Danach deklarieren wir eine Klasse. Hier ist der Name sehr wichtig! Wir leiten mit *plg* den Namen ein und signalisieren so eindeutig, dass es ein Plugin ist. Mit *Content* teilen wir Joomla mit, dass diese Plugin-Klasse für den Plugintyp *Content* programmiert ist. Wie ich oben bereits erwähnte, gibt es verschiedene Plugintypen und Joomla muss genau mitgeteilt werden, für welchen Typ dieses Plugin bzw. die Klasse, programmiert wurde. Danach fügen wir den Namen des Plugins an. Lässt man »plgContent« weg oder schreibt man nicht den Datei-/Pluginnamen richtig hin, dann funktioniert das Plugin nicht. Ob dieser Klassenname groß oder klein geschrieben ist, ist hingegen egal. Der besseren Lesbarkeit wegen folge ich hier ebenfalls der joomlaüblichen Schreibweise und mische den Klassennamen mit einigen Großbuchstaben.

Die joomlaeigene Klasse *JPlugin* hänge ich an meiner Klasse mit an. Damit kann ich auf die Klassenbibliothek von *JPlugin* zugreifen.

```
public function onContentPrepare($context, &$article, &$params, $limitstart)
```

Das ist eine recht interessante Zeile. *onContentPrepare* ist das Ereignis, das wir verwenden. Das Ereignis wird ausgelöst nachdem Content geladen wurde. Also ein Beitrag. Nachdem dieser geladen wird, jedoch noch nicht zur Anzeige gebracht wurde, verrichtet das Plugin seine Arbeit und ändert den Text nach unseren Vorgaben. Diese Funktion wird automatisch vom Viewer der Komponente, die für die Anzeige des Inhalts verantwortlich ist, aufgerufen. In unserem Fall ist das die *com_content*. Also die Beitragskomponente.

Und genau dieser Hinweis findet sich auch in der Parameterübergabe *$context*. Hier findet sich der Kontext im Bezug zum Plugin wieder. Beim Aufruf eines einzelnen Beitrags wird die Zeichenkette *com_content.article* übergeben. Bei einer Kategorieauswahl die Zeichenkette *text*. Für uns ist das an dieser Stelle noch nicht weiter interessant, da wir diesen Parameter noch nicht auswerten. *&$article* ist ein Objekt, das uns übergeben wird. In diesem Objekt finden wir den Inhalt unseres Beitrages. Also den Text etc., den wir weiter unten auch abfragen. In dem Objekt *&$params* werden etwaige Parameter des Plugins übergeben, die dann entsprechend abgefragt werden können. Wie das funktioniert, werden wir im Kapitel weiter unten dann genauer unter die Lupe nehmen. In *$limitstart* steht die Seite, die angezeigt wird. Das ist an sich nur spannend, wenn wir einen Inhalt haben, der über mehrere Seiten geht.

Für uns ist in diesem Plugin eigentlich nur das Objekt *&$article* zunächst interessant. Wir müssen aber die anderen Parameter auch mit angeben, da sonst der Funktionsaufruf zu einer Fehlermeldung führen würde.

In *$titel* schreiben wir einfach unseren Satz, den wir am Anfang ausgeben möchten. Wie man sieht, kann man HTML- oder auch CSS-Code mit einbauen.

Da im Objekt *&$article* eben genau dieser mit übergeben wird, können wir mit dem Objektvariablenaufruf *$article->text* den gesamten Text des Beitrages abrufen und mit unserer Überschrift neu zusammensetzen.

Mit *return true* beenden wir das Plugin und Joomla arbeitet nun wieder normal weiter.

Das Plugin ist nicht sehr spektakulär, soll aber verdeutlichen, wie ein Plugin grundsätzlich funktioniert. Man kann mit Plugins tatsächlich sehr viel machen und oft genug sind sie relativ schnell programmiert.

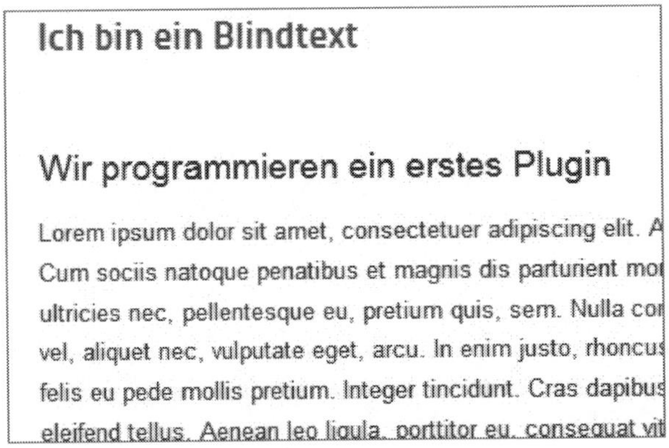

Ich bin ein Blindtext

Wir programmieren ein erstes Plugin

Lorem ipsum dolor sit amet, consectetuer adipiscing elit. A
Cum sociis natoque penatibus et magnis dis parturient mo
ultricies nec, pellentesque eu, pretium quis, sem. Nulla co
vel, aliquet nec, vulputate eget, arcu. In enim justo, rhoncu
felis eu pede mollis pretium. Integer tincidunt. Cras dapibu
eleifend tellus. Aenean leo ligula, porttitor eu, consequat vi

Bild 5.3: Zur besseren Verdeutlichung habe ich den Titel mit CSS etwas größer gemacht: *‹p style="font-size:1.5em;"›Ich bin...*

6 Sprachen

6.1 Eleganter: mit Sprachdateien

Bislang haben wir alles recht einfach und bewusst überschaubar gestaltet. Dennoch sind aber ein paar sehr unschöne Dinge enthalten, die wir sinnigerweise ändern, um uns von Anfang an eine saubere Programmierung anzugewöhnen.

Wir haben im Frontend und im Backend unserer Erweiterungen jeweils eine Ausgabe. Einen Text. Schön wäre es natürlich, wenn wir diese Texte dynamisch in unsere Erweiterungen einbauen würden, sodass es möglich ist, den Text über die Sprachdateien auch in andere Sprachen zu übersetzen.

In diesem Kapitel mache ich das am Beispiel des ersten Moduls, des Statistikmoduls. Es gilt aber inhaltlich für alle Arten von Joomla-Erweiterungen.

> **Download:** Vollständig mit eingebundenen Sprachdateien findet sich das Modul auf der Website *http://www.buch.cd* in der Datei *mod_mythingsstats_01.zip*

Als Erstes müssen wir die Sprachdateien anlegen. Eine englische Sprachdatei ist Pflicht! Gibt es innerhalb Joomla Unklarheiten, welche Sprachdatei eingebunden werden soll, dann wird immer standardmäßig die englische Sprachdatei benutzt. Neben der englischen legen wir auch noch eine deutsche Sprachdatei an.

Zunächst das Englische, welches wir unter den Namen *en-GB.mod_mythingsstats.ini* im neuen Modulunterverzeichnis *language/en-GB* abspeichern:

```
; MyThings Statistik-Ausgabe in Englisch
STATSANZAHL="We have lent things: %d"
```

Und das Gleiche in deutscher Sprache, welches unter den Namen *de-DE.mod_mythingsstats.ini* im Unterverzeichnis *langauge/de-DE* abgespeichert wird:

```
; MyThings Statistik-Ausgabe in Deutsch
STATSANZAHL="Anzahl der Dinge, die wir verleihen: %d"
```

Haben Sie das Modul schon installiert, finden Sie diese Sprachdateien im *Joomlarootverzeichnis/language/de_DE/* oder entsprechend der Unterverzeichnisse in anderen Sprachen.

> **Tipp:** Im Modulverzeichnis werden die Sprachdateien gespeichert, wenn Sie das Modul entwickeln. Wird dann der Installer, wie im Kapitel 23 über den *Installer* erklärt, entsprechend angepasst, installiert Joomla die Sprachdateien entsprechend. Ist das Modul jedoch schon installiert, dann finden Sie die Sprachdateien ausschließlich in den entsprechenden »languages«-Verzeichnissen von Joomla. Die Modulverzeichnisse für die Sprachen, die sie angelegt haben, sind dann nicht mehr vorhanden.

Ein Kommentar wird mit dem Semikolon eingeleitet. Links werden Sprachschlüssel erzeugt, die mit großen Buchstaben gekennzeichnet werden – was ein Muss ist! Werden mehrere Wörter benutzt, müssen diese mit einem Unterstrich verbunden werden (Beispiel: MYTHINGS_STATSANZAHL). Diesen Sprachschlüsseln werden dann die Zeichenketten in Anführungsstrichen zugewiesen.

Jetzt müssen wir noch unsere *default.php* anpassen. Wir ändern einfach diese Zeile:

```
echo "Anzahl der Dinge, die wir verleihen: ".$stats;
```

in diese um:

```
JText::printf('STATSANZAHL', $stats);
```

Damit haben wir dynamische Sprachausgabe in unserer Programmierung. Welche Sprache auch immer der Administrator vorgibt oder, wenn wir Mehrsprachigkeit auf unserer Website zulassen, welche Sprache dann der Benutzer ausgewählt hat, in unserem Modul wird im Frontend die passende Sprache ausgegeben, sofern entsprechende Übersetzungen vorliegen. Joomla schaut einfach im *language*-Verzeichnis nach, ob dort eine Datei in der jeweiligen Länderkennung für unser Modul vorliegt. Weshalb es auch sehr wichtig ist, dass die Sprachdatei so heißt wie unser Modul. Sonst kann sie natürlich nicht gefunden werden.

JText ist eine joomlaeigene Klasse, die wir benutzen. Es gibt verschiedene Arten, diese in den Code einzubinden. Wir haben das mit *printf* getan. Damit ist es möglich, dass in der Übersetzung der Variablenwert von *$stats* an beliebiger Stelle ausgegeben wird. Ich kann also oben dem Sprachschlüssel auch so etwas zuweisen:

```
; MyThings Statistik-Ausgabe in Deutsch
STATSANZAHL="Wir haben %d Dinge verliehen"
```

Oder das Ganze in Englisch:

```
; MyThings Statistik-Ausgabe in Englisch
STATSANZAHL="We have lent %d things"
```

Anstelle von %d wird dann zur Laufzeit der Wert unser Variablen *$stats* gesetzt. Das »d« steht im Übrigen für eine dezimale Zahl.

Hätten wir als Textausgabe keinen dynamischen Wert, sondern nur und ausschließlich Text, dann könnten wir auch diese Zeile in unsere *helper.php* einfügen:

```
echo JText::_('STATSANZAHL').$stats;
```

Also an Stelle von *printf* lediglich den Unterstrich benutzen und in der Parameterübergabe nur den Sprachschlüssel übergeben, nicht jedoch den Wert für unsere Anzahl, die wiederum mit dem Punkt-Operator einfach hinten dran gehängt wird. Dann wird also nur und ausschließlich Text übergeben. Die Sprach.ini wird dann auch leicht verändert:

```
; MyThings Statistik-Ausgabe
STATSANZAHL="Anzahl der Dinge, die wir verleihen: "
```

Da wir ja aber eine konkrete Anzahl ausgeben wollen und nicht jede Sprache dieser Welt grammatikalisch so funktioniert wie die deutsche Sprache, macht es Sinn, hier mit *printf* zu arbeiten, da dann die Sätze einschließlich der Wert-Angabe nach eigenem Belieben frei gestaltet werden können.

Es gibt noch eine weitere Möglichkeit. Und zwar mit *sprintf*. Die Übergabe bzw. der Aufruf ist identisch mit *printf*. Der Unterschied liegt darin, dass die Rückgabe eine unterschiedliche Auswertung ergibt. *sprintf* liefert die Übersetzung als Variablenwert zurück und wird demzufolge an eine Variable übergeben. Das würde also bedeuten, dass wir quasi unsere Sprachzeichenkette zunächst zwischenspeichern, bevor wir sie ausgeben. Also beispielsweise:

```
$statistik = JText::sprintf('STATSANZAHL', $stats);
echo $statistik;
```

Wahlweise geht auch der direkte Aufruf mit einem *echo*:

```
echo JText::sprintf('STATSANZAHL', $stats);
```

printf hingegen gibt den Wert direkt zurück und kann somit auch direkt ausgegeben werden.

In unserem Fall reicht das *printf* vollkommen aus. Haben Sie jedoch noch weitere Abfragen dazwischen, dann kann es sinnvoller sein, zunächst die Ausgabe zusammenzusetzen, bevor man sie dann mit echo oder wie auch immer ausgibt.

Und selbstverständlich können Sie hier auch HTML-Elemente einfügen und auch eine CSS-Klasse angeben. Beispielsweise:

```
echo '<div class="statistik">'.JText::sprintf('STATSANZAHL',
$stats).'</div>';
```

Es gibt im Übrigen noch jede Menge Möglichkeiten, die Ausgabe direkt zu gestalten[13].

---

[13] *http://www.php.net/manual/de/function.sprintf.php*

6.2   Eins, viele oder nichts

Die Grammatik unterscheidet in vielen Sprachen zwischen Ein- und Mehrzahl bzw. null. Also:

- Wir haben viele Dinge verliehen.

- Wir haben kein Ding verliehen.

- Wir haben ein Ding verliehen.

Hierfür bietet Joomla uns eine nette Lösung. Wir geben einfach bei unserem Sprachschlüssel an, ob es sich um die Übersetzung für die Einzahl, Mehrzahl oder keines handelt.

```
; MyThings Statistik-View in English
STATSANZAHL="We currently have lent out %d things"
STATSANZAHL_0=" We currently have lend no thing"
STATSANZAHL_1=" We currently have lent one thing"
```

```
; MyThings Statistik-Ausgabe in Deutsch
STATSANZAHL="Wir haben %d Dinge verliehen"
STATSANZAHL_0="Wir haben keine Dinge verliehen"
STATSANZAHL_1="Wir haben ein Ding verliehen"
```

»_0« und »_1« gibt dabei die Einzahl oder eben keins an. Alles andere ist die Mehrzahl. Das tolle ist nun, dass Joomla von allein erkennt, ob es sich um 0, 1 oder viele handelt, sofern wir den Aufruf mit *plural* gestalten:

```
echo JText::plural('STATSANZAHL', $stats);
```

Joomla wertet also die SQL-Anweisung aus, schaut nach, wo genau der Counter steht, und passt unsere *STATSANZAHL* entsprechend automatisch dem Counter und somit die zugewiesene Zeichenkette an.

6.3   Und noch mehr Sprache: *.sys.ini

Neben der *.ini*-Sprachdatei gibt es noch eine *.sys.ini*-Sprachdatei. Also quasi eine Datei mit doppeltem Suffix. Die *sys.ini*-Datei hat die Aufgabe direkt nach der Installation Übersetzungen vorzunehmen. Im Installer kann ein Beschreibungstext angegeben werden. Direkt nach der Übersetzung wird dieser ausgegeben und im Backend angezeigt. Dazu wird zunächst ein Sprachschlüssel in die *description* eingetragen:

```
<description>MOD_MYTHINGSSTATS_XML_DESCRIPTION</description>
```

Hier ist es sehr wichtig, die richtige Bezeichnung zu schreiben, die sich wie folgt zusammensetzt:

Art der Erweiterung plus *Name der Erweiterung* plus *XML_DESCRIPTION*

Daraus ergibt sich in diesem Beispiel: *MOD*, da es sich um ein Modul handelt. Den Namen des Moduls: *Mythingsstats* und alles in Großbuchstaben und mit Unterstrichen verbunden.

In der *de-DE.mod_mythingsstats.sys.ini* tragen Sie dann das hier ein:

```
MOD_MYTHINGSSTATS_XML_DESCRIPTION="Ein erstes einfaches Statistikmodul für
die Komponente 'MyThings'."
```

und wiederholen das entsprechend in der englischen Sprachdatei:

```
MOD_MYTHINGSSTATS_XML_DESCRIPTION="Our first simple statistic module for the
'MyThings' component."
```

Es ist nun zwingend notwendig, dass Sie die Sprachdateien auch im *language*-Verzeichnis, so wie oben beschrieben, stehen haben, da sonst der Sprachschlüssel nicht dynamisch ersetzt wird und stattdessen nach der Installation dann lediglich der Sprachschlüssel ausgegeben wird.

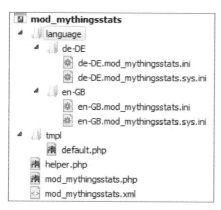

Bild 6.1: Die Verzeichnisstruktur des Moduls

Im Installer müssen Sie noch diesen Block zufügen:

```
<languages folder="language">
<language tag="en-GB">en-GB/en-GB.mod_mythingsstats.ini</language>
<language tag="de-DE">de-DE/de-DE.mod_mythingsstats.ini</language>
<language tag="de-DE">de-DE/de-DE.mod_mythingsstats.sys.ini</language>
<language tag="en-GB">en-GB/en-GB.mod_mythingsstats.sys.ini</language>
</languages>
```

Details dazu entnehmen Sie bitte dem Kapitel 23.3.4 über den *Installer/Standardtypen/ Language*.

Halten Sie diese Struktur nicht ein und legen die Sprachdateien direkt in das Erweiterungs-Root, dann werden die Sprachdateien zwar auch ordnungsgemäß installiert, aber der Beschreibungstext wird weder nach der erfolgreichen Installation, noch in der Erweiterung selber nach dem Editieren angezeigt:

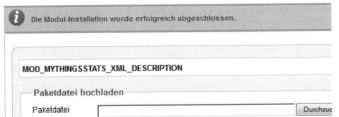

Bild 6.2: Wird nur der Sprachschlüssel direkt nach der Installation ausgegeben, liegen die Sprachdateien im falschen Verzeichnis des Installationspakets.

Ein Beschreibungstext, der in dieser Art eingefügt wird, hat allerdings den Nachteil, dass er nur als einfacher Fließtext ausgegeben wird. Manchmal macht es jedoch auch Sinn HTML-Tags mit in den Text unterzubringen – Absätze, Zeilenumbrüche, Verlinkungen oder andere Formatierungen.

Das geht natürlich auch, aber dafür muss das zusätzliche Schlüsselwort CDATA eingefügt werden. Die genaue Syntax dafür lautet: *<![CDATA[SPRACHSCHLÜSSEL]]>*

```
<description><![CDATA[MOD_MYTHINGSSTATS_XML_DESCRIPTION]]></description>
```

Nun können die jeweiligen Sprachdateien mit HTML-Tags versehen werden:

```
MOD_MYTHINGSSTATS_XML_DESCRIPTION="<p>Ein erstes einfaches Statistikmodul
für die Komponente 'MyThings'.</p><p>Weitere Infos finden sich beim <a
href=\"http://www.franzisverlag.de\" target=\"_blank\">Franzis Verlag</a>"
```

6.3.1 Gleiches Schlüsselwort – unterschiedliche Texte

Das Sprachschlüsselwort muss in beiden Sprachdateien des jeweiligen Landes definiert werden. Also einmal in der **ini* und einmal in der **sys.ini*

Die **sys.ini* gibt den Text direkt nach der Installation aus und die **ini* gibt den Beschreibungstext nach dem Editieren des Moduls aus. Somit können unterschiedliche Texte definiert werden.

Ähnlich verhält es sich im Titel (*name*) des Moduls. Der Titel, der in der **sys.ini* definiert ist, wird als Titel des Moduls in der Modulübersicht angezeigt, aber im editierten Modul taucht dieser Titel auch noch mal über dem Beschreibungstext auf. Dieser Titel wird aus der **ini*-Datei genommen.

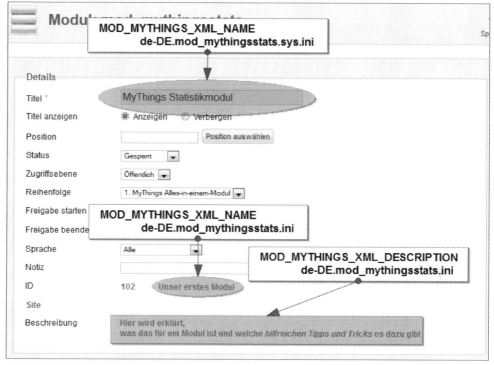

Bild 6.3: Gleiche Sprachschlüssel in unterschiedlichen Dateien zeigen unterschiedliche Texte an.

Daraus ergibt sich, dass Sie die beiden Sprachdateien mit unterschiedlichen Texten versehen müssen. Im Beispiel sieht das so aus:

de-DE.mod_mythingsstats.sys.ini:

```
MOD_MYTHINGSSTATS_XML_DESCRIPTION="<p>Ein erstes einfaches Statistikmodul
für die Komponente 'MyThings'.</p><p>Weitere Infos finden sich beim <a
href=\"http://www.franzis-verlag.de\" target=\"_blank\">Franzis Verlag</a>"
MOD_MYTHINGS_XML_NAME="MyThings Statistikmodul"
```

de-DE.mod_mythingsstats.ini:

```
MOD_MYTHINGSSTATS_XML_DESCRIPTION="Hier wird erklärt,<br/>was das für ein
Modul ist und welche <i>hilfreichen Tipps und Tricks</i> es dazu gibt"
MOD_MYTHINGS_XML_NAME="Unser erstes Modul"
```

Die Sprachschlüsselwörter können übrigens nach Belieben bezeichnet werden, solange die Großschreibung und die Unterstriche beachtet werden. Sie können auch *APFELKUCHEN* und *BIRNENBAUM* schreiben. Das funktioniert auch problemlos. Zum guten Ton der Programmierung gehört aber der Wiedererkennungswert, insbesondere, wenn andere Programmierer Übersetzungen machen wollen, sollten Sie von vornherein aussagekräftige Bezeichnungen wählen.

6.4   JText im Überblick

JText ist eine Klasse, die sich in der Datei *libraries/joomla/methods.php* findet:

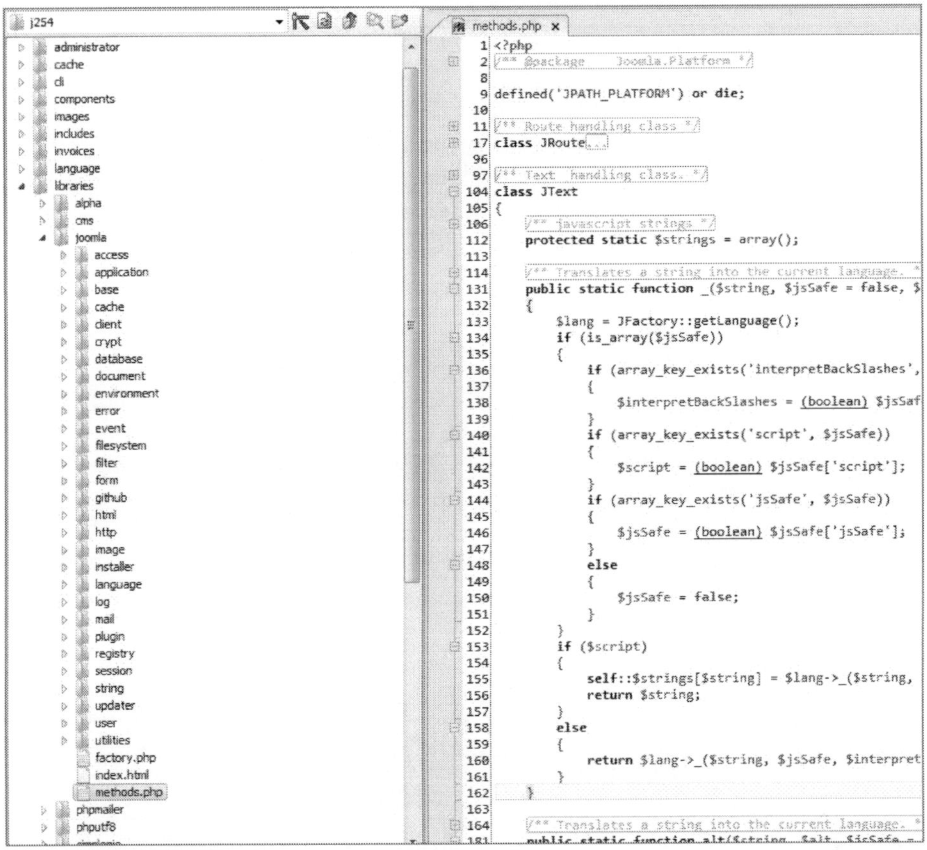

Bild 6.4: Die Klasse JText findet man in der *methods.php*

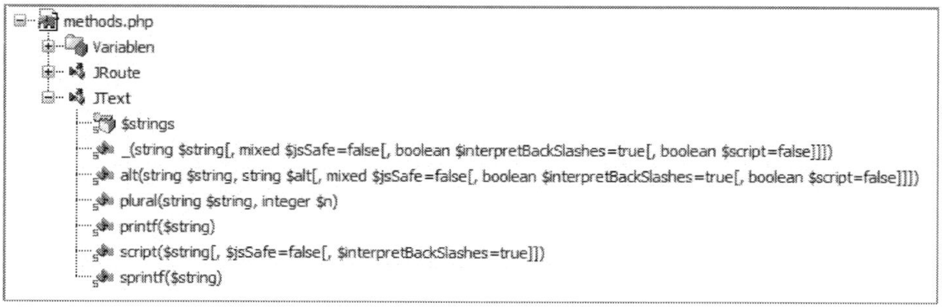

```
⊟···🖼 methods.php
    ⊞···📁 Variablen
    ⊞··· 🔩 JRoute
    ⊟··· 🔩 JText
        ····🔧 $strings
        ····🔧 _(string $string[, mixed $jsSafe=false[, boolean $interpretBackSlashes=true[, boolean $script=false]]])
        ····🔧 alt(string $string, string $alt[, mixed $jsSafe=false[, boolean $interpretBackSlashes=true[, boolean $script=false]]])
        ····🔧 plural(string $string, integer $n)
        ····🔧 printf($string)
        ····🔧 script($string[, $jsSafe=false[, $interpretBackSlashes=true]])
        ····🔧 sprintf($string)
```

Bild 6.5: Die Methoden der Klasse JText

6.5 Kleine Anmerkung zu den Sprachen

Innerhalb der Erweiterung reicht das Wissen aus diesem Kapitel völlig aus, um mit dynamischer Sprache zu arbeiten. Allerdings gibt es ein paar »Tücken«, wenn Sie Sprachschlüssel in den Installationsdateien einsetzen. Das notwendige Know-how dafür finden Sie im Kapitel 23.

7 Standards, Regeln, Konventionen

Im täglichen Leben vereinfachen und vereinheitlichen Standards, Regeln und Konventionen den Umgang miteinander. Wer sie vorsätzlich missachtet oder gegen sie verstößt, fällt zumindest auf oder muss im schlimmsten Fall gar mit ernsthaften Schwierigkeiten rechnen. Individualität hingegen, und das Durchbrechen von Schranken, bringt häufig Neues hervor oder einfach nur mehr Spaß an einer Sache. Individualität an der *falschen* Stelle hat allerdings auch ihren Preis: Durch den entstehenden Mehraufwand beim Programmieren sinkt die Produktivität und damit die effektiven Stunden- oder Tagessätze. Man riskiert ein Mehr an Arbeitszeit und stellt bei Missachtung mancher Standards nicht zuletzt auch die Sicherheit des Systems in Frage.

Lemming oder Rebell? Der Trick könnte wie so häufig darin bestehen, beides geschickt miteinander zu kombinieren.

7.1 Allgemeine Empfehlungen zum Code

>>*Code ist Poesie.*<<
Johan 'Jinx' Janssens (Nooku Framework; Joomla!-1.5-Core-Architekt)

Programmierkonventionen sind das Produkt langjähriger Erfahrung und sichern die Verständlichkeit des Quelltextes und damit der gesamten Software. Es sind Empfehlungen, keine Gesetze, und ebenso wenig wie Politik oder Religion ein gutes Thema für den gemütlichen Kaffeeklatsch.

In jeder Firma und in jedem Projekt gibt es idealerweise (verbindliche) Vereinbarungen dazu, wie ein Programm auszusehen hat. Bei diesem Aussehen geht es jedoch nicht um die (grafische) Benutzeroberfläche, sondern um den Programmquelltext. Jeder erfahrene Programmierer kann ein Lied davon singen, was passiert, wenn in einem Projekt keinerlei Konventionen eingeführt wurden oder eine Handvoll Individualisten sich nicht an die vereinbarten oder allgemeinen Regeln halten.

Wer nur für sich selbst programmiert, ist natürlich ziemlich frei von jeder Regel und kann es halten wie die Sau am Trog. Wer seine Programme jedoch mit anderen gemeinsam im Team entwickelt und/oder der Öffentlichkeit zur Verfügung stellt, sollte sich an verschiedene Konventionen halten. Denken Sie stets an eines:

Quelltext wird öfter gelesen als geschrieben.

Das *Joomla*-Entwicklerteam hat für sich und die weltweite Entwickler-*Community* einige Programmierregeln aufgestellt, die Sie online[14] nachlesen können. Die Anleihen entstammen den PEAR-Standards die schon Einfluss auf andere *Frameworks* wie *Zend* oder *Symphony* hatten. In der *PHP Standards Working Group* werden diese weiterentwickelt, um die Interoperabilität zwischen den vielen PHP-Bibliotheken zu verbessern und zu vereinfachen. Zunächst und vorwiegend für sich selbst schreiben Sie möglichst »leserlich«. Wenn Sie Ihre Joomla-Erweiterungen und PHP-Anwendungen weitergeben, werden auch Ihre Kunden und Anwender den Quelltext lesen können und ihre Schlüsse daraus ziehen. Im Folgenden finden Sie zuerst allgemeine Empfehlungen zu PHP, die erfahrenen Programmierern sicher bekannt vorkommen. Im zweiten Teil geht es primär um Namenskonventionen in und um das Joomla!-CMS und dessen Bibliotheken.

7.1.1   PHP 5.2.x

Der kleinste gemeinsame Nenner für Ihre Erweiterungen *sollte* PHP 5.2.4 sein. Weisen Sie Ihre Kunden unbedingt *vorher* darauf hin, wenn Sie in Ihrer Erweiterung wissentlich und begründet Funktionen einsetzen, die eine höhere PHP-Version voraussetzen. Viele Hosting-Anbietern setzen traurigerweise immer noch alte 5.2er-Versionen ein, obgleich PHP 5.3 bereits seit Jahren verfügbar ist und selbst PHP 5.4 schon mehrere Updates erfahren hat.

7.1.2   PHP-Tags

Den Anfang jeder PHP-Datei und eines PHP-Codeblocks bildet das lange `<?php`-Tag. Die Kurzform `<?` sollten Sie vermeiden, da die Option `short_open_tags` nicht auf jedem System aktiviert ist oder vom Anwender nicht aktiviert werden kann. Ihr Programm ist daher mitunter nicht lauffähig. Mit PHP 5.4 wird sich dies zwar in Teilen ändern, aber bis diese Version flächendeckend einsetzbar ist, werden sicherlich wieder einmal Jahre vergehen.

Vermeiden Sie Leerzeilen und Leerzeichen am Dateianfang. Enthält eine Datei nur PHP-Code, lassen Sie auch das schließende `?>`-Tag am Dateiende weg. Der PHP-Interpreter ist intelligent genug festzustellen, dass das Dateiende erreicht ist und verlässt hier freiwillig den PHP-Modus.

```php
<?php
/**
 * Die erste Zeile der Datei beginnt mit dem kompletten PHP-Tag
 * und am Dateiende ist auch PHP mit der Datei fertig...
 */

echo "Nach mir kommt nix mehr!";
```

---

[14]   *http://docs.joomla.org/Coding_style_and_standards*

Das schließende PHP-Tag benötigen Sie im Grunde nur in den Templates und Layouts, wo ein ständiger Wechsel zwischen HTML- und PHP-Kontext erfolgt.

```
<div class="component">
  <h1><?php echo $item->title ?></h1>
</div>
```

7.1.3   Textkodierung UTF-8 ohne BOM

Quelltexte werden im einfachen Textformat mit UTF-8-Kodierung ohne BOM (byte order mask) gespeichert. In jedem ordentlichen Quelltexteditor können Sie dies als Standardformat voreinstellen. Für XML-Dateien ist UTF-8 ohnehin Pflicht, es betrifft bei Joomla jedoch im besonderen Maße die Sprachdateien (*.ini). Im PHP-Quellcode hat es Auswirkung auf die Anzeige von Umlauten und Sonderzeichen in den Kommentaren und Variablen mit Zeichenketten (Strings).

Verwenden Sie niemals eine Textverarbeitung wie Microsoft Word bzw. Wordpad oder LibreOffice Writer. Hier besteht die Gefahr, dass sie trotz augenscheinlich richtiger Dateiendung binäre Daten produzieren oder die Datei beim Speichern komprimiert wird. Windows Notepad tendiert dazu in seinem »Unicode-Format« ohne Nachfrage die BOM-Steuerzeichen an den Anfang einer Datei zu schreiben. Dies führt zu sehr bizarren Fehlermeldungen in PHP, deren Ursache man in wahrsten Wortsinn nicht sehen kann[15]. Fehler zu beheben, die man nicht sieht, ist eine lästige Aufgabe.

Wenn PHP also plötzlich rumzickt und eine ganz normale Datei[16] plötzlich nicht mehr ausgeführt wird, versuchen Sie die Datei explizit ohne BOM zu speichern. Im Extremfall legen Sie eine neue Datei *ohne BOM* an, tippen in die erste Zeile ein manuelles <?php und kopieren aus der verkorksten Datei den Quelltext *ab der zweiten Zeile* einfach um.

7.1.4   Code einrücken, Zeilen umbrechen, Leerzeilen verwenden

Quelltexteditoren behandeln auch Texteinzüge und Einrückungen sehr gut. Um wie viele Zeichen eingerückt werden soll, ob nur mit Leerzeichen oder ob Tabs verwendet werden dürfen, ist Thema endloser Diskussionen, aber vier Zeichen pro Tabulatorstelle werden bei PHP-Code allgemein als gut empfunden. Im Buch weichen wir aufgrund der geringe Zeilenlänge ab und verwenden nur zwei Zeichen.

Zusammengehörende Programmblöcke hebt man durch zusätzliche Leerzeilen voneinander ab. Übertreiben Sie es hierbei aber nicht: je mehr Zeilen, desto mehr muss der Leser (das schließt Sie mit ein) blättern, um einen Überblick zu erhalten. Auch damit haben wir uns hier im Buch aus Platzgründen zurückhalten müssen.

---

[15]   Die BOM sind sogenannte Steuerzeichen und daher keine sicht- oder druckbaren Zeichen.

[16]   Die Datei *configuration.php* wird gerne mal kaputt »geBOMt«.

Aber vergleichen Sie selbst:

```php
public function __construct($config = array()) {
  if (empty($config['filter_fields'])) {
$config['filter_fields'] =
array('id','bezeichnung','oberbegriff','unterbegriff',
'ausgeliehen_am','ausgeliehen_an',);}
parent::__construct($config);
}
```

Oder besser so?

```php
public function __construct($config = array())
{
  if (empty($config['filter_fields']))
  {
    $config['filter_fields'] = array(
        'id',
        'bezeichnung',
        'oberbegriff',
        'unterbegriff',
        'ausgeliehen_am',
        'ausgeliehen_an',
    );
  }

  parent::__construct($config);
}
```

Leerzeichen

Im Prinzip folgt man den einfachen Rechtschreibregeln westlicher Schriftsprachen.

Zum Beispiel ist der Satz

```
Erweiterungen (Module, Komponenten, Plugins);
```

orthographisch korrekt und (deshalb) gut lesbar. Die Variante

```
Erweiterungen( Module,Komponenten,Plugins ) ;
```

hingegen nicht. Dasselbe gilt im Code.

Bei Funktionsaufrufen und -definitionen stehen zwischen den Argumenten und umschließenden Klammern keine Leerzeichen. Auch vor das Semikolon am Ende einer Zeile bzw. Anweisung gehört kein Leerzeichen. Wie bei Aufzählungen in normalem Text, wird auch in einer Liste von Argumenten nach dem Komma ein Leerzeichen eingefügt.

```php
function wortGruppe($subjekt, $praedikat, $objekt='')
{
  return "{$subjekt} {$praedikat} {$objekt}.";
}


$satz = wortGruppe("Ich", "lese", "ein Buch");
```

Zeilenlängen kurz halten

Codezeilen können sehr lang werden und über mehrere Zeilen gehen. Versuchen Sie, Zeilen möglichst kurz zu halten, und fügen Sie Zeilenumbrüche ein, wo möglich *und nötig*. Scheuen Sie sich nicht davor, Hilfsvariablen zu verwenden: Sie machen den Quelltext oft insgesamt einfacher zu lesen, sind nützlich beim debuggen und bei Bedarf leichter zu kommentieren.

Manche Programmierer empfehlen jede überflüssige Variable zu vermeiden, denn jede Variable benötigt mithin auch Speicherplatz. Die Dosis macht das Gift. Überlegen Sie also genau, welche Daten(mengen) sie in wie vielen Hilfsvariablen zwischenspeichern. Was für dauerhaft laufende Desktop-Anwendungen gilt, trifft auf kurzlebige Web-Anwendungen noch lange nicht zu.

Auch hierzu ein Vergleich:

```php
if (array_key_exists('price', $data) && is_numeric($data['price']) &&
$data['price'] >= 1 && $data['price'] <= 1000)
{
  // weiterrechnen
}
```

Statt eines Bandwurms, der nur aus Klammern zu bestehen scheint, hier mit Zeilenumbrüchen an *logischen* Einheiten:

```php
if (array_key_exists('price', $data)
   && is_numeric($data['price'])
   && $data['price'] >= 1
   && $data['price'] <= 1000)
{
  // weiterrechnen
}
```

Am einfachsten zu lesen und vom Programmablauf zu verstehen ist sicher die nächste Version. Sie enthält zwar effektiv die meisten Zeilen, jedoch sind diese kürzer und durchweg kommentiert. Sicher etwas zu ausführlich, denn die einzelnen Anweisungen sind bereits übersichtlich und selbsterklärend. Beim Debuggen sind diese Hilfsvariablen in jedem Fall Ihre Freunde und Verbündeten.

```php
// enthält $data Array den Eintrag 'price'?
$vorhanden  = array_key_exists('price', $data);

// ist 'price' eine Zahl?
$zahl_wert  = is_numeric($data['price']);

// liegt der Wert von 'price' zwischen 1 und 1000 inklusive?
$bereich_ok = ($data['price'] >= 1 && $data['price'] <= 1000);

// wenn alle Bedingungen TRUE ergeben
if ($vorhanden && $zahl_wert && $bereich_ok)
{
  // weiterrechnen
}
```

Andererseits zeigt gerade das vorangehende Beispiel, wie Sie mit gut gewählten Variablennamen auf exzessives Kommentare schreiben auch mal verzichten können:

```php
$min_wert   = 1;
$max_wert   = 1000;
$vorhanden  = array_key_exists('price', $data);
$zahl_wert  = is_numeric($data['price']);
$bereich_ok = ($data['price'] >= $min_wert && $data['price'] <= $max_wert);
if ($vorhanden && $zahl_wert && $bereich_ok)
{
  // weiterrechnen
}
```

Klammern gut sichtbar setzen

Wie Klammern zu setzen sind ist ebenso wie die Tabulatorgröße für Einrückungen Grundlage von Jahrzehnte andauernden Diskussionen. Hier ein willkürlich herausgepicktes Stückchen Code:

```php
foreach(explode(';', $banned) as $item) {
  if(!$item)
    continue;
  echo $item;
}
```

Nur die letzte, schließende Klammer ist deutlich hervorgehoben. Der Code ist kompakt, aber müssen wir wirklich gebrauchte Elektronen einsparen? Oder damit den Scroll-Finger schonen? Das wäre ein Argument dafür!

Abgesetzte Klammern führen das Auge bei Überfliegen von längeren Code-Blöcken und *Strukturen*:

```php
foreach (explode(';', $banned) as $item)
{
  if(!$item)
```

```
        continue;
    echo $item;
}
```

Eines sollte man tunlichst vermeiden: Klammern verstecken.

```
foreach (explode(';', $banned) as $item){
  if(!$item)
    continue;
  echo $item;}
```

7.1.5 Kontrollblöcke klammern

Wir wollen hier nicht alle Kontrollstrukturen von PHP durcharbeiten. Aber eine Sache scheint zum oben gezeigten Stückchen Code doch eine Erwähnung wert: Die Anweisung der if-Abfrage ist nicht geklammert und eine klassische Fehlerquelle. Wie leicht schreibt der nächste Programmierer (oder Sie selbst) einfach eine Anweisung dazu und verändert damit den Gültigkeitsbereich des Code-Blocks:

```
foreach (explode(';', $banned) as $n => $item)
{
  if(!$item)
    echo "Eintrag $n ist nicht gesetzt";
    continue;
  echo $item;
}
```

Mit einer Klammer wäre das nicht passiert.

```
foreach (explode(';', $banned) as $n => $item)
{
  if(!$item)
  {
    echo "Eintrag $n ist nicht gesetzt";
    continue;
  }
  echo $item;
}
```

Bei sehr einfachen if-Anweisungen ergibt sich damit häufig eine sehr »luftige« Konstruktion.

```
$foo = 1;
$bar = 2;
if ($foo == $bar)
{
  return true;
}
```

```
else
{
  return false;
}
```

Genau diese Variante finden wir in den Joomla-Code-Guidelines – und sie wurde heftig diskutiert ...

Wieder einmal verwenden wir im Buch für unsere Code-Beispiele die platzsparende Variante, den »one true brace style«:

```
$foo = 1;
$bar = 2;
if ($foo == $bar) {
  return true;
} else {
  return false;
}
```

Wie überaus akademisch ausschweifend gerade die letzten beiden Beispiel sind, zeigt sich, wenn solche if-Anweisungen in der Realität zum kompakten Einzeiler werden:

```
$foo = 1;
$bar = 2;
return ($foo == $bar);
```

Die ternäre Kurzschreibweise

Sehr kompakt aber gewöhnungsbedürftig und mitunter schwierig zu lesen ist die sogenannte ternäre Kurzschreibweise als Alternative zur if-else-Anweisung. Hier ein besonders grauenhaftes Beispiel:

```
$foo = (array_key_exists('discount', $data)) ? (int) $data['discount'] *
$festpreis * $anzahl : $festpreis * $anzahl;
```

Niemand möchte solchen Code lesen müssen. Wenn es schon die ternäre Schreibweise sein muss, dann vielleicht lieber so:

```
$foo = (array_key_exists('discount', $data))
    ? (int) $data['discount'] * $festpreis * $anzahl
    : $festpreis * $anzahl;
```

Sofern die Konventionen eines Projekts hierzu keine explizite Aussage machen, geben Sie der besseren Lesbarkeit bitte immer den Vorzug.

Die obige, ternäre Schreibweise als klassische if-else-Anweisung benötigt *eine* Zeile mehr ...

```
if (array_key_exists('discount', $data)) {
  $foo = (int) $data['discount'] * $festpreis * $anzahl;
```

```
} else {
  $foo = $festpreis * $anzahl;
}
```

Wer Programmquelltexte weitergibt und mit anderen (in einem Team) teilt, muss sich immer bewusst machen, dass der Code von Anderen gelesen, verstanden und eventuell geändert werden soll. Wenn Ihr Programm Fehler enthält, die Sie nicht aufspüren können, liegt das eventuell an »hingekrakeltem« Quelltext. Erwarten Sie dann aber nicht, dass Ihnen andere dabei helfen, in solch einem Zeichensalat nach Fehlern zu suchen oder diese zu beheben. Das ist der Sinn der Free-Open-Source-Software: Wer selbst davon profitiert, sollte es auch der Community leicht machen.

7.1.6 Sprechende Namen vergeben

In der Anfangszeit als Programmierer ist man immer etwas schreibfaul und den Luxus der Code-Vervollständigung gab bzw. gibt es nicht immer. Wenn man schnell etwas ausprobieren möchte, haben Namen und Form leider selten Priorität. Variablen heißen dann $hin, $abt und Ähnliches. Man weiß natürlich beim eigenen Code sehr genau, dass $hin für »Heizungsinspektornummer« steht und $abt für »Abwesenheitstage«. Jedenfalls eine Zeit lang. Als Anfänger hat man es meist nur mit eigenen (wenigen) Programmen zu tun. Hier den Überblick zu behalten, ist durchaus möglich. Doch wächst die Zahl der Programme und Programmzeilen erst einmal an, ist es mit dem Erinnerungsvermögen bald vorbei.

Wenn dieser kryptische Quelltext nach Wochen oder Monaten dann wieder hervorgeholt wird, liest sich das nicht mehr so *selbstverständlich*. Ein anderer Programmierer, der den Code mitunter irgendwann übernimmt, ist schwer gestraft. Dieser andere Programmierer können auch Sie sein, wenn Sie z. B. eine der abertausenden Erweiterung für Joomla für Ihre Zwecke anpassen wollen. Und Sie werden dort unter Garantie auf Grauenhaftes stoßen.

Deshalb: Verwenden Sie sprechende Namen für alle Funktionen, Methoden und für *wichtige* Variablen. Bei sprechenden Namen vertippt man sich zudem nicht so leicht wie bei irgendeinem Buchstaben-Ziffernsalat. Natürlich ist $i als Schleifendurchlaufzähler (Iterator) etabliert und niemand wird Sie steinigen, wenn Sie mit $i und $j in einer for-Schleife arbeiten. Aber $wrdittrcnt schreiben wohl die wenigsten zweimal hintereinander korrekt und ist deshalb als Variablenname mehr als ungeeignet. Dagegen wäre (für Deutsche) $anzahl_worte nicht nur leicht zu merken und zu schreiben, man kann ziemlich sicher sagen, welche Art Daten darin abgelegt sind.

Im Beispiel zur Zeilenlänge haben Sie auch sehen können, dass Sie sich mit gut gewählten Namen und Bezeichnern auch eine ganze Menge Kommentarzeilen sparen können, denn der Code spricht dann für sich selbst.

7.1.7   Schreibweisen von Bezeichnern und Namen in PHP

Computer und damit auch Programmiersprachen haben auch im 21. Jahrhundert so ihre Schwierigkeiten mit Sonderzeichen und bevorzugen daher die Buchstaben a-z, A-Z, die Ziffern 0-9 und den Unterstrich _ bei der Benennung von Variablen, Funktionen, Klassen und oft auch bei Dateien. PHP gehört mit zu diesen Sprachen.

Dies ist einer der Gründe, warum es Regeln für die Schreibweisen in PHP gibt, viel wichtiger ist aber der Umstand, dass ein ständiger Wechsel der Schreibweisen beim Lesen aufhält. Ich möchte Ihnen kurz die wichtigsten Konventionen vorstellen:

Variablennamen sind kleingeschrieben und verwenden an den Wortgrenzen einen Unterstrich.

```
$ausgeliehen_am
```

Konstantennamen sind in Großbuchstaben geschrieben und enthalten ebenfalls Unterstriche an Wortgrenzen.

```
JPATH_CONFIGURATION
```

Methoden führen Aktionen aus. Ihre Namen beginnen mit einem Aktionsverb, das beschreibt was getan wird (get, set, put, delete, save, find usw.), gefolgt von einem oder mehreren Substantiven, die Ziel oder Ergebnis der Aktion sind. Sie verwenden an den Wortgrenzen einen Großbuchstaben (sogenannte CamelCaps). Dieselbe Regel trifft auch auf Funktionen zu.

```
getListQuery()
```

Hier werden mitunter schon einige aufschreien und `get_list_query()` bevorzugen. Kurz gesagt: Lassen Sie es und gewöhnen Sie sich um. PHP5 verwendet für die internen Objekte und Methoden ebenfalls dieselbe Schreibweise, alle andere Schreibweisen im PHP-Sprachschatz sind Altlasten aus Zeiten, als man mit der Zeichenmenge noch sparsam sein musste und dadurch statt string_compare() eben strcmp() ersonnen wurde – die Groß- und Kleinschreibung ist (im Englischen!) ohnehin irrelevant. Wir schreiben das Jahr 2012 und nicht mehr 1960.

Klassen repräsentieren Objekte und beginnen – wie jedes Hauptwort – mit einem Großbuchstaben. Auch hier werden an den Wortgrenzen Großbuchstaben geschrieben. Die Klassen der Joomla-Platform beginnen übrigens allesamt mit dem Buchstaben »J«.

```
JDatabase    // Joomla-Klasse (CMS oder Platform)
MyThings     // eigene Klasse
```

7.1.8   Joomla-Sprache ist britisches Englisch

Auch wenn wir hier gelegentlich Code-Beispiele mit deutschen Wörtern verwenden: die »Amtssprache« aller Programmiersprachen ist Englisch und im Falle von Joomla ist es das Britische Englisch[17]. Für die Programmteile der Komponenten (MVC-Entwurfs-modell) ist Englisch geradezu Pflicht und erleichtert Ihnen die Programmierung immens.

Das Namenskonzept von Joomla nutzt an vielen Stellen die recht simple englische Pluralbildung aus: einfach ein »s« ans Wort drangehängt, fertig ist der Plural, page – pages, table – tables, house – houses. Zwar gibt es auch im Englischen Ausnahmen, aber damit kann man noch umgehen. Im Deutschen (und vielen anderen Sprachen) sind diese Ausnahme eher die Regel. Die Welt – die Welten, der Hut – die Hüte, das Messer – die Messer und so fort. Von Kaktus und Kakteen ganz zu schweigen. Wenn Sie dennoch darauf beharren, z. B. deutsche Namen und Begriffe bei Ihren Klassen- und Objekt-namen zu verwenden, erklären Sie damit *jedem* Framework den Krieg und würden sich dann sicher leichter tun, gleich auf ein Framework zu verzichten.

Es hindert Sie natürlich niemand daran, »auf Deutsch« zu programmieren. Wie sinnvoll dies bei größeren (internationalen) Projekten ist, müssen sie selbst entscheiden und ob Sie sich und Ihren möglichen Mitstreitern und Anwendern damit nicht eher einen Bärendienst erweisen, indem *allen* die Bürde auferlegt wird, mit einem babylonischen Sprachgewirr aus nicht-englischem Programmcode und einer durchgehend englischen API auf Basis einer englischen Programmier*sprache* zurechtzukommen.

7.1.9 You can say you to me

Wenn Sie Probleme bei der Namensfindung und englischen Übersetzung der Bestand-teile Ihrer Erweiterung haben, schauen Sie doch einfach in ein Wörterbuch. Online können Sie bspw. schnell bei *http://leo.org* oder *http://dict.cc* nachschlagen. Nehmen Sie aber bitte *nicht* die erstbeste Übersetzung, sondern achten Sie auf den Themenbereich und probieren Sie bei der Gelegenheit auch die Rückübersetzung aus. Google, Bing und Yahoo! können Ihnen zusätzlich behilflich sein.

Ursprünglich sollte unsere Komponente den Namen *KrimsKrams* bekommen, aber das macht in der von Joomla verwendeten Logik nur Probleme und klingt je nach Pro-grammteil entweder in der einen oder anderen Sprache schlichtweg bescheuert. Ein KrimsKram, viele KrimsKrams? Oder ein Krims, viele Kramse? Dagegen ist MyThing und MyThings sowohl im Deutschen wie im Englischen zumindest eindeutig.

7.1.10 Reservierte Wörter in Klassennamen

Das PHP-Framework von Joomla! hält sehr viele Automatismen parat. Im nächsten Unterkapitel werden Sie die Namenskonzepte von Joomla genauer kennenlernen. Sie dienen u. a. dazu, automatisch Klassendateien zu suchen und sie bei Bedarf nachzu-laden. Das funktioniert mitunter nur, solange der Name Ihrer Erweiterung und deren Elemente kein reserviertes Wort enthält.

---

[17] Zu erkennen u. a. an der Endung -ise, d. h. britisches `authorise()`, statt dem amerikanischen `authorize`.

Ein klassischer Problemfall ist das Wort *View,* egal in welcher Schreibweise und in welcher Zusammensetzung. *MyReview* zum Beispiel, oder *Interview* oder *EvieWalters.* Würde die Komponente *EvieWalters* heißen (manche Auftraggeber sehen sich gerne in ihren Programmen verewigt), die eine Listenansicht mit Rezensionen (engl. *reviews*) enthält, so müsste die View-Klasse gemäß Konvention *EvieWaltersViewReviews* heißen. Ungeachtet dessen, dass dies ein hässlich langer Klassenname ist, macht uns eine Automatik in der Methode `getName()` der Basisklasse `JViews` schnell eine Strich durch die Rechnung:

```
if (!preg_match('/View((view)*(.*(view)?.*))$/i', get_class($this), $r))
```

Dieser schicke reguläre Ausdruck dient dazu, den internen Namen der Ansicht aus dem Klassennamen zu extrahieren und würde *vieW* bereits als *View* erkennen und einen Fehler melden. Über diesen Stolperstein sind schon einige gefallen, die sich auf diese Automatik verlassen haben oder nichts davon wussten. In den meisten Fällen geht das auch gut.

Dasselbe gilt auch für die Zeichenfolgen *Controller* und *Model.* Deren Name wird mitunter auf ähnlich regulär ausgedrückte Weise ermittelt. Das Daten*model ModelAgModelModels* für eine Fotomodel-Agentur würde zum selben Fehler führen. Bei diesen Namen wird einem ohnehin schwindelig. Sie erfahren nachher noch Genaueres über das Prinzip dahinter.

Es gibt natürlich einen Weg, den Wirren dieser automatischen »Intelligenz« zu entkommen. Wenn wir uns die Methode `getName` anschauen, wird er auch direkt genannt:

```
public function getName() {
  if (empty($this->name)) {
    // ein regulärer Ausdruck der den Namen "errechnet"
  }
  return $this->name;
}
```

Verhindern wir einfach, dass diese Funktion tut, was sie tut, wenn wir nichts tun, und setzen von Anfang an den internen Namen solch einer kritischen Klasse über die Eigenschaft `$name`. Wenn einer der Controller, eine View oder eines seiner Models solch einen reservierten Begriff beinhaltet, verzichten Sie auf den Luxus, Joomla die Namen permanent »ausrechnen« zu lassen, und werden Sie vorher aktiv.

```
class EvieWaltersViewReviews extends JView {
  protected $name = 'reviews';
  // ...
}
```

```
class ModelsAgModelModels extends JView {
  protected $name = 'models';
  // ...
}
```

Dies ist nur ein exemplarischer Stolperstein, über den Sie bei der Programmierung mit einem Framework stolpern *könnten*. Ob Sie beim Programmieren Ihrer Joomla-Erweiterung viel, wenig oder gar nicht stolpern, hängt also nicht zuletzt von der Wahl des Namen ab. Gehen Sie im Zweifelsfalle davon aus, dass die Entwickler von Joomla bei der Benennung der Basisklassen die gleichen Ideen hatten wie vielen anderen Programmierer auch, und dass die offensichtlichen und naheliegenden Bezeichnungen im CMS und Framework bereits vergeben sind.

7.1.11 Dokumentation durch Kommentare

Dokumentation ist das ungeliebte Kind der Software-Entwickler. Wir haben gleich bei Projektstart recht drastisch erfahren, wie es ist, keine Konventionen für das Kommentieren des Quelltextes vereinbart zu haben. Erst nachdem schon die ersten Dateien geschrieben waren und zum Testen ausgetauscht wurden, kamen die ersten Zwischenrufe: »Wieso ist denn das hier nicht kommentiert?« – »Was wolltest du denn hier machen?« – »Wozu dient denn der dritte Parameter?« usw.

Danach mussten wir einige Zeit und Mühe aufwenden, um nachträglich die Kommentare in den Quelltexten anzupassen, wobei wir uns natürlich auch hier an den Konventionen der PHP-Welt orientiert haben.

Wir haben drei Arten von Kommentarblöcken:

Dateibeschreibung

Das sind Kommentare, die am Anfang jeder Datei stehen. Sie sind schon während der Entwicklung nützlich, denn schon im Kapitel 3.3.1 (Der Einstiegspunkt der Komponente) konnten Sie sehen, dass die Dateien selbst immer wieder gleiche Namen haben.

```php
<?php
/**
 * Joomla! 2.5 - Erweiterungen programmieren
 *
 * Helperklasse für die Komponente mythings
 *
 * @package    Backend
 * @subpackage com_mythings
 * @author     webmechanic.biz, chmst.de
 * @license    GNU/GPL
 */
```

Bild 7.1: Viele Dateien mit gleichen Namen

Fünf Dateien sind geöffnet und vier davon heißen *mythings.php*. Wenn gleich zu Anfang in den ersten paar Zeilen nachzulesen steht, um welche *mythings.php* es sich handelt, spart man sich lästiges Blättern und die Suche im Code oder dem Verzeichnisnamen, ob das jetzt eine View oder ein Model aus dem Frontend oder Backend ist.

Das Format für Kommentarblöcke in PHP orientiert sich am Javadoc-Standard und ist seit Jahren etabliert. Die Kommentarblöcke in Joomla sind ebenfalls nach diesem Standard aufgebaut, der Format und Vokabular der sogenannten DocBlocs und der zahlreichen @-Tags festlegt. Es gibt einige Zusatzprogramme, die aus den Kommentaren eine schriftliche und strukturierte Dokumentation Ihres Programmcodes und dessen API-Referenz erstellen. Links hierzu haben wir für Sie im Anhang A aufgeführt.

Für ein Modul oder Plugin aus zwei Dateien lohnt sich das Erstellen einer API-Referenz vermutlich kaum, wenn Sie aber mal all Ihre Module und Plugins zusammensammeln und über den gesamten Bestand eine Dokumentation und Referenz erstellen möchten, sieht das Ergebnis mitunter schon deutlich prächtiger aus.

Mit einen guten Programmeditor oder einer IDE profitieren Sie zudem mittelbar schon beim Programmieren von Ihren Kommentaren. Die Editoren analysieren ebenfalls die Angaben und Schlüsselworte und unterstützen Sie dann durch eine verbesserte Code-Vervollständigung, Hilfetexte sowie einer Plausibilitätskontrolle der Parameter und Variablen.

Wir verwenden für den Dateikopf eine etwas reduzierte Form und folgende @-Tags:

- Name und Kurzbeschreibung der Erweiterung mit Versionsangabe

- `@package` – Frontend oder Backend

- `@subpackage` – Verzeichnis

- `@author` – Name des Autors

- `@license` – Lizenz-Hinweis; für Joomla-Erweiterungen ist die GPL Pflicht.

Auf das `@copyright`-Tag haben wir verzichtet. Das deutsche Urheberrecht ist eindeutig genug und `@author` und `@license` regeln das Rechtliche in ausreichendem Maß.

Die Kommentarvorlage für unsere Klassendateien sieht wie folgt aus:

```
/**
 * Name des Projekts und der Erweiterung.
 *
 * Kurze Aufgabenbeschreibung der Datei.
 *
 * @package     Frontend/Backend
 * @subpackage  Verzeichnis
 * @author      Name des Autors
 * @license     GNU/GPL v2.0
 */
```

Tipp: Code-Editoren erlauben meist das Anlegen von Dateivorlagen für verschiedene Anwendungsarten, in die sie dann solch ein Grundgerüst eintragen können.

Klassen, Eigenschaften und Methoden

Jede Klasse und Methode erhält eine eigene Beschreibung. Als Leitfaden kann man sich die Frage stellen: Was möchte ich über diese Datei, Klasse und Methode wissen?

Jede Klasse erhält eine Kurzbeschreibung.

```
/**
 * Listenansicht im Admin-Backend
 */
class MythingsViewMythings extends JView
```

Klasseneigenschaften beschreiben Sie mit `@var`, unabhängig davon, ob die Eigenschaft öffentlich, privat oder geschützt ist (`public`, `private`, `protected`), gefolgt vom Datentyp und ggf. einer kurzen Notiz.

```
/**
 * @var JDatabase Instanz des Datenbankobjekts.
 */
protected $db;
/**
 * @var int Primärschlüssel.
 */
protected $id = null;
```

Für jede Methode wird kurz beschrieben, was sie macht, welche Eingabeparameter es gibt, ob diese optional sind und was die Methode zurückliefert. Optional folgen Verweise auf ähnliche oder verwandte Methoden mit `@see` oder `@uses`.

```
/**
 * Ergänzungen zum Setzen des "Datenzustandes" (state) des
 * Models damit der Suchfilter nicht verloren geht.
 * Standard: sortiert nach title, aufsteigend
 *
 * @param string $ordering  Tabellenspalte
 * @param string $direction Sortierrichtung (ASC, DESC)
 * @uses getUserStateFromRequest(), setState()
 */
protected function populateState($ordering = 'title', $direction = 'ASC')
```

Sollten Sie feststellen, dass Sie sehr lange Kommentare über mehrere Zeilen hinweg schreiben müssen, um diesen zu erklären, könnte dies auch ein indirekter Hinweis darauf sein, dass der Code selbst zu kompliziert ist. Aus purer Bequemlichkeit ist man schnell gewillt, eine Methode einfach um einen optionalen Parameter zu ergänzen und eine weitere Variante für deren Ausführungen einzubauen. So entstehen schnell Methodenmonster und überladene Klassen mit wenig intuitiven Schnittstellen. Wenn auch Sie solch eine eierlegende Wollmilchsau erschaffen haben, die sie mit ein oder zwei Zeilen Quelltextkommentar nicht mehr erklären können, dann sollten Sie eventuell darüber

nachdenken, wie sie diesen Code vereinfachen, komplexe Methoden in einfache auf-
splitten und auch Klassen mitunter aufteilen und konkretisieren.

In betagten PHP4-Quelltexten (wie Joomla! 1.5) finden Sie mitunter die Angaben zum
Zugriff und zur Sichtbarkeit einer Methode oder Eigenschaft: @static, @public,
@protected und @private. Seit PHP5 sind diese Angaben im Kommentar redundant,
denn Sie sollten (oder müssen) dies ohnehin anstatt der einfachen Deklaration durch
function bzw. var dort bereits angeben.

```
protected $id;
static private $instance = null;
public function foo() {...}
private function bar() {...}
abstract public function bar();
static public function baz() {...}
```

Inline-Kommentare

Zusätzlich zu den Kommentarblöcken helfen Inline-Kommentare die ein oder andere
verzwickte Code-Zeile zu erklären. Die berühmte erste Zeile in jeder Joomla-Quelldatei
bedarf dieser Fürsorge sicherlich nicht mehr ...

```
defined('_JEXEC') or die;
```

Andererseits helfen Sie mit solchen kleinen Kommentaren nicht nur sich selbst, sondern
vor allem auch mancher IDE auf die Sprünge:

```
/** @var $params JRegistry */
$params = $this->item->params;
```

Kommentieren verlangt natürlich Zeit, und Kommentare aktuell zu halten nicht weniger. Häufig kommt es auch vor, dass eine besondere Konstruktion aus einer ganz anderen Projektdatei kopiert wird, um sie weiter anzupassen, und man dann schlicht vergisst,
dies auch mit dem Kommentarblock zu tun.

Vielleicht wurde es schon irgendwo mal erwähnt, aber sicher werden auch Sie Ihre
Quelltexte öfter lesen als schreiben. Wenn Sie Ihre Klassen, Methoden, Eigenschaften,
Variablen und Konstanten vernünftig und nicht allzu kryptisch benennen und ein wenig
die Form wahren, können Sie sich viel Zusatzarbeit beim Kommentieren sparen. Sie
brauchen nicht ständig zu kommentieren, dass $params die Parameter erhält. Falls Sie
aber eine besonders trickreiche Funktion programmiert haben oder eine kreative Lösung
für ein mitunter triviales Problem gewählt haben, schreiben Sie besser einen Kommentar
dazu, der vor allem Ihrem zukünftigen Ich erklärt *warum* Sie hier und heute ausge-
rechnet diese völlig beknackte Lösung zusammengehackt haben – und Sie werden sich
das beim Lesen alter Quelltexte ganz sicher manchmal fragen.

Doch stets gilt die Regel, RTFC: »*read the fine code*« – oder wie die Alten Römer schon
zu sagen pflegten: »*in dubio pro source code*«.

7.2 Namenskonzepte in Joomla

> *»Es ist völlig intuitiv;*
> *es dauert ein paar Tage, es zu lernen, aber dann ist es völlig intuitiv.«*
> Terry Pratchett (Schriftsteller)

Bereits beim Schreiben der Frontend-Komponente haben Sie ein einfaches Namenskonzept in Joomla kennengelernt: Die PHP-Klassen aus dem Framework beginnen allesamt mit dem Buchstaben »J«. Dieser Anfangsbuchstabe ist für Sie als »Externer« bei der Benennung Ihrer Klassen daher tabu. Wenn Sie sich nicht daran halten, kann es passieren, dass Ihre Erweiterung (oder Teile davon) in einer zukünftigen Version nicht mehr lauffähig ist.

In diesem Kapitel möchte ich Sie mit weiteren Konventionen (und Regeln) bei der Benennung von Dingen in der Joomla!-Platform und dem CMS vertraut machen.

Schon alleine aus Platzgründen ist es nicht möglich, eine umfassende API-Referenz in diesem Buch abzudrucken und jede der über 300 Klassen und ihre zahlreichen Methoden im Detail zu beschreiben. Aufgrund der rasanten Weiterentwicklung im Platform-Projekt wäre so eine Referenz vermutlich in jedem neuen Quartal nicht mehr aktuell.

7.2.1 Klassen, damals und heute

In Mambo und Joomla! 1.0 bestand das Kernstück des CMS im Wesentlichen aus einer einzelnen, großen PHP-Datei namens *mambo.php* bzw. *joomla.php* und einer Handvoll Helferlein, einer losen Sammlung globaler Funktionen und vor allem einer ganzen Menge globaler Variablen, darunter das Applikations-Objekt $mainframe.

In Joomla! 1.5 war oberstes Ziel, diese monolithische Datei in ihre funktionalen Teile aufzubrechen, um Neuerungen einfacher einzubringen und die mit der objektorientierten Programmierung einhergehende Möglichkeit der Datenkapselung besser zu nutzen. Und dann war da natürlich das MVC-Paradigma umzusetzen. Dabei herausgekommen ist allem voran das Joomla!-Framework im Verzeichnis *./libraries/joomla*.

PHP5 war anno 2006/2007 zwar bereits vorhanden, aber nicht sehr verbreitet. Insbesondere die günstigen und kostenfreien Webhoster boten lediglich PHP4 an. Da Joomla! als »Volks-CMS« praktisch auf dem letzten Hobel einsetzbar sein sollte, wurde das Joomla!-Framework 1.5 trotz Unkenrufen[18] nur auf Basis von PHP4 entwickelt, wenngleich schon mit Hinblick auf die besseren Sprachkonstrukte und Möglichkeiten, die man mit der besserem Objektverarbeitung in PHP5 haben würde.

Um dies zu bewerkstelligen, wurde aus heutiger Sicht an mehr als einer Stelle von hinten durch die Brust ins Auge programmiert. Einiges von dem, was damals notwendig war oder notwendig schien, findet sich auch heute noch wieder, nachdem das CMS mit Version 1.6 vollständig auf PHP5 portiert wurde. Die Anpassung an die »neue« Sprachver-

---

[18] Nahezu zeitgleich mit dem Erscheinen von J! 1.5.0 wurde PHP4 offiziell eingestellt.

sion bedeutete nicht, dass damit der gesamte Joomla!-Quellcode perfekt für PHP5 optimiert und angepasst wurde. Dieser Prozess und die Aufräumarbeiten sind weiterhin im Gange, und so wirken einige Konstrukte nicht nur bizarr und sinnentfremdet, man findet meist mehrere Möglichkeiten, ein und dieselbe Aufgabe zu erledigen.

7.2.2   Frontend, Backend, »joomla« und »cms«

Bis zum Sommer 2011 schien alles noch recht übersichtlich: Es gab die beiden PHP-Anwendungen *JSite* und *JAdministrator*, auch bekannt als Frontend und Backend, und den Ordner *./libraries/joomla*, in dem sich *das* Joomla!-Framework befand. Mittlerweile nennt sich das Framework *Platform* und das CMS ist nur noch ein »Nutzer« eben dieser Platform. In getrennt arbeitenden Teams für Platform und CMS muss sich das CMS-Team damit auseinandersetzen, dass vieles was einst völlig selbstverständlich im Zentralordner »joomla« zu finden war, dort nun nicht mehr sein darf und stattdessen im Parallelordner »cms« zu liegen kommt.

Diese Umzugsmaßnahme hat zwar in der Praxis bislang keine besondere technische Auswirkung, bedeutet aber für Sie, dass Sie mitunter in zwei verschiedenen Ordnern nach Dateien und Klassen für das CMS Ausschau halten müssen.

7.2.3   Schnelle Wege zur Klasse

All die Regeln zu Verzeichnisnamen, Dateinamen und Klassennamen haben folgende Ziele: hart verdrahtete Dateinamen und Pfade zu vermeiden, wie sie mit `require_once` oder `include_once` nötig sind, und das Laden der zur Laufzeit benötigten Klassendateien so schnell wie möglich und so spät wie nötig durchzuführen.

Schnelligkeit wird vor allem dadurch erreicht, den Zugriff auf das Dateisystem zu reduzieren. Wenn Joomla!, respektive PHP, ständig ein oder mehrere Ordner oder ganze Verzeichnisbäume nach den benötigten Programmdateien *durchsuchen* muss, bremst dies natürlich auch die Anwendung aus und der Aufbau der Webseiten wird verzögert. Auch die Menge der geladenen Dateien wirkt sich auf die Geschwindigkeit aus, denn schließlich muss jede Datei geöffnet und ausgewertet werden. Dies erfordert auch zusätzlichen Speicherplatz. Je weniger Dateien, desto besser.

Um dies zu ermöglichen, bedienen sich die Applikationen gleich zu Anfang zweier separater Klassen-Laderoutinen, die nach angeforderten Klassen in den beiden Bibliotheksordnern »joomla« und »cms« Ausschau halten.

Eine Klasse pro Datei

Diese einfache Grundregel sorgt dafür, dass von den automatischen Laderoutinen im Framework und dem CMS, zum einen der teure Gang ins Dateisystem und das Suchen nach einer passenden Datei reduziert bis vermieden werden kann und umgekehrt aus einem gegebenen Klassennamen der vermeintliche Dateiname ermittelbar ist.

Beispiele für die Zugehörigkeit einer Klasse zu einer Datei

Klassenname	Dateiname
class JApplication	application.php
class JPlugin	plugin.php
class JDatabaseMysql	database/mysql.php
class JDocumentHtml	document/html.php

Es gibt natürlich Ausnahmen, insbesondere für die beiden Klassen JRoute und JText, die in der zugleich noch fehlbenannten Datei *./libraries/joomla/methods.php* zu finden sind. Beide Klassen sind im CMS jedoch von Anfang an verfügbar, sodass Sie hier keine besonderen Vorkehrungen treffen müssen.

Wie Pfade und Klassen (meist) zusammenpassen

Die Grundidee ist folgende: man ziehe das führende *J* ab, trenne an der Wortgrenze, konvertiere alles in Kleinbuchstaben, klebe ein / dazwischen und heraus kommt ein Dateipfad, oder umgekehrt: Man nehme einen Verzeichnispfad, entferne das Pfadtrennzeichen, konvertiere bei jedem Wort den ersten Buchstaben in eine Versalie, klebe alles zusammen, packe ein *J* davor und fertig ist der Klassenname.

Das Ganze mache man aber nur für die ersten beiden Verzeichnisebenen bzw. Worte, und wenn das Verzeichnis so heißt wie die Datei, dann fällt eines davon weg, und im Ordner *application* machen wir aber alles anders, denn da passt sowieso nichts, und ...

Sie sehen schon, worauf das herausläuft. Diese Idee funktioniert zwar oft, aber eben nicht immer. Die Richtung stimmt aber grob.

JLoader::import: Punktnotation für Dateipfade

Eine Seltsamkeit auf die man bei Joomla schnell trifft ist die Funktion jimport() und ihre Punktnotation für Pfade. Es ist eine sogenannte Proxy-Funktion für die statische Methode JLoader::import() und beide sind in der Datei *./libraries/loader.php* zu finden. Die Methode lädt (importiert) die angegebene Datei an der Stelle ihres Auftretens und stellt damit eine selbsternannte intelligentere Variante der PHP-Anweisung include_once dar.

```
JLoader::import('joomla.filesystem.file');
```

entspricht technisch der Anweisung

```
include_once JPATH_LIBRARIES . '/joomla/filesystem/file.php';
```

Aufgrund der Regel »Eine Klasse pro Datei« geht die Routine zurecht davon aus, dass die Datei *file.php* eine Klasse namens JFile enthält. In einem internen Register vergleicht die Routine daher stets die bereits importierten Dateien und Klassen und vermeidet damit bei wiederholtem Aufruf den »zeitraubenden« Gang ins Dateisystem.

Das zweite Intelligente an `jimport()` ist das Erstellen eines absoluten Pfadnamens anhand der nur mehr durch Punkte getrennten Bezeichner für Ordner und Dateiname, wodurch nicht nur eine Abhängigkeit von PHPs include-Pfad, sondern auch das damit verbundene, unnötige Durchsuchen zahlreicher Verzeichnisse vermieden wird. Zudem wirkt der Import stets kontrolliert auf den Bibliotheksordner *./libraries*. Das versehentliche Laden einer anderen Datei namens *file.php* aus einem anderen Ordner im Suchpfad von PHP entfällt.

Klassen nur nach Bedarf: JLoader::register()

Während `jimport()` bzw. `JLoader::import()` beim Aufruf und an Ort und Stelle die angegebene Datei/Klasse laden, können Sie mit `JLoader::register()` die zentrale Laderoutine darüber informieren, wo eine bestimmte Klasse zu finden ist, *wenn* sie denn benötigt würde. Es ist nicht bei jedem Programmlauf nötig, alle potenziell benötigten Klassen bedingungslos zu laden. Stattdessen können Sie einen beliebigen Klassennamen und eine zugehörige Datei *registrieren*. Aus diesem Register, das alle Methoden von JLoader nutzen, werden dann bei Bedarf der Dateipfad ermittelt und die Klassendatei geladen.

```
// registrieren von Klassennamen und Dateipfad
JLoader::register('ThingHelper', JPATH_COMPONENT.'/helper.php');

// lautet die URL-Anfrage "index.php?yada=1" wird die Klasse geladen
if ($app->input->getInt('yada') == 1) {
    ThingHelper::doYadaYada();
}
```

Im Gegensatz zu `jimport()` tritt in diesem Beispiel der integrierte Klassenlader[19] erst dann in Kraft, wenn die Klasse `ThingHelper` auch tatsächlich benötigt wird, d. h. die URL den Parameter `yada=1` enthält. In allen anderen Fällen wurde lediglich ein Eintrag im internen Registerarray von JLoader vergeudet, ein Zugriff auf das Dateisystem aber eingespart.

JHtml: Punktnotation für Sub-Klassen

Die Klasse JHtml ist Sammelbecken für zahlreiche sogenannte *Widgets*[20] und *Behaviors*, den mit JavaScript angereicherten HTML-Elementen, die man zuhauf im Backend finden kann. Dazu gehören die Akkordeon-Slider für die Parameterpanele ebenso wie die sortierbaren Tabellenspalten im Backend und eine Sammlung an JavaScripten auf Basis der MooTools-Bibliothek[21].

---

[19]   Bereits beim Start der Applikation werden mit *JLoader::setup()* die tatsächlichen Laderoutinen über PHPs interne *spl_autoload_register()* eingerichtet.

[20]   Widget: «window gadget«. Ding, Vorrichtung, Grafikobjekt. Bei Benutzeroberflächen finden sich Widgets u. a. als Formularelemente, Kalender, Panele und Tabs wieder.

[21]   Die JavaScript-Bibliotheken und Skripte liegen im Ordner *./media/js*.

Die Klasse `JHtml` wird in Kapitel 9.6 »Sammelbecken JHtml« noch genauer unter die Lupe genommen.

Einstieg in die zahlreichen Elemente liefert die statische Funktion `JHtml::_($key)` und eine Verwandtschaft mit `JText::_()` und `JRoute::_()` darf durchaus unterstellt werden. Der Parameter `$key` bezeichnet in diesem Fall ein aus zwei Worten, durch Punkt getrenntes Schlüsselwort. Das erste Wort bezeichnet eine Klasse, das zweite die darin enthaltene Methode, welche auszuführen ist, um ein Widget auszugeben bzw. ein Behavior zu laden.

Beispiele für die Zuordnung von Schlüsselwort zu Datei und Klassenmethode

$key	Datei	Klasse::Methode
grid.*boolean*	html/**grid**.php	JHtml**Grid**::*boolean()*
grid.*sort*	html/**grid**.php	JHtml**Grid**::*sort()*
list.*users*	html/**list**.php	JHtml**List**::*users()*
behavior.*switcher*	html/**behavior**.php	JHtml**Behavior**::*switcher()*

8   Objekte & Co.

Zwar haben wir im Vorwort geschrieben, dass wir vorraussetzen, dass man zumindest rudimentär PHP programmieren kann, und ohne objektorientierte Programmierung (OOP) geht heutzutage ohnehin nichts mehr, aber erfahrungsgemäß kommt man dann mit den ganzen Begriffen doch oftmals etwas ins Schleudern. Und bevor der ein oder andere Leser verzweifelt, haben wir uns überlegt, zumindest ein wenig Licht ins Dunkeln zu bringen.

8.1   Objekte sind ein Abbild der Wirklichkeit

Sehen wir einen Schrank, können wir in der Regel einwandfrei bestimmen, ob es sich um eine Kommode oder um einen Kleiderschrank handelt. Wir wissen, dass ein Kleiderschrank hoch ist, mindestens eine Tür hat und eine Stange für Kleiderbügel besitzt. Wogegen eine Kommode deutlich kleiner ist und schwerpunktmäßig aus Schubladen besteht.

Wir sind in der Lage einwandfrei einen Stuhl von einem Sessel zu unterscheiden und eine Sitzbank stellt uns auch nicht vor Probleme.

Betreten wir eine Gastwirtschaft, kommen wir nicht auf die Idee, Geld abzuheben, und in einer Bank würden wir kein Schnitzel bestellen.

Wir haben gelernt, mit diesen Objekten umzugehen. Es sind für uns vertraute Dinge geworden, in denen wir uns selbstverständlich bewegen.

Unser Leben besteht aus einer Vielzahl von unterschiedlichen Objekten.

Wir wissen, dass diese Objekte unterschiedlich aussehen und bestimmte Merkmale haben, die sie von anderen Objekten unterscheiden.

So hat eine Post einen Abholschalter und eine Gaststätte einen Biertresen.

Die Objekte haben unterschiedliche Eigenschaften, an denen wir sie erkennen können.

Desweiteren haben Objekte meist auch bestimmte Abläufe, die wichtig für diese Objekte sind. Zum Beispiel hat ein Schreibtischstuhl einen Hebel, damit wir die Sitzhöhe verstellen und die Neigung der Rückenlehne unseren Bedürfnissen anpassen können. Ein Schaukelstuhl hat eine Vorrichtung, damit er schaukeln kann und ein Klappstuhl eine Mechanik, um eben diesen zusammenklappen zu können.

Wenn ich eine dieser Funktionen – oder um im Programmierjargon zu bleiben: wenn ich eine dieser Methoden ausführe, verändert sich die Eigenschaft unseres Objekts.

Betätige ich den Hebel am Schreibtischstuhl, wird dieser höher oder niedriger – er sieht danach etwas anders aus als vorher. Zumindest was die Höhe anbelangt.

Durch das Ausführen einer Methode verändere ich Eigenschaften.

Wenn ich bei einer Kommode eine Schublade aufziehe, ist sie – logischerweise – nicht mehr geschlossen. Ich habe den Urzustand verändert, indem ich die Methode des Schubladenaufziehens ausgeführt habe.

Wir können den Zustand von Objekten also verändern.

Dadurch dass ich eine offene Schublade habe, kann ich andere Tätigkeiten ausführen: Zum Beispiel kann ich nun etwas aus der Schublade herausnehmen oder hineintun.

Bei der Beschreibung der Schublade wird uns auffallen, dass es viele Möbel mit Schubladen gibt, bzw. dass es für Möbel generell bestimmte Merkmale gibt. Wenn wir andere Objekte mit Möbeln vergleichen, dann fällt uns dieses besonders auf. Zum Beispiel, wenn man Möbel mit Autos vergleicht oder mit Verkehrsampeln.

So kann man also sagen, dass alle Möbel ähnliche Eigenschaften haben. Sitzmöbel haben beispielsweise alle eine Sitzfläche, Kommoden alle mindestens eine Schublade und somit die Möglichkeit, diese zu öffnen und zu schließen. Kleiderschränke haben eine Kleiderbügelstange und eine Tür. Türen kann man auch öffnen und schließen, allerdings ist der Vorgang dafür ein völlig anderer als bei Kommoden. Regale haben verschiedene Ebenen, in die man etwas hineinstellen kann. Und so weiter …

Ein Tischler hat vielleicht irgendwo ein schlaues Buch stehen, wo drinsteht, wie Möbel auszusehen haben. Dieses Buch ist quasi seine *Klasse*. Ein Sitzmöbel hat eine Fläche zum Sitzen. Manche Sitzmöbel kann man verstellen – die Sitzhöhe oder die Rückenlehne – oder ganz zusammenklappen. Man kann mit einigen Sitzmöbeln wippen. Alle Sitzmöbel sind aus einem Material hergestellt, manche aber auch aus mehreren.

Der Programmierer hat an dieser Stelle meist kein schlaues Buch, sondern stattdessen ein Diagramm:

Sitzmöbel	Name der Klasse
Material Sitzfläche	Eigenschaften
Höhenverstellung Lehnenverstellung Klappmechanismus Schaukelmechanismus	Methoden

Bild 8.1:
Unsere Klasse für Sitzmöbel

Von dieser Klasse können wir nun ganz bequem ein Objekt ableiten – es instanzieren. Das Objekt bekommt automatisch die Eigenschaften und Methoden, die in der Klasse definiert sind, zugewiesen. Und exakt dort liegt der ganze Vorteil der objektorientierten

Programmierung: Alles muss nur einmal in der Klasse programmiert werden und jedes Objekt kann dann auf diese Programmierung zugreifen.

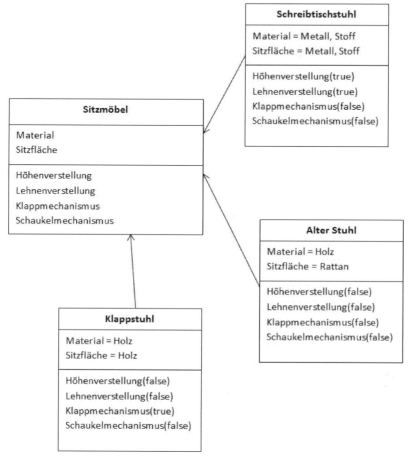

Bild 8.2: Objekte erben Eigenschaften und Methoden von der Klasse

Das Programm erkennt von allein, welches Objekt welche Daten hat – als Programmierer kann man sich im Prinzip zurücklehnen, benutzt, was die Klassen einem vorgeben, und braucht sich keine Gedanken über die Programmierung zu machen. Zumindest wenn man fremde Klassen, beispielsweise fertige Joomla-Klassen, benutzt. Oder man programmiert sie eben einmal für sich selbst, und kann dann so viele Objekte davon ableiten, wie man Lust hat und braucht.

Tipp: Einerseits sprechen wir an dieser Stelle von »ableiten/instanzieren von der Klasse«, aber wenn wir uns die Diagramme anschauen, die ich dazu gemalt habe, dann gehen die Pfeile immer vom Objekt zur Klasse. Wenn ich was ableite, müsste ja eigentlich rein optisch das ganze anders herum aufgemalt werden.

Die Diagramme, die ich hier verwende, sind eine sehr einfache Form von UML (Unified Modeling Language). Eine grafische Notationsweise zur Darstellung objektorientierter Software-Entwicklungsschritte. Diese Diagrammtechnik bringt eine Vielzahl von sehr komplexen Darstellungsmerkmalen mit, mit denen andere Autoren ganze Bücher füllen.

Die Pfeile vom Objekt zur Klasse lassen jedoch sehr schnell erkennen, welche übergeordnete Klasse jeweils zum Objekt gehört oder aber auch, welche Unterklasse zur übergeordneten gehört. Es ist also kein hierarchischer Aufbau, sondern eher ein Beziehungsdiagramm. Das Objekt zeigt auf seine Klasse.

Ich persönlich habe mich anfangs stets ein wenig schwer getan mit dieser Leserichtung. Aber als Programmierer habe ich zunächst in aller Regel mit dem Objekt zu tun und muss dann herausfinden, welche Klasse dazu gehört oder sinnvoll ist.

8.2   Abstrakte Klassen

Das wird Ihnen einige Male bei Joomla begegnen. Abstrakte Klassen sind Klassen, die virtuelle Methoden haben, von denen man keine Objekte ableiten kann. Klingt kompliziert, wenn man es so aus dem Lehrbuch hört. Ist es aber eigentlich gar nicht.

Es gibt Klassen, die bereiten quasi eine Methode vor. Zum Beispiel gibt es verschiedene Schränke mit Türen, die man öffnen und schließen kann. Das Öffnen und Schließen dieser Türen ist prinzipiell immer gleich. Allerdings gibt es verschiedene Arten von Türen: Schiebetüren, Falttüren, Rollläden oder Türen, die sich nach außen öffnen. Manche haben ein Schloss, andere einen Magnet oder eine Druckvorrichtung zum Schließen. Alle muss man etwas anders betätigen, und die Mechanik ist ein wenig unterschiedlich.

Also programmiere ich erst eine abstrakte Klasse, die generell das Türöffnen und Türschließen beinhaltet und anschließend eine Klasse für Schiebetüren und eine Klasse für normal öffnende Türen mit Schloss und Schlüssel und eine für Klapptüren, wie sie beispielsweise bei einem Sekretär vorkommen.

Die Unterklasse oder auch *konkrete Klasse* genannt, erbt die Methoden von der abstrakten Klasse. Ein Objekt, also der konkrete Schrank, der in unserer Wohnung steht, kann sich nicht von der abstrakten Klasse ableiten, weil eben nicht klar an dieser Stelle ist, was für eine Tür denn da konkret vorhanden ist. Unser Schrank kann erst von der konkreten Klasse abgeleitet werden.

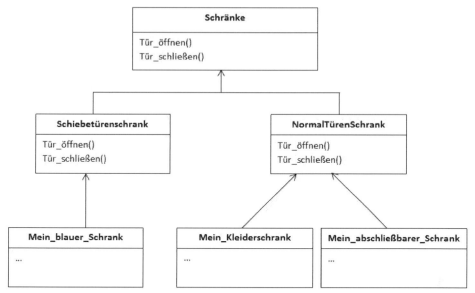

Bild 8.3: Abstrakte und konkrete Klassen mit ein paar instanzierten Objekten

Zusammenfassung: Objekte können von abstrakten Klassen nicht abgeleitet werden. Abstrakte Klassen kann man auch gut vergleichen mit einigen Basics, die vorhanden sein müssen, wohingegen in der konkreten Klasse die grundlegenden Basisprogrammierungen übernommen werden, aber die konkreten Programmierungen zusätzlich implementiert werden müssen.

Oder etwas praktischer ausgedrückt: Beispielsweise kann ich in der abstrakten Klasse festlegen, dass, wenn die Schranktür offen ist, ich hineinschauen kann und etwas in den Schrank hineinlegen oder herausholen kann. Und in der konkreten Klasse programmiere ich dann, wie das genau geht.

Von den konkreten Klassen werden dann die Objekte instanziert.

8.3 Statische Klassen

Der Vorteil statischer Klassen ist, dass diese Methoden haben, die man benutzen kann, ohne ein Objekt zu instanzieren. In Joomla kommt es häufiger vor, dass wir auf Methoden einer Klasse direkt zugreifen.

Beispielsweise könnten wir festlegen, dass Schubladen immer gleich geöffnet werden: indem sie einfach mit der Hand herausgezogen werden.

Da dieser Vorgang letztlich unabhängig von unserem konkreten Objekt wäre, sofern das eine Schublade hat, brauche ich nicht explizit dafür eine Methode, die vom Objekt abhängig ist, zu implementieren. Schublade ist Schublade – egal ob ich eine Kommode oder einen Schreibtisch habe.

8.4 Und das Ganze mit PHP

Soweit zur Theorie. Wie das Ganze nun konkret in PHP abläuft, soll hier mit einfachen Code-Fragmenten beschrieben werden. Dabei geht es nicht in erster Linie um sinnvolle und tolle Listings, sondern um anschauliche Beispiele, wie so etwas in PHP funktioniert.

In unseren Programmierungen haben wir mit all diesen Konstrukten zu tun. Hier möchten wir lediglich etwas Überblick vermitteln, was was ist und wie es eingesetzt werden kann.

8.4.1 Der Konstruktor

Der Konstruktor dient dazu, um einem neuen Objekt Grundwerte mitzugeben. Beim Anlegen eines neuen Objekts wird dieser Konstruktor automatisch aufgegriffen:

```php
class Schrank
{
    var $material;

    public function __construct ($mats)
    {
        $this->$material = $mats;
    }
}
```

Wird nun ein neues Objekt erzeugt:

```php
$schreibtisch = new Schrank("Holz");
```

wird automatisch der Konstruktor aufgerufen, ohne dass ich diese Methode extra ansprechen müsste.

8.4.2 ... und der Destruktor

Den gibt es natürlich auch, wird aber höchst selten bei Joomla verwendet. Man kann hiermit beim Löschen des Objekts bestimmte Werte zurücksetzen oder eine Meldung ausgeben oder ... Der Aufruf erfolgt automatisch, wenn man das Objekt löscht:

```php
class Schrank
{
    $material;

    public function __destruct()
```

```
{
    echo "Schrank kaputt";
}
}

$meinSchrank = new Schrank();
unset($meinSchrank);
```

- Das Schlüsselwort *new* ruft den Konstruktor auf,

- *unset* hingegen den Destruktor.

8.4.3   Kapselung

Klassen haben meistens einen grundsätzlichen Aufbau in Joomla/PHP und auch in den meisten anderen Programmiersprachen. Die Eigenschaften sind sehr oft quasi »geschützt« – sie sind *gekapselt*. Dadurch kann man nicht direkt auf sie zugreifen, sondern man muss über den Umweg einer Methode auf sie zugreifen. In aller Regel sind das dann die bekannten *get-* und *set*-Methoden (nicht verwechseln an dieser Stelle mit *__get()* und *__set()*, die mit den zwei Unterstrichen).

Um beispielsweise das »Material« unserer Sitzmöbel anzusprechen, würde es in den Joomla-Klassen zum Beispiel diesen Code geben:

```
class Sitzmoebel
{
  protected $material;

  public function setMaterial($mats) {
    $this->$material = $mats;
  }

  public function getMaterial() {
    return $this->$material;
  }
}
```

Es ist also nur möglich die öffentliche Methode aufzurufen, nicht jedoch die geschützte Eigenschaft aus der Klasse:

```
$stuhl = new Sitzmoebel;
$stuhl->setMaterial('Holz');
$material = $stuhl->getMaterial();
```

Der Vorteil an der Kapselung liegt darin, dass ich vor der Zuweisung den Wert noch mal überprüfen kann. Gibt zum Beispiel jemand »Beton« als Wert für das Material ein, so kann ich einen Fehler melden, einen Standardwert setzen oder einfach die Methode »setMaterial« abbrechen, weil wir keine Möbel aus Beton haben.

Aber natürlich gibt es auch viele Klassen, die öffentlich zugängliche Eigenschaften haben.

8.4.4 Abstrakte Klassen in PHP

Eine abstrakte Klasse wird mit dem Schlüsselwort *abstract* definiert:

```
abstract class Schranktueren
{
  abstract function oeffnen();
}
```

Die abstrakte Klasse wird per *extends* eingebunden.

```
class Kommode extends Schranktueren
{
  function oeffnen()
  {
    …
  }
}
```

Wichtig ist, dass die *konkrete Klasse* den Methoden-Aufruf der *abstrakten Klasse* übernimmt und mit eigenem Code füllt.

Das erscheint zunächst alles sehr umständlich. Aber wie weiter oben bereits erwähnt, haben abstrakte Klassen sehr häufig bereits Grundwerte implementiert oder geben klare Strukturen vor, wie die eigene Klasse programmiert werden muss, damit sie in das Programmkonzept passen.

8.4.5 Statische Klassen in PHP

Sowohl Eigenschaften, als auch Methoden können als *static* deklariert werden:

```
class Schubladen
{
  static $gegenstand = "Die Schublade";

  public static function aufziehen()
  {
    return " … ist offen.";
  }
}
```

Aufgerufen wird so eine statische Methode mit dem doppelten Doppelpunkt, wie er in vielen Listings dieses Buches vorkommt:

```
echo Schubladen::$gegenstand . Schubladen::$aufziehen();
```

Auf statische Methoden und Eigenschaften kann man also auch zugreifen, ohne zuvor ein Objekt zu instanzieren. Man kann natürlich auch innerhalb einer Klasse auf statische Methoden und Eigenschaften einer anderen Klasse zugreifen.

Ausgegeben wird an dieser Stelle: *Die Schublade ... ist offen.*

> **Tipp:** Der »doppelte Doppelpunkt« oder besser: *Gültigkeitsoperator,* wird offiziell *Paamayim Nekudotayim* (hebr. פעמיים נקודתיים) genannt und besteht aus zwei hintereinander gestellten Doppelpunkten[22].

8.4.6 Mehrfachvererbung

Sehr oft haben wir bei Joomla (und nicht nur da) eine Mehrfachvererbung. Klassen, die sich von anderen ableiten, die sich von einer anderen ableiten, die sich ... Es gibt hier keine Grenzen in der Klassenhierarchie. Da jedoch bei einer Klasse stets immer nur das Schlüsselwort *extends* angegeben ist, ist es nicht immer leicht zu überblicken, was eigentlich alles vererbt wird von Klasse zu Klasse.

```
class Moebel
{
    ...
}


class Schrank extends Moebel
{
    ...
}


class Kleiderschrank extends Schrank
{
    ...
}
```

Die Klasse *Moebel* vererbt ihre Methoden und Eigenschaften auf die Klasse *Schrank.* Die wiederum vererbt ihre Methoden und Eigenschaften auf die Klasse *Kleiderschrank.* Da aber die Klasse *Schrank* die Methoden und Eigenschaften von der Klasse *Moebel* auch beinhaltet, hat somit die Klasse *Kleiderschrank* auch Zugriff auf die Klasse *Moebel.*

Da noch *private* deklarierte Variabeln und Methoden dazukommen können, die nicht mit vererbt werden, muss man sehr genau schauen, sofern man direkt in den Klassen auf Spurensuche geht, was die im Einzelnen bewirken.

---

[22] *http://de.wikipedia.org/wiki/Paamayim_Nekudotayim*

Ein Objekt kann also durchaus auf Methoden und Eigenschaften mehrerer Klassen durch die Vererbung zugreifen.

8.4.7   Wer ist *$this?*

Schaut man sich die Methoden als solches an, dann sieht das ja eigentlich so aus, als wären Methoden nichts anderes als Funktionen, die lediglich in einer Klasse implementiert sind. Aber Klassen können unter anderem auch Methoden eines Objekts aus der Klasse aufrufen.

Normalerweise rufen Sie aus dem Objekt direkt die Methoden auf:

```
$meinSchrank->Methode
```

Manchmal möchte man jedoch innerhalb einer Klassen-Methode eine andere Methode der Klasse aufrufen, aber Werte aus dem Objekt mitnehmen. Mit dem Schlüsselwort *$this* kann man nun in dieser Klassenmethode eine Referenz auf sein Objekt herstellen und übernimmt damit bereits vorhandene Werte des Objekts innerhalb der Klasse.

```
class Schrank
{
    public $schubladen;

    public function aufziehen()
    {
        echo "Mein Schrank hat $this->schubladen Schubladen";
    }
}

$meinSchrank = new Schrank;
$meinSchrank->schubladen = 4;
$meinSchrank->aufziehen();
```

Dieser Code führt zur Ausgabe: *Mein Schrank hat 4 Schubladen.* Ich habe zuvor den Wert »4« der Eigenschaft *$schubladen* zugewiesen und beziehe mich in der Methode *aufziehen()* mittels des Schlüsselwortes *$this* auf mein Objekt. Somit wird in der Ausgabezeichenkette die Zahl »4« mit ausgegeben.

Das funktioniert auch, wenn man der Eigenschaft zuvor einen anderen Wert zuweist:

```
class Schrank
{
    public $schubladen = 2;

    public function aufziehen()
    {
        echo "Mein Schrank hat $this->schubladen Schubladen.";
    }
```

```
}

$meinSchrank = new Schrank;
$meinSchrank->schubladen = 4;
$meinSchrank->aufziehen();
```

Da mein Objekt nicht zwei, sondern vier Schubladen hat, wird das auch so korrekt aus-gegeben: *Mein Schrank hat 4 Schubladen.*

Das Schlüsselwort *$this* wird Ihnen öfter in den Listings begegnen. Da *$this* eine Refe-renz auf das aufgerufene Objekt ist, ist es manchmal nicht einfach zu durchschauen, was genau gerade passiert und mit welchen konkreten Werten gearbeitet wird. Die Platform von Joomla benutzt an einigen Stellen diese Technik.

8.4.8 Das __call-Center

Manchmal gibt es Methoden, die man aufruft, die aber gar nicht existieren. Das klingt natürlich sehr verwirrend. Was nicht existiert kann man normalerweise auch nicht benutzen. Mit dem Schlüsselwort *__call* kann man das aber dennoch bewerkstelligen.

```
class Schrank
{
    public function __call($name, $parameter)
    {
        echo $name . "</br>";
        foreach ($parameter as $einzeln)
        {
            echo $einzeln . "<br/>";
        }
    }
}

$meinSchrank = new Schrank();
$meinSchrank->schubladen("1 große","2 kleine");
$meinSchrank->kleiderstange("2 Meter");
```

Weder die Methode *schubladen*, noch die Methode *kleiderstange* sind in unserer Klasse definiert. Die Methode *__call()* sorgt jedoch dafür, dass alles, was nicht als Methode vorliegt, über diese Methode abgefangen wird. In *$name* steht der Methodenaufruf (also *schubladen* und *kleiderstange*) und in *$paramter* die Werte, die übergeben werden. Die Schleife durchläuft das Array und gibt die Werte entsprechend aus.

Das sieht so sehr bequem aus. Jedoch wird die Methode *__call()* für alle Aufrufe benutzt, die keiner definierten Methode entsprechen. Man kann so einen Fehler abfangen oder aber auch bewusst damit arbeiten, da man eine flexible Anzahl Werte übergeben kann. Besser ist es jedoch stets, passende Methoden zu programmieren. Ab und an benutzt aber Joomla die Methode *__call()*.

8.4.9 Singleton-Entwurfsmuster

Manchmal benötigt man Klassen von denen nur ein einziges Objekt instanziert werden darf. Für diesen Anwendungsfall gibt es das sogenannte *Singleton*. Das ist eine Klasse, die nur ein einziges Objekt zulässt.

```
class Einzelstueck
{
    private static $instanz = false;

    public static function getInstance()
    {
        if(self::$instanz === false)
        {
            self::$instanz = new self;
        }
        return self::$instanz;
    }

    private function __construct() {}
    private function __clone() {}
}

$besondererSchrank = Einzelstueck::derSchrank();
```

Es wird in der Methode *getInstance()* überprüft, ob bereits ein Objekt, das aus dieser Klasse instanziert wurde, vorliegt. Wenn ja, wird das Objekt selbst zurückgegeben:

```
return self::$instanz;
```

Wenn nein, wird es zuerst instanziert:

```
self::$instanz = new self;
```

So eine Klasse kann nicht mit dem *new*-Operator aufgerufen werden, weil der Konstruktor hier auf *private* gelegt ist. *private* erlaubt keinen öffentlichen Zugriff. Würde man dennoch versuchen, das Objekt mit dem *new*-Operator aufzurufen, gäbe es eine Fehlermeldung:

```
fatal error: Call to private Einzelstueck::__construct() from invalid
context in … on Zeile …
```

Da *__clone()* auch auf *private* gesetzt ist, wird vermieden, dass die Klasse kopiert / geclont werden kann und somit dann doch wieder zwei Objekte existieren könnten.

Solch eine Klasse gehört zu den *Entwurfsmustern*. Dabei handelt es sich um eine Struktur, die festlegt wie dieses Problem (nur ein Objekt) umgesetzt werden kann. Zu den *Entwurfsmustern* gehört auch beispielsweise die MVC, die keine Erfindung von Joomla ist. Wie bereits am Anfang dieses Buches beschrieben, gibt die Struktur MVC vor, wie der grundlegende Aufbau einer Komponente erfolgen soll. Ein *Singleton-Entwurfsmuster* macht nichts anderes. Es gibt die Struktur vor, wie das Problem »Erzeugung nur einer Instanz« gelöst werden kann.

Tipp: Statt *getInstance()* kann man auch einen beliebigen anderen Namen vergeben. Beispielsweise *meinSchrank()*. Jedoch wird der Methodennamen *getInstance()* bei fast allen Singelton-Klassen benutzt und kann als Standard angesehen werden. Joomla benutzt auch diesen Methodennamen.

8.5 Abschließende Bemerkungen

Das soll uns genügen, um ein paar Unsicherheiten mit den Objekten zu klären. Es gibt natürlich noch viel mehr, was in diesem Zusammenhang beachtet werden muss. Dennoch sollte diese kleine Einführung bei Unsicherheiten genügen, um dann auch komplexeren Aufgaben gewachsen zu sein.

Im Anhang befindet sich der ein oder andere Verweis auch zu Webseiten, die sich mit grundsätzlichen Fragen, wie beispielsweise der OOP befassen. Und da es ganze dicke Bücher darüber gibt, ist auch klar, warum wir das hier nur anreißen können.

9 Die Joomla-API – eine Art Einführung

API ist die Abkürzung für *Application Programming Interface*, die Programm[ier]-schnittstelle. Als Entwickler haben Sie schon in irgendeiner Form mit Schnittstellen gearbeitet, `echo` oder `alert()` sind bspw. Schnittstellen für die Zeichen- bzw. Bild-schirmausgabe. Die Joomla-API ist schon sehr umfangreich und – sagen wir mal an manchen Stellen – auch gewöhnungsbedürftig. Es gibt gefühlt eine Million Methoden in ein paar hundert Klassen.

Das Framework vereinfacht und vereinheitlicht komplexe und wiederkehrende Aufrufe und fasst diese zusammen, sodass Sie weniger Code schreiben müssen. Weniger Code bedeutet weniger Fehler und weniger Räder, die neu erfunden werden. Wenig Code ist schneller und einfacher zu ändern, wenn sich die Umstände und Anforderungen wieder mal ändern, z. B. eine API.

9.1 Rundgang um die Pakete der Platform

Christiane und Axel haben Ihnen in den vorangehenden Kapiteln ein paar Beispiele gezeigt, die sich aus den Grundbausteinen zusammenstellen lassen, »*damit man mal was sieht und damit schon mal was wackelt*«. Machen Sie mit mir nun einen Rundgang durch die Gewölbekeller Joomlas, damit Sie auch andere Grundbausteine sehen und selbst besser kennen- und verstehen lernen. Mit diesem Wissen sind Sie anschließend in der Lage, schnell(er) die relevanten Dateien, Klassen oder Funktionen zu finden und in Ihren Programmen einzusetzen. Mit dem selben Wissen können Sie auch die offizielle API-Referenz im Internet effizient für sich nutzen; genau dann und genau dort, wo Sie ohnehin gerade sind: beim Programmieren und an Ihrem Rechner.

Hinter jedem Ordner, den Sie im Verzeichnis *./libraries/joomla* sehen, befindet sich eines der sogenannten Pakete, in denen PHP-Klassen thematisch zusammengeschnürt sind. Ich habe die Pakete, die ich Ihnen gleich vorstelle, absichtlich *nicht* alphabetisch sortiert sondern vielmehr versucht, sie aus Anwendungssicht zu betrachten und in ihrem üblichen Zusammenwirken bei der Programmierung einer Web-Anwendung.

9.2 Objektfabrik: JFactory

Ein Klassiker der objektorientierten Programmierung ist das *Factory Pattern*, und damit einher geht meist das *Singleton*-Entwurfsmuster, das von Axel bereits im gleichnamigen Kapitel 8.4.9 behandelt wurde. Bei unserem Rundgang durch die Platform werden Sie mehrfach von der Objektfabrik JFactory lesen, eine statische Klasse, die in Joomla die zentralen Einzelinstanzen produziert und verwaltet.

Dies sind sie in alphabetischer Reihenfolge:

ACL	getAcl()
Application	getApplication($id, ...)
Config	getConfig(...)
Database (DBO)	getDbo()
Document	getDocument()
Language	getLanguage()
Mailer	getMailer()
Session	getSession()

Keine echten Einzelgänger, aber ebenso kontrolliert und fabrikfrisch zu erhalten sind:

Cache	getCache($group, ...)
Date	getDate('now', ...)
Editor	getEditor()
Feedparser	getFeedParser($url)
Stream	getStream()
URI	getURI($uri)
User	getUser($id)

Wann immer Sie eines dieser Singletons und zentralen Objekte benötigen, liefert Ihnen JFactory die entsprechend konfigurierte Instanz. Dazu rufen Sie lediglich die zugehörige get-Methode auf und voilà: das Objekt wird produziert oder aus dem Regal geholt.

Bei mehrfach produzierbaren Objekten, wie User, URI oder Cache, sorgen die möglichen Parameter dafür, dass auch hierfür nur eine eindeutige Instanz erstellt wird und bei wiederholten Aufruf auch genau diese Instanz geliefert wird und keine weitere Kopie. Im CMS stammen diese Parameter aus der globalen Konfiguration. Möchten Sie von dieser Konfiguration vorsätzlich abweichen, entnehmen Sie die Liste der Parameter einzelner Methoden bitte direkt den genannten get-Methoden der Klasse JFactory.

Zu den regelmäßig und am häufigsten verwendeten Aufrufen zählen sicher folgende:

```
// aktive Anwendung (JSite oder JAdministrator)
$app    = JFactory::getApplication();
// und das primäre Eingabeobjekt
$request = $app->input;
```

```
// aktuelle Sprache (der Anwendung)
$lang = JFactory::getLanguage();
```

```
// Datenbank-Verbindungsobjekt (i. d. R. zu einem MySQL-Server)
$dbo    = JFactory::getDbo();
// und ein dazu passendes Abfrageobjekt für SQL
$query = $dbo->getQuery();
```

```
// angemeldeter Benutzer (oder ein "Gast" mit der Id 0)
$user = JFactory::getUser();
```

```
// das aktive Dokument zum angeforderten Format
$doc    = JFactory::getDocument();
```

9.2.1   Fabrikmodel oder getInstance()?

Sie werden feststellen, dass bei allen Klassen, die von JFactory intern beim Erstellen eines (neuen) Singleton-Objekts aufgerufen werden, eine Methode mit Namen getInstance() zum Einsatz kommt. JFactory speichert *seine* Singletons für das CMS intern in statischen Eigenschaften und kontrolliert deren Erstellung, Konfiguration und die Rückgabe dieser Instanzen bei wiederholtem Aufruf. Die Objektfabrik ist wie ein Spezialitätengeschäft, das bei der Herstellung genau auf den Fertigungsprozess achtet, weshalb Sie auch nicht jede Feld-, Wald- und Wiesenklasse der Platform darüber erhalten.

Wenn Sie selbst die Methode getInstance() einer solchen Joomla-Klasse aufrufen, umgehen Sie diese Mechanismen und das Verhalten dieser voneinander unabhängigen Zusatzinstanzen kann durch eine abweichende Konfiguration zu unerwarteten Ergebnissen führen. *Dies ist kein Nachteil und kann durchaus gewollt sein.*

Wahrscheinlich werden Sie in den meisten Fällen die Angaben zu *dem* aktiven, angemeldeten Benutzer benötigen, weshalb JFactory::getUser() auch die richtige Wahl ist. Nichts spricht jedoch dagegen, für ein *anderes* Nutzerkonto eine unabhängige Instanz eines weiteren JUser-Objekts zu erstellen, um mehr über dieses *andere* Konto zu erfahren und Dinge damit zu tun, die mit dem angemeldeten Nutzer nichts zu tun haben.

Die Verbindung zu einer zusätzlichen Datenbank ist mitunter ebenfalls notwendig, aber nur möglich, wenn Sie neben dem Singleton der JFactory, welches *die primäre Verbindung* zur CMS-Datenbank hält, selbst eine weitere Instanz mit den abweichenden Verbindungsparametern über JDatabase::getInstance(...) aufbauen. Diese unabhängige Instanz eines Datenbankobjekts haben Sie dann nach Gebrauch auch selbst ordnungsgemäß zu schließen und die noch offenen Verbindungen hierüber zu beenden.

Joomla! wird Sie hierbei nicht automatisch unterstützen können, da es sich nur um *seine* Singletons kümmert und bei Programmende auch nur diese aufräumt.

9.3   Keine Referenz

Anstelle einer akribisch notierten, aber sicher langweiligen Auflistung aller Methoden oder wie Sie jede Klasse im Detail einsetzen und aufrufen *könnten*, erwartet Sie in diesem Kapitel eine Zusammenfassung über den vermeintlichen Zweck der Pakete an sich, sowie gelegentliche Anregungen und Tipps, warum Sie die ein oder andere Klasse in Ihrer Erweiterung eventuell verwenden wollen sollten – oder auch nicht.

Lassen wir einmal all die schmutzigen und verwirrenden Details beiseite, so beginnt der Besuch joomlafizierter Webseiten »außen« mit dem Start der eigentlichen Web-Anwendung, d. h. im *Frontend* (Site) oder *Backend* (Administrator). Beide präsentieren sich in Form von Dokumenten, bestehend aus HTML-Elementen, welche Daten und Formulare sowie Links fürs Interaktive anzeigen. Über Formulare begeben wir uns bereits ins Innere der Anwendung, denn Formulare übermitteln Daten. Diese müssen irgendwo hin und auf dem Weg dorthin sind sie zu prüfen, zu bereinigen und schlussendlich zu speichern; unter anderem in einer Datenbank. Da dies nicht jedem gestattet sein soll – oder eben doch – benötigen wir Benutzer und Zugriffsrechte. Seiten aufbauen, Daten prüfen, speichern, löschen oder ändern, Nutzern Ein- und Auslass gewähren; diese Vorgänge lösen Ereignisse aus und darauf warten die Plugins.

Da die Welt nun mal nicht perfekt ist, können Fehler auftreten, ausnehmend schwere Fehler mitunter, die man jedoch abfangen kann und protokollieren sollte. Ob aber böse Fehler oder gute Nachrichten: die Datenbank ist nicht das einzige Speicherziel das sich auslesen oder beschreiben lässt. Da wäre noch das Dateisystem selbst und die gute alte E-Mail, gefolgt von der spannenden Welt externer Internet-Dienste, die man über Netzwerkprotokolle wie FTP, LDAP und natürlich HTTP nutzen kann. Mit einem Cache lässt sich Lahmes oder Wiederkehrendes zwischenspeichern und beschleunigen. Neues will man installieren und Veraltetes aktualisieren.

Wie hier eine Bildverarbeitung hineinpasst? Ich weiß es ehrlich gesagt auch nicht, und deshalb steht sie auch ganz am Ende der Liste. Aber es gibt sie.

Die eingestreuten Quelltext-Schnipsel in diesem Kapitel sind eher *illustrativ* und damit selten auch 1:1 für den Einsatz in Erweiterungen gedacht.

> **Hinweis:** In den Programmierteilen werden Sie viele dieser Klassen wiederfinden und eine Menge mehr Quelltext aus den Beispielprojekten lesen. Dort lernen Sie auch mehr über das Zusammenwirken dieser Grundbausteine im praktischen Einsatz.

Greifen Sie *unbedingt* auf die Online-Referenz des Framework zu.

* *http://api.joomla.org/11.4/* – API-Referenz der Joomla! Platform, Version 11.4

Fast noch wichtiger ist aber: *Schauen Sie sich bitte, bitte im Quelltext von Joomla um!*

Sie dürfen das wirklich tun, glauben Sie mir! Open Source bedeutet offene Quelle und damit sind die Quelltexte des CMS und der Platform gleichermaßen gemeint, also schauen Sie rein und *lesen* Sie was dort steht. Als Architekt müssen Sie wissen, welche Baustoffe Ihnen zur Verfügung stehen und wie und wo Sie diese bekommen, um daraus Ihr Großes Ganzes zu erstellen.

Sollten Sie anstelle eines einfachen Quelltexteditors eine stattliche Entwicklungsumgebung (IDE) zum Programmieren verwenden, hilft Ihnen diese auch gerne beim Umschauen. Also: nur keine Schüchternheit!

9.3.1 Der Urschleim: base

Bevor ich Ihnen die übrigen Pakete vorstelle, möchte ich Ihr Augenmerk auf eine besondere Klasse lenken: `JObject` in der Datei ... *object.php*. Von dieser Klasse leiten sich viele andere Klassen in Joomla ab, die dynamisch generierte Eigenschaften besitzen, welche von außen dem Rest des Programms zugänglich sein sollen. Wenn auch Sie ein *Werteobjekt* benötigen, das weit mehr bietet, als tumbe Arrays oder das simple `stdClass`-Objekt von PHP, greifen Sie doch mal zu `JObject`.

Einfach wie praktisch sind die Methoden `get()` und `def()`, die bei der Abfrage nicht gesetzter und *nicht existierender* Eigenschaften mit einem optionalen Vorgabewert aufwarten. Das spart auch eine ganze Menge if-Abfragen, da Sie schon im Vorfeld bestimmen können, mit welchem Ergebnis es nach einer quasi erfolglosen Eigenschaftsabfrage weitergeht. Gerade bei den in Joomla! zuhauf eingesetzten Parameterobjekten ist dies ungemein praktisch. Aber fast wichtiger ist, dass dies *ohne Fehlermeldung* geschieht.

Mit `get()` können Sie leere Rückgabewerte vermeiden und pro Abfrage variieren.

```
// kurz und knackig: "leere" Thingy-Klasse und eine Instanz davon.
class Thingy extends JObject {}
$item = new Thingy;
```

```
// löst eine Warnung aus, da die Eigenschaft 'name' nicht existiert
echo $item->name;
// hingegen liefert get() hier gelassen den Standardwert NULL
echo $item->get('name');
```

```
// hier (und nur hier!) einen Ersatzwert
echo $item->get('name', 'Contao');
// und hier einen anderen Ersatzwert
echo $item->get('name', 'Drupal');
```

get() vs. getProperties(): Über `get()` erhalten Sie im Gegensatz zu `getProperties()` mitunter auch Zugriff auf Eigenschaften, die in der abgeleiteten Klasse als *private* deklariert wurden oder mit einem Unterstrich als solche gekennzeichnet sind.

Mit def() (für *default*, Standard) fragen Sie den aktuellen Wert nicht nur ab, sondern legen den zukünftigen Standardwert beim ersten Aufruf gleichzeitig fest. Sollte die Eigenschaft noch nicht existieren, wird dies also gleich miterledigt.

```
// setzt die Eigenschaft auf 'Joomla! 1.5' WENN sie vorher NULL war!
echo $item->def('product', 'Joomla! 1.5'); // 'Joomla! 1.5'
echo $item->get('product');                // 'Joomla! 1.5'
echo $item->product;                       // 'Joomla! 1.5'
```

set() und def() machen es öffentlich: Eigenschaften, die durch set() oder def() erst neu erstellt werden, sind immer öffentlich (*public*).

Eine weitere Spezialität von set() und def() ist, dass beide den zuvor *gesetzten* Wert der Eigenschaft zurückgeben.

```
$zuerst = $item->def('product', 'Joomla! 1.7'); // 'Joomla! 1.5' ?? B)
$danach = $item->set('product', 'Joomla! 2.5');
$jetzt  = $item->get('product');
echo "Upgrade von {$zuerst} via {$danach} auf {$jetzt} erfolgreich!";
```

9.3.2 Anwendungen: application

Die drei Anwendungen des Joomla-CMS, Frontend, Backend und Installer, haben ihren Ursprung in JApplication. Wenn Sie Erweiterungen für Frontend und Backend programmieren, laufen diese folglich im Kontext dieser Anwendungen. Die Existenz eines Application-Objekts ist Voraussetzung und Sie erhalten es so:

```
$app = JFactory::getApplication();
```

Im Frontend liefert Ihnen dieser Aufruf eine Instanz der Klasse JSite und im Backend eine Instanz der Klasse JAdministrator.

$app vs. $mainframe: Vor Joomla! 1.6 wurde *das* zentrale Application-Objekt als globale Variable $mainframe deklariert und allerorts importiert. Benötigen Sie in Ihrer Erweiterung Zugriff auf die Instanz der aktiven Anwendung, erhalten Sie diese via JFactory. Als handelsüblich hat sich der Variablenname $app etabliert.

Die Applikation steuert und verwaltet den gesamten Programmablauf und liefert weitere, zentrale Ressourcen, die man so im Laufe eines Webseitenlebens brauchen kann und die von den anderen Paketen bereitgestellt werden. Darunter fällt auch die aktuelle Konfiguration und das Objekt mit den Sitzungsdaten (JSession). Darin können Sie Datenzustände für Ihre Erweiterungen zwischenspeichern und Nachrichten zwischen den einzelnen Seitenaufrufen ablegen und weitergeben. Dies beinhaltet auch die bekannten Info- und Fehlerboxen.

Als oberste Instanz kümmert sich die Anwendung auch um ihre primäre Dateneingabe (JInput), das Routen und Weiterleiten von Anfragen (JRouter), sowie den Aufbau eines Anwendungsmenüs (JMenu) samt Brotkrumennavigation (JPathway). Das Paket liefert daneben auch den Grundstock zum Arbeiten mit Kategorien (JCategories).

Die Applikation entstammt ./includes

Jede Applikation kann »ihr eigenes Ding« machen und Merkmale sowie zusätzliche Klassen anbieten, die anderen Programmteilen des CMS fehlen und somit auch *nicht Teil der Platform* sind. Gleichwohl wird gerade Ihre Komponente, als Erweiterung einer CMS-Applikationen, neben den vielen allgemeinen Dingen, die in den Unterordnern der Platform zu finden sind, auch ein Paar anwendungsspezifische Klassen nutzen wollen oder müssen.

Im Frontend wird bspw. eine schöne Brotkrumennavigation verwaltet (JPathway), während das Backend mit einer schicken Symbolleiste protzt (JToolBarHelper), die sich elegant mit den Funktionen der dortigen Controller Ihrer Komponente abstimmt. Weder das eine noch das andere können Sie jedoch einfach so und *genau so* auf der anderen Seite des Gartenzauns verwenden. Möchten Sie im Frontend ebenfalls eine Symbolleiste haben oder es für erforderlich halten, innerhalb Ihrer Backend-Komponente eine Brotkrumen-Navi aufzubauen, müssen Sie beides selbst (nach-)basteln. Dazu können Sie natürlich die verschiedenen Werkzeuge der Platform kombinieren, sich vom Quelltext dieser beiden Klassen inspirieren lassen[23] oder doch etwas Neues erfinden.

Einige der Klassen, deren Grundversion im Ordner ./application der Platform liegt, finden Sie in spezialisierter Form im jeweiligen Anwendungsordner ./includes wieder. Sie wurden beim Start der Anwendung über die Objektfabrik korrekt initialisiert, sodass Sie die richtige Objekt-Instanz erhalten, wenn Sie eines der Singletons oder der hier ansässigen Zusatzklassen benötigen.

Dateiname	Frontend-Klasse	Backend-Klasse
./includes/application.php	JSite	JAdministrator
./includes/menu.php	JMenuSite	JMenuAdministrator
./includes/pathway.php	JPathwaySite	(Brotkrumenfrei)
./includes/toolbar.php	(Symbolleistenfrei)	JToolbarHelper
./includes/router.php	JRouterSite	JRouterAdministrator

Eingabekontrolle: application/input

Programme sollten möglichst auf Eingaben reagieren und diese nach bestimmten Kriterien verarbeiten und dabei tunlichst sicher vorgehen. Die Klasse JInput (im Ordner ./application) hat die Rolle von JRequest übernommen und kümmert sich um eben

---

[23] In Fachkreisen auch *kopieren* genannt und bei Open Source Software keine Seltenheit

diese eingehenden Daten welche die Anwendung schlussendlich nutzt. Daten, die Sie über JInput abfragen, werden generell gefiltert und bereinigt.

Ohne besondere Maßnahme entspricht die Eingabequelle bei Web-Anwendungen wie Frontend (JSite) und Backend (JAdministrator) den Informationen der eingehenden HTTP-Anfrage aus der superglobalen PHP-Variable $_REQUEST. Dieses praktische Verhalten machen sich unsere beiden Web-Anwendungen zunutze, und so können Sie über die Instanz der jeweiligen Anwendung ebenfalls auf das richtige Eingabeobjekt zugreifen, um Werte *abgesichert* auszulesen.

```
// Eingabequelle der aktiven Anwendung
$input = JFactory::getApplication()->input;
```

Für andere Eingangsquellen wie Cookies und Files (Datei-Upload) oder Argumente die an Kommandozeilenprogramme (CLI) übergeben werden, finden Sie im Unterordner *./input* entsprechend abgeleitete und erweiterte Klassen.

> $_REQUEST: Diese Superglobale ist ein Konglomerat an Daten, das aus den drei anderen Superglobalen $_GET, $_POST und $_COOKIE besteht. Die Standardreihenfolge »GPC« der PHP-Konfiguration bestimmt, wie gleichnamige Einträge der drei Arrays letztlich zu $_REQUEST gemischt werden. Weiteres zu Superglobalen erfahren Sie in der Sprachreferenz des PHP-Handbuchs im Kapitel »Superglobals«[24].

Wie (schon) bei JRequest verwendet JInput als Standardfilter den Typ »cmd[25]«. Dieser taugt für alle 08/15-Parameter, die als ordentlicher Teil einer URL oder eines HTML-Formulars eingehen. Sie können Daten aber auch explizit als Zahl, Boolean, Buchstaben ohne Sonderzeichen oder mit Sonderzeichen konvertieren lassen. Das Filtern selbst übernimmt die Klasse JFilterInput, die wir uns in Kürze anschauen.

Es war einmal JRequest:

```
// statische Klasse JRequest - "default" Quelle ist $_REQUEST
$foo  = JRequest::getInt('foo', 0);
$task = JRequest::getVar('task');
// Quelle explizit auf $_POST umstellen
$bar  = JRequest::getVar('bar', 'baz', 'post', 'word');
```

JRequest ist als *statische* Klasse konzipiert, JInput hingegen als Objektinstanz und gleichzeitig eine öffentliche Eigenschaft der JApplication-Objekte.

Es ermöglicht den etwas irritierenden, indirekten Zugriff auch auf die restlichen Superglobalen von PHP mittels *Objektverkettung* (chaining) und damit auch das sichere Auslesen dieser Dateneingänge.

---

[24] http://php.net/manual/de/language.variables.superglobals.php

[25] cmd = command = Befehl. Man betrachtet die Parameter in einer URL und Formularfelder als Teil der Arbeitsanweisungen, die mit der Anfrage verbunden sind.

```
// ein gebrauchsfertiges Anwendungsobjekt (im CMS JSite/JAdministrator)
$app = JFactory::getApplication();
// dessen Standardeingabequelle $_REQUEST als Eigenschaft 'input'
$foo  = $app->input->getInt('foo', 0);
$task = $app->input->get('task');
// Quelle explizit auf $_POST umstellen via Objektverkettung
$bar  = $app->input->post->get('bar', 'baz', 'word');
```

Die letzte Zeile zeigt die automatische Objektverkettung von JInput: Wird ihr der Name einer Superglobalen als Eigenschaft abverlangt ($input->post), erstellt JInput automagisch eine weitere JInput-Instanz für eben diese Superglobale und bindet diese an sich selbst. Sowohl $app->input wie auch $app->input->post sind Instanzen der Klasse JInput aber mit abweichenden Datenquellen: die erste basiert auf $_REQUEST, die zweite auf $_POST.

Verwirrend anzusehen bei der Objektverkettung ist der explizite Zugriff auf die Superglobale $_GET, was mitunter als Tippfehler interpretiert werden könnte:

```
$domestos = $app->input->get->get('view', 'json');
```

Hier arbeiten Sie besser mit einer Hilfsvariablen, um Ihrem zukünftigen Ich beim Lesen »alter« Quelltexte Ihre Absicht deutlich zu machen: Gefragt ist hier der URL-Parameter »&format=...« und eben nicht ein gleichnamiges, mögliches Formularfeld oder ein Cookie.

```
// explizit auf $_GET zugreifen mit den Filtern von JInput
$get      = new JInput($_GET);
$domestos = $get->get('format', 'json');
```

Die automatische Objektverkettung von und mit JInput findet über die Methode __call() statt; wenn Sie also mal einen Blick hineinwerfen möchten.

Übergangsweise von »geht« zu »geht so«

Die Grundidee hinter diesem Softwaredesign scheint zu sein, dass Ihr Programmcode möglichst wenig von der Natur des primären Eingangskanals der aktiven Anwendung wissen sollte. PHP ist ja durchaus zu mehr fähig, als das HTML für Webseiten zusammenzukleben und die Joomla! Platform soll Ihnen ja auch (irgendwann) all diese Wege aus einer Hand ermöglichen: Web-App ~ HTTP-Requests, Shell & CLI ~ Befehlszeilenargumente, Services & Deamons ~ Signals. Bis dahin gibt es in der Platform von allem ein bisschen und von manchem einiges doppelt.

Auf dem Papier sah das auch sicherlich gut aus, jedoch werden Sie *in der Web-Praxis* mit Ihrer *CMS-Erweiterung* weiterhin gezielt, wissentlich und vorsätzlich auf HTTP-Requests, Cookies und Datei-Uploads als Quellen zugreifen *müssen* und damit diese Kanäle schlussendlich namentlich kennen und benennen. Eine Möglichkeit, zur Laufzeit zumindest eine Namensliste der Anfrageparameter, der Cookies oder der hochgeladenen Dateien von JInput zu erhalten, existiert ebenso wenig, wie im Falle der Request-Daten

($\_GET$, $\_POST$, $\_REQUEST$) ein Synchronisieren mit diesen Superglobalen à la JRequest::setVar() vorzunehmen.

Beim Aufbau einer Webseite läuft Programmcode, der von unterschiedlichen Parteien und Personen geschrieben wurde: CMS, Platform, Plugins, Module, Komponenten, Templates; überall wird PHP-Code ausgeführt. Bei der Kommunikation mit externen Bibliotheken[26] und zwischen den Programmteilen komplexer Erweiterungen kann es daher zu Inkonsistenzen in den Superglobalen kommen, bis hin zu mehr anstatt weniger Code, um alles zusammenzuhalten. Insbesondere wenn im Programmcode Dritter weiterhin – zwar legitim, aber auch querbeet – mit den nativen Superglobalen JRequest und JInput gearbeitet wird.

Basiert eine Instanz von JInput auf $\_COOKIES$, können Sie mit set() nicht nur den internen Wert eines Cookies setzen, sondern auch direkt an den Browser senden; $\_COOKIES$ selbst bleibt hierbei jedoch unangetastet.

JInput ist nahezu API-kompatibel zur Klasse JRequest, d.h. beim Anpassen älterer CMS-Erweiterungen kommen Sie mit Suchen und Ersetzen zumindest in diesem Punkt recht schnell ans Ziel. Nahezu kompatibel bedeutet jedoch auch, dass Sie von JInput nicht mehr so nett bedient werden wie von JRequest. Sie müssen schon genau wissen, was so an Einträgen in der Anfrage drinsteckt.

Beispiel: *index.php?option=com_content&view=categories&id=1&Itemid=110*

```
// assoziatives Array mit allem was im HTTP-Request drinsteckt.
// ließe sich zur Laufzeit als schicke Tabelle darstellen.
print_r(JRequest::get())
Array (
  [option] => com_content
  [view] => categories
  [id] => 0
  [Itemid] => 110
)
```

```
// separate JInput-Instanzen und was drin steckt bleibt anonym
print_r($app->input);
print_r($app->input->get);
print_r($app->input->post);
```

Auf den kompletten Dump der drei Objekte möchte ich hier verzichten. Jede Instanz hat eine geschützte Eigenschaft mit Namen $data, in der sich die tatsächlichen Werte finden:

```
...
[data:protected] => Array (
    [option] => com_content
    [view] => categories
```

---

[26] Beim derzeitigen Funktionsstand der Platform ist es nicht ungewöhnlich, sich die Programmierarbeit durch den Einsatz weiterer Bibliotheken zu erleichtern.

```
        [id] => 0
        [Itemid] => 110
)
...
```

Sollten Sie in die Verlegenheit kommen, die *Schlüsselnamen* aus einem Superglobalen Array auszuwerten oder anzuzeigen, führt der Weg nunmehr wohl zunächst über die Originale und anschießend über JInput.

```
foreach (array_keys($_POST) as $k)
{
    echo $k, ': ', $app->input->post->get($k), PHP_EOL;
}
```

Wegbereiter: JRouter und sowas wie SEO

Mit dem sogenannten Routing in Web-Anwendungen wird eine eingehende Anfrage per URL, also einer Zeichenfolge, die in etwa »*input.php?option=ding&dies=das&jenes=welches*« lauten könnte, in für PHP taugliche Daten aufbereitet (meist einem assoziativen Array). Umgekehrt wird aus einer Datenstruktur (wie einem assoziativen Array) eine möglichst leicht leserliche URL in Textform errechnet, die in etwa »*/ding/dies/das/jenes/welches*« lauten könnte.

Das Ganze nennt sich dann suchmaschinenfreundliche (SEF, search engine friendly) URLs und soll unter anderem der Suchmaschinenoptimierung (SEO, search engine optimization) zuträglich sein. Vor allem soll aber sichergestellt werden, dass der korrekte Programmteil (Komponente) gefunden und ausgeführt wird.

Der Routingmechanismus in Joomla ist seit jeher eine mittlere Katastrophe und versucht auf komplizierte Art und Weise, ein grundlegenderes Designproblem aus Mambo-Zeiten zurechtzurücken, das leider in Joomla! 1.0 übernommen und beibehalten wurde[27]. Es ist seit Jahren für eine Vielzahl unterschiedlicher »Phänomene« im Frontend des CMS verantwortlich und füllt ganze Foren: die *Itemid der Menüeintrage* und die leidige Entscheidung, welches denn nun der *aktive* Menüeintrag zur eingehenden Anfrage sein könnte ...

Mit der hiesigen Klasse JRouter bzw. dem aktiven Ableger JRouterSite im Ordner *./includes* des Frontend haben Sie nur äußerst, äußerst selten direkt zu tun. Wie Sie das Routing programmieren und damit auch beeinflussen, wie das CMS an eine verwertbare Itemid gelangt, lernen Sie zum Abschluss der Komponente, denn es ist fürwahr das Letzte, was Sie für Ihre Komponente programmieren wollen.

Ein Blick in die kaffeesatztrübe Kristallkugel lässt hoffen, dass in Joomla! *4 (vier)* und der geplanten Einführung sogenannter *Pages* und einem *Unified Content Model* für die Identifizierung von Webseiten im CMS sowie ihre Konfiguration anstelle einer aufwän-

---

[27] Zum Wohle der Rückwärtskompatibilität mit einigen Millionen Websites und mehreren Hundert Erweiterungen

dig zu ermittelnden Datensatznummer (Itemid) auch intern und »nativ« die wohl eindeutigste Information herangezogen wird, die seit über 20 Jahren ein erfolgreicher Grundbaustein des Internet ist: die URL.

Helferklasse: JApplicationHelper

Auf Applikationsebene erhalten Sie allerlei Informationen insbesondere eine ganze Menge Pfade zu »typischen« Dateien in Joomla.

Methode	Aufgabe
getComponentName()	wenig revolutionär liefert es im Grunde den Inhalt der Request-Variablen `$option`, doch lässt sich der Name hier aus historischen Gründen auch überschreiben. Funktionsgleich mit `$app->input->get('option')`
getClientInfo($id)	gibt den zur `$id` gehörenden Klassennamen und Pfad einer »Client-Application« zurück, wobei `$id` eine Zahl (0-2) oder die Kennung 'site', 'administrator' oder 'installer' ist. Sie erhalten ein stdClass Objekt mit den Eigenschaften $id, $name und $path.
getPath($vname, $opt)	liefert den zum Bezeichner `$vname` gehörenden, absoluten Pfadnamen für `$opt` zurück in Bezug auf die aktive Applikation oder Komponente. Mit dem zweiten Parameter kann der Name der Komponente für die Abfrage geändert werden.

Die meisten Pfade verweisen auf Dateien, die mit MVC-Komponenten nicht mehr viel gemein haben und bestenfalls bei der Umstellung alter Komponenten von Interesse sind.

Tipp: Verwenden Sie anstelle von `getPath()` besser die in Kapitel 9.5 vorgestellten Pfadkonstanten.

Eine vollständige Tabelle der Bezeichner, mit denen Sie `getPath()` aufrufen können, würde mindestens eine weitere Seite füllen. Deshalb möchte ich hier exemplarisch ein paar der brauchbaren Namen nennen und wohin sie führen. Nehmen wir an, die aktive Komponente heißt »com_mythings«, dann erhalten Sie mit den folgenden Bezeichnern:

- `front`, Pfad zum Startskript der Frontend-Komponente (*mythings.php*)
- `admin`, Pfad zum Startskript der Backend-Komponente (*mythings.php*)
- `class`, Pfad zur benannten Datei (`$user_option`) im Applikationsordner *./includes*
- `com_xml`, Pfad zum XML-Manifest der Komponenten im Backend (*mythings.xml*)
- `mod0_xml` und `mod1_xml`, Pfad zum XML-Manifest des genannten Moduls (`$user_option`) im Frontend (0) bzw. Backend (1)
- `plg_xml`, Pfad zum XML-Manifest des genannten Plugin (`$user_option`)

Komponenten: application/component

Frontend wie Backend des Joomla CMS basieren auf Komponenten, jenen Mini-Anwendungen die den Hauptteil einer Webseite bestimmen. Alle *Basisklassen* für die Programmierung von Komponenten finden sich hier wieder:

- `JModel`, das 'M' in MVC, kümmert sich um die Daten für ...

- `JView`, das 'V' in MVC, welche diese Daten formatiert ausgibt, entsprechend der Anleitung von ...

- `JController`, das 'C' in MVC, der den Ablauf einer Komponente steuert.

Hiermit haben Sie die Bausteine beisammen, mit denen Sie theoretisch eine Komponente nach dem MVC-Entwurfsmuster programmieren können. Damit Sie aber nicht jedes mal das Rad neu erfinden und mitunter auch einen »Platten rein programmieren«, stellt Ihnen die Platform für die typischen Aufgaben einer Backend-Komponente einen Satz weiterer Klassen bereit.

Listenansichten:

- `JControllerAdmin`, ist Spezialist für Tabellenansichten und deren Aktionen

- `JModelList`, kann Datenlisten laden, filtern und durchblättern

- `JModelAdmin`, hilft bei der Stapelverarbeitung

Formularansichten:

- `JControllerForm`, steuert alle Aktionen der Backend-Formulare

- `JModelItem`, kann Einzelstücke identifizieren

- `JModelForm`, hilft bei der Einzelbearbeitung

Um die konkrete Anwendung dieser Klassen geht es in den Programmierteilen der Komponente.

> **Bruch beim Namenskonzept:** Während Sie die Basisklassen der Platform allerorts direkt verwenden und erweitern können, müssen Sie dem CMS vor dem Gebrauch der MVC-Klassen mit einem gezielten Sprung über den Ordner 'component' beim Laden der Dateien nachhelfen, z. B.:
>
> ```
> jimport("joomla.application.component.controller");
> class MythingsController extends JController { /*...*/ }
> ```

Die MVC-Klassen sind sehr stoisch, was die Benennung der Klassen und ihrer internen Bezeichner betrifft. Christiane hatte ja damit zu kämpfen und sei es nur, weil alle Dateien irgendwann denselben Namen haben. Die vielen »HelloWorld«-Beispiele aus dem Web sind vermutlich einigen bekannt und auch, wie dort sehr einfach und sehr schnell *hello.php* und `HelloBlablaHello`-Klassen um sich greifen. Die HelloWorlds haben das Problem, Christianes Mythings hat das Problem und Sie werden das Problem auch haben. Eben diese Sache mit dem Wald und den Bäumen und *Schuld* daran hat nun mal dieses Namenskonzept.

Generelles Format: *Komponente* `Model|View|Controller|Table` *Bezeichner*

Der Name der *Komponente* am Anfang ist ein Muss. Der *Basisname des Klassentyps* ist stets Singular (der des zugehörigen Ordners dagegen Plural). Der abschließende *Bezeichner,* oft identisch mit dem Namen der Komponente, basiert aber gerne auf einem der nachfolgenden URL-Parameter. In wenigen Fällen fehlt er ganz.

Typ Basisname (Einzahl)	Ordner (Mehrzahl)
class Komp`Model`*Xyz*	./com_komp/`models`/xyz.php
class Komp`View`*Xyz*	./com_komp/`views`/xyz.php
class Komp`Table`*Xyz*	./com_komp/`tables`/xyz.php

Damit Sie den ein oder anderen gordischen Knoten eventuell doch noch durchschlagen können, finden Sie hier eine Auflistung der URL-Parameter, anhand derer »das System« die Namen von Klassen und Ordnern ermittelt und sie mitunter zu weiteren Unterelementen kombiniert.

URL-Parameter	Vorgabe für / Bedeutung	Pfadnamen
option=mythings	Komponentenname und	components/com_mythings/
	Präfix der MVC-Klassen:	
	MythingsModel*Xyz*	./models/mythings.php
	MythingsView*Xyz*	./views/mythings/*.php
	MythingsController*Xyz*	./controllers/mythings.php
	MythingsTable*Xyz*	./tables/mythings.php

Darauf folgen optionale Parameter, deren Vorgabewert aus *option* stammt (Name der Komponente) und die in ihrer Bedeutung eher zu Listen und Gesamtübersichten tendieren, denn zu Formularen oder der Detail- bzw. Einzelansicht. Der Bezeichner (~ Präfix) der MVC-Klassen hat zunächst auch den Wert »mythings«, womit das Verwirrspiel seinen Lauf nimmt: *MythingsViewMythings* ... Die englischen Regeln für Singular- und Pluralbildung bestimmen zudem die [Fehl-]Interpretation der Namen durch Joomla, sodass im Code nachgeholfen werden muss und kann.

view=edit	**Suffix** der View-Klasse:	Ordner der View-Datei:
view=mything	Mythings View**Edit**	*./views/edit/view.html.php*
	Mythings View**Mything**	*./views/mything/view.html.php*
format=html	Ausgabeformat der View,	Dateiname der View-Datei:
	Vorgabe ist `html`	*./mythings/view.html.php*
	`format=feed`	*./mythings/view.feed.php*
	`format=json`	*./mythings/view.json.php*

`layout=default`	Name des Layouts / Template-Override. Vorgabe ist `default`. Formulare nutzen oft: `layout=edit` `layout=form`	Dateiname im Ordner *./tmpl* *./views/xyz/tmpl/default.php* Template-Override: *./html/com_xyz/.../default.php*

Ist erst einmal die View-Klasse bekannt, ergibt sich dafür und daraus die zugehörige Model-Klasse. Beim Beispiel `view=edit` wären dies Mythings`ViewEdit` mit seinem Standardmodel Mythings`ModelEdit`.

Zur Erinnerung: Fehlt `view`, ist `view` identisch mit `option` und damit ist auch das Model ein *mythings* mit »s« und eine Mehrzahl steht allgemein für Listen. Aus diesem Grund genügt im Backend eine einfache URL wie *index.php?option=com_mythings*, um *die* Listenansicht der Komponenten aufzurufen und anzuzeigen.

Sie können den MVC-Klassen bei Fehlannahmen durch die Automatik mit der Eigenschaft `$name` den Bezeichner hartkodiert mitgeben, den das System bei weiteren Ableitungen verwenden soll. Im Kapitel 7.1.10 »Reservierte Wörter in Klassennamen« waren es ModelAgModelModels und EvieWaltersViewReviews, die sich damit bändigen ließen.

Helferklasse: JComponentHelper

Zum leichteren Umgang mit Komponenten nutzt die Applikation eine statische Helferklasse, um die Komponente auszuführen und die View auszugeben. Die Klasse `JComponentHelper` kann auch für Sie nützlich sein, denn sie liefert in erster Linie Informationen zu anderen installierten Komponenten. Sie können deren Zustand abfragen und Parameter (Konfiguration) auslesen.

Die Methoden erwarten als ersten Parameter den Namen der Komponente inklusive Präfix »com_«, bspw. `isEnabled('com_weblinks')` oder `getParams('com_media')`.

Methode	*Aufgabe*
`isEnabled($o, true)`	teilt Ihnen mit, ob die Komponente existiert und aktiviert ist
`getParams($o)`	liefert die Konfigurationsparameter der Komponente als JRegistry
`getComponent($o)`	kombiniert die beiden oberen Anfragen und liefert *ein stdClass-Objekt* mit den Eigenschaften `$id` (int), `$enabled` (bool) und `$params` (JRegistry)
`renderComponent($o)`	hier findet die gesamte Vorbereitung für die Ausgabe einer Komponente statt: Sprachdateien und Template laden, Pfadkonstanten festlegen, Startskript laden

Wenn Sie etwas über eine Komponente erfahren möchten, verwenden Sie gleich getComponent(), denn alle anderen Methoden greifen intern ebenfalls darauf zurück. Die Informationen, die Sie erhalten, entstammen der Datenbanktabelle *#__extensions*.

Die eigentliche Ausführung einer Komponente findet in der geschützten Methode executeComponent() statt. Vergleichbar einem Sandkasten (sandboxing) lädt sie den Startskript der Komponenten und schottet sie gegenüber Joomla ab – und umgekehrt. Gleichwohl ist es nicht möglich, innerhalb einer Komponente eine andere Komponente auszuführen oder mehrere Komponenten parallel anzuzeigen.

Helferklasse: JModuleHelper

Es hört nicht auf mit Helfern (und für Plugins gibt es auch einen, aber dazu später). Wenn Sie einen Blick in den Ordner *./application/module* werfen und dort in der Datei *module.php* eine Klasse *JModule* erwartet haben, warten Sie nicht länger. Es gibt keine. Was es dort aber gibt, ist JModuleHelper und diese hilfsbereite Klasse lädt Module, sucht Module, rendert Module und erstellt Modul-Objekte. Dies sind einfache stdClass-Objekte (also dumme Objekte und keine cleveren JObjects), die ans Template weitergereicht werden, um ihre gesammelten Daten in einem HTML-Dokument auszugeben. Im Wesentlichen hat ein Modul-Objekt als Eigenschaften die Tabellenspalten eines Moduldatensatzes aus der Tabelle *#__extensions*.

9.3.3   Ausgabe: document

Nachdem Sie gesehen haben, woraus eine Joomla Webapplikation aufgebaut wird, begeben wir uns zu den Daten und Dokumenten. Für Joomla stellt das Dokument zunächst einmal ein Sammelbecken für allerlei Daten dar. So ein *Joomla-Document* repräsentiert damit, zumindest im CMS, genau die Datenstruktur und das Datenformat, das sich hinter einer URL im WWW verbirgt. Damit unterscheidet sich Joomla nicht sehr von anderen MVC-Anwendungen, schließlich sind Dokumente und Views artverwandt.

Auf unterster Ebene ist ein Dokument somit nichts anderes als eben der Inhalt (Content), den ein Content-Management-System verwalten soll, in die Form einer (virtuellen) Datei gepresst. Diese Inhalte gilt es, z. B. als HTML-Dokument, als RSS-Feed (XML), als JSON-Datenstrom oder sonst ein Format auszuliefern.

Die Basisklasse JDocument bildet den gemeinsamen Nenner aller Dokumenttypen, die Joomla bzw. das Framework von Hause aus mitbringt. Das Dokument erhält diese Daten primär über die Views der aktiven Komponente und lädt im Falle der HTML-Ausgabe eines der installierten Templates, um diese Daten und (HTML-)Schnipsel darin anzuzeigen.

Als Feed kommt es im RSS- oder Atom-Format (XML) daher, um einen Newsreader mit den Neuigkeiten Ihrer Website zu versorgen. Binäre und sonstige Rohdatenformate können zusammengestellt und als »echte« Datei zum herunterladen durch den Browser angeboten werden.

Wenn Sie die Daten ihrer Komponente als Newsfeed, JSON oder Download ausgeben lassen möchten, erstellen Sie hierzu für jedes Format weitere Views im Ordner ihrer Komponente und benennen sie entsprechend des Formats z. B. in *view.feed.php*, *view.json.php* oder *view.xml.php*. Natürlich muss Ihre Nicht-HTML-View die Daten passend zum jeweiligen Format aufbereiten und bereitstellen.

HTML-Dokumente: html

`JDocumentHTML` ist das Standardformat im CMS und enthält Methoden, mit denen Sie die semantischen Bereiche eines HTML-Dokuments befüllen und auslesen können: `<head>` inkl. `<style>` und `<link>` sowie `<body>`. Während die ersten drei Bereiche programmatisch sowohl von Joomla und den aktiven Erweiterungen gefüllt werden, kennen Template-Designer die Klasse `JDocumentHTML` eher indirekt von den `<jdoc:xxx />`-Elementen aus der *index.php*.

Jedes der `<jdoc:xxx />`-Elemente ruft im Hintergrund einen sogenannten *Renderer* auf, der die Aufgabe hat, einen Teil des Gesamtdokuments auszugeben.

- `<jdoc:include type="head" />` = `JDocumentRendererHead` generiert alle im `<HEAD>` eines HTML-Dokuments nötigen und möglichen Elemente; `<meta>`, `<link>`, `<style>`, `<script>` und natürlich den `<title>`.

- `<jdoc:include type="component" />` = `JDocumentRendererComponent` spuckt das aus, was die View der aktiven Komponente dank ihrer Layout-Dateien produziert hat.

- `<jdoc:include type="module" />` = `JDocumentRendererModule` gibt ein einzelnes Modul aus, mit Hilfe des `JModuleHelper`.

- `<jdoc:include type="modules" />` = `JDocumentRendererModules` gibt mehrere Module an einer Template-Position aus.

- `<jdoc:include type="message" />` = `JDocumentRendererMessage` zeigt System- und Fehlermeldungen an.

Erkennen Sie das Prinzip? Es ist also möglich, einen eigenen include-Typ für die `<jdoc/>`-Elemente zu erfinden und eine dazu passende Render-Klasse zu schreiben, denn `JDocument::loadRenderer()` lädt bedingungslos eine passende Datei nach. Ob sich das jedoch bei anderen Website-Betreibern durchsetzen würde, bleibt als Frage offen. Experimentieren Sie doch einfach mal damit in einem Template auf ihrer Website.

> **Nur für HTML:** Ausnahmslos das HTML-Ausgabeformat unterstützt das Parsen der `<jdoc:*/>`-Elemente und damit auch die dortige Anzeige von Modulen. Auch die meisten (Content-)Plugins werden nur bei der Ausgabe von HTML-Dokumenten angestoßen und die Layout-Overrides eines Templates werden ebenso nur für das HTML-Format geladen.

Feeds und News: feed

`JDocumentFeed` formatiert die zugrundeliegenden Daten als XML-Dokument, sendet die hierzu notwendigen HTTP-Header und bedient sich bei der Ausgabe weiterer, eigener Render-Klassen für die beiden Geschmacksrichtungen *RSS 2.0* oder *Atom*.

Im Grunde gibt er hier nicht viel Kreatives für Sie zu tun, außer eine entsprechende View anzulegen (*view.feed.php*) und die Daten Ihrer Komponente als `JFeedItem` bereitzustellen. Wurde vom Site-Admin das Newsfeed-Plugin aktiviert bzw. der entsprechende Menüpunkt aktiviert, kümmert sich das CMS um die Ausgabe der Feed-URL. Die Klassen `JFeedItem` und `JFeedEnclosure` (Dateianhänge in Feeds) sind zusammen mit `JDocumentFeed` in einer Datei enthalten. Das Ergebnis können Sie am einfachsten testen, indem Sie *&format=feed* an die URL anhängen.

Beispiele für Feeds in Joomla finden Sie in der Komponente *com_contact* für die Kategorieansicht und natürlich in *com_content*.

JSON-Daten: json

Was wäre *AJAX*[28] ohne JSON[29]? Genau: Ajax. Wenngleich das umständliche und geschwätzige 'XML' schon lange durch das schlankere und auf JavaScript basierende JSON-Format ausgetauscht wurde, bleibt Ajax weiterhin Ajax und wird nicht zu Ajaj.

Wenn Sie ihre Komponente in bester Web-Zwo-Null-Manier ebenfalls Ajax-tauglich machen wollen, um z. B. mit MooTools oder jQuery schicke Interaktionen auf eine Webseite zu zaubern oder Inhalte in die Seite nachladen zu können, denken Sie mal über den Einsatz von `JDocumentJSON` als Basis für eine View nach, die das passende JSON-Dokument generiert.

XML-Dokumente: xml

Auch wenn XML im Dunstkreis von Ajax nicht mehr soooo viel zu melden hat, generische XML-Dokumente kann man immer gut gebrauchen, und die erzeugen Sie mit `JDocumentXml`. Diese könnten eine spannende Alternative sein, wenn Sie einen Web-Service anbieten, der zum Datenaustausch das allmächtige XML-Format nutzen soll (oder muss).

Roh- und Binärdaten: raw

In Joomla 1.5 wurden über dieses »Rohdatenformat« auch die PDF-Downloads für die Artikel-Komponente generiert. In J! 1.6 ist die Bibliothek zum Generieren von PDF-Dateien jedoch verschwunden. Es hat auch nichts mit den Rohdatenformaten von Digitalkameras zu tun.

---

[28] Asynchronous JavaScript And XML, englische Infos u. a. bei *http://openajax.org*

[29] JavaScript Object Notation, *http://json.org/json-de.html*

Neben PDFs, um deren Generierung Sie sich für ihre Komponente also fortan selbst kümmern müssen, bietet sich `JDocumentRaw` als generische Dateiquelle besonders bei der Umleitung (Redirect) von schützenswerten Download-Dateien an, die *nicht* in einem öffentlich zugänglichen Ordner der Website liegen.

Beispiele wären: (bestehende) PDF- oder Office-Dokumente, Audio- oder Video-Dateien durchzuleiten, deren Zugriff nur für registrierte Nutzer der Website ermöglicht werden soll, aber auch eine einfache Umleitung, um derlei Downloads überhaupt erfassen zu können. Die Klassen für den Zugriff aufs Dateisystem und für Datenströme, die Sie weiter unten kennenlernen werden, dürften hierbei von Nutzen sein.

Achtung: Der voreingestellte MIME-Typ für Raw-Dokumente lautet `text/html`! Wenn Sie bspw. Binärdaten ausgeben möchten, müssen Sie den MIME-Typ über die Methode `setMimeEncoding()` zwingend anpassen. Eine Liste gültiger MIME-Types finden Sie u. a. unter *http://en.wikipedia.org/wiki/Internet_media_type* sowie auf der Website der Registrierungsstelle IANA, *http://www.iana.org/assignments/media-types/*

Suchergebnisse: opensearch

OpenSearch ist eine weiteres XML-Format, das etwa 2007 von Amazon für deren Such-dienst A9[30] erdacht wurde und inzwischen von vielen (allen?) Browsern erkannt wird. Ebenso wie für Newsfeeds regelt das CMS nach dem Aktivieren des zugehörigen Plugins die Ausgabe und das Angebot eines OpenSearch-Links für ihre Website automatisch. Die Ausgabe der Suchergebnisse übernehmen die beiden Suchkomponenten in Joomla, *com_search* bzw. *com_finder*. Damit Ihre Komponente Teil der Suchergebnisse wird, müssen Sie ein Such-Plugin programmieren.

Fehlerseiten: error

Zum Abschluss kommen die Fehlerseiten. Wann immer Joomla ein Problem beim Auf-bau einer Seite hat, wird anstelle des normalen `JDocumentHTML` ein `JDocumentError` pro-duziert. Zwar ist auch diese Fehlerseite irgendwie eine HTML-Seite, jedoch werden Ereignisse, die zum Laden von Plugins führen, ebenso wie die Module oder die oben genannten Renderer *nicht* ausgeführt; vielleicht waren es ja gerade diese, die den Fehler verursacht haben?

Kurzum: Hier gibt es für Programmierer nichts zu tun. Template-Designer können sich hingegen an einer *error.php* im Template-Ordner versuchen, um eigene Fehlerseiten zu erstellen. Eine Vorlage ist im System-Template zu finden.

---

[30] Amazon A9 *http://a9.com*

9.3.4   HTML-Fragmente: html

Sie kennen sie aus dem Backend: die Panels, die Slider, die Tabs, das Popup-Fenster, die sortierbaren Tabellen, das Kalender-Popup u. v. m. Das alles hat seinen Ursprung in diesem Ordner. Weil es so viele Elemente (und Klassen) sind und Sie die Besonderheiten von JHtml genauer kennen sollten, als es diese Spritztour zulässt, ist diesem Sammelbecken an HTML- und JavaScript-Schnipseln das Unterkapitel 9.6 »Sammelbecken JHtml« gewidmet.

9.3.5   Formulare: form

Hier geht es gleich weiter mit HTML, aber einer etwas intelligenteren Untergattung, die Sie vornehmlich in Formulare einbinden. JForm und seine JFormFields-Klassen sind hier zu Hause und sie lindern ein wenig das, was jeder Web-Entwickler mit Vorliebe so hassenswert findet: Daten mit HTML-Formularen verbinden und mit möglichst wenig Code dafür sorgen, dass diese nicht nur halbwegs konsistent angezeigt werden, sondern die darüber erfolgten Benutzereingaben irgendwie in den Datenbanktabellen gespeichert werden – korrigiert, formatiert und schadstofffrei.

Weil es auch hier, wie zu JHtml, viel zu sehen und zu berichten gibt, erhalten Sie ein eigenes Kapitel (Kap. 11 »Formulare cleverer: JForm«). Eines vielleicht vorab, bevor Sie sich zu früh freuen: Sie müssen zwar keine typischen HTML-Formulare mehr schreiben, wenn Sie JForm verwenden, dafür aber XML-Dateien anlegen.

Dank JForm müssen Sie sich übrigens nicht mehr damit abfinden, was in Formularen *anderer* Erweiterungen bereits enthalten ist oder dort gar *fehlt*. Mit Hilfe von Plugins, können Sie diese Formulare nun auch zur Laufzeit manipulieren – und das schließt jene in den Standard-Erweiterungen des CMS mit ein. Wenn eine existierende Erweiterung nicht ganz das macht, was Sie sich vorstellen, können Sie das fehlende Etwas mitunter hinzufügen oder Bestehendes beeinflussen ohne deshalb gleich einen Core-Hack zu begehen.

9.3.6   Validierung: filter

Sollten Ihnen Daten aus anderen (unseriösen) Quellen unterkommen, die zu verarbeiten sind, können Sie hiermit diese Ein- und Ausgabedaten manuell filtern und auch sonst allerlei Datentypen normalisieren und vom Unrat aus dem bösen Internet befreien.

JFilterInput nehmen Sie zur *manuellen* Bereinigung von Fremdeingaben, wie sie z. B. von HTML-Editoren, Formularfeldern oder REST/API-Aufrufen an Ihre Komponente übermittelt werden. Für JForm-basierte Formulare ist dies nicht erforderlich, da hier die deklarierten Formularfelder bereits für Sie gefiltert und geputzt werden. Daten, die sie über JInput auslesen, bedürfen i. d. R. ebenfalls keiner weiteren Handhabe, denn auch hier wird entsprechend des von Ihnen angegebenen Datentyps vorgereinigt.

`JFilterOutput` ist das Gegenstück und entfernt aus Ihren Daten alles was im Kontext von HTML, aber speziell für XML und XHTML bei der Ausgabe für Unruhe sorgen könnte. Darunter gehören u. a. das <script>- und <img>-Element ebenso wie das &-Zeichen das XHTML-Gläubige gerne als & sehen.

`stringURLSafe` sorgt für Texte, die man als Teil einer URL weiterverwenden möchte. Hierunter fallen z. B. auch die Werte für einen »Alias«, die Sie aus dem Backend u. a. für Menüeinträge eingeben.

```
// entfernt alles was nicht URL-tauglich ist
echo JFilterOutput::stringURLSafe('Joomla!-Extensions');
=> "joomla-extensions"
```

Falls die internen Filter nicht ausreichen oder zu viel filtern, können Sie eine eigene Instanz der Filterklasse beim Aufruf mit den nötigen Informationen initialisieren. Hierzu geben Sie die Liste der Elemente und Attribute an und ob es sich dabei um eine White-List oder Black-List handelt.

Da `JFilterInput` letztlich auch hinter `JInput` steckt, lässt sich das dortige letzte Beispiel (Seite 125) bspw. wie folgt umschreiben:

```
$filter = JFilterInput::getInstance();
foreach (array_keys($_POST) as $k)
{
    echo $k, ': ', $filter->clean($_POST[$k], 'cmd'), PHP_EOL;
}
```

Sonderfall E-Mail & Co. Daten, die Sie in E-Mails hineinpacken, benötigen oft eine besondere Behandlung. Hierzu finden Sie im Mail-Paket entsprechende Hilfe.

9.3.7 Texte: string

Wenn Sie Texte manipulieren und konvertieren, helfen Ihnen die statischen Klassen `JString` und `JStringNormalise`, wenn Sie etwas `klein`, `GROSS`, in `CamelCaps` oder für `tabellen_felder_geeignet` benötigen. Texte mit Unicode-Multibyte-Zeichen wie bspw. Kanji verarbeiten Sie besser mit `JString`. Die normalen PHP-String-Funktionen wie `strlen()`, `strcmp()` etc. sind für diese Aufgabe nicht geeignet. Hingegen sorgen die gleichnamigen statischen Methoden aus `JString` für den korrekten oder notwendigen Wechsel zwischen Zeichensätzen und Spracheinstellungen, damit in Ihren Inhalten keine Sonderzeichen und Symbole verloren gehen.

Migrations-Tipp J!1.5 – J!1.7: Bei historischen Werken für Joomla! 1.5 entfernen Sie bitte die Referenzen mit `jimport('joomla.utilities.string')`. Der AutoLoader sollte die Klasse `JString` (automatisch) finden. Die Klasse `JStringNormalize` heißt nun britisch-korrekt `JStringNormalise`.

9.3.8 Sprachen: language

Für die Verwaltung der zahlreichen Sprachdateien und die Mehrsprachigkeit in Joomla! ist JLanguage zuständig. JText::_() und Co., die Sie schon aus den vorangehenden Kapiteln kennen, führen darüber ihre interne und oft trickreiche Übersetzungsarbeit durch. Damit Sie Sprachdateien (.*ini*) laden können oder wenn Sie Informationen zur aktiven Sprache benötigen, müssen Sie sich zunächst die Instanz des globalen Sprachobjekts besorgen:

```
$lang = JFactory::getLanguage();
```

Verwenden Sie in Ihren Erweiterungen stets JFactory::getLanguage() und **nicht** JLanguage::getInstance(), wenn Sie zusätzliche Sprachdateien für die Übersetzungen dazuladen möchten. Der Direktaufruf von JLanguage::getInstance() liefert Ihnen eine weitere, *unabhängige Instanz* eines Sprachobjekts zurück. Sprachdateien, die Sie über diese »Zweitsprache« laden, sind anschließend weder über JText noch im globalen Sprachobjekt verfügbar.

Ein zusätzliches, unabhängiges Sprachobjekt kann jedoch dann zweckdienlich sein, wenn Sie Angaben zu den anderen installierten Sprachpaketen benötigen. Für die Meta-Angaben eines Sprachpakets ('*de-DE.xml*') und dessen <metadata>-Element stehen u. a. Methoden wie getName() und getTag() bereit:

```
echo $lang->getTag();       // 'de-DE'
echo $lang->getName();      // 'Deutsch (de)'
```

Bei sehr umfangreichen Komponenten mit vielen übersetzbaren Texten für die Benutzeroberfläche ist es mitunter sinnvoll, die Sprachdateien aufzuteilen und abhängig vom aktiven Bereich (Controller, View) nachzuladen. Mitunter bietet es sich auch an, die bereits vorhandenen Übersetzungen einer Core-Erweiterung mit zu nutzen. Wenn Sie Adressen oder Benutzerangaben in ihrer Komponente verarbeiten, finden Sie in den Sprachdateien zu *com_contact* und *com_user* sehr brauchbare Beschriftungen und Hilfetexte. Sie sparen sich damit nicht nur eine Menge Übersetzungsarbeit, Ihre Nutzer erhalten nebenbei eine konsistente(re) Benutzeroberfläche:

```
// Sprachdateien aus dem Ordner '/language' der aktiven Anwendung
$lang->load('com_contact');
$lang->load('com_user');
```

```
// ... explizit aus dem Frontend
$lang->load('com_contact', JPATH_SITE);
```

```
// ... explizit aus dem Backend
$lang->load('com_user', JPATH_ADMINISTRATOR);
```

`JLanguage` wird übrigens stets versuchen, die passende Datei zur aktiven Sprache zu laden, und weicht bei Misserfolg auf die Standardsprache[31] aus. Ist beispielsweise 'de-DE' die *aktive* Sprache, ergeben sich für die vorangehenden Beispielen folgende Pfade:

1. *language/de-DE/de-DE.com_contact.ini*
2. *administrator/language/de-DE/de-DE.com_user.ini*

und ist 'en-GB' gleichzeitig die *Standardsprache*:

1. *language/en-GB/en-GB.com_contact.ini*
2. *administrator/language/en-GB/en-GB.com_user.ini*

9.3.9 Systemumgebung: environment

Die Systemumgebung, die Sie mit den Klassen in diesem Paket abfragen und bedingt beeinflussen können, ist die einer Website. Ich erwähne dies deshalb, damit Sie nicht auf die Idee kommen, diese Klassen für die Kommandozeile (CLI) zu verwenden – es sei denn Sie schreiben gerade ein paar Unit-Tests dafür. `JURI`, `JRequest`, `JResponse` und `JBrowser` helfen beim Auslesen aber auch beim Setzen von Grunddaten, die rund um eine HTTP-Anfrage an das CMS benötigt werden. Daten, die später in Templates, Statistiken, Suchanfragen, der Auswahl von Ressourcen u. v. m. eine Rolle spielen können.

Mit `JURI` generieren Sie URIs, oder URLs, wie auch immer Sie es nennen mögen. Links zu den Layouts und Views einer Komponente, Adressen von CSS- und Script-Dateien oder Grafiken. Möchten Sie lediglich Informationen und Teile der URI zur angefragten Seite haben, verwenden Sie `JURI` als statische Klasse, z. B. `JURI::base()` oder `JURI::root()`. Beide verhalten sich zunächst gleich, jedoch erlaubt `root()` die Angabe eines optionalen Pfades, der anstelle des tatsächlichen in die Rückgabe einbezogen wird. Es wird hierbei übrigens nicht geprüft, ob diese URL auch auf ein gültiges Ziel verweist. Unterschiede in den Resultaten treten besonders dann auf, wenn Joomla! in einem Unterordner installiert wurde, also *nicht* über »*http://beispiel.de*« sondern »*http://beispiel. de/joomla*« erreichbar ist.

Funktionsaufruf	Ergebnis
`JURI::base(`**`true`**`)`	*/joomla*
`JURI::root(`**`true`**`)`	*/joomla*
`JURI::root(`**`true`**`, '/media')`	*/media*
`JURI::base(`**`false`**`)`	*http://beispiel.de/joomla/*
`JURI::root(`**`false`**`)`	*http://beispiel.de/joomla/*
`JURI::root(`**`false`**`, '/media')`	*http://beispiel.de/media/*

---

[31] Die Standardsprache ist im Backend die mit dem Sternchen.

Möchten Sie diese Werte modifizieren, konvertieren oder in sonst einer Form darauf aufbauen, erstellen Sie eine neue Instanz. Alle Elemente einer Adresse stehen als Eigenschaft zur Verfügung und können einzeln abgefragt werden.

9.3.10 Helferlein: utilities

Von den Helferlein haben viele mit der Umstellung auf PHP5 ihren einstigen Nutzen eingebüßt und besonders das Sammelbecken JUtility (*utility.php*) findet sich funktional nahezu komplett auf andere Pakete und Klassen verteilt. Wohin sagen Ihnen die zahlreichen Angaben hinter @deprecated.

Eine kleine Völkerwanderung fand auch durch die (konsistente) Einführung der AutoLoader statt, denen zufolge die Namen einiger Klassen umbenannt wurden bzw. zu anderen Ablageorten führen. Platzhalter sind vereinzelt vorhanden, welche die korrekte Datei laden.

In JUtility::parseAttributes($string) finden Plugin-Programmierer noch einen kläglichen, aber nützlichen Rest. Content-Plugins basieren oft auf Klassikern wie {myplug dies="das" jenes="100"}, deren Attribute Sie hiermit zielsicher in ein Wertearray zerlegen, um »dies« und »jenes« separat zu verarbeiten.

JDate vereinfacht den Umgang mit dem nativen DateTime-Objekt von PHP und gestaltet nicht nur das Rechnen mit der Zeitverschiebung angenehmer, sondern macht auch das Formatieren von Datum und Uhrzeitangaben lesbarer und intuitiver. Unerlässlich ist bspw. die Methode format(), wenn es darum geht, mit dem SQL-Datum aus Datensätzen zu arbeiten und diese in einem Layout auszugeben[32].

Mit dem JArrayHelper können Sie allerlei praktische Dinge mit assoziativen und numerischen Arrays anstellen und Objekten die zu Arrays werden sollen. Sehr praktisch beim Umschichten von Daten und Eigenschaften und beim Filtern auch verschachtelter Einträge. Sehr hilfreich ist JArrayHelper::toString($array) beim Schreiben von HTML-Attributen aus einem assoziativen Array.

```
$attribs = array('width'=>100, 'height'=>50, 'class'=>'thumb');
$attribs['src'] = JURI::base(true).'/images/produkt.jpg';
echo '<img ', JArrayHelper::toString($attribs), '>';
```

Ergibt diese Zeile HTML:

```
<img src="/images/produkt.jpg" width="100" height="50" class="thumb">
```

Mit PHP5 ist die Verarbeitung von XML als Objektstruktur durch das native SimpleXML möglich geworden. Entsprechend sind die Dateien *xmlelement.php* und *simplexml.php* samt der darin enthaltenen Klassen obsolet (JXMLElement, JSimpleXML, JSimpleXMLElement), die vor ca. fünf Jahren für Joomla! 1.5 unter PHP4 als einfacher Ersatz von SimpleXML erstellt wurden.

---

[32] Indirekt geht dies auch über JText::_('date', $datum).

9.3.11 Sitzungsverwaltung: session

Kaum ist eine der CMS-Anwendungen gestartet, steht auch schon ein zentrales Objekt bereit, in dem Daten abgelegt werden, die rund um die Aktivitäten des aktuellen Benutzer von Belang sind. Wenn Sie der Vereinsmeierei anhänglich sind, kennen Sie die Arbeit des Protokollführers, der ebenfalls mitschreibt, was so passiert und sich über den Verlauf einer Vereinssitzung so seine Notizen macht.

```
$session = JFactory::getSession();
```

Das war's. Damit haben Sie *das* Sitzungsobjekt von Joomla! Es enthält aber nicht die tatsächlichen Daten der *Session*, sondern ist Ihr Werkzeug, um auf diese zuzugreifen.

Neben verschiedenen Informationen zur Selbstverwaltung, wie Nutzungsdauer oder Verfallsdatum der Session, sind es im Wesentlichen die Methoden zum Lesen, Schreiben, Prüfen und Löschen von Daten, mit denen das Session-Objekt trumpft:

- set($name, $value) / get($name, $value) zum Lesen und Schreiben eines Wertes unter dem Schlüssel $name. Wie auch bei JObject können Sie get() einen Vorgabewert mitgeben.

- has($name) prüft die Existenz des Schlüssels $name.

- clear($name) entfernt den Schlüssel $name und seine Daten.

Mit set($name, **null**) erreichen Sie lediglich, dass die Daten geleert (genullt) werden, der Schlüssel selbst bleibt aber erhalten.

Alle Methoden unterstützen noch einen zusätzlichen zweiten, respektive dritten Parameter: $namespace. Der Standardwert lautet wieder einmal »default« und sorgt dafür, dass alle Sitzungsdaten zunächst einmal brav beieinander stehen. Dadurch lassen sie sich mitunter unabsichtlich überschreiben oder löschen. Mit Ihrem eigenen Namensraum ($namespace) können Sie die Sitzungsdaten Ihrer Erweiterungen recht eindeutig von denen anderer Erweiterungen – inkl. Joomla selbst – trennen, und das Auslesen von allem, was Ihnen gehört, gestaltet sich erheblich einfacher.

Der Name der Komponente drängt sich als Namensraum geradezu auf.

```
// speichert 'welt' im Schlüssel 'hallo' des Namensraums "default"
$session->set('hallo', 'welt');
// speichert 'welt' im Schlüssel 'hallo' des Namensraums "mythings"
$session->set('hallo', 'welt', "mythings");
```

Eine andere Variante der Datenunterteilung bietet auch hier die Punktnotation für den Schlüsselwert:

```
// eine 'welt' im Schlüssel 'mythings.hallo' des Namensraums "default"
$session->set('mythings.hallo', 'welt');
```

Wie viele Daten in der Session tatsächlich abgespeichert werden können, hängt davon ab, wie der Website-Betreiber das System konfiguriert hat, Datenbank oder Dateisystem, und die Menge sind in jedem Falle endlich. PHP serialisiert die Daten, die in der globalen Sitzungsvariablen abgelegt werden. Die tatsächliche Text- und Speichermenge, die hierfür benötigt wird, ist weit größer als die effektiv nutzbare Datenmenge. Textdaten in Multi-Byte-UTF-8 benötigen ebenfalls mehr Platz als einfaches ASCII. Große Datenmengen mit mehreren (Hundert) Kilobyte sollten Sie daher möglichst nicht, Binärdaten aber auf keinen Fall, in der Session ablegen. Aufgrund der Serialisierung ist ein Speicherüberlauf möglich und daher ein Datenverlust bei der Deserialisierung in Folge korrumpierter Datenstrukturen. PHP lässt uns hier völlig im Nebel stehen.

Für große, sitzungsbezogene Datenmengen gibt es andere Wege geschützte, temporäre Dateien zu erstellen, deren Pfadname Sie dann wiederum gerne als handliche Zeichenfolge in der Session ablegen können. Übrigens gehören hochgeladene Dateien aus einem Formular ($_FILES) nicht zu den Sitzungsdaten und deren Maximalgröße wird durch wiederum andere PHP-Einstellungen kontrolliert.

Wenn die Datenhaltung geklärt ist, gilt es als Zweites die Absicherung Ihrer Komponente gegen Querzugriffe sicherzustellen, sofern Sie Daten aus dem Netz entgegennimmt um diese irgendwo zu speichern.

Joomla unterstützt Sie hierbei über die Session mithilfe sogenannter *Token;* eindeutigen Code-Fragmenten, anhand derer Sie die Echtheit einer Anfrage, oder besser gesagt die Zugehörigkeit einer Anfrage, mitsamt Daten zur aktiven Benutzersitzung testen können.

HTML-Formulare, die mit der Methode POST Daten senden, *müssen* ein Token mitliefern, um die Authentizität des Formulars, der darin enthaltenen Felder und Daten und damit des Absenders bestmöglich sicherstellen zu können. Die Klasse `JHtml` hilft hierbei mit und generiert das hierzu passende Formularfeld.

`getFormToken()` liefert die kryptische Zeichenfolge des internen Token der Sitzung. Dieses wäre danach mit einem Token aus der HTTP-Anfrage des vermeintlich aktuellen Nutzers zu vergleichen (s. u.). Weil diese Methode damit ebenso praktisch wie notwendig ist, können Sie sie statisch aufrufen: `JSession::getFormToken()`.

`checkToken()` dient der faktischen Prüfung, ob der Wert des Token aus der aktuellen Anfrage mit dem in der Sitzung übereinstimmt und damit legitim und authentisch ist. Idealerweise prüfen Sie damit in Ihrer Erweiterung *vor jeder Anfrage*, in der Sie beabsichtigen die gesendeten Daten in irgendeiner Weise weiter zu verarbeiten, ob diese legitim und authentisch sind. Weil diese Methode damit noch praktischer ist, können Sie auch diese statisch aufrufen: `JSession::checkToken()`.

`getToken()` liefert das intern genutzte »rohe« Token in der Session.

`hasToken()` prüft, ob im aktuellen Session-Objekt überhaupt (noch) ein Token enthalten ist, und startet ggf. eine neue Sitzung. Dies erledigt Joomla! für Sie, aber falls Sie mal selbst eine Applikation programmieren wollen ...

9.3.12 Mutter aller Parameter: registry

Im CMS sind sie allgegenwärtig: die Parameter-Panele. Grundlage sind XML-Dateien die mit `JForm` und `JHtml` in HTML gegossen werden, aber wenn es darum geht sie auszulesen, kommt `JRegistry` ins Spiel.

Sessiondaten werden oft als Registry-Objekte abgelegt und die erwähnten Parameter vor dem Speichern in der Datenbank über diese Klasse vorwärts wie rückwärts konvertiert. Die Klasse ist gerade für die Arbeit mit hierarchischen Daten geeignet und ist so etwas wie eine Luxusversion von `JObject`, da sie intern auch für die einzelnen Ebenen verwendet wird. Direkt zu sehen bekommen Sie davon jedoch nichts.

`JRegistry` ist somit gleichzeitig smartes Werteobjekt und Datenkonvertierer für eben diese hierarchischen Strukturen: assoziative Arrays, Objekte, INI, JSON. Sie können so eine Registratur mit all diesen Formaten füttern, ergänzen, verarbeiten und in jede Richtung konvertieren: JSON einlesen, Array auslesen, Objekt dazumischen, als INI speichern. Oder umgekehrt. JSON und INI sind als Textformate natürlich begrenzt, und gerade beim INI-Format ist die Tiefe der Hierarchie ernüchternd, die sich hier noch abbilden lässt. In den üblichen 80 % aller Fälle klappt das aber tadellos.

Die konservierten, einfachen Datenstrukturen in einem Datenbankfeld oder einer schlichten Textdatei im INI- oder JSON-Format sind gegenüber dem klassischen Serialisieren über PHPs native Funktionen `serialize()` und `unserialize()` nicht nur besser zwischen anderen Applikationen austauschbar, sondern auch erfrischend platzsparend. Im Zweifelsfall sind sie auch einfach per Hand im Texteditor zu bearbeiten; probieren Sie das mal, ohne einen Knoten im Kopf zu bekommen, mit etwas das durch `serialize()` durch musste.

Im Gegensatz zu `JObject` speichert `JRegistry` die Daten, die Sie darin ablegen, nicht als *öffentliche* Eigenschaften, sondern intern gekapselt in der *geschützten* Eigenschaft `$data`. Die Daten werden hierarchisch abgelegt, und für den Lese- und Schreibzugriff via `get()` bzw. `set()` verwenden Sie wieder die altbewährte Punktnotation für den Schlüsselnamen und die Ebenen:

```
// 1. Struktur: ein Array
$j25 = array(
    'title'       => 'Joomla! 2.5',
    'description' => 'Web Content Management System'
);
// 2. Struktur: ein Objekt
$jp11 = new JObject;
$jp11->title       = 'Joomla! Platform 11.4';
$jp11->description = 'PHP Framework';
// beides in die Registry
$jstuff = new JRegistry;
$jstuff->set('joomla.cms', $j25);
$jstuff->set('joomla.platform', $jp11);
```

Beim Abruf der Daten können Sie auf die *Objekteigenschaften* durchgehend per Punkt-notation zugreifen, für die *Schlüsselnamen* in Arrays gilt dies hingegen nicht:

```
// intern immer noch Array, scheint 'cms' keinen Titel zu haben
echo $jstuff->get('joomla.cms.title'), PHP_EOL;
// das echte Objekt 'platform' hat eine Eigenschaft 'title'
echo $jstuff->get('joomla.platform.title'), PHP_EOL;
```

Diese Uneinigkeit auf PHP-Ebene wird bei der Ausgabe in eines der bereits erwähnten, unterstützten Textformate wieder ausgeglichen.

9.3.13 Datenbanken: database

Den Dialekten der *Structured Query Language* (SQL) versuchen Programmierer stets mit einer sogenannten *Datenbank-Abstraktionsschicht* zu begegnen. In der Theorie soll es dem anwendenden Programmierer (das wären z. B. Sie) möglich sein, die Applikation (bspw. ein CMS) mit verschiedenen Datenbanksystemen zu betreiben, *ohne die Daten-abfragen für jedes System anzupassen*. Nur wenigen Frameworks und noch weniger Applikationen gelingt es, diese Abstraktion umfänglich anzubieten oder umzusetzen. Alleine die Spezialitäten einiger Systeme unterminieren dies, und so findet sich dann doch immer wieder irgendwo ein bisschen echtes SQL im PHP-Code.

Der Aufbau zu einem Datenbankserver klappt indes ungeachtet von Hersteller und Fabrikat. Mit dem Joomla! CMS Version 2.5 haben Sie Datenbank-Klassen für die Kommunikation mit den Datenbankservern Oracle MySQL, Microsoft SQL-Server und Windows Azure. Das Joomla! CMS wird in der freien Wildbahn nahezu exklusiv mit MySQL-Servern betrieben, wahlweise über die klassische (alte) *Schnittstelle* mysql oder die verbesserte mysqli. Dabei handelt es sich, wie gesagt, um interne PHP-Schnittstellen (oder Treiber) und *nicht* um verschiedene Servertypen oder MySQL-Versionen. Das »i« steht für *improved* (verbessert) und wird seit PHP5 bevorzugt eingesetzt, mancherorts auch vorausgesetzt. Auf PDO (PHP Data Object) als native, objekt-orientierte und gene-rische Datenbankschnittstelle müssen Sie im CMS bislang noch verzichten.

> **Ausnahmen bei Fehler:** Als einige wenige Klassen in der Platform werfen JDatabase und JDatabaseQuery im Fehlerfall Ausnahmen vom Typ JDatabaseException. Auf die Fehlerbehandlung gehe ich generell nochmals in Kapitel 12 gegen Ende der Komponentenprogrammierung ein.

Die Verbindungsinstanz: JDatabase

Das Verbindungsobjekt der Joomla-Datenbank erhalten Sie wieder einmal über die Objektfabrik. Die Zugangsdaten stammen aus der Globalen Konfiguration des CMS, sie werden automatisch gesetzt, und so reduziert sich Ihr Aufwand auf:

```
$dbo = JFactory::getDbo();
```

Je nach Konfiguration des CMS sind Sie damit stolzer Besitzer einer `JDatabaseMySQL`-, `JDatabaseMySQLi`-, `JDatabaseSQLSrv`- oder `JDatabaseSQLAzure`-Instanz. Das Datenbankobjekt selbst kennt mehrere Möglichkeiten, das Ergebnis abzufragen und zu strukturieren.

SQL flexibel programmieren mit JDatabaseQuery

Damit Ihre Abfragen möglichst dialektfrei und systemübergreifend funktionieren, sollten Sie diese nicht in direktem SQL-Code schreiben, sondern als `JDatabaseQuery` programmieren. Aus dieser Instanz des Datenbankobjekts (`$dbo`) erhalten Sie die zu einem System passenden `JDatabaseQuery`-Objekte. Beim Absenden der Abfrage an den Server wird der PHP-Code in den entsprechenden SQL-Dialekt übersetzt. Das klappt für die alltäglichen SQL-Sprachkonstrukte auch ganz gut.

Die Abstraktion von SQL in eine rudimentär andere Sprache wie PHP führt jedoch zu Reibungsverlusten und bringt nicht immer die optimale SQL-Abfrage (für alle Datenbanksysteme) hervor. Komplexe Konstrukte, die zwar in SQL möglich sind, lassen sich nicht immer »programmieren« und zwingen Sie mitunter, an der ein oder anderen Stelle dann doch mit »echten« SQL-Anweisungen in einem bestimmten Dialekt zu arbeiten.

Hinweis 1: Die Klassen `JDatabase` und `JDatabaseQuery` sind abstrakte Klassen und schreiben lediglich vor, was eine konkrete Implementierung können *soll*. Da uns ihre Schnittstellen und weniger die exakte Implementierung interessieren, verwende ich hier die abstrakten Klassennamen.

Hinweis 2: SQL-Beispiele basieren auf MySQL und enthalten vereinzelt und *ausnahmsweise* das Tabellenpräfix »*jos_*« anstelle des sonst verwendeten »*#__*«.

Als Verbindungsobjekt liefert Ihnen `JDatabase` Informationen zum Datenbanksystem, aber auch zur aktiven Datenbank und ihren Tabellen. Über das Verbindungsobjekt laden Sie ebenfalls die Resultate der Abfragen. SQL programmieren Sie über die gleichlautenden Methoden von `JDatabaseQuery`:

- `select`, `update`, `delete`, `insert` (values, columns)
- `from`, `group`, `having`, `order`, `where`
- `innerJoin`, `outerJoin`, `leftJoin`, `rightJoin` (Proxies für join)

Dank der möglichen Objektverkettung (chaining) ähnelt das Programmieren von Datenbankabfragen dem Schreiben von SQL.

```php
// das DBO braucht man später sowieso ;)
$dbo = JFactory::getDbo();

// ein LEERES Abfrageobjekt
$qry = $dbo->getQuery(true);
```

```
// die Abfrage erstellen
$qry->select('id, title, module, position, published')
    ->from('#__modules')
    ->where('client_id=0')
    ->order('title');

// der Verbindung (wieder) zuordnen
$dbo->setQuery($qry);

// Absenden zum Server; Ergebnis als Objektliste laden
$rows = $dbo->loadObjectList('id');
```

Der finale SQL-Befehl sieht dann so aus:

```
echo $qry->dump();
SELECT id, title, module, position, published
FROM jos_modules
WHERE client_id=0
ORDER BY title
```

Daten laden & formatieren »al gusto«

Die Methode `loadObjectList()` im obigen Beispiel ist eine von über zehn Varianten, wie Sie das Resultat einer Abfrage laden und zurückerhalten können. Die Parameter sind allesamt optional, wobei `$key` stets einen Spaltennamen aus dem Abfrageergebnis bezeichnet (z. B. »id«) der im Resultat den Schlüsselwert für assoziative Arrays bildet.

Der Parameter `$class` lautet stets »stdClass«, das PHP-Objekt. Andere Klassen können angegeben werden, jedoch müssen diese in ihrem Konstruktor als ersten Parameter ein assoziatives Array akzeptieren[33]: die Schlüsselnamen werden dann vorzugsweise zu den Eigenschaften des generierten Objekts.

> **Clevere Datensätze:** Verwenden Sie eigene (kleine) Werteklassen; z. B. auf Basis von `JObject` können Sie bei den Ergebnisdatensätze schon beim Auslesen über Ihre Klasse Berechnungen durchführen. Die Klassen müssen Sie ggf. vorher über `jimport()` oder `JLoader::register()` laden respektive registrieren.

`loadAssoc()`	den ersten Datensatz als assoziatives Array über die Spaltennamen der Tabelle
`loadObject($class)`	den ersten Datensatz als Objekt vom Typ `$class` (stdClass), dessen Eigenschaften den Spaltennamen entsprechen

---

[33] Ungeschickterweise ist damit die naheliegende `JTable`-Klasse nicht dazu geeignet.

`loadAssocList($key, $column)`	ein Array, indiziert nach `$key` oder `$column`
`loadObjectList($key, $class)`	wie `loadAssocList()` jedoch mit Objekten vom Typ `$class`
`loadColumn($offset)`	eine Liste mit den Spalten ab Spalte Nr. `$offset` der Ergebnisliste (für nicht-assoziative Arrays)
`loadNextObject($class)`	den nächsten Datensatz der Ergebnisliste als Objekt vom Typ `$class`
`loadNextRow()`	den nächsten Datensatz der Ergebnisliste
`loadResult()`	das erste Feld der ersten Zeile aus der Ergebnisliste
`loadRow()`	den ersten Datensatz als numerisches Array (keine Feldnamen wie bei `loadAssoc`)
`loadRowList($key)`	eine Liste, indiziert nach `$key` mit Arrays pro Datensatz; ihrerseits nicht indiziert wie bei `loadRow()`

Query-Recycling

Ein Query-Objekt lässt sich gut in seine Einzelteile zerlegen, und so können ähnliche Abfragen ohne viel Extra-Code nacheinander erstellt werden:

```
// andere Client-ID (App) abfragen
$qry->clear('where')
    ->where('client_id=1');

// zuweisen, absenden, ausgeben
$modules = $dbo->setQuery($qry)->loadObjectList('id');
foreach ($modules as $id => $module) {
   // Tabellenspalten ~ Eigenschaften einer Zeile ($module)
   echo $module->title, ' (Position: ', $module->position, ')';
}
```

- `clear`, entfernt den benannten Teil einer Abfrage (die Klausel); die Spaltennamen mit `$qry->clear('select')`, eine Sortierung über `$qry->clear('order')`
- `select`, `where`, `order` u.a. akzeptieren auch Arrays und arbeiten kumulativ: `$qry->select( array('id', 'title') )->select('alias')`

Die Klasse `JDatabaseQuery` hat auch einige sehr bizarre, geradezu künstliche Beschränkungen. Tabellenaliase müssen direkt als Teil des ersten Parameters an die Methode `from` angegeben werden: `$qry->from('#__modules AS m')`. Obwohl naheliegend, kann hier ein assoziatives Array *nicht* verwendet werden: `array('m'=>'#__modules')`. Das Gleiche gilt auch für `select()`, das ebenfalls von dieser Möglichkeit profitieren würde.

Die Verknüpfung mehrerer Bedingungen in der `where`-Klausel wird beim ersten Aufruf festgelegt und hat als Vorgabe AND. AND und OR können nicht in einem einzigen Query-Objekt kombiniert werden.

Tabellensätze verwalten: JTable

Im Grunde müsste diese Klasse im Paket *application/component* liegen, da sie sehr mit `JModel` verzahnt ist. Des Weiteren finden sich die Tabellenklassen einer Komponente ausschließlich im Backend wieder. Auch im Frontend werden diese Klassen dann bei Bedarf aus dem Hinterhof geladen.

`JTable` ist ein kleiner »Misnomer«, denn gerade beim Speichern behandelt die Klasse nur Einzeldatensätze in Form seiner selbst (Eigenschaften werden zu Spaltenwerten), aber keine Tabellen oder ganze Listen. Die Verbindung zwischen `JModelItem` und `JTable` erfolgt beim Speichern eines Datensatzes und speziell beim gleichzeitigen Einsatz vom `JForm`-basierten Formularen. Zwar können Sie mit `JDatabaseQuery` auch Daten einfügen, mit Hilfe der `insert`-Methode, über die Kombi `JModel`/`JTable` werden jedoch mehrere Mechanismen angestoßen, die eine bessere Validierung und Struktur der Abläufe ermöglichen.

```
// ein Array mit einem Datensatz
$data = array( /**/ );
// ein Modelobjekt liefert "seine" Tabellenklasse
$table = $model->getTable();
// Daten zuweisen und mit save() speichern
$table>save($data);
```

Von `save()` werden intern mehrere Prozesse angestoßen, in die Sie sich mit ihrer abgeleiteten Tabellenklasse einklinken können und bei Bedarf eben diesen Ablauf unterbrechen können.

*   `bind()`, übernimmt die Werte in `$data` als Objekteigenschaften, die gespeichert werden
*   `check()`, validiert diese Eigenschaften und prüft z. B. Längen oder Mussfelder
*   `store()`, kann anhand der Eigenschaft des Primärschlüssel zwischen INSERT und UPDATE wechseln. Sind `_trackAssets` und `asset_id` gesetzt, wird auch die Tabelle *#__assets* für die ACL mitverwaltet
*   `checkin()`, gibt die Daten frei, sofern Ihre Tabelle die entsprechenden Spalten kennt
*   mit Angabe einer Spalte im `$orderingFilter` erfolgt eine Neusortierung nach der entsprechenden Spalte

Beim Laden von Tabellenklassen können Konflikte mit den Klassennamen aus dem Core entstehen. Zurzeit sind diese Klassen im Ordner *./libraries/joomla/database/table/* abgelegt, der stets durchforstet wird. Sollten Sie selbst eine User-Tabelle oder Category-Tabelle pflegen, werden Sie die entsprechenden Klassen umbenennen müssen, um Namenskonflikte (in PHP) zu vermeiden.

Anstelle der statischen Methode `JTable::addIncludePath()`, die noch als Nachlass der Unzulänglichkeiten von J!1.5 und PHP4 existiert, nutzen Sie die Registrierung Ihrer Klassen über die AutoLoader, *bevor* Joomla die Klassen sucht und vor Ihnen lädt, z. B.

```
JLoader::register('KompoTableUser', '/com_kompo/tables/user.php');
```

Ein schneller Blick in die Datenbank: Nested Sets

... und dazu eine Definition aus der Wikipedia:

Der Begriff Nested Sets (verschachtelte Mengen) bezeichnet ein Modell zur Abbildung eines Baumes mit Hilfe von Mengen, die ineinander verschachtelt sind. Dabei wird die »ist-Kind-von«-Beziehung auf eine »ist-Teilmenge-von«-Beziehung abgebildet. [...] Es wird hauptsächlich im Rahmen von Datenbankanwendungen eingesetzt.

Wenn Joomla! eines ist, dann eine Datenbankanwendung und seit Version 1.6 finden wir Nested Sets bis zum abwinken: Menüstruktur, Kategorien, Benutzergruppen, Zugriffsrechte (Assets).

Hauptmerkmal, an dem Sie Tabellen mit Nested Sets erkennen können, sind die folgenden drei Spalten (oder Namensvarianten davon): *parent, left, right* gerne auch mal *parent_id, lft, rgt* genannt. Am Beispiel der Benutzergruppen sieht dies so aus:

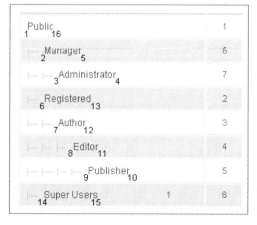

Bild 9.1: Nummerierung in Nested Sets am Beispiel der Benutzergruppen

Der essenzielle Trick liegt in der Nummerierung der Spalten *lft* und *rgt*, also den *linken* und *rechten* Bezügen der Einträge einer Ebene, die einmal »rund um den Block« führen. Die numerische Reihenfolge auf Stand zu halten, ist beim Ändern komplexer Bäume sehr aufwändig, da der ganze Teilbaum neu berechnet und alle Datensätze »rechts« einer Änderung zu aktualisieren sind. Das kann nicht nur lange dauern, sondern auch schnell mal danebengehen. Eine verhunzte Nummernreihe lässt sich aber aus des bestehenden Zahlen rekonstruieren, weshalb Sie im Backend der Menü- und Kategorieverwaltung in der Symbolleiste die Schaltfläche »Wiederherstellen« finden. Bei den *Benutzergruppen* im

Backend fehlt die Schaltfläche. Der Neuaufbau erfolgt stets wenn sie die oberste Gruppe »Public« zum Ändern öffnen und einfach neu abspeichern.

Beim Auslesen haben Nested Sets den Vorteil, trotz Sortierung der Teilbäume und Kinder äußerst effektiv zu sein. Wenn Sie die Reihenfolge der Datensätze aus einem Set haben wollen, müssen Sie nach dem »linken« Wert (*lft*) sortieren:

```
SELECT * FROM #__usergroups ORDER BY lft;
id, parent_id, lft, rgt, title
 1, 0,           1, 16, 'Public'
 6, 1,           2,  5,   'Manager'
 7, 6,           3,  4,     'Administrator'
 2, 1,           6, 13,   'Registered'
 3, 2,           7, 12,     'Author'
 4,  3,          8, 11,       'Editor'
 5,   4,         9, 10,         'Publisher'
 8, 1,          14, 15,   'Super Users'
```

Bild 9.2: SQL-Abfrage mit dem Nummernkreis für *lft* und *rgt* in den Unterebenen

9.3.14 Benutzer: user

Der Kern der Benutzerverwaltung des CMS (und Ihrer Erweiterung) ist hier zu finden. Mit der Klasse `JUser` bekommen Sie direkt oder indirekt alles über einen Anwender mitgeteilt, können die Daten ggf. ändern und auch über das Objekt in der Datenbank abspeichern.

Der aktive Anwender wird Ihnen über `JFactory::getUser($id)` zur Verfügung gestellt, dessen Basisdaten auch in der Session abgelegt werden. Sollten Sie gerade in Joomla! angemeldet sein, wären das Sie. Einen x-beliebigen User erhalten Sie hingegen via `JUser::getInstance($identifier)` und wahlfrei über eine numerische Benutzer-ID oder einen Benutzernamen. Dem folgt das Laden der Benutzerdaten aus der Datenbank:

```
// eine beliebige Benutzer-ID
$ident = 43;
// ein fast vollständiges Benutzer-Objekt
$user = JUser::getInstance($ident);
// und nun mit seinen Einstellungen (Sprache, Editor, Profil)
$user->load($user->id);
print_r($user);
```

Lästigerweise verhält sich `getInstance()` bei Zahlen und Namen inkonsistent: Mit einem numerischen Wert (User-ID), wie im obigen Beispiel, erhalten Sie in jedem Fall ein `JUser`-Objekt zurück. Im Zweifelsfalle ist es leer, also ein »Gast«.

Bei einem falschem *Benutzernamen* erhalten Sie hingegen `false`, d. h. nichts. Sie müssen hier also prüfen was Sie bekommen, bevor Sie fortfahren.

```
// eine beliebiger Benutzername
$ident = "Gucky";
// ein Benutzer-Objekt oder FALSE
$user = JUser::getInstance($ident);
if ($user) {
  $user->load($user->id);
  print_r($user);
}
```

Die Suche über den Benutzername erledigt JUserHelper im Hintergrund, der Ihnen aber auch weitere Hilfestellungen zum Anwenderobjekt gibt, darunter auch, aber nicht begrenzt auf:

- Benutzer in Gruppe einfügen oder entfernen

- Benutzer aktivieren (freischalten)

- Passwörter generieren

Für den normalen Hausgebrauch ist damit das meiste abgedeckt.

Spannend sind auch die Berechtigungen, die so ein Benutzer hat. Im Kapitel 21 zur ACL zeigt Ihnen Christiane, wie Sie die Aktionen in einer Komponente prüfen und so u. a. das Erscheinen der Oberfläche beeinflussen. Aktionen sind z. B. »edit« oder »delete« und zusammen mit dem Namen einer Komponente oder Kategorie können Sie die Möglichkeiten des Nutzers abfragen:

- getAuthorisedCategories($component, $action), für die Kategorien einer Komponente mit denen die $action ausgeführt werden kann

- getAuthorisedViewLevels() und getAuthorisedGroups(), für eine Liste der Zugriffsebenen (#__viewlevels) bzw. Gruppen (#__usergroups)

Sollten Sie sich für neue Wege der Authentifizierung mit anderen Systemen interessieren, dient hier JAuthentication als Basisklasse. Die CMS-Anwendung löst hierzu die passenden Ereignisse aus, damit Plugins der gleichnamigen Gruppen in den Anmelde- und Registrierungsprozess eingreifen können.

Wenn Sie dann so tief in die Benutzerfunktionen und Authentifizierung einsteigen, dürfte es Sie eventuell interessieren, dass Sie auch andere Benutzertabellen als #__users einsetzen können, sofern diese ähnlich aufgebaut sind. Die Methode getTable() ermöglicht den Namenswechsel der Tabelle für ihr Benutzerobjekt und erwartet von Ihnen eine zugehörige JTable-Klasse. Hier verlassen wir aber die Zuständigkeit des CMS[34] und was auch immer Sie dann tun: Sie tun es auf eigenes Risiko.

---

[34] Denkbar wäre hiermit in einem Intranet ein *Single Sign-On* zu implementieren.

9.3.15 Zugriffsrechte: access

Die Methoden der Authentifizierung, die Sie bequem über eine Instanz des JUser-Objekts erhalten, werden unter der Haube von der statischen Klasse JAccess abgewickelt. Sie erstellen also keine Instanz der Klasse, sondern nutzen diese direkt. Erfahren können Sie dann Folgendes:

- check($userId, $action), darf der User die benannte Aktion ausführen?

- checkGroup($groupId, $action), darf die Gruppe die benannte Aktion ausführen?

- getGroupsByUser($userId), für die Liste der Gruppen denen der User angehört

- getUsersByGroup($groupId), für die User, die in dieser Gruppe sind.

- getActions($component, $section), für die Liste der Zugriffsregeln aus einem Abschnitt der Datei *access.xml* Ihrer Komponente

Die Zugriffsrechte können optional auf einen Datensatz (hier »asset« genannt) begrenzt werden und die Zugehörigkeiten von Gruppen und User auch rekursiv ermittelt werden.

Die 10 Standardregeln

CMS und Framework kennen insgesamt 10 Standardregeln, die einer Applikation, Komponente und den Datensätzen zugewiesen werden können.

Name	Bezeichner
Frontend-Zugang	core.login.site
Backend-Zugang	core.login.admin
Offline-Zugang	core.login.offline
Super Admin / Konfigurieren	core.admin
Administratorfunktionen	core.manager
Erstellen	core.create
Löschen	core.delete
Bearbeiten	core.edit
Status ändern	core.edit.state
Eigene bearbeiten	core.edit.own

Unter dem Bezeichner werden in der Tabelle *#__assets* pro Komponente, Kategorie und ggf. Datensatz (Inhalt) entsprechende Einträge vorgenommen. Die Struktur wird als JSON-String kodiert.

Was zu schützten ist, beschreibt ein eindeutiger Schlüssel in der Spalte »name«:

- com_contact, die eigentliche (Kontakt-)Komponente

- com_content.category.42, die Kategorie #42 der (Artikel-)Komponente

- `com_content.article.99`, der Artikel #99 der (Artikel-)Komponente

- `com_mythings.mything.1`, das Ding #1 der MyThings-Komponente

Die Bezeichnung »`article`« bzw. »`mything`« für den *Datensatztyp* einer Komponente kann diese selbst wählen. Üblicherweise wird der Name der View-Klasse (MVC) verwendet, über die Nutzer augenscheinlich Zugriff auf den Datenschatz erhalten (könnten). Meist ist dieser Teil des Schlüssels daher auch identisch mit dem Model, das für den Datentyp verantwortlich ist.

Das oberste Elemente (»Root Asset«) entspricht den Einträgen aus der Globalen Konfiguration des CMS. Wird der JSON-String aus der Spalte *rules* aufgefächert, ergibt sich für jede zugewiesene Regel ein Eintrag in der nachstehenden Form:

```
"core.xxxx": {"gruppen-id":1, "gruppen-id":1}
```

Hinter jedem Bezeichner folgt ein JavaScript-Objekt mit 1-n Einträgen (`{"x":n}`), in dem »gruppen-id« der Datensatz-Nummer einer Nutzergruppe aus der Tabelle `#__usergroups` entspricht. Es werden nur Gruppen-IDs gelistet, für die das Recht entsprechend »erlaubt« (1) oder »verboten« (0) ist. Rechte die nicht explizit gesetzt wurden (vererbt), erscheinen hingegen mit der JavaScript-Arraynotation:

```
"core.xxxx": []
```

Insgesamt zeigt sich diese JSON-Struktur am Beispiel »Root Asset«:

```
{
    "core.login.site":      {"6":1, "2":1},
    "core.login.admin":     {"6":1},
    "core.login.offline":   {"6":1},
    "core.admin":           {"8":1},
    "core.manage":          {"7":1},
    "core.create":          {"6":1, "3":1},
    "core.delete":          {"6":1},
    "core.edit":            {"6":1, "4":1},
    "core.edit.state":      {"6":1, "5":1},
    "core.edit.own":        {"6":1, "3":1}
}
```

Die Gruppe »6« entspricht der Standardgruppe *Manager* direkt nach der Installation des CMS, »7« = *Administratoren,* »8« = *Super Users* usw.

Das effektive Recht eines Nutzers für das jeweilige »Asset« ergibt sich durch die Vererbung der Objektstrukturen, nachdem *alle* Asset-Datensätze, die für ein Objekt in der Datenbank relevant sind, zusammengeführt wurden: Global > Komponente > (Kategorie >) Item. Die Regeln der Kategorie sind optional und betreffen somit nur Komponenten, die Kategorien nutzen, darunter Artikel, Banner, Weblinks und natürlich unsere MyThings.

Lediglich das »Root Asset« kennt die Rechte »core.login.xxx« (im vorangehenden Beispiel kursiv dargestellt). Sie entsprechen den Rechten der beiden Applikationen im CMS. Die ACL für Datensätze beinhalten nur die unteren Regeln »core.create« bis »core.edit.own« sowie jene, die von der Komponente dazu erfunden wurden. Komponenten können zusätzlich aufgerufen und i. d. R. auch konfiguriert werden, weshalb dort die Rechte »core.admin« und »core.manage« hinzukommen (im Beispiel fett dargestellt).

ACL »zurücksetzen«: Sollte es beim Testen Ihrer Komponente die zugehörige ACL gänzlich zerschießen, müssen Sie das CMS nicht gleich neu aufsetzen. Der ultimative Erbfaktor, mit dem Sie die *Grundrechte* für Ihre Komponente, Komponenten und Assets wieder zugänglich bekommen, lautet: { }

Tragen Sie einfach dieses »leere« JavaScript-Objekt[35] bei den betroffenen Datensätzen in die Spalte *rules*. Anschließend können Sie die GUI im Admin verwenden, um die Rechte zu ändern.

Träge Schatzmeisterei: Access Rules und Assets

Die ACL, die mit Joomla! 1.6 Einzug gehalten hat, ist gewöhnungsbedürftig. Im Umgang ebenso wie in ihrer technischen Umsetzung. Sofern eine Komponente davon Gebrach macht, wird zu jedem Datensatz in der Tabelle #__assets ein Eintrag mitgeführt. Das ganze Konstrukt ist ein weiteres Nested Set, um die Hierarchie dieser Schätze vom Datensatz über die Kategorien zur Komponente abbilden und errechnen zu können.

Tragischerweise stehen diese Zugriffsrechtelisten in Form einer Zeichenkette (JSON) in der Tabelle, die erst dekodiert werden muss, um die benannten Aktionen zu ermitteln sowie die berechtigten Gruppen. Geht es also darum zu erfahren, ob ein Benutzer etwas an den Datensätzen einer Kategorie machen darf, sind die Datensätze zu ermitteln, die zugehörigen Assets auszulesen, deren JSON-Strings zu dekodieren und einzeln zu vergleichen. Lassen Sie sich das mal bitte fünf Minuten durch den Kopf gehen: *Jeder* Datensatz muss einzeln dekodiert und geprüft werden ...

Das alles wird Ihnen im Detail über JAccess abgenommen, weshalb ich mich elegant um die Interna von JAccessRule und JAccessRules herumschlängle: Was Sie über den User und seine Rechte zwingend wissen müssen, bekommen Sie über JUser und JUserHelper.

Wenn Sie planen mit Ihrer Komponente ein paar Tausend Datensätze für ein paar Hundert User in einem granularen Rechtesystem mit vielen Gruppen zu verwalten, wäre nun durchaus Zeit, darüber nachzudenken, ein anderes Rechtesystem zu wählen, mit dem

---

[35] JSON *ist* JavaScript. Dort können Objekte und Arrays über sog. Literale definiert werden. { } ist identisch mit new Object() und [ ] das Gleiche wie new Array() nur erheblich kürzer – was schlussendlich zur *Entdeckung* von JSON durch Douglas Crockford geführt hat.

Sie die Lösung umsetzen: Joomla! *kann* mit seiner ACL unter dieser Last schnell zusammenbrechen, wenn Sie nicht sehr, sehr viel Speicher auf sehr, sehr schnellen Servern (Webserver und Datenbankserver) parat haben. Ein Problem, das sich somit auch lösen lässt, wenn es mit ausreichend Geld für Hardware beworfen wird.

9.3.16 Plugins und Ereignisse: plugin & event

Die Klasse JPlugin ist vergleichsweise langweilig, denn: was Plugins spannend macht, ist der Code, den *Sie* dafür in Form von Ereignisroutinen (event handler) in Ihre Plugins hineinschreiben. Da Plugins ohne Events nicht wären, was sie sind, habe ich beides hier zusammengefasst.

Axel hat Ihnen bereits ein Plugin gezeigt, welche Unterarten dieser kleinen, aber feinen Erweiterungen es im CMS noch gibt und wie Sie Plugins programmieren, zeigt er Ihnen später genauer. Hier erfahren Sie, wie Events und Plugins ticken und was Sie mit dem Plugin-Bestand des CMS in Ihren Erweiterungen anfangen können.

In JEvent finden die internen Vorarbeiten statt, aufgrund derer dann der Code in Ihrem konkreten Plugins ausgeführt wird. Ihre Plugin-Klasse erweitert JPlugin, diese erweitert JEvent, diese erweitert JObject. Wird ein Plugin von Joomla! instanziiert, erhält es die Parameter aus der Datenbank gleich dazu. Worum Sie sich ggf. selbst kümmern müssen, ist das Laden der Sprachdateien, etwas, das Sie möglichst im Konstruktur vornehmen.

```
public function __construct($subject, $config = array()) {
  $this->loadLanguage();
  parent::__construct($subject, $config);
}
```

Was sonst noch in einem Plugin folgt, sind die öffentlichen Methoden, für die jeweiligen Events, die Sie allesamt selbst programmieren. Im Anhang B finden Sie eine Liste der möglichen Events, die in Joomla! *ausgelöst* (getriggert) werden und auf die Sie in Ihrem Plugin entsprechend reagieren können. Und die Auswahl ist groß.

Tipp: In einem Plugin (einer Plugin-Klasse) können Sie natürlich für alle Events des jeweiligen Plugin-Typs (system, user, content etc.) entsprechend viele Event-Handler anlegen.

Informationen über die installierten Plugins liefert wie so oft der paketeigene Helfer JPluginHelper. Mit getPlugin() und importPlugin() laden Sie Plugins bzw. erhalten eine Plugin-Instanz zurück. Sollte Ihre Erweiterung von einem bestimmten Plugin abhängig sein, lässt sich mit isEnabled() feststellen, ob es überhaupt aktiv ist. Alle drei akzeptieren als ersten Parameter den Namen des Plugintyps ($type) wie »content«, »user« oder »quickicon« und optional den Bezeichner eines bestimmten Plugins, z. B. »loadmodule«.

```
$plug = JPluginHelper::getPlugin('content', 'loadmodule');
```

Der Hauptdisponent über alle Ereignisse, JDispatcher ist hier ebenfalls angesiedelt und steht der Applikation oder einer Erweiterung zur Verfügung, wenn sie einen bestimmten Plugintyp laden und ausführen möchte.

Jede Erweiterung kann Plugins laden und ausführen lassen – auch Plugins. Ihre Komponente kann bspw. so tun, als wäre sie die Artikel-Komponente (content) und die Content-Plugins laden, damit sich diese auch der HTML-Inhalte Ihrer Datensätze annehmen.

Der Dispatcher ist auch dazu geeignet, mal eben so im Vorbeigehen, handgemachte Zwischenereignisse auszulösen, auch ohne ein »echtes« Plugin zu bemühen:

```php
// ein pluginloser "Event handler"
   function jemandRuft($jemand) {
      echo "{$jemand} hat gerufen!";
   }
// der einzige der weiß was passiert ist natürlich ein Singleton
   $dispatcher = JDispatcher::getInstance();
// sagen wir "ihm" was passieren soll
   $dispatcher->register('onYelling', 'jemandRuft');
// Daten fürs große Ereignis
   $jemand = "Gucky";
   $dispatcher->trigger('onYelling', array($jemand));
```

Ich weiß nicht, ob dieses »Delegieren von Funktionsaufrufen« zu irgendwas Spektakulärem gut ist, aber ich wollte es mal erwähnt haben. Vielleicht planen Sie ja eine eigenständige Web- oder CLI-Applikation, die ebenfalls mit Plugins erweitert werden soll, oder Ihre Komponente soll, unabhängig von dem, was das CMS in seinen *./plugins* anbietet, durch eine eigene(re) Plugin-Architektur ergänzt werden können.

9.3.17 Protokolle: log

Das Herausbrüllen von Fehlern mitten auf die Website ist nicht immer der ideale Weg, um Fehler kundzutun. Die Log-Klasse wurde daher auch aus dem Error-Paket entfernt und funktional ergänzt, damit Sie Dinge kontrollierter protokollieren können. Ein spezieller »Diagnosemodus«, in Ihre Erweiterung eingebaut, könnte eine Möglichkeit sein, zum Protokoll zu greifen.

Protokolle führen ist also durchaus eine gute und zugleich dezente Alternative beim Anwendersupport. Wenn sie dann noch von jemandem ausgewertet werden, ist es fast perfekt, will sagen: Sollten Sie in Ihrer Erweiterung Protokolle anlegen, dann informieren Sie den Anwender darüber.

Im derzeitigen Auslieferungszustand (Joomla!-1.5-kompatibel und damit auch wieder missbilligt) wird in die Datei *error.php* im Verzeichnis *./logs* geschrieben. Der Pfad kann in der CMS-Konfiguration konfiguriert werden. Sie besorgen sich eine Instanz des Logs und schreiben kräftig Meldungen verschiedener Prioritäten hinein. Eine Liste mit den Konstanten finden Sie direkt in der Klasse JLog.

```
$log = JLog::getInstance();
$log->add("Log Paket protokolliert", JLog::INFO);
```

Auf diese Weise landet aber alles in einer Datei.

Die neue Methode erlaubt nicht nur, das Ziel der Ausgabe festzulegen, sondern auch, welche Prioritätsstufe an Einträgen überhaupt berücksichtigt werden soll. Das Format der Meldung kann über die Optionen bestimmt werden.

```
$options = array(
    'format'    => '{DATE}\t{TIME}\t{LEVEL}: {MESSAGE}',
    'text_file' => 'ganz_schlimm.php',
    'logger'    => 'formattedtext'
);
JLog::addLogger($options, JLog::CRITICAL);
```

Die akute Instanz des Loggers reagiert damit auf kritische Mitteilungen in Form formatierter Texte.

```
JLog::add('Programm gestartet', JLog::INFO);
...
JLog::add('Ganz böser Fehler aufgetreten!', JLog::CRITICAL);
...
JLog::add('Programm beendet', JLog::INFO);
```

Weitere Ziele und Formate der Option 'logger' können Sie über die im Ordner *./loggers* definierten Klassen alternativ festlegen:

- `formattedtext`: der Standardlogger

- `messagequeue`: Ausgabe erfolgt in die Session der Anwendung; produziert die schicken bunten Kästchen, die Sie von den Meldungen des CMS kennen

- `syslog`: Systemprotokoll; das tatsächliche Ziel ist in der *php.ini* definiert

- `w3c`: ein Textformat, das vom W3C auch für Webserver verwendet wird

- `database`: Datenbanktabelle (`#__log_entries`) und die zeitaufwändigste Schnittstelle

- `echo`: laut und direkt; nur beim lokalen Debuggen als letzter Notbehelf

9.3.18 Postversand: mail

Die Mail-Klasse ist eine der wenigen in der Platform bei der Open Source *Matters* und in die Tat umgesetzt wurde, anstatt das Rad wie an vielen anderen Stellen neu zu erfinden. Das erspart auch den ein oder anderen »Platten«, denn die Implementierung erfolgt de facto durch eine externe und sehr ausgereifte Bibliothek: PHPMailer. Diese ist im Ordner *./libraries/phpmailer* zu Hause und `JMail` kümmert sich selbsttätig um das Laden und die Initialisierung.

JMail erweitert nicht nur die Klasse *PHPMailer,* sondern nutzt dabei die Eingaben aus der globalen Konfiguration des CMS; Server-Konfiguration, Mail-Adresse usw. Damit auch Sie *die primäre Mail-Instanz* des CMS nutzen, wenden Sie sich wieder einmal an die Objektfabrik, JFactory::getMailer().

In Ausnahmefällen können Sie mit JMail::getInstance($id) ein eigenständige Instanz des Mailers erzeugen, um bspw. innerhalb Ihrer Komponente in einem Intranet ein anderes Transportsystem (sendmail, qmail, PHP mail, SMTP) als das CMS zu verwenden. Für die Konfiguration der Kontodaten sind Sie dann natürlich selbst zuständig. Die entsprechenden (öffentlichen) Eigenschaften sind Teil der Klasse *PHPMailer,* z. B. Host, Username, Password und SMTPAuth.

Details zu diesen Interna finden Sie auf *http://phpmailer.worxware.com/*

Saubermann: JMailHelper

Auch wenn JMail all die Putzarbeit für Sie übernimmt, wenn Sie Mailadressen und allerlei Daten für den elektronischen Versand aufbereiten, sollten Sie diesen netten Helfer kennenlernen. Praktisch in Ergänzung zu den Eingabefiltern von JFilterInput gibt es hier zusätzliche und speziell für E-Mail angepasste Reinigungsmittel.

cleanLine(), cleanText(), cleanSubject(), cleanAddress() und cleanBody() entfernen ungültige Zeichen, die an diesen Stellen einer Mail nichts zu suchen haben und isEmailAddress() stellt die formale Gültigkeit einer Adresse fest.

Ab die Post: JMail

Im einfachsten Fall genügt für den E-Mail-Versand eine Zeile PHP:

```
$ok = JMail::sendMail($from, $fromName, $recipient, $subject, $body);
```

Die Variablen haben Sie natürlich vorneweg mit sinnigen Daten gefüttert. Die Liste der Parameter geht noch weiter und unterstützt u. a. CC (Kopie), BCC (Blindkopie), HTML-Format und Dateianhänge.

Für die Anhänge geben Sie die absoluten Pfade zu existierenden Dateien an. Wenn dies nicht möglich ist, weil Sie den Dateiinhalt erst generieren (und dazu keine temporäre Datei nutzen wollen), können Sie über eine Instanz des Mailobjektes mit EncodeString() und AddStringAttachment() selbst Anhänge konstruieren. Details zu diesen Interna finden Sie ebenfalls auf *http://phpmailer.worxware.com/*

Eine Instanz des Mailobjektes bietet sich auch dann an, wenn Sie dieselbe Mail an verschiedene Empfänger senden möchten. Hierzu setzen Sie zunächst alle gemeinsamen Eigenschaften der Mail (Betreff, Mitteilung, Anhänge), um dann in einem Rutsch die Empfängerliste abzuarbeiten. Bedenken Sie dabei mögliche Timeouts und dass einige Hoster hier technische Limits zur Anzahl der Mails oder zur Mailgröße setzen. Im Bedarfsfall sollten Sie diese Werte in die Konfiguration Ihrer Erweiterung aufnehmen und natürlich vor dem Versand prüfen.

```
// das zentrale Mailobjekt, gebrauchstauglich konfiguriert
$mail = JFactory::getMailer();
// Basisdaten
$mail->setSubject('Newsletter zur Plattform');
$mail->setBody('.. Mitteilungstext ...');

// Liste der Empfänger als Array
$spam = array('fred@daumeier.de', 'claire@grube.de', /* uvm. */);
$mail->addRecipient($spam);
// ab dafür und protokollieren
if ( $mail->send() ) {
  JLog::add('Newsletter-Versand erfolgreich');
} else {
  JLog::add('Fehler beim Newsletter-Versand');
}
```

9.3.19 Dateisystem: filesystem

Wenn Ihnen die Datenbank nicht hilft, Protokolle schreiben nicht Ihr Ding ist und der Mailversand mangels Adressen auch keine Option ist, haben Sie immer noch das Dateisystem und virtuelle Objekte, die so tun, als seien es Dateien: Datenströme, auch genannt Streams.

Gleich vorneweg sei erwähnt, dass Joomla! Sie außerhalb des JPATH_ROOT nicht im (physischen) Dateisystem arbeiten lässt. Die meisten Pfadnamen ergeben sich nunmal aus anderen Benutzereingaben und Variablen und diese gilt es nicht nur formal zu prüfen. Die resultierenden Pfade dürfen nicht irrtümlich auf Verzeichnisse oder Dateien verweisen, die nicht zur Website gehören. Die statischen Klassen JFile und JFolder sind primär Sammlungen von Methoden, die im direkten Umgang mit Datei- und Ordnernamen hilfreich sind.

JFile zerlegt Pfadnamen und entfernt ungültige Zeichen. Sie können Dateien kopieren, umbenennen, verschieben und löschen (copy, move, delete), sofern sie existieren (exist). Inhalte bestehender Dateien lassen sich häppchenweise lesen (read) und natürlich auch schreiben (write). Der Transfer auf andere Server über FTP ist ebenso möglich (upload).

Über JFolder können Sie mit Verzeichnissen die gleichen Dinge mit gleichen Methodennamen machen. Zudem helfen die Methoden files() und folders() nach Dateien bzw. Unterordner anhand von Suchmustern (rekursiv) zu suchen. Sehr nett ist auch die Möglichkeit, mittels listFolderTree() die Inhalte eines Verzeichnisbaums bis zu einer bestimmbaren Tiefe als verschachteltes Array zu erhalten – falls Sie also einen Dateimanager programmieren möchten ...

Dateien archivieren: filesystem/archive

Das Arbeiten mit Dateiarchiven bzw. komprimierten Dateien erleichtert die Klasse JArchive. Unterstützt werden die Formate *zip, tar, gzip* und *bzip2*. Gepackte Dateien sind mit JArchive::extract($archivname, $zielordner) schnell nicht mehr gepackt.

Eigene Archive können derzeit nur im Zip-Format angelegt werden.

```
// bei "JArchive" versagt der AutoLoader ;-)
jimport('joomla.filesystem.archive');

// die Daten sind immer top-aktuell
$jetzt = time();
// Dateiliste mit Arrays zu den Dateiangaben und Daten
$dateien   = array();
$dateien[] = array(
    'name'=>'hallo.txt', 'data'=>'Hallo!', 'time'=>$jetzt
);
$dateien[] = array(
    'name'=>'welt.ini', 'data'=>'world="Welt"', 'time'=>$jetzt
);

$archiv = JFactory::getApplication()->getCfg('tmp_path');
$archiv .= '/hallowelt.zip';

$ok = JArchive::getAdapter('zip')->create($archiv, $dateien);
echo "{$archiv}", ($ok) ? ' erstellt.' : ' nicht erstellt.';
```

9.3.20 Netzwerken über FTP & LDAP: client

Den FTP-Client in Joomla! haben Sie evtl. schon bei der Installation des CMS oder anderer Komponenten kennengelernt oder zumindest wahrgenommen. Bei Dateioperationen via JFile können Sie Kopien denn auch über FTP vornehmen.

Die Klasse JFTP kapselt die verschiedenen FTP-Befehle. Hilfe beim Verbindungsaufbau mit FTP-Servern bietet der JClientHelper – was würden wir nur ohne diese vielen Helferlein machen? Dieser hilft Ihnen jedoch nur mit FTP.

Verzeichnisdienste im Intranet können mit dem *Lightweight Directory Access Protocol*, LDAP, abgefragt werden. LDAP-Server wie Lotus Domino oder Novel eDirectory (NDS) finden sich meist in größeren Unternehmen, um Personaldaten und Benutzerkonten zentral zu verwalten. Als Verzeichnisdienst bietet sich LDAP naturgemäß als ein möglicher Weg zur Authentifizierung der Nutzer an. Ein passendes Plugin finden Sie im Ordner *./plugins/authentication/ldap/ldap.php*, das ich Ihnen hiermit sehr als Anschauungsbeispiel empfehle.

9.3.21 Code-Archiv: Github

Man möchte fast sagen: kaum fand der Joomla-Sourcecode auf Github sein neues Zuhause, fühlte sich jemand genötigt, eine Sammlung von Klassen zu schreiben, um die API des Dienstes im Repertoire der Platform zu haben. Für den täglichen Gebrauch im CMS ist der Nutzen des Pakets (für Endanwender) wohl eher begrenzt.

Michael Babker aus dem Developer-Team des CMS, hat hierzu ein Demo-Modul geschrieben, das Ihnen den aktuellen Status eines Github-Projektarchivs anzeigt. Zu haben auf Github: *https://github.com/mbabker/GitHub-Joomla-Module*

9.3.22 Optimierung: cache

Es gibt Aufgaben, die dauern einfach ewig, weshalb man nicht bei jedem Seitenaufruf darauf warten will und kann. Manche Daten ändern sich wiederum selten genug, dass es nicht lohnt, sie immer wieder neu auszuführen. Im Zwischenspeicher (cache) können Sie allerlei Daten ablegen, z. B. vorformatierte Dateifragmente, Downloads, Ergebnisse einer aufwändigen Berechnung u. v. m.

Wieder einmal greifen wir zur Objektfabrik, um den zentralen Zwischenspeicher des CMS zu verwenden: `JFactory::getCache()`

Komponentenausgabe cachen

```
JController::display($cachable = false, $urlparams = false);
```

`$cachable` legt fest, ob die Ausgabe gecached werden soll. `$urlparams` ist ein assoziatives Array mit URL-Parameternamen als Schlüssel und einem Filtertyp (`JFilterInput`) als Wert. In der display-Methode Ihres Controllers legen Sie die Parameter fest, bevor Sie den Aufruf mit `parent::display()` an die Basisklasse delegieren:

```
// caching erwünscht
  $cachable = true;
// legen wir fest WAS diese Seite im Cache identifizieren DARF
  $urlparams = array('catid'=>'INT', 'filter'=>'STRING', /* etc. */);

  return parent::display($cachable, $urlparams);
```

Diese Parameterliste (`catid`, `filter`, etc.) dient dann alleinig zur Identifizierung des Requests an eine Seite und führt zu einen Schlüsselwert (hash key), anhand dessen J! einen wiederholten Aufruf identifizieren kann und die Anfrage damit aus dem Cache bedient. Alle anderen Parameter werden ignoriert. Dadurch wird vermieden, dass der massenhafte Aufruf einer Seite mit willkürlichen Parametern[36] zu einem potenziellen Überlauf des Cache-Speicher (memcache o. ä.) führt.

---

[36] Auch bekannt als *Denial-Of-Service*-(DOS)-Attacke, bei der es aufgrund einer Überlastung zu einem Ausfall eines Dienstes (Website) kommt.

Modulausgabe cachen

Die Ausgabe Ihres Modul-Layouts zu cachen, kann beliebig kompliziert werden. Der Flexibilität von Modulen und der Vielzahl von Modulen entsprechend, die gleichzeitig auf einer Seite erscheinen können, sind besondere Konfigurationsparameter in der XML-Datei einzutragen, mit der Sie Joomla Ihre Absichten mitteilen. Es gilt, jedes Modul im Cache zu identifizieren, damit keine Überscheidungen auftreten.

Feldnamen und Beschriftung der XML-Felder sind vorgegeben bzw. standardisiert, daher kopieren Sie diese am besten aus einem der Standardmodule, die ich Ihnen jeweils als Beispiel zu den Cache-Methoden gebe.

Am einfachsten ist zunächst mal *kein* Cache:

```
<field name="cache" type="list" default="0"
        label="COM_MODULES_FIELD_CACHING_LABEL"
        description="COM_MODULES_FIELD_CACHING_DESC">
    <option value="0">COM_MODULES_FIELD_VALUE_NOCACHING</option>
</field>
```

Der 08/15-Cache benötigt hingegen weitere Felder: `cache_time` und `cachemode`.

```
<field name="cache" type="list" default="1"
        label="COM_MODULES_FIELD_CACHING_LABEL"
        description="COM_MODULES_FIELD_CACHING_DESC">
  <option value="1">JGLOBAL_USE_GLOBAL</option>
  <option value="0">COM_MODULES_FIELD_VALUE_NOCACHING</option>
</field>
<field name="cache_time" type="text" default="900"
        label="COM_MODULES_FIELD_CACHE_TIME_LABEL"
        description="COM_MODULES_FIELD_CACHE_TIME_DESC" />
```

Für »cache« wird zunächst die Auswahl hinzugefügt, die globalen Einstellungen des Cache zu nutzen.

Was nach der Zeitangabe folgt und den effektiven Modus Operandi des Cache bestimmt, hängt davon ab, wie Ihr Modul auf Änderungen der Seite reagiert.

```
<field name="cachemode" type="hidden" default="static" />
```

- `static`, wenn der Inhalt gleich bleibt, egal auf welcher Seite das Modul angezeigt wird

- `itemid`, wenn der Inhalt von der *Itemid*, d. h. einem Menüeintrag abhängt

Ein klassischer Vertreter für den Modus »static« ist das Modul »Neueste Artikel« (*mod_articles_latest*): Die Artikelliste ändert sich mithin, jedoch nicht auf jeder Seite.

Prädestiniert für den Modus »itemid« sind die Module »Menü« (*mod_menu*) und »Brotkrumen« (*mod_breadcrumbs*): Die Linkliste der Brotkrumen ist auf jeder Seite anders und das Menü enthält wechselnd Einträge die »active« und »parent« sind.

Die völlige Kontrolle über Aufbau und Ablauf des Cache für Ihr Modul haben Sie im Modus owncache (eigener Cache). Wie der Name schon sagt sind Sie hier am Zug und für die Konfiguration aller Cache-Parameter verantwortlich. Die Änderung betrifft zunächst die XML-Datei, indem Sie den Parameter »cache« (Joomla kontrolliert) gegen »owncache« (eigene Kontrolle) *austauschen:*

```
<field name="owncache" type="list" default="1"
       label="COM_MODULES_FIELD_CACHING_LABEL"
       description="COM_MODULES_FIELD_CACHING_DESC">
  <option value="1">JGLOBAL_USE_GLOBAL</option>
  <option value="0">COM_MODULES_FIELD_VALUE_NOCACHING</option>
</field>
```

Diese Cache-Verwaltung sehen Sie in »Artikel-Kategorien« (*mod_articles_category*).

Im Startskript Ihres Moduls erstellen Sie zur Konfiguration und Kontrolle des Cache ein einfaches Objekt, das Sie an die statische Methode moduleCache() unseres alten Freundes JModuleHelper übergeben. Die Eigenschaften des Konfigurationsobjekts bestimmen das Verhalten.

Für den Modus (*cachemode*) wählen Sie zwischen:

- safeuri, wenn eine bestimmte Kombination an URL-Parametern die Grundlage bilden soll (vergl. Cache für Komponenten),

- id, wenn das Modul seine Cache-ID selbst verwalten möchte.

Das Modul »Verwandte Beiträge« (*mod_related_items.php*) erzeugt seinen eigenen Cache im Modus »safeuri«. Das Sammeln der Einträge für die Liste der Verwandten Artikel ist sehr datenbankintensiv und erfolgt in der statischen Methode modRelatedItemsHelper::getList(). Ihr Ergebnis ($list) soll daher gecacht werden.

Hier ein Auszug aus dessen Quelltext (ein wenig umgestellt):

```
$cacheparams            = new stdClass;
$cacheparams->cachemode = 'safeuri';
$cacheparams->modeparams = array('id'=>'int', 'Itemid'=>'int');
$cacheparams->class     = 'modRelatedItemsHelper';
$cacheparams->method    = 'getList';
$cacheparams->methodparams = $params;

$list = JModuleHelper::moduleCache($module, $params, $cacheparams);
if (!count($list)) {
    return;
}
```

Die Namen der URL-Parameter, die *Sie* für »safeuri« als relevant bestimmen, stehen in der Eigenschaft *modeparams*. Die Parameter aus der Modulkonfiguration ($params) werden stets als *methodparams* an die Cache-Klasse weitergegeben und liefern mit den *modeparams* schlussendlich viel Stoff für einer gute Cache-ID.

Pluginausgabe cachen

Sie werden sich nun evtl. fragen: »Welche Ausgabe?« Plugins geben in der Tat selten etwas direkt auf der Seite aus, aber sie rechnen viel und verarbeiten mitunter größere Datenmengen. Je nach Plugin und Event werden diese Funktionen mehrmals pro Seitenaufruf ausgeführt, und eben diese Funktionsergebnisse können Sie cachen.

9.3.23 Installieren und aktualisieren: installer & updater

Jetzt wird's gruselig. Wenn Sie die Geschichte des Joomla-Installers und Updaters im Backend einigermaßen verfolgt haben, können Sie sich vielleicht auch denken, dass es hier nicht ganz so einfach zugeht. Man hat schon einfacheren Code gesehen, und das Gros an Merkmalen kommt nur den gleichnamigen Backend-Komponenten des CMS zugute.

Dem Installer begegnen Sie in Ihrer Erweiterung im Grunde nur, wenn Sie sich entscheiden, eigene Skripte in den Installationsvorgang einzubringen. Im XML-Manifest werden hierzu zwei Elemente angelegt, die auf eine PHP-Datei im Installationsarchiv verweisen:

```
<scriptfile>mein_installer.php</scriptfile>
```

Der Skript enthält eine Klassenanweisung, benannt nach der zu installiernden Erweiterung. Während der Installation werden diverse Methoden dieser Klasse mit einer Instanz des Installers aufgerufen. An dieser Stelle beginnt dann auch der Spaß, weshalb Axel ein ganzes Kapitel dazu verfasst hat (Kap. 23 »Installer«).

Dennoch ein Tipp außer der Reihe, damit Sie nicht ganz umsonst hier waren: Das XML-Manifest bekommen Sie vom Installer direkt serviert. Dies können Sie schamlos ausnutzen und für Ihren Installskript Informationen in eigenen Elementen ablegen. Joomla stört sich nicht an Elementen, die es nicht kennt.

Hypothetische Ergänzungen an einem Installer-Manifest:

```
<extension type="..." method="upgrade">
  <!-- hier oben sind die Dinge die Joomla so möchte -->

  <!-- Mein-Installer: Liste zu prüfender Plugins -->
  <dependencies>
    <plugin name="plg_system_jack" enable="1" />
    <library name="g11n" min="1.0.0" />
    <library name="nooku" min="12.1" />
  </dependencies>
  <!-- Mein-Installer: Dateien und Ordner aus Version 1.0.5 -->
  <obsolete archive="1" version="1.0.5">
    <folder>{JPATH_BASE}/media/django/</folder>
    <folder>{JPATH_THEMES}/templates/kaskade/incubator/</folder>
```

```
</obsolete>
  <credits>Matt, Elkuku, Jinx</credits>
</extension>
```

9.3.24 Bilder manipulieren: image

O.K., Bildbearbeitung – wie am Anfang des Kapitels angedeutet – trifft es hier nicht so ganz, insbesondere wenn Sie dabei an schnuckelige Programme wie Photoshop, den Gimp oder Pixelmator denken. Leider ist als Wermutstropfen auch gleich vorneweg anzumerken, dass selbst bei einem installierten und proper konfigurierten ImageMagick lediglich die GD-Grafikfunktionen von PHP verwendet werden. Fürs einfache Daumen-kino und schlichte Vorschaubildchen genügt dies allemal. Und wenn Sie auf den grafi-schen Retrolook der 1990er stehen, sind auch Hammer-Spezialeffekte wie 3D-Rahmen (Bevel & Emboss) oder Skizzen (Sketchy, Edge Detect) möglich.

Hier lohnt sich ungeachtet der Verfügbarkeit dieser Bibliothek ein Blick auf die nativen PHP-Funktionen. Wenn Sie hochwertige Ergebnisse benötigen, sollten Sie ohnehin auf ImageMagick zurückgreifen oder einer ausgewachsenen und spezialisierten Bibliothek zur Bildmanipulation unter PHP wie WideImage[37] den Vorzug geben.

9.4 Extrawurst CMS

Als Programmierer für CMS-Erweiterungen mag es für Sie etwas seltsam klingen, dass das CMS quasi in sich selbst eine Extrawurst spielt, wenn es um die Nutzung des Framework geht. Aus Sicht der Joomla! Platform hingegen, ist das CMS aber nur eine Gruppe von Anwendungen, die eben zufällig dieses Framework verwenden.

Damit das Laden der Klassen funktioniert, die nur im und für das CMS von nennens-werter Bedeutung sind, finden wir hier eine eigene und zusätzliche Laderoutine: *./libraries/cms/cmsloader.php.* Frontend und Backend kümmern sich hier um die Bereit-stellung und Initialisierung dessen, was für ein generisches PHP-Framework (wie es die Platform sein möchte) nurmehr Nebensache ist.

Für Joomla! 2.5 / Platform 11.4 ist hier bis auf Weiteres ein kleines Paralleluniversum entstanden: *./libraries/cms.*

9.4.1   Hab dich! in: cms/captcha

Böse Trolle, aber vor allem böse Maschinen durchstreifen unermüdlich das Internet und schreiben alle Formular mit Unsinn oder Schweinskram voll. So scheint es zumindest.

---

[37] *http://wideimage.sourceforge.net/*

Damit sich Ihre Erweiterung gegen potenzielle Trolle und Roboter besser zur Wehr setzen kann, stellen Sie Fallen[38] auf.

Der Einsatz eines »Captcha-Feldes« erfolgt über den gleichnamigen JForm-Feldtyp als Teil eines Model-Formulars.

```
<field label="COM_FOOBAR_CAPTCHA_LABEL"
       description="COM_FOOBAR_CAPTCHA_DESC"
       name="captcha"
       type="captcha"
       validate="captcha"
/>
```

Die Vergabe des Feldnamens verlangt keine größere Kreativität. Die tatsächliche Abfanghilfe erfolgt daraufhin über eins der im CMS verfügbaren und aktivierten Captcha-Plugins, serienmäßig ist dies lediglich *Googles reCaptcha*. Der Programmablauf wird ggf. unterbrochen und eine Fehlermeldung an die Anwendung weitergeleitet. Für Ihre Komponente erfolgt dies transparent: erst wenn das Plugin sein O.K. gegeben hat, geht es »wie gewohnt« im Model Ihrer Komponente weiter.

9.4.2 Klick mich! Schnellstart-Symbole in: cms/html

Eine neue Plugingruppe (*./plugins/quickicons*) und die Update-Informationsroutine von Joomla! 2.5 haben es möglich und vorgemacht. Man möchte es daher kaum erwähnen, denn es steht zu befürchten, dass alle solche Quickicons anlegen werden, die man auf der Startseite des Administrators finden kann. Ähnlich übersichtlich werden auch Startmenü und Schnellstartleiste in Windows, nachdem man ein paar Programme (Erweiterungen) installiert hat. Jeder Hersteller hält sich für den einzig wichtigen und installiert Icons ohne Rücksicht auf Verluste.

Der besseren Benutzbarkeit wegen und weil es einfach anständiger ist: Ermöglichen Sie Ihrem Ego (oder der Marketingabteilung) zum Trotz, Endanwendern Ihrer Komponente *bitte* Schnellstart-Symbol(e) zu Ihrer Komponente auch *nicht* zu nutzen und entweder zu deinstallieren oder wenigsten zu deaktivieren. Die Basisklasse hinter diesen Schaltflächen liegt jedenfalls hier und wird wie die meisten HTML-Widgets über JHtml verwaltet. Andererseits ...

Erweiterbare Erweiterungen: Administrator-Modul (*mod_quickicons*), das nicht nur eine eigene Plugingruppe verwaltet (quickicon), sondern dazu eine Klassensammlung (JHtml) ergänzt; das öffnet neuen Spielraum für Ideen.

---

[38] *Captcha* ist Lautsprache für englisch *capture* und bedeutet *einfangen*.

9.4.3 Und der ganze Rest

Nicht von ungefähr liegen die Klassen, die dem Gesamtsystem, Joomla! CMS, zur Seite stehen, im Ordner *./libraries/cms* und nicht (mehr) unter *./libraries/joomla.* Sie sind mitnichten so erweiterbar oder generisch einsetzbar wie die Basisklassen der Platform. Die Mehrsprachigkeit (*multilang*) oder das Verwalten von SQL-Schemata (*schema*) sind Funktionen der CMS-Anwendungen und seiner Core-Erweiterungen.

So wenig nützlich dies auf den ersten Blick erscheinen mag: Haben Sie komplexe Komponenten oder mehrere Erweiterungen anzubieten, für die es sich lohnt eine eigene Bibliothek zu erstellen, folgen Sie doch dem Beispiel des CMS und legen Sie einen eigenen Ordner unterhalb von *./libraries/* an. Ein cleveres Namenskonzept erfunden und einen Auto-Loader dazu; fertig ist die Großoffensive.

9.5 Konstante Pfade zum richtigen Ziel

Hart kodierte Pfadangaben in einem Programm sind tödlich! Jedes System stellt für seine wichtigsten Ordner entsprechende Systemvariablen bereit, damit Programme diese gezielt auffinden und auch korrekt nutzen können. Mag sein, dass ein Programm mit festen Pfad- oder Laufwerksangaben heute auf Ihrem Rechner oder Server und in der Sprache Ihres Betriebssystems anstandslos funktioniert, aber das kann sich schon morgen ändern, wenn etwa ein Verzeichnis verlagert wird, ein neues Laufwerk hinzukommt, die Systemsprache geändert wird oder wenn Sie den Server wechseln. Auf einem anderen Rechner wird es mit nahezu 100 % Wahrscheinlichkeit »krachen«.

Joomla stellt Ihnen für seine wichtigsten Systemordner Konstanten bereit. Verwenden Sie im Programmcode Ihrer Joomla-Erweiterungen daher stets die folgenden Pfadkonstanten, um auf diese Ordner und darin enthaltene PHP-Dateien zuzugreifen. Die meisten Namen sind selbsterklärend und alle bilden Verzeichnisse ab.

- `JPATH_BASE`
- `JPATH_ROOT`
- `JPATH_SITE`
- `JPATH_CONFIGURATION`
- `JPATH_ADMINISTRATOR`
- `JPATH_LIBRARIES`
- `JPATH_PLUGINS`
- `JPATH_INSTALLATION`
- `JPATH_THEMES`
- `JPATH_CACHE`
- `JPATH_MANIFESTS` (seit Joomla! 1.6)

Die Definitionen werden von jeder Anwendung über die Datei *./includes/defines.php* festgelegt. Das heißt, dass zwar dieselben Konstanten benutzt werden, die effektiven Verzeichnispfade dagegen für diese Anwendung auf andere Ordner verweisen können.

Aus Sicht der beiden Joomla-Anwendungen (Frontend, Backend) verweist `JPATH_BASE` stets auf den Ordner der *index.php*, `JPATH_ROOT` hingegen immer auf den Ordner des Frontend. Das eigentliche Installationsprogramm hat nur eine kurze Lebensdauer und `JPATH_INSTALLATION` dient lediglich dazu, sicherzustellen, dass die Applikation in diesem Ordner eben nicht mehr existiert.

Seit Joomla! 1.6 können die genannten Konstanten von jedem Webmaster hochoffiziell und absolut legitim über eine eigene Datei *defines.php* im Hauptordner einer Anwendung angepasst und die entsprechenden Zielordner verschoben werden! Gehen Sie deshalb niemals davon aus, dass das CMS-Backend in einem Ordner mit Namen */administrator* liegt, dass dieser überhaupt ein Unterordner im Frontend ist, dass Plugins stets in Hauptordner der Website unter »plugins« oder die verschiedenen PHP-Bibliotheken in einem Ordner Namens »libraries« liegen. Diese Pfade sind bereits seit Joomla! 1.5 konfigurierbar, und zur Erhöhung der Sicherheit einer Website werden diese von besonders paranoiden Webmastern auch umgestellt! Wie so etwas aussehen *kann*, sehen Sie in der Tabelle am Ende dieses Abschnittes.

`JPATH_CONFIGURATION` liefert den Pfad, in dem die Datei *configuration.php* zu finden ist. Bei einer 08/15-Installation ist der Pfad identisch mit `JPATH_BASE`.

`JPATH_MANIFESTS` ist wenig alltagstauglich und wird vornehmlich von der Updateroutine der Erweiterungsverwaltung im Backend verwendet. Der Ordner ist Ablage der zentralen XML-Installationsdateien für die CMS-Anwendungen und diverser Bibliotheken.

`JPATH_THEMES` ist der erste namentliche Ausreißer; heißt der zugehörige Ordner doch in Wahrheit */templates*. Ebenso wie `JPATH_CACHE` gilt er für die aktive Applikation, d. h. Frontend und Backend haben voneinander unabhängige Template- und Cache-Ordner.

Vier recht interessante Konstanten werden erst zur Laufzeit ermittelt und festgesetzt:

- `JPATH_PLATFORM` (seit Joomla! 1.6)
- `JPATH_COMPONENT`
- `JPATH_COMPONENT_SITE`
- `JPATH_COMPONENT_ADMINISTRATOR`

Im Ordner auf den `JPATH_PLATFORM` verweist, befinden sich die Datei *platform.php* mit Versionsangaben zur eben dieser Platform. Im gleich Ordner ist auch der neue alte Ordner */joomla* vorhanden, mit dem neuen alten Joomla!-Platform-PHP-Framework. Das ist gleichzeitig der zweite und letzte namentliche Ausreißer, es sei denn, Sie finden einen »platform«-Ordner ...

In Joomla! 2.5 ist dieser Pfad *zufällig* identisch mit `JPATH_LIBRARIES` aus Joomla! 1.5 und auf den ersten Blick austauschbar. Lassen Sie sich nicht von solchen Zufälligkeiten täuschen: nur die Konstante JPATH_PLATFORM legt verbindlich fest, wo der Ordner »joomla« und damit auch die Joomla Platform zu finden ist! Entsprechend finden Sie den Unterordner »cms« garantiert auch nur in dem Ordner, auf den JPATH_LIBRARIES verweist.

Das Trio JPATH_COMPONENT basiert – Sie haben es geahnt – auf dem Namen der aktiven Komponente. Aus einer URL-Anfrage wie »option=com_mythings« wird für das CMS der Unterordner */components/com_mythings*. Dabei ist JPATH_COMPONENT_SITE immer der Ordner im Frontend, JPATH_COMPONENT_ADMINISTRATOR immer der Ordner im Backend und JPATH_COMPONENT, ohne Anhängsel der Anwendung, identisch mit einem der beiden anderen, je nachdem ob sie im Frontend oder Backend danach »fragen«. Aufgrund der üblichen Zweiteilung einer Komponente für Frontend (Site) und Backend (Administrator) ist es praktisch, dass man vorne wie hinten von der jeweils anderen Seite des Zauns (Anwendung) auch PHP-Dateien nachladen kann.

Allen Pfadkonstanten fehlt das abschließende Verzeichnistrennzeichen (trailing slash). Sie können auf allen Betriebsystemen die PHP unterstützt ausnahmslos den vorwärtsgerichteten Schrägstrich »/« (slash) verwenden. Wenn Sie z. B. an eine dieser Pfadkonstanten einen Unterordner oder Dateinamen anhängen, fügen Sie einfach ein »/« dazu:

```
$offline_path = JPATH_THEMES . '/system/offline.php';
```

In Joomla! 1.5 wurde hierzu (unnötigerweise) die Konstante DS (Directory Separator) eingesetzt, darum bemüht systemneutrale Pfade zu erzeugen, indem hier unter Windows der Backslash »\« gespeichert wurde, ansonsten eben der Slash »/«. Tatsächlich sind aber sowohl PHP seit Version 4 und die verschiedenen Webserver auf allen Platformen in der Lage den Slash »/« bei Dateisystemoperationen richtig auszuwerten. Konstrukte wie

```
JPATH_THEMES .DS. 'system' .DS. 'offline.php'
```

gehören also der Vergangenheit an. Nebenbei erspart dies besonders unter Windows das sehr lästige Maskieren mit doppelten Backslashes »\\« und gefährliche Verwechslungen mit Steuerzeichen wie »\n« und »\t«.

defines.php und wozu das führen kann

Dieser Abschnitt hat zwar nicht das Geringste mit der Programmierung von Erweiterungen zu tun, soll Ihnen aber veranschaulichen, wie die Verzeichnisstruktur einer Website mit Joomla-Installation aussehen *kann*, wenn ein nur mäßig paranoider Verantwortlicher die Pfadkonstanten in einer eigenen *defines.php* umdefiniert, damit die üblichen Verdächtigen (URLs) nicht jedem daher gelaufenen Skript-Kiddie gleich entgegen schreien: Hier läuft eine Joomla!-Website.

Besonders die physikalische Trennung der beiden Schauplätze Frontend (*/stage/site*) und Backend (*/stage/admin*) sorgt für ein erhöhtes Maß an Sicherheit. Es bleibt noch zusätzliche Handarbeit an der Server-Konfiguration (*.htaccess*) der drei(!) Subdomains erforderlich, um die verschiedenen (hart kodierten) URLs und Pfade im CMS zu bereinigen[39]. Die schlichte Medienverwaltung aus dem CMS klemmt hier gelegentlich und kommt mit diesem abgesicherten Aufbau nicht klaglos zurecht, aber sie ist auch nicht mehrbenutzerfähig, und das Hochladen von Bildern und Dokumenten regelt ein paranoider Betreiber auch gerne auf anderem Wege.

Verzeichnis	Konstante, und was dort zu finden ist
/stage	JPATH_ROOT
	dient zum »Errechnen« weiterer Pfade
/stage/admin	JPATH_BASE (implizit im Backend)
	JPATH_ADMINISTRATOR (explizit von anderswo)
	./index.php, ./defines.php (angepasst)
	DocumentRoot für https://area51.meinesite.de/
/stage/admin/includes	Anwendungsklassen, defines.php (Standard)
/stage/admin/components	JPATH_COMPONENT (implizit im Backend),
	JPATH_COMPONENT_ADMINISTRATOR (explizit von
	anderswo)
	Komponenten für das Backend
/stage/admin/language	Spachdateien für das Backend
/stage/admin/modules	Module für das Backend
/stage/admin/help	Hilfedateien für das Backend
/stage/admin/manifests	JPATH_MANIFESTS
	XML-Manifeste, Erweiterungsverwaltung im Backend
/stage/admin/templates	JPATH_THEMES (Backend)
	die PHP-Dateien der Backend-Templates
/stage/site	JPATH_BASE (implizit im Frontend)
	JPATH_SITE (explizit von anderswo)
	index.php, defines.php (angepasst)
	DocumentRoot für https://www.meinesite.de/
/stage/site/includes	Anwendungsklassen, defines.php (Standard)
/stage/site/components	JPATH_COMPONENT (implizit im Frontend)
	JPATH_COMPONENT_SITE (explizit von anderswo)
	Komponenten für das Frontend
/stage/site/language	Sprachdateien für das Frontend

---

[39] Nur so als Tipp: Bei der URL-Korrektur statischer Ressourcen auf die Serveradresse des CDN können aber auch eigens angefertigte System-Plugins und ein cleveres Template mithelfen.

Verzeichnis	Konstante, und was dort zu finden ist
/stage/site/modules	Module für das Frontend
/stage/libs	JPATH_LIBRARIES
	Bibliotheken für das Content Management System
/stage/libs/cms	Joomla-CMS-Klassen
/stage/libs/phpmailer	Mailer-Bibliothek (Drittanbieter, Lieferumfang)
/stage/libs/phputf8	UTF-8-Kompatibilität
/stage/libs/simplepie	Feed-Bibliothek (Drittanbieter, Lieferumfang)
/stage/plugins	JPATH_PLUGINS
	hoffentlich nur *.php*-Dateien ...
/stage/static	»CDN« (Content Delivery Network), statische Inhalte
	DocumentRoot für *http://cdn.meineseite.de/*
/stage/static/images	Bilder (Frontend, CDN)
/stage/static/media	Medien-Ordner (Frontend, Backend, CDN)
/stage/static/templates	JPATH_THEMES (Frontend)
	Frontend-Template, Overrides und Ressourcen
/stage/cli	JPATH_BASE
	Applikationen für die Kommandozeile
/stage/jcache	JPATH_CACHE
/stage/jcfg	JPATH_CONFIGURATION / *configuration.php*
/stage/jlogs	in *configuration.php* definiert
/stage/jtmp	in *configuration.php* definiert
/libs/vendor/	JPATH_PLATFORM
	Die Joomla-Autoloader gehen davon aus, dass hier ein Ordner »joomla« liegt, für den es zwar keine Konstante gibt, in dem sich aber trotzdem die eigentliche *Platform* befindet.
/libs/vendor/joomla	ein kleines Framework genannt Joomla! Platform
/libs/vendor/PEAR	PHP Extension and Application Repository mit benötigten PEAR-Paketen; meist im OS als PHP_PEAR_INSTALL_DIR deklariert
/libs/vendor/WURFL	Wireless Universal Resource FiLe; Helfer für Mobile Websites
/libs/vendor/Zend	Zend Framework; das offizielle PHP-Framework vom PHP-Anbieter und geistige Vorlage für kleine »Framewörkse«.

Da jede Applikation ihre *defines.php* mitbringt, kann dort auch jede Konstante unabhängig von den Einstellungen einer anderen Applikation angegeben werden. So können JPATH_BASE, JPATH_THEMES im jeweiligen Kontext auch auf unterschiedliche Ordner verweisen.

Programmdateien und öffentliche Ressourcen

Von den Pfadkonstanten sind einige Ordner ganz bewusst ausgenommen: */media, /images, /language, /modules* und */includes*; In *media* und *images* liegen die öffentlich zugänglichen Ressourcen, die *von einem Browser* geladen werden; es sind also mitnichten Pfade im Dateisystem, sondern Teile einer öffentlich zugänglichen URL. Dort liegen auch (hoffentlich) keine PHP-Dateien, die Sie in irgendeiner Form in Ihrer Erweiterung benötigen und hinzuladen müssten.

Module sind stets anwendungsgebunden und ihre PHP-Dateien damit verlässlich über `JPATH_BASE."/modules"` zu finden. Leider verwenden noch bei Weitem nicht alle Module für ihre Web-Ressourcen den hierfür vorgesehenen Ordner */media.*

Sprachdateien aus den beiden *./language*-Ordnern laden die CMS-Anwendungen oder das Framework automatisch. Für Sonderfälle stehen Ihnen einfache Möglichkeiten zur Verfügung diese nachzuholen.

Der Ordner *./includes* wiederum geht nur die Applikation etwas an und steckt seinerseits voller individueller PHP-Dateien. Ihre Erweiterung findet dort mitunter Helferlein, um sich einfacher in die Anwendung zu integrieren, z. B. über Menüs und Symbolleisten (Backend) oder als Teil der Brotkrumennavigation (Frontend).

9.6   Sammelbecken JHtml

Widget: [en] Kurzform für »*window gadget*«. Ding, Vorrichtung, Grafikobjekt.

Bei Benutzeroberflächen, und dazu gehört eine Web-Applikation zweifelsohne, findet man *Widgets* als Formularelemente, Kalender, Accordeon, Panele und Tabs wieder. Sie bringen ihre eigene Funktionalität mit und können daher an (fast) beliebiger Stelle ausgegeben werden. Durch die Kapselung der gesamten Funktion, inkl. JavaScript für das Verhalten (behavior) eines Widgets, reduziert sich der Quelltext und nebenbei entsteht mehr Konsistenz im Look-and-Feel einer Benutzeroberfläche.

Das HTML-Paket ist sicher das prominenteste der Platform da es nicht nur bei der klassischen Programmierung von Erweiterungen im Dauereinsatz ist, sondern auch Template-Designern wohlbekannt sein dürfte. Was vor allem im Backend anklickbar, wegklickbar und aufklappbar ist, wackelt oder zuckt und Dinge im Browser tut, hat häufig hier seinen Ursprung.

Obwohl das Paket eine Legion an Klassendateien enthält, die jeweils ein oder mehrere Elemente erzeugen, greifen Sie auf diesen Fundus nahezu ausnahmslos über *eine* statische Methode zu: `JHtml::_()`. Diese akzeptiert dafür eine beliebige Anzahl Parameter. Der erste ist *immer* ein Bezeichner in Punktnotation (s. u.), mit dem Sie `JHtml` indirekt anweisen, eine der Klassen zu laden und darin eine statische Methode auszuführen.

Ein paar Beispiel-Bezeichner zum Eingewöhnen und was daraus im Hintergrund wird:

Bezeichner	Datei	statische Klasse & Methode
`JHtml::_('date', ...)`	*html.php*	`JHtml::`**`date`**`( ... )`
`JHtml::_('link', ...)`	*html.php*	`JHtml::`**`link`**`( ... )`
`JHtml::_('list.category', ...)`	*html/list.php*	`JHtml`**`List`**`::`**`category`**`( ... )`
`JHtml::_('select.radiolist', ...)`	*html/select.php*	`JHtml`**`Select`**`::`**`radiolist`**`( ... )`
`JHtml::_('behavior.colorpicker')`	*html/behavior. php*	`JHtml`**`Behavior`**`::`**`colorpicker`**`()`

Nach dem Bezeichner folgen i. d. R. Parameter, die an die konkrete Klassenmethode weitergereicht werden und die Ausgabe sowohl konfigurieren aber auch mit allerlei Daten versorgen ('list.behavior', 'select.radiolist', usw.).

Das Paket unterteilt sich grob in folgende Aufgabenbereiche:

- Ausgabe von Formularelementen, darunter Listen und Eingabefelder für Metadaten aus der Datenbank (menus, categories, users, viewlevels)

- JavaScript-Helper und Behaviors für Adminlisten und Formulare (Status wechseln, Sortierung, Toolbuttons)

- Script- und Style-Elemente zum Laden von Ressourcen aus Standardordnern (template, component, ...)

- Laden des JavaScript-Framework Mootools

Die Klassen für Skripte und Behavior sorgen dafür, dass auch bei mehrmaligem Aufruf eine *.js*-Datei nur einmalig im Dateikopf des HTML-Dokuments (`JDocumentHtml`) aufgeführt wird.

9.6.1 Verwaltung

`JHtml` enthält selbst einige Methoden, die in jeden der o. g. Aufgabenbereiche passen, ist als Proxy jedoch auch für Aufgaben der Verwaltung zuständig. Hierzu eine kleine API-Übersicht:

Funktion	Aufgabe
`_($key)`	*Die* berühmte Proxyfunktion, deren Ergebnis i. d. R. ein HTML-Fragment für Ihre Layoutdatei zurückliefert
`addIncludePath($path = '')`	fügt `$path` dem Suchpfad für weitere HTML-Klassen hinzu
`isRegistered($key)`	teilt Ihnen mit, ob der Bezeichner `$key` schon (oder noch) registriert ist, z. B. `'date'` oder `'behavior.framework'`

Funktion	Aufgabe
register($key, $function)	Hiermit registrieren Sie $function unter $key bzw. ersetzen einen bestehenden Eintrag.
$function	muss ein gültiger *PHP-Callback* sein
unregister($key)	löscht den Bezeichner $key aus dem internen Register (siehe Anmerkung)
setFormatOptions($options)	akzeptiert Angaben zum Formatieren des HTML-Codes (die aber meist ignoriert werden)

Anmerkung zu unregister(): Auch wenn Sie einen Bezeichner zur Laufzeit entfernen, wird JHtml::_() im Innern mitunter versuchen, die passende Datei und Klasse wiederzufinden. Die Standardklassen des Pakets und was sie erzeugen, werden Sie auf diese Weise mitnichten los, insbesondere wenn schon alles geladen war. Im Abschnitt 9.6.6 sehen Sie ein Beispiel wie Sie alternativ durch Dummy-Callbacks[40] Bezeichner und deren Aktion überschreiben.

Eigene Helperklassen für JHtml erstellen

So einfach wie Sie für einen bestehenden Bezeichner die Callback-Funktion ersetzen können, lassen sich auch gänzlich neue Elemente in und für JHtml registrieren. Welchen Aufwand Sie hier betreiben wollen, bleibt Ihnen überlassen. Technisch genügt, vor der ersten Nutzung den Eintrag zur Laufzeit samt Callback bereitzustellen, bspw. als Methode einer ohnehin bereits geladenen Helper-Klasse.

Möglich wäre auch die Installation einer eigenen Bibliothek im Ordner *./libraries* (wenn Sie viele, schicke HTML-Schnipsel und Widgets benötigen), ein Plugin, das frühzeitig die nötigen Pfade über jimport::register() registriert oder den Verzeichnispfad direkt mit JHtml::addIncludePath() hinterlegt. Würden Sie bspw. eine JHtml::_('**schnipsel. liste**') erfinden und nutzen wollen, benötigen Sie hierfür:

- eine Datei *schnipsel.php*
- darin die Klasse JHtml**Schnipsel**
- mit der statischen Methode liste()

Dateiname und *Klassen-Suffix* müssen wie so oft zusammenpassen und bilden den ersten Teil des Bezeichners *vor* dem Punkt. Dahinter folgt der Name einer öffentlichen, statischen Methode als Wortwert *hinter* dem Punkt.

Die PHP-Datei könnte folgenden optimistischen Inhalt haben:

```php
<?php
/**
 * Klasse Schnipsel für JHtml
```

---

[40] Callbacks im Handbuch unter *http://php.net/manual/language.types.callable.php*

```
*/
abstract class JHtmlSchnipsel {
  /**
   * Erstellt aus $data eine ordentliche Liste.
   * @param array  $data  Die Listenpunkte
   * @param string $tag   Der Listentyp, Standard OL
   * @return string HTML-Liste
   */
  public static function liste(array $data, $tag = 'ol') {
    $html = implode('</li><li>', array_values($data));
    return "<{$tag}><li>". $html . "</li></{$tag}>";
  }
}
```

Weniger optimistische Programmierer prüfen natürlich, ob $data auch brauchbare Inhalte hat (Texte sind sicher von Vorteil) und ob im $tag der Name eines HTML-Elements steht (ol, ul, menu), das im Endergebnis laut W3C <li>-Elemente enthalten darf.

Einige Core-Komponenten setzen die Möglichkeit, JHtml zu ergänzen, natürlich ebenfalls ein. Die Artikelkomponente nutzt eigene Link-Icons, die Sie im Frontend wiederfinden (JHtmlIcon für *icon.print_popup, icon.print_screen, icon.create, icon.edit* in der Datei *./components/com_content/helpers/icon.php*).

Die Banner-Komponenten registriert (im Backend) die Klasse JHtmlBanner aus der Datei *./administrator/components/com_banners/helpers/html/banner.php* unter dem Schlüssel »banner.pinned« und nutzt diesen für die Spalte »Wichtig« (pinned) der Listenansicht.

9.6.2 Datum, Kalender und Ressourcen

In nicht-alphabetischer Reihenfolge finden Sie in der folgenden Übersicht die *einwortigen* Widgets, welche direkt in JHtml deklariert sind und daher keinen Bezeichner mit Punktnotation haben, d. h. JHtml::_('date') ist quasi identisch mit JHtml::date().

Die Liste der Parameter finden Sie wie gewohnt im Original-Quelltext bzw. der API unter *http://api.joomla.org/11.4/Joomla-Platform/HTML/JHtml.html*

Bezeichner	Aufgabe
date	formatiert ein (SQL-)Datum oder Zeitstempel im angegeben Datumsformat
calendar()	gibt ein Formularfeld mit einem JS-Popup-Kalender aus. Feldname, Datumsformat, Eingabemöglichkeiten sind als Zusatzparameter möglich
tooltip	gibt die bekannten (gelben) Tooltips aus (Elemente mit class="hasTip")

Bezeichner	Aufgabe
iframe	generiert ein <iframe>-Element mit Ziel-URL, Breite, Größe u. a.
image	ermittelt eine URL zu einer Grafikdatei aus einem *Standardordner*
script	dito für eine *.js*-Datei
stylesheet	dito für eine *.css*-Datei, optional für den aktuellen Browser inkl. Version
link	erstellt ein einfaches <a>-Element aus URL und Titel und kann ein assoziatives Array in Attribute konvertieren

Sofern Sie für image, stylesheet und script keinen Pfad oder direkt eine URL angeben, sind *die Standardordner* für diese Aktionen die Unterorder *./images*, *./css* bzw. *./js* im:

- aktivenTemplate-Verzeichnis

- im */media/$extension/*-Ordner

- im *system*-Order des aktiven Templates

- im Ordner des System-Templates

- im Ordner *./media/system*

- bzw. wenn der Dateipfad, den Sie angeben, bereits mit einem »/« beginnt ...

- das ganze Spiel im *./media*-Ordner

Diese Ordner werden »abgegrast«, bis eine passende Datei gefunden wurde.

Das (optionale) Browserpräfix, das beim Suchen nach Stylesheets verwendet wird, lautet »msie«, »mozilla« oder für die *WebKit-Browser41*, »konqueror«... und zzgl. der Versionsnummer ergeben sich folgende Variationen:

- *dateiname.css,*

- *dateiname_browser.css,*

- *dateiname_browser_major.css,*

- *dateiname_browser_major_minor.css*

Nach meinem Dafürhalten ist diese Dateivielzahl der Historie und Browseremulatoren wie MSIE6/7 geschuldet, ebenso der längst überholten Praxis, mit *Browserhacks* zu arbeiten bzw. diese zu verpöhnen. Der Suchaufwand für diese Dateien in den o.g. Verzeichnissen erscheint mir unverhältnismäßig hoch zu sein, und gerade bei CSS-Dateien aufgrund der verbesserten CSS-Unterstützung in modernen Browsern und mit etwas Talent eines Frontend-Designers auch nicht (mehr) notwendig.

---

[41] Immerhin sind dies neben Konqueror auch Safari und Google Chrome.

Wozu dieser Suchaufwand überhaupt unternommen wird, entzieht sich meinem Wissen und Verständnis: Sollte man als Entwickler nicht wissen, *wo* man seine Ressourcen abgelegt hat? Die theoretische Möglichkeit, hier auch »Overrides« der *.css-* und *.js-*Dateien zu ermöglichen, scheint mir eher begrenzt, mithin mit fatalen Folgen.

9.6.3 Formularelemente

JHtml und JForm arbeiten »Hand in Hand«, wenn es um das Erstellen von Formularelementen geht, wobei hier vornehmlich Auswahllisten, Checkboxen und Radioboxen bedient werden, also Elemente die i. d. R. zwei oder mehr Einträge bzw. Werte repräsentieren. Kategorien, Menünamen, Berechtigungn, Layouts u. v. m., die Sie als Parameterfelder via JForm einsetzen, rendern ihre HTML über diese Helferlein:

Bezeichner	Aufgabe
select.genericlist	wie der Name sagt, eine Auswahlliste für allerlei Werte
select.booleanlist	Liste, deren Quelle Boolsche Werte sind
select.integerlist	Liste, deren Quelle Zahlen sind
select.groupedlist	Liste mit gruppierten Werten (optiongroup), z. B. die Zeitzonen
select.option	ein Optionselement (`<option>`)
select.options	mehrere Optionselemente (`<option>`) aus einem Array
select.radiolist	Liste mit Radioboxen (`<input type="radio">`)

In konkreter Implementierung für verschiedene Basisdaten des CMS finden Sie diese unter anderem als:

Bezeichner	Aufgabe
access.actions	Auswahlliste der Aktionen (edit, delete, usw.)
access.level	Auswahlliste der Zugriffsrechte #_-viewlevels (einzeilig)
access.assetgrouplist	Auswahlliste der Zugriffsrechte #_-viewlevels (mehrzeilig)
access.assetgroups	ein Array mit den Zugriffsrechten
access.usergroup	Auswahlliste der Benutzergruppen #__usergroups
access.usergroups	OL-Liste mit Checkboxen (Baumansicht) der Benutzergruppen #__usergroups

9.6.4 HTML-Widgets und Behaviors

Slider (Akkordeon) und Tabs sowie Skripte aus *./media./js* erhalten Sie über:

Bezeichner	Aufgabe
sliders.start sliders.panel sliders.end	Mit start und end umschließen Sie den *gesamten Bereich*, den Sie in Ihrem Layout als Slider (Akkordeon) darstellen möchten. Ein Beispiel der Slider sind die Parameter (rechts) im Backend.
tabs.start tabs.panel tabs.end	Nach dem gleichen Prinzip arbeiten die Registerkarten (Tabs), die Sie aus der Komponentenkonfiguration im Backend kennen.

Pro Slider- respektive Tab-*Panel* rufen Sie das passende ».panel« auf mit dem Text der Überschrift und einer ID (für das HTML-Attribut) als Paramater.

```
<?php echo JHtml::_('sliders.start'); ?>
<?php echo JHtml::_('sliders.panel', 'Superparams', 'sparam'); ?>
    <p>Ein Text der im obersten Panel erscheint.</p>
<?php echo JHtml::_('sliders.panel ', 'Optionales', 'oparams'); ?>
    <p>Ein Text der im untersten Panel erscheint.</p>
<?php echo JHtml::_('sliders.end'); ?>
```

JHtml lädt die erforderliche Mootools-Bibliothek aus dem Ordner *./media/js*.

Weitere Bibliotheken mit Helfern und Verhaltensweisen (behaviors) sind:

Bezeichner	Aufgabe
behavior.framework	lädt die Mootols-Bibliothek, optional inkl. der Extras
behavior.core	lädt *media/system/js/core.js* mit dem JS-Objekt Joomla, das einige JavaScript-Helfer (für das Backend) kapselt, z. B. submitform(), submitButton() und checkAll()
behavior.caption	erstellt unter ein <img>-Element dessen alt-Attribut als <div>
behavior.colorpicker	Mootools Farbauswahl
behavior.formvalidation	prüft die Eingaben in Formularen (class="form-validate") für Elemente mit class="validate *validate-email*" zzgl. einer *Validierungsregel*
behavior.highlighter	Texthighlighter/Marker, z. B. nach der Suche
behavior.keepalive	für »große« Formulare und lange Bearbeitungsaktivitäten geeignet; es wird eine regelmäßige Ajax-Anfrage an *index.php* ausgeführt, um die Nutzer-Session »am Leben zu halten« (*keep alive*)

Bezeichner	Aufgabe
behavior.modal	erstellt eine »Modalbox« (modales Fenster) als IFrame mit der gegebenen URL; Parameter zur Übergabe können als HTML-Attribute in JSON kodiert werden
behavior.multiselect	ermöglicht Mehrfachauswahlen in Tabellen (Shift+Click)
behavior.noframes	auch bekannt als »Frame-Buster«; stellt fest, ob Ihre Seite in einem (fremden) Frame geladen wurde, und lädt sich selbst als Top-Fenster
behavior.switcher	Tab-ähnliche »Submenüs« à la Globale Konfiguration
behavior.tree	Baumdarstellung einer Datenstruktur, à la Medienverwaltung
behavior.uploader	Flashbasierter Dateiupload (*swf*), wie in der Medienverwaltung

Die Funktionen der diversen JavaScript-Bibliotheken im *media*-Ordner des Frontends, sowie die Programmierung von nativem JavaScript oder via Mootools, können wir in diesem Buch nicht behandeln.

Die offizielle API-Dokumentation zu Mootools mit vielen Beispielen finden Sie im Web unter *http://mootools.net/docs/*

9.6.5 Toolbar

Teil des HTML-Pakets, aber *nicht* über JHtml zu erstellen, ist die Toolbar-Klasse mit einigen Buttons. Die Symbolleiste des Backend (JToolbarHelper) wird hieraus aufgebaut und kapselt die Aufrufe hierzu in »sprechendere« Methoden.

Der Ablauf: Nachdem Sie sich die Instanz einer (neuen) Toolbar besorgt haben, befüllen Sie diese mit Schaltflächen und rufen abschließend die Methode render() auf und voilà: eine Toolbar.

Damit dies aber klappt, hier eine Erklärung zur nicht existenten Funktionssignatur der beiden Methoden appendButton() (anhängen) und prependButton() (voranstellen), um neue Buttons am Ende bzw. am Anfang Ihrer neuen Symbolleiste einzufügen.

```
@param  string  $type   Basisname der Buttonklasse
@param  string  $name   Name der icon-Klasse
@param  string  $text   Buttontext / Label
@param  string  $task   "task" der mit dem Button ausgeführt wird
@param  boolean $list   TRUE um eine Listen-Abfrage zuzulassen
```

Der Basisname lautet »Standard« und entspricht der Klasse JButtonStandard in der Datei *./html/toolbar/button/standard.php* – Sie erkennen sicher ein Muster hierin? Andere Button-Klassen in diesem Ordner sind bspw. »Help«, »Confirm« und »Custom« um x-beliebige Buttons mit x-beliebigen Icons zu generieren.

Ist der Paramater $list=true, wird die aus dem Backend in den Übersichtstabellen bekannte Abfrage ausgeführt, wenn kein Datensatz markiert wurde: »Machen Sie eine Auswahl aus der Liste« (oder ähnlich). Dazu sind also ein typisches Backend-Formular (id=adminForm) und eine Sammlung an Checkboxen notwendig.

Und so lässt sich JToolbar verwenden:

```
JLoader::import('joomla.html.toolbar');
$tbar = JToolBar::getInstance('werkzeugleiste');

// ein nicht so intuitives Interface:
//     Buttonklasse, Icon, Text, $task, Listen
$tbar->appendButton('Standard', 'new', 'Neu', 'add', false);
$tbar->appendButton('Standard', 'assign', 'Speichern', 'save', true);
$tbar->appendButton('Confirm' , 'Wirklich löschen?', 'delete', 'Löschen',
'delete', true);
// HTML generieren und ausgeben
echo $tbar->render();
```

Produziert wird folgende HTML-Struktur, die Sie im Frontend[42] noch gestalten können. Beachten Sie die Attribute und JS-Parameter, die aus den Parametern an appendButton() gebildet wurden:

```
<div class="toolbar-list" id="werkzeugleiste">
  <ul>
    <li class="button" id="werkzeugleiste-new">
    <a href="#" onclick="Joomla.submitbutton('add')" class="toolbar">
    <span class="icon-32-new"> </span> Neu </a>
    </li>
    <li class="button" id="werkzeugleiste-assign"> ... </li>
    <li class="button" id="werkzeugleiste-Wirklich löschen?"> ... </li>
  </ul>
<div class="clr"></div>
</div>
```

In jedem <li>-Element befindet sich ein Pseudo-<a> für die JavaScript-Routine und ein <span> als Buttonplatzhalter und Beschriftung. Die Klasse des <span> ergibt sich aus dem Präfix »icon-32-« und der »Icon-Klasse«, im Beispiel »new«, »assign« und »delete« mittels JButton::fetchIconClass().

Die JavaScript-Routine Joomla.submitbutton() ist ursprünglich in der Datei *./media/js/core.js* enthalten, die Sie im Frontend mit JHtml::_('core') ggf. selbst laden müssen. Sie sucht und sendet das aktive Formular der Seite:

```
<!php // irgendwo am Dateianfang eines Layouts...
echo $tbar->render();
?>
<!-- irgendwann darunter -->
```

---

[42] Im Backend sind durch das Template bereits die CSS-Regeln definiert.

```
<form id="adminForm">
 <input type="hidden" name="task" value="">
 <!-- allerlei mehr HTML -->
</form>
```

9.6.6   Mögen Sie Mootools ... nicht?

So eine schöne große Truhe mit fertigem Klimperkram aus dem Regal ist ja ganz nett, aber es kommt nicht selten vor, dass gerade bei aufwändigen Komponenten oder Websites, die mehr als »nur« das reguläre CMS beheimaten, dieser Standardpool nicht ausreicht oder sogar stört. Die Standard-Skriptbibliothek Mootools ist seit jeher vielen *Frontend-Developern* ein Dorn im Auge, wobei sie wiederum von vielen anderen sehr geschätzt wird.

Ich finde es bei manchen Projekten äußerst lästig, dass seit Joomla! 1.6 *bedingungslos* eine in ihrem Nutzen und nach persönlichem Dafürhalten äußerst fragwürdige JavaScript-Klasse im Frontend geladen und ausgeführt wird, weshalb auch das gesamte Mootools-JavaScript-Framework geladen werden *muss*. JCaption, aus der Datei *./media/js/caption.js*, soll Untertitel (captions) für Bilder in Artikeln generieren. Ob aber überhaupt Bilder im Artikel enthalten sind, die einen Untertitel haben *sollen* oder wo, wird weder geprüft noch kann es konfiguriert werden. Ein Template-Override kann hier deutlich Besseres für die Barrierearmut leisten und spart einige Kilo JavaScript.

Eine Menge Holz, das hier bei jedem Seitenaufruf den digitalen Datenstrom herunterfließt, um letztlich eine sehr triviale Aktion auszuführen. Es sei denn, man schreibt ein kleines Plugin, welches das Laden solcher Unnötigkeiten rechtzeitig und ganz legitim[43] zu verhindern weiß.

Da es in diesem Kapitel aber nicht um (System-)Plugins geht, bekommen Sie hier auch nur den Code gezeigt, mit dem Sie kreativ und manipulativ in das Standardverhalten von JHtml eingreifen können:

```
public function onAfterRoute() {
 // nur im Frontend wenn JSite am Start ist
 if (JFactory::getApplication() instanceof JSite) {
  // Name einer hiesigen Ersatzmethode
  $handler = array(__CLASS__, 'machtnix');
  // Verhalten des Caption-Skriptes maßregeln
  JHtml::register('behavior.caption', $handler);
 }
}
public static function machtnix() { /* macht nichts */ }
```

---

[43]   Legitim, da sich hier ein Core-Hack der Klasse ContentController vermeiden lässt.

Wenn Sie richtig mutig und nebenbei JavaScript-Ninja sind, können Sie sich ja auf ähnliche Weise an 'behavior.framework' versuchen ... Für Risiken und Nebenwirkungen sind Sie selbst verantwortlich!

9.7 Die Joomla-API unterm Strich

Wer die API für seine eigenen Programme konsequent und konsistent verwendet, hat ein wesentlich höheres Maß an Gewissheit, dass im CMS alles zusammenpasst und im abgesteckten Versionskreis für einige Zeit Bestand hat. Die Verwendung der API ist auch eine Sicherheitsmaßnahme, speziell beim Zugriff und beim Verarbeiten externer Daten, Benutzereingaben oder der Authentifizierung.

Die zahlreichen Anforderungen könnte man ohne eine gehörige Portion Erfahrung und viel Arbeit nicht so einfach selbst lösen und in Code schreiben. Was Sie über das CMS als wiederverwertbare Klassen und aus den Bibliotheken als Bausteine erhalten, sind zwar viele nützliche Dinge, die Ihnen als PHP-Entwickler im täglichen Gebrauch hilfreich beiseite stehen, aber es ist eben (noch) nicht für alles und jeden gesorgt. Sie werden einige Dinge kläglich vermissen, weil das CMS und die Standarderweiterungen keine akute Verwendung dafür haben, und gleichzeitig Dinge entdecken, die an keiner Stelle im CMS angewendet werden.

9.7.1 Es bleibt alles anders

Die Joomla!-Platform entwickelt sich weiter, schneller als das CMS und unabhängig davon, und wird in zukünftigen Versionen auch die Anforderungen jenseits von Webseiten oder denen eines Content Management Systems abdecken können. Man kann zu Recht sagen, Joomla! ist eine Dauerbaustelle, deren Entwicklungsstatus ab und zu und für ca. 1,5 bis zwei Jahre eingefroren wird.

Die Joomla!-Platform ist keine Revolution, sondern Spiegelbild der Evolution einer großen Community, die neben CMS-Anwendern eine wachsende Zahl an Entwicklern hervorgebracht hat. Die Ansprüche der Anwender und Entwickler steigen und die Platform wird daran und damit wachsen. Das CMS kann sich als Anwendung die Rosinen herauspicken.

Unsere kaffeesatztrübe Glaskugel orakelt, dass aus dem Ordner *./libraries/cms* nach aktuellem Kenntnisstand *aus Sicht der Platform* und *im direkten Dunstkreis der Platform* der Ordner *./libraries/legacy* entsteht. Mehr und mehr Klassen, die *zu* CMS-spezifisch sind, werden aus der Platform (*./libraries/joomla*) verdrängt und mit fortschreitendem Redesign des CMS und (s)einem Framework zum Neuen Vermächtnis (Legat).

Der Weg zu Joomla! 3.0 bis 3.5, 4.0 und 4.5 wird eine ständige Migration in mehrfachem Wortsinn: Dateien wandern, Klassen wandern, Zuständigkeiten wandern. Daten natürlich auch. Die Verantwortung bleibt bei Ihnen, am Ball zu bleiben.

9.8 Einsatz missbilligt: deprecated

> »*Wie zahlreich sind doch die Dinge derer ich nicht bedarf.*«
> Sokrates (Philosoph und Gelehrter)

Die seit über zwei Jahren stattfindenden Umbaumaßnahmen und Erneuerungen, haben mit dazu geführt, dass zahlreiche Code-Konstrukte, die in Joomla! 1.5 und PHP4 noch nötig waren, mit Joomla! 2.5 und PHP5 ausgedient haben. Mit einer Mindestvorlaufzeit von ca. zwölf Monaten[44] werden seit Platform 11.1 respektive Joomla! 1.6 diese Altlasten mit dem virtuellen Verfallsstempel *deprecated xx.y* versehen. Dieser gibt Ihnen damit den ernstzunehmenden Hinweis, ab wann mit der Löschung der so gekennzeichnete Klasse oder Methode zu rechnen ist, und weshalb Sie *möglichst vorher* darauf verzichten sollten.

Deprecation Log: Schalten Sie bei der Programmierung unbedingt den Debug-Modus des CMS ein. Wenn Sie Klassen und Methoden nutzen, die sich ihres missbilligten Status bewusst sind, wird dies ausgiebig in der Log-Datei *deprecated.php* protokolliert. Die Datei kann schnell an Größe zunehmen, daher regelmäßig zur Durchsicht *weg-sichern* und im Produktivbetrieb den Debug-Modus tunlichst deaktivieren. Leider werden Sie dort auch zahlreiche Meldungen zu Klassen finden, die Sie selbst gar nicht einsetzen. Das CMS, aber auch die Platform, nutzen diese Klassen in weiten Teilen selbst[45].

Für Vieles, das fortan missbilligt ist, erhalten Sie meist noch in derselben Klasse oder demselben Paket eine ähnlich benannte Methode, sodass Sie Ihre Quelltexte mit Suchen-Ersetzen schnell auf den angesagten Stand der Dingen bringen können.

Die Ursache für den scheinbaren Verfall von so viel Quellcode ist also mitnichten dessen mindere Qualität. Schon alleine durch PHP5 ergeben sich klarere Konstrukte und die Workarounds für PHP4 und die Wahrung der Kompatibilität zu Mambo oder Joomla! 1.0 sind nun entweder überflüssig oder ein zugrundeliegendes Problem wurde anders gelöst. Es gibt kaum ein Paket im Framework, kaum eine Core-Erweiterung, die nicht davon betroffen ist.

Unter PHP4 sind alle Methoden und Eigenschaften einer Klasse ausschließlich öffentlich, d. h. *public*. So galt notgedrungen die Konvention, durch einen vorangestellten Unterstrich, die Elemente optisch zu kennzeichnen, die ein *Entwickler* tunlichst nicht außerhalb der entsprechenden Klasse verwenden *sollte*. Technisch verhindern lässt sich dies erst mit PHP5, indem eine Deklaration entsprechend um *private* oder *protected* ergänzt wird.

---

[44] Zwölf Monate entsprechen Hauptversionsnummer der Platform: 11.x auf 12.x.
[45] Ab Joomla! 3.x/Platform 12.x sollte hier etwas Ruhe einkehren.

Der Einsatz eines alten Sprachkonstruktes ist zwar weiterhin für gewisse Zeit möglich, aber *deprecated* und wird mit dem Erscheinen der jeweils angegebenen Version (CMS oder Platform) mit hoher Wahrscheinlichkeit entfernt. Für das Gros der auf der Abschlussliste stehenden Konstrukte ist dies die Platform-Version 12.1.

9.8.1   Schritte bei der Migration von 1.5er Erweiterungen

So unterschiedlich Erweiterungen sind, so unterschiedlich gestaltet sich der Weg, diese auf den Stand der Dinge zu bringen. Um mögliche Erwartungen an dieses Kapitel gleich zunichte zu machen: Sie werden hier keine all umfängliche Anleitung finden, wie Sie (native) Erweiterungen für Joomla! 1.5 auf Joomla! 2.5 migrieren bzw. portieren. Ein paar wichtige Schritte sollen jedoch nicht unerwähnt bleiben.

Tipp Nr. 0: Versionskontrollsystem

Sofern Sie es noch nicht praktizieren, wäre jetzt eine gute Gelegenheit, sich mit dem Konzept der Versionskontrolle auseinanderzusetzen. Auf dem Weg von 1.5 nach 2.5 kann man sich auch mal verlaufen, und da ist der unkomplizierte Zugriff auf die jeweils letzte (funktionierende) Dateiversion Gold wert.

Das Joomla-Projekt ist bei der Weiterentwicklung von *Subversion* (*SVN*) als Versionskontrollsystem auf *Git* umgestiegen. Letzteres erlaubt mehr Freiraum und Möglichkeiten beim Experimentieren mit Code-Änderungen und dem Zusammenführen dieser Änderungen in verteilten Teams. Ganz nebenbei ist Git *nicht* auf einen externen (online) Server für die Versionskontrolle angewiesen. Es ist plattformübergreifend erhältlich, unkompliziert zu installieren und praktisch jede IDE integriert das System entweder frei Haus oder als Plugin.

Git ist nicht Github: Der Dienstanbieter Github.com hat seinen Namen von der Software Git abgeleitet und bietet kostenfreies Hosting von Projektarchiven auf Basis von Git an. Wenn Sie in einem verteilten Team arbeiten und mit anderen Quelltexte teilen und Software entwickeln möchten, bieten neben dem Platzhirsch auch Anbieter wie Gitorious, Sourceforge, Assembla kostenfreies Projekthosting mit Git & Co. an.

@since 11.1 und die Zeit davor

Bei der Durchsuche der Klassen in der Joomla! Platform werden Sie bei fast allen Kommentarblöcken auf die Angabe @since 11.1 stoßen. Streng genommen ist diese Kennzeichnung für das Gros der vorhandenen Klassen falsch, denn als die Platform noch Framework hieß, gab es vieles schon unter Joomla! 1.5. Zwar wurde für den glamourösen Start der Platform eine Menge aufgeräumt und sehr viel Code hin- und hergeschoben und angehübscht, aber bei Weitem nicht so viel neu geschrieben, wie diese Versionsnummer auf den ersten Blick suggerieren mag. Wäre dem tatsächlich so, würde keine Erweiterung, die für 1.5 programmiert wurde, in der 2.5 lauffähig sein. Mit entsprechend kritischem Blick, lassen sich Angaben zur 2.5-er-API denn auch, bzw. noch, auf die 1.5 anwenden.

In medias res

Selbst wenn die Erweiterung ohne erste Code-Anpassungen in Joomla! 2.5 lauffähig ist[46], führen Sie einen Code-Review durch und passen Sie den Quellcode dann stückweise an. Beim Code-Review notieren Sie sich die Fundstellen, an denen ein Update an die veränderte API erforderlich ist. Dies ist reine Fleißarbeit und beschleunigt später den eigentlichen Prozess diese Änderungen in die Tat umzusetzen.

IDEs und spezialisierte Quelltexteditoren halten für derlei Arbeiten oft zusätzliche Werkzeuge bereit, und sei es nur in Form einer Auflistung besonders formatierter Kommentare als *Tasks*, weshalb Sie ihre Notizen gleich an Ort und Stelle im Quelltext festhalten können, z. B. so:

```
/** @todo Refactor JRequest nach JInput */
$layout = JRequest::getCmd("layout", "default");
```

oder so:

```
// #FIXME geg. JForm und ganz viel XML austauschen :(
$pane = &JPane::getInstance('sliders', array('allowAllClose' => true));
```

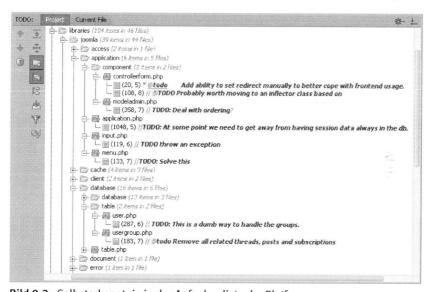

Bild 9.3: Selbsterkenntnis in der Aufgabenliste der Platform

Übertreiben Sie Ihre Renovierung und Umbauten jedoch nicht im Bestreben, alles in einem Rutsch machen zu wollen und es irgendwie hinter sich zu bringen. Starten Sie – wie jeder gute Architekt – beim Fundament, das in diesem Fall eine Anpassung des Programmcodes an die Änderungen durch PHP5 selbst einschließt. Diesen Schritt erledigen

---

[46] Bei Modulen und Frontend-Komponenten keine Seltenheit.

Sie insbesondere bei Komponenten am sinnvollsten in einer separaten Testumgebung der aktuellsten Joomla! 1.5.x, damit Sie *eben nicht* von möglichen Inkompatibilitäten und anderen Problemchen abgelenkt sind.

Anschließend kümmern Sie sich um das veränderte Rahmengerüst, das Joomla! Framework. Dieser veränderte Rahmen nötigt Sie mitunter auch zu Änderungen in der Struktur der Erweiterung: zusätzliche Dateien (mit Copy-Paste befüllt), neue Ordner, und viel Suchen-Ersetzen sind dann ihr Tagwerk.

Zum Schluss können Sie die lang ersehnten Verbesserungen vornehmen und die verbleibenden kosmetischen Maßnahmen ergreifen. Wie Sie eine Verbesserung definieren, bleibt Ihnen überlassen.

Anpassung an PHP5:

- Deklarieren Sie die Klassenelemente korrekt mit *public, private* und *protected.*

- Nutzen Sie anstelle globaler Variablen und Konstanten ggf. die Kapselung in Klassen über *static* und *const.*

- Bereinigen Sie Objektreferenzen und vor allem den Referenzoperator & bei Funktionsaufrufen und Rückgabewerten.

Anpassung an das Framework:

- Ersetzen Sie in Ihrem Code die mit `@deprecated` markierten Konstrukte aus dem Framework mit dem dort empfohlenen Ersatz.

- Auf `jimport()` können Sie dank der AutoLoader nun häufig verzichten. Ersetzen Sie die Aufrufe ggf. durch `JLoader::register()` bzw. `JLoader::import()`.

- Gibt es keinen adäquaten Ersatz, kann das ursächliche Problem, das es zu lösen galt, mitunter durch eine Änderung der Programmstruktur umgangen oder verteilt und umformuliert werden (alternative View-Formate oder Layouts; Einzel- und Listenansichten aufteilen; Models, Tabellen und `JForm`).

Änderungen an der Struktur:

- Module sind relativ schmerzfrei zu portieren, benötigen evtl. nur geringe Anpassungen der SQL-Abfragen (`JDatabaseQuery`).

- Plugins sind an die geänderten *Ereignisnamen* und die damit einhergehenden neuen Signaturen der Eventhandler anzupassen, z. B. `onPrepareContent` wurde zu `onContentPrepare`.

- Bei Frontend-Komponenten schwankt der Aufwand zwischen null und immens, entsprechend der Komplexität.

- Backend-Komponenten erfordern hingegen stets ein höheres Maß an Zuwendung aufgrund der nunmehr auch hier nötigen MVC-Struktur und ihren neuen Klassen, der veränderten Formularverwaltung und den (neuen) Elementen der GUI.

- Um die ACL auszuschöpfen, sind auch die Datenbanktabellen anzupassen.

Schmuckstücke anbringen:

- Neben den erforderlichen Maßnahmen an der Benutzeroberfläche (speziell im Backend) können Sie Nutzen aus den neuen und verbesserten JavaScript-Routinen ziehen.

- Manuell erstellte HTML-Formulare und Layouts profitieren mitunter von den Automatismen durch `JForm` & Co.

- JSON-Views und Ajax-Anbindung vermitteln dem Nutzer eine gefühlt schnellere Anwendung.

Bei der Migration chaotischer Komponenten kann es in weniger Arbeit ausarten, wenn Sie einfach von vorne anfangen. Ansonsten bietet es sich an, *paketweise* durch die Platform zu migrieren.

Nehmen Sie sich bspw. alle Datenbankabfragen vor und suchen Sie nach SQL-Strings die in Query-Objekte überführt werden können. Tauschen Sie hartkodierte Pfadnamen auf Klassendateien ebenfalls gegen `JLoader` aus oder nutzen Sie die Pfadkonstanten. Nutzen Sie die neue API wie bspw. `$app->input`. Entfernen Sie HTML-Strings aus den Klassen und legen Sie statt dessen (ausreichend) Layoutdateien an, damit diese vom Endanwender über das Template angepasst werden können. Achten Sie auf die CSS-Bezeichner (`id` und `class`) und nutzen Sie bei ähnlichen HTML-Konstrukten auch möglichst die etablierten Strukturen und Bezeichner, die bereits an anderer Stelle im CMS zum Einsatz kommen.

10 Unsere Komponente: Backend

Im ersten Teil des Buchs haben wir zum schnellen Einstieg eine kleine Komponente entwickelt. Sie haben gelernt, im Model-View-Controller-Entwurfsmuster die Basisklassen für eine Komponente zu erweitern.

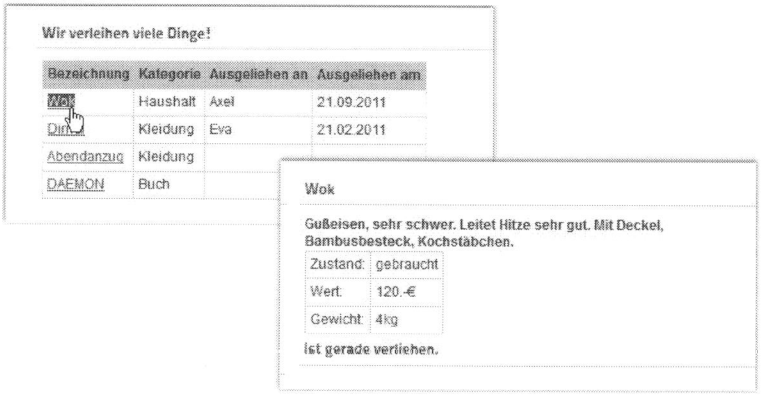

Bild 10.1: MyThings – Frontend

Sie haben gesehen, dass es in Joomla mit wenig Aufwand möglich ist, eine Komponente zu bauen, weil die Platform den größten Teil der Arbeit automatisch übernimmt. Mit dem neuen Wissen aus den vorhergehenden Kapitel ausgestattet, gehen wir jetzt die Programmierung im Backend an. Für Backend-Komponenten gibt es, noch viel mehr als für das Frontend, in der Joomla-Platform einen fast kompletten Bausatz. In der Applikation sind so viele Objekte verfügbar, alle Daten zum User, zur Session, zur Umgebung, zur Konfiguration … alles ist da. Die Kunst ist, zu wissen, welche Objekte es gibt, wie man auf sie zugreift und wie man sie manipulieren kann.

Aber anfangs kam es mir doch vor wie bei dem berühmten Zauberwürfel. Wenn man denkt »Jetzt hab ich's« – dann ist am Ende doch wieder eine Farbe an der falschen Stelle oder, bezogen auf unsere Programmierung, es fehlt irgendein Objekt oder eine Methode wird falsch aufgerufen. Da hilft nur eins: üben!

Download: Zu diesem Kapitel benutzen Sie den Code von *com_mythings_kap10.zip.*

Im Komponentenmenü gibt es bereits einen Link auf MyThings.

Bild 10.2: Link auf die Komponente

Sie können also gleich in medias res gehen und drauflosprogrammieren. Ihr Arbeitsplatz ist jetzt das Backend: *administrator/components/com_mythings*. In den Erklärungen zum Code gehe ich davon aus, dass Sie das Frontend schon durchgearbeitet haben und beschreibe nur noch das, was neu dazukommt.

Bild 10.3: So soll es im Backend am Ende aussehen

10.1 Das Einstiegs-Skript

Ohne Einstiegsskript gibt es keine Komponente. Speichern Sie folgenden Code, es ist fast derselbe wie im Frontend.

administrator/components/com_mythings/mythings.php

```php
<?php
defined('_JEXEC') or die;
jimport('joomla.application.component.controller');

$controller =  JController::getInstance('mythings');
$input = JFactory->getApplication()->input;
$controller->execute($input->get('task'));
$controller->redirect();
```

Erklärung zum Code

Sie kennen das bereits aus dem Frontend. Das Einstiegsskript instanziiert einen Controller und weist ihn an, die anstehende Aufgabe (task) auszuführen. Welche Aufgabe das ist, hängt von den Eingaben des Benutzers und der Steuerung des Dialogs ab, ist kein task definiert, gibt der Controller die Standard-View aus.

Nur in einer Zeile unterscheidet sich dieses Skript von dem im Frontend:

```
$controller->redirect();
```

Dieser Methodenaufruf steuert den Ablauf. Am Ende dieses Kapitels finden Sie noch Hintergründiges dazu.

10.2 Der Chef-Controller

In den folgenden Codes finden Sie manchmal fett gedruckte Klassennamen. Damit verdeutlichen wir die Unterschiede zwischen den sonst so ähnlichen und bisher recht unscheinbaren kleinen Programmen.

administrator/components/com_mythings/controller.php

```php
<?php
defined('_JEXEC') or die;
jimport('joomla.application.component.controller');

class MyThingsController extends JController
{ }
```

Dieser allgemeine Controller ist die Steuerzentrale der Komponente. Er gibt beim ersten Aufruf die View *MyThings* als Default-View aus. Diese absolut minimalistische Variante funktioniert, weil wir uns strikt an das Namenskonzept und die Magie des Frameworks halten. Sie bauen diesen Controller später noch aus.

Sie programmieren jetzt zwei Views – eine Listenansicht und eine Formularansicht. Beide Views sind Formulare, auf denen eine Eingabe möglich ist, und jede View hat ihren eigenen Controller. Wie diese drei Controller zusammenwirken, sehen Sie am Ende dieses Kapitels.

10.3 Die Verzeichnisstruktur

Legen Sie als Erstes diese Verzeichnisse an (das Verzeichnis *sql* ist schon vorhanden, das spielt hier keine Rolle).

```
administrator/components/com_mythings
                              |-- controllers
                              |-- language
                              |-- models
                              |-- sql
                              |-- tables
                              |-- views
```

Das gesamte Konzept beruht auf der strikten Trennung von Listenansicht und Formularansicht, und diese benutzt wieder die englische Einzahl/Mehrzahl-Bildung in den Namen: MyThing/MyThings.

In der Matrix erkennen Sie das Schema. Das hat mich am Anfang Nerven gekostet! So viele Verzeichnisse, und immer dieselben Dateinamen!

Diese Struktur wird im Folgenden noch weiter verfeinert und es kommen weitere Verzeichnisse und Dateien dazu. Aber dies ist der Kern der Komponente, der in dem »magischen« Namenskonzept von Joomla eine Rolle spielt.

View Ebene	Listenansicht	Formularansicht
Controllers	*mythings.php*	*mything.php*
Views	***mythings***	***mything***
	|-- view.html.php	*|-- view.html.php*
	|-- tmpl	*|-- tmpl*
	|-- default.php	*|-- edit.php*
Models	*mythings.php*	*mything.php*
Tables	*mythings.php*	

Nicht jede Komponente enthält alle diese Verzeichnisse und Dateien. Es kann durchaus sein, dass ein einziges Model ausreicht – oder einziger Controller. Es kann auch weitere Verzeichnisse und Dateien geben – Helperklassen zum Beispiel. Diese sind aber nicht im »magischen« Namenskonzept von Joomla enthalten, sondern müssen von Entwickler eigenhändig in die Programme eingebunden werden. Es kann auch sein, dass es gar keine oder dass es mehrere Tabellen gibt. Aber in unserer Komponente wird es so aussehen – es wird eine Joomla-Musterschüler-Komponente!

Als Autor und als Programmierer steht man vor der Frage, in welcher Reihenfolge die Programme am besten anzupacken sind. Senkrecht oder waagrecht in der Matrix? Eine

Ansicht (View) nach der anderen oder eine Schicht nach der anderen? Ich habe mich für die Methode »Eine Schicht nach der anderen« entschieden, weil dies hier im Buch besser zu gliedern und zu beschreiben ist. Die andere Variante – eine View nach der anderen – ist beim Programmieren und Testen aber besser. Sie werden mit der Zeit Ihren eigenen Arbeitsstil entwickeln und entscheiden, wie Sie am besten vorgehen.

Beim Arbeiten werden wir uns jetzt an den Standard halten und das Framework möglichst viel machen lassen. Diese Struktur ist das Grundgerüst einer Komponente und wenn man sich exakt daran hält, geht im Framework fast alles »automagisch«, wie René das nennt. Wir wollen uns, zumindest am Anfang, nicht mit dieser Magie anlegen. Ich wollte gerne meine eigenen Vorstellungen bezüglich Dateinamen durchsetzen, aber es ging mir dann wie Goethes Zauberlehrling. Es kamen Fehler über Fehler, es wurden immer mehr und schon hieß es frei nach Goethe:

> *René, die Not ist groß!*
> *Die ich rief, die Geister*
> *werd ich nun nicht los.*

Worauf der Meister das Machtwort sprach: Joomla Namenskonventionen!

10.4 Die Controller

Im Backend geht es lebhafter zu als (bisher) im Frontend, hier macht der Administrator Eingaben, um Änderungen an den Daten oder am System durchzuführen. Da die Abläufe im Wesentlichen immer gleich sind, enthält das Joomla-Framework Klassen, in denen der übliche Ablauf schon vorgesehen ist.

Für die Klasse *JController* gibt es im Framework zwei abgeleitete Klassen: *JControllerAdmin* für Listenansichten und *JControllerForm* für Formularansichten.

```
JController
    |-- JControllerAdmin (Listen)
    |-- JControllerForm (Formular)
```

Mit dieser Aufteilung der Controller folgt die Joomla-Platform dem Entwurfsmuster *separation of concerns* (wobei *concern* am besten »Zuständigkeit« oder frei mit »Aufgabe« zu übersetzen ist). Es ist das Prinzip, voneinander unabhängige Aufgaben in unabhängige Programme zu packen. Das hat verschiedene Vorteile:

- Die einzelnen Programme sind kleiner und damit performanter.

- Der Code ist übersichtlicher, leichter zu lesen und natürlich leichter zu debuggen.

- Der Code ist weniger anfällig für Seiteneffekte bei Änderungen und damit sicherer.

Wenn Sie sich jetzt fragen, warum Sie so viele Erklärungen zu diesen doch sehr überschaubaren Programmen vorgesetzt bekommen: Wenn Sie später diese Komponente ausbauen oder eigene Komponenten schreiben, sollten Sie wissen, was wo wie und warum geschieht.

10.4.1 Controller für die Listenansicht

Für die Listenansicht wird `JControllerAdmin` erweitert. Die Listenansicht zeigt die Datensätze tabellarisch, und Sie können Daten löschen oder einen einzelnen Eintrag auswählen, um ihn dann in der Formularansicht zu ändern.

administrator/components/com_mythings/controllers/mythings.php

```php
<?php
defined('_JEXEC') or die;
jimport('joomla.application.component.controlleradmin');

class MyThingsControllerMyThings extends JControllerAdmin
{ }
```

Diesen Controller werden Sie später noch erweitern.

10.4.2 Controller für die Formularansicht

Die Formularansicht bietet die Möglichkeit, einen einzelnen Datensatz aufzunehmen oder zu ändern. Für diese Aufgabe ist die Klasse `JControllerForm` zuständig.

administrator/components/com_mythings/controllers/mything.php

```php
<?php
defined('_JEXEC') or die;
jimport('joomla.application.component.controllerform');

class MyThingsControllerMyThing extends JControllerForm
{ }
```

Damit sind alle Controller für MyThings vorhanden – aber noch nicht fertig! Was noch zu tun ist und Hintergründiges zu den Controllern, finden Sie am Ende des Kapitels.

10.5 Die Views

Die Verzeichnisstruktur einer View haben Sie schon im Frontend kennengelernt. Jede View hat ein eigenes Verzeichnis unter *views*. Zu jeder View gehört ein Verzeichnis *tmpl*, darin stehen Skripte für die Layouts. Das Layout ist die Präsentation der Daten.

10.5.1 Die Toolbar

Im Backend haben wir einheitliche Icons in der Werkzeugleiste (Toolbar). Sie kennen das von anderen Backend-Komponenten.

Bild 10.4: Toolbar für die Listenansicht

Die Toolbar enthält links ein Logo und den Seitentitel, rechts die Buttons für die Dialogsteuerung. Jeder Button besteht aus einem Icon und einem Text, der von Joomla schon standardmäßig definiert ist. Jeder Button ist für eine Aufgabe (task) zuständig. Ein Task besteht aus dem Namen des Zielcontrollers, zusammen mit dem Namen der Aufgabe, in der Punktnotation.

Für den Aufbau der Toolbar gibt es in Joomla eine Helperklasse `JToolbarHelper`. Sie bietet einer Menge statischer Methoden zum Erzeugen der Buttons im Backend. Neugierig? Reinschauen! *administrator/includes/toolbar.php*!

10.5.2 Die Klasse JView

Views erweitern die Basisklasse `JView`. Diese Klasse präsentiert die Daten, Sie haben schon im Frontend mit ihr Bekanntschaft gemacht. Sie stellt die Verbindung zum Model her, das die Daten) aus der Datenbasis holt, und hält sie als Eigenschaften der View. Schließlich gibt die View die Daten in einer Form aus, die im Verzeichnis *tmpl* in einer Layout-Datei festgelegt ist.

Diese Klasse hat keine abgeleiteten Klassen, die speziell für die Darstellung von einzelnen Datensätzen beziehungsweise Listen vorgesehen wären, wie es bei den Controllern der Fall ist. Es gibt nur diese eine Basisklasse *JView*.

10.5.3 Die Listenansicht: View MyThings

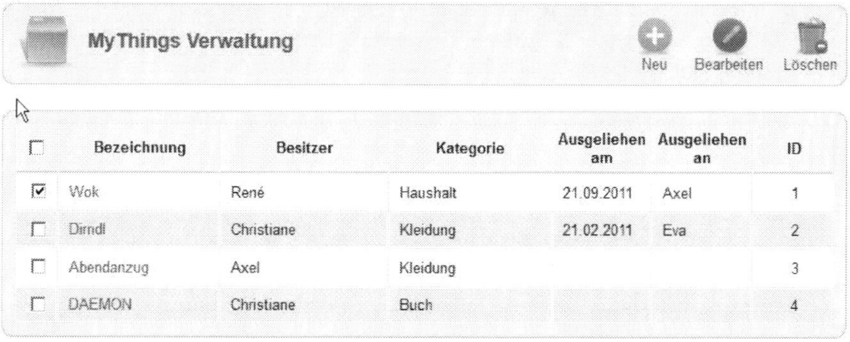

	Bezeichnung	Besitzer	Kategorie	Ausgeliehen am	Ausgeliehen an	ID
☑	Wok	René	Haushalt	21.09.2011	Axel	1
☐	Dirndl	Christiane	Kleidung	21.02.2011	Eva	2
☐	Abendanzug	Axel	Kleidung			3
☐	DAEMON	Christiane	Buch			4

Bild 10.5: Die Listenansicht MyThings

Wir schreiben jetzt das Skript für die View

administrator/components/com_mythings/views/mythings/view.html.php.

```php
<?php
defined('_JEXEC') or die;
jimport('joomla.application.component.view');

class MyThingsViewMyThings extends JView
{
  protected $items;

  public function display($tpl = null)
  {
    $this->addToolbar();
    $this->items = $this->get('Items');
    parent::display($tpl);
  }
protected function addToolbar()
  {
  JToolBarHelper::title(JText::_('COM_MYTHINGS_ADMIN'));
  JToolBarHelper::addNew('mything.add', 'JTOOLBAR_NEW');
  JToolBarHelper::editList('mything.edit', 'JTOOLBAR_EDIT');
  JToolBarHelper::deleteList ('','mythings.delete','JTOOLBAR_DELETE');
  }
}
```

Erklärungen zum Code:

Diese View ist fast dieselbe wie im Frontend, es gibt nur einen Unterschied: Die Funktion zum Aufbau der Toolbar, bestehend aus Titel und Buttons. Der Titel muss vor allen anderen Icons definiert werden, `JText` gibt ihn in der aktuellen Sprache aus, das hat Axel im Kapitel 6 erklärt.

In `JToolbarHelper` gibt es zahlreiche Methoden, mit denen die Elemente einer Toolbar erzeugt werden. Ich möchte hier nicht alle Methoden dieser Klasse aufführen, das wäre vermutlich langweilig und nutzlos. Schauen Sie lieber selbst die Klasse `JToolbarHelper` an, um zu sehen, welche Methoden es gibt.

> **Tipp:** Vorsicht – in dieser Klasse sind viele Methoden »deprecated«, meist kenntlich durch das Suffix »X«. Verwenden Sie diese Methoden nicht mehr.

Ein Task gibt den Zielcontroller und die eigentliche Aufgabe in einer Punktnotation an. `mything.edit` heißt also: Controller *mything*, Aufgabe »edit«.

Erinnern Sie sich an die Zeile, die das Erledigen der Aufgabe im Einstiegsskript an den Controller anweist:

```
$controller->execute($input->get('task'));
```

Hier wird der Task ermittelt und die Anwendung entsprechend gesteuert.

10.5.4 Das Default-Layout

Die Listenansicht ist ein HTML-Formular, vorerst kann man nichts eingeben als eine Markierung in die Checkboxen, um Sätze auszuwählen.

administrator/components/com_mythings/views/mythings/tmpl/default.php

```php
<?php
defined('_JEXEC') or die;

JHtml::_('behavior.tooltip');
JHtml::_('behavior.multiselect');
$nullDate = JFactory::getDbo()->getNullDate();
?>

<form action="<?php echo
JRoute::_('index.php?option=com_mythings&view=mythings'); ?>" method="post"
name="adminForm"  id="adminForm">

<table class="adminlist">
<thead>
  <tr>
    <th width="10">
    <input type="checkbox" name="checkall-toggle" value=""
           onclick="checkAll(this)" />
    </th>
    <th width="20%"><?php echo JText::_('COM_MYTHINGS_TITLE'); ?></th>
    <th width="20%"><?php echo JText::_('COM_MYTHINGS_CAT'); ?></th>
    <th width="20%"><?php echo JText::_('COM_MYTHINGS_OWNER'); ?></th>
    <th width="10%"><?php echo JText::_('COM_MYTHINGS_LENT'); ?></th>
    <th width="10%"><?php echo JText::_('COM_MYTHINGS_LENT_BY'); ?></th>
    <th width="10%"><?php echo JText::_('COM_MYTHINGS_ID'); ?></th>
  </tr>
</thead>
<tbody>
  <?php foreach ($this->items as $i => $item) :
  ?>
    <tr class="row<?php echo $i % 2; ?>">
    <td class="center">
      <?php echo JHtml::_('grid.id', $i, $item->id); ?>
    </td>
```

```
    <td>
      <?php  $mylink = JRoute::_("index.php?option=com_mythings
      &task=mything.edit&id=".$item->id );
      echo '<a href="'.$mylink.'">'.$this->escape($item->title) .'</a>';
      ?>
    </td>
    <td><?php echo $this->escape($item->category); ?></td>
    <td><?php echo $this->escape($item->owner); ?></td>
    <td>
      <?php
      if ( $item->lent != $nullDate) {
        echo JHtml::_('date', $item->lent, JText::_('DATE_FORMAT_LC4'));
      } ?>
    </td>
    <td><?php echo $this->escape($item->lent_by); ?></td>
    <td class="center"><?php echo (int) $item->id; ?></td>
    </tr>
  <?php endforeach; ?>
</tbody>
</table>

<div>
  <input type="hidden" name="task" value=" " />
  <input type="hidden" name="boxchecked" value="0" />
  <?php echo JHtml::_('form.token'); ?>
</div>
</form>
```

Erklärung zum Code:

```
JHtml::_('behavior.tooltip');
JHtml::_('behavior.multiselect');
```

JHtml wird in einem eigenen Unterkapitel behandelt (siehe Kapitel 9.6). Diese Verhaltens-
regeln veranlassen hier, dass Tooltips gezeigt werden und mehrere Checkboxen auf
einmal auswählbar sind.

Es folgt dann der Aufbau der Listenansicht als Tabelle. Das Ganze ist eingebettet in ein
Formular, wir brauchen ja die Checkboxen, um Sätze auszuwählen.

```
<form action="<?php echo
JRoute::_('index.php?option=com_mythings&view=mythings'); ?>"
        method="post"
        name="adminForm"
        id="adminForm">
```

Das Formular enthält einen title header (<th>) der die Spaltenüberschriften aufnimmt.

```
<th>
  <input type="checkbox" name="checkall-toggle"
              value="" onclick="checkAll(this)" />
</th>
```

Die erste Spalte enthält eine Checkbox die, wenn sie markiert wird, alle andern sichtbaren Checkboxen ebenfalls auf »markiert« setzt.

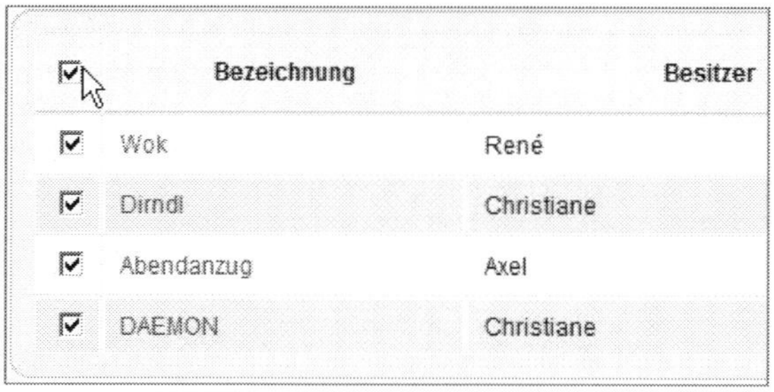

Bild 10.6: Auswahl aller Elemente: toggle checkbox

Der Tabellenkopf braucht wohl keine weitere Erklärung, fangen wir gleich beim Tabellenkörper an.

```
<tbody>
  <?php foreach ($this->items as $i => $item) :
  ?>
    <tr class="row<?php echo $i % 2; ?>">
```

Nun wird jeder Datensatz in einer Tabelle aufgebaut, wir haben hier die Standard-CSS-Klassen übernommen. Die Tabellenzeilen werden wie immer abwechselnd gefärbt.

```
<?php echo JHtml::_('grid.id', $i, $item->id); ?>
```

Dies ist erste Spalte. Die Methode id() der Klasse JHtmlGrid, die wir hier verwenden, erzeugt eine Checkbox und verbindet sie mit der id des betreffenden Datensatzes.

```
<?php
$mylink = JRoute::_( "index.php?option=com_mythings
                    &task=mything.edit&id=".$item->id );
echo '<a href="'.$mylink.'">' .$this->escape($item->title) .'</a>';
?>
```

Hier erzeugen Sie einen direkten Link, mit dem das Formular zur Änderung dieses Satzes aufgerufen werden kann. Der Link enthält den Task mything.edit und die id des aktuellen Satzes.

```
<?php echo $this->escape($item->owner); ?>
```

Alles, was ein Benutzer eingegeben hat, wird *escaped* (PHP), denn es könnten ja auch beliebige Anführungszeichen, Sonderzeichen und HTML-Entities enthalten sein.

Hinweis: Im Frontend haben wir das *escapen* noch nicht gemacht und werden es nachholen müssen. Das ist eine Hausaufgabe!

```
<div>
  <input type="hidden" name="task" value=" " />
  <input type="hidden" name="boxchecked" value="0" />
  <?php echo JHtml::_('form.token'); ?>
```

Der *Token* ist eine Zeichenfolge, welche die Klasse JHtml erzeugt. Dies ist eine der Sicherheitsmaßnahmen, mit denen das Framework unerlaubte Eingaben abwehrt.

10.5.5 Die Formularansicht: View MyThing

Weiter geht es im Verzeichnis *views/mything*.

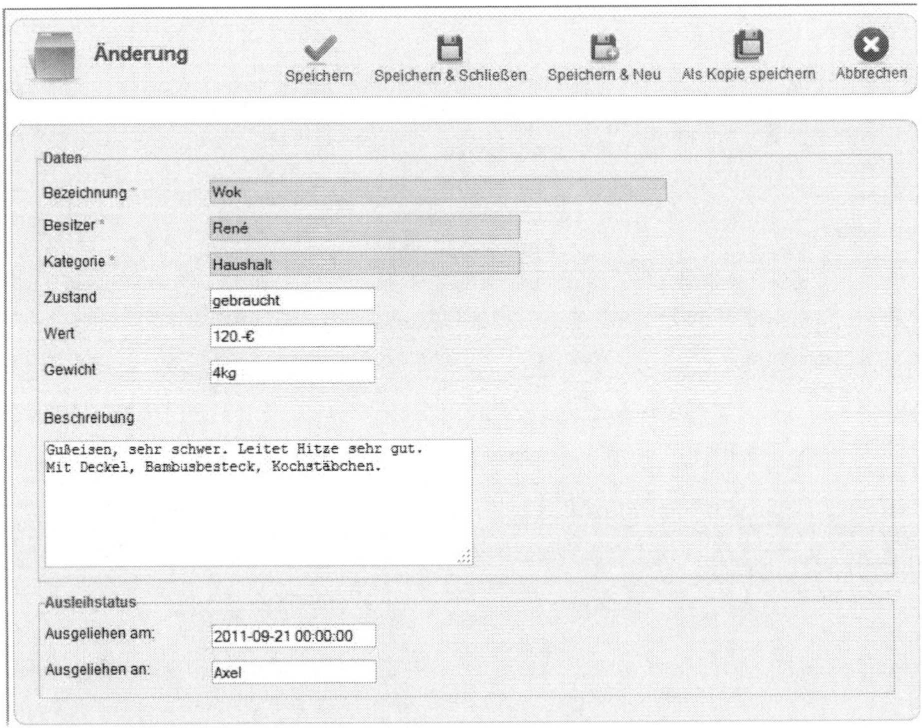

Bild 10.7: MyThing – Formularansicht

administrator/components/com_mythings/views/mything/view.html.php
```
<?php
defined('_JEXEC') or die;
JLoader::import('joomla.application.component.view');
```

```
class MyThingsViewMyThing extends JView
{
  protected $item;
  protected $form;

  public function display($tpl = null)
  {
    JFactory::getApplication()->input->set('hidemainmenu', true);

    $this->form = $this->get('Form');
    $this->item = $this->get('Item');

    $this->addToolbar();
    parent::display($tpl);
  }

  protected function addToolbar()
  {
    if ($this->item->id == 0) {
      JToolBarHelper::title(JText::_('COM_MYTHINGS_NEW'));
    } else {
      JToolBarHelper::title(JText::_('COM_MYTHINGS_CHANGE'));
    }
    JToolBarHelper::apply('mything.apply', 'JTOOLBAR_APPLY');
    JToolBarHelper::save('mything.save', 'JTOOLBAR_SAVE');
    JToolBarHelper::save2copy('mything.save2copy');
    JToolBarHelper::save2new('mything.save2new');
    JToolBarHelper::cancel('mything.cancel', 'JTOOLBAR_CANCEL');  }
}
```

Erklärungen zum Code:

Der Anfang erklärt sich »wie immer«.

```
protected $item;
protected $form;
```

Hier sind die Eigenschaften der View definiert: Das Item ist der Satz, der zu ändern ist. Die Form enthält das komplette Formular.

```
JFactory::getApplication()->input->set('hidemainmenu', true);
```

In der Formularansicht darf der Anwender keine Funktionen aus der Menüleiste auswählen. Er soll seine Neuaufnahme oder Änderung sauber abschließen, indem er einen der Buttons »Speichern« oder »Abbrechen« klickt. Daher wird das Hauptmenü gesperrt.

```
$this->form = $this->get('Form');
```

Hier fordern wir ein Form-Objekt vom Model.

10.5.6 Das Layout edit

Ein Formular zur Dateneingabe enthält logischerweise Eingabefelder. Hier nun profitieren Sie von einem sehr interessanten Konzept der Joomla-Platform. *JForms* setzt darauf, Formulare komplett mit XML konfigurierbar zu machen. Alle Feldtypen und Validierungsdetails sind aus der Layoutdatei herausgelöst und als Teil des Models definiert.

Wir wollen später genauer darauf eingehen und bauen deshalb das Formular einfach einmal auf, mit der einzigen Vorgabe, dass jedes Eingabefeld ein Paar aus Bezeichnung (label) und Textfeld ist, die wir hier nebeneinander stellen.

Die Formulare im Backend haben üblicherweise den Namen *edit.php*, wir schließen uns mal wieder dem Standard an.

administrator/components/com_mythings/views/mythings/tmpl/edit.php

```php
<?php
defined('_JEXEC') or die; ?>

<form action="<?php echo JRoute::_('index.php?option=com_mythings&id='
                .(int) $this->item->id); ?>"
            method="post" name="adminForm" id=" adminForm ">

<fieldset class="adminform">
<legend>
    <?php echo JText::_('COM_MYTHINGS_DATA_SET'); ?>
</legend>

<ul class="adminformlist">
    <li><?php echo $this->form->getLabel('title'); ?>
        <?php echo $this->form->getInput('title'); ?>
    </li>
    <li><?php echo $this->form->getLabel('owner'); ?>
        <?php echo $this->form->getInput('owner'); ?>
    </li>
    <li><?php echo $this->form->getLabel('category'); ?>
        <?php echo $this->form->getInput('category'); ?>
    </li>
    <li><?php echo $this->form->getLabel('state'); ?>
        <?php echo $this->form->getInput('state'); ?>
    </li>
    <li><?php echo $this->form->getLabel('value'); ?>
        <?php echo $this->form->getInput('value'); ?>
    </li>
    <li><?php echo $this->form->getLabel('weight'); ?>
        <?php echo $this->form->getInput('weight'); ?>
    </li>
    <li><?php echo $this->form->getLabel('description'); ?>
```

```
        <div class="clr"></div>
        <?php echo $this->form->getInput('description'); ?>
    </li>
</ul>
</fieldset>

<fieldset class="adminform">
<legend>
    <?php echo JText::_('COM_MYTHINGS_LENT_DATA'); ?>
</legend>

<ul class="adminformlist">
    <li><?php echo $this->form->getLabel('lent'); ?>
        <?php echo $this->form->getInput('lent'); ?>
    </li>
    <li><?php echo $this->form->getLabel('lent_by'); ?>
        <?php echo $this->form->getInput('lent_by'); ?>
    </li>
</ul>
</fieldset>

<input type="hidden" name="task" value="" />
<?php echo JHtml::_('form.token'); ?>
</form>
```

Wir haben hier zwei Bereiche (fieldsets) definiert, eines enthält die Beschreibung des Ausleihobjekts, das andere zeigt Daten zum Ausleihvorgang.

Erklärung zum Code:

```
<li>
    <?php echo $this->form->getLabel('state'); ?>
    <?php echo $this->form->getInput('state'); ?>
</li>
```

Zu jedem Textfeld gibt es eine Bezeichnung (label) und das Eingabefeld (input).

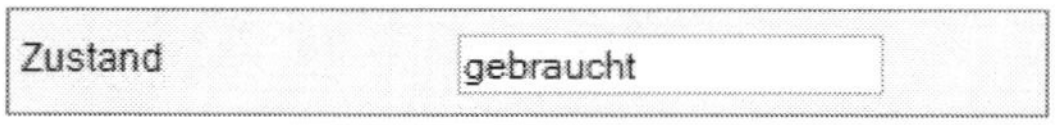

Zustand	gebraucht

Bild 10.8: Label und Texteingabefeld

Mit dem JForms-Konzept können Formulare sehr einfach und sehr übersichtlich aufgebaut werden. Alles ist sauber und ordentlich in den XML-Form-Dateien beim Model definiert und kann bei Bedarf leicht geändert werden. Sie werden später noch andere Feldtypen zum Aufbau eines Formulars kennenlernen.

Damit haben Sie auch die Ebene der Views vollständig erstellt.

10.6 JTable – die Schnittstelle zur Datenbank

Ihr erster Schritt zur Vorbereitung der Komponentenentwicklung war das Erzeugen der Datenbanktabelle *#__mythings*. Falls Sie sich fragen, warum Sie im Frontend dazu gar nichts programmiert haben: Natürlich ist das Framework von sich aus schlau genug, eine Tabelle zu finden und die Daten zu lesen. Aber manipulieren kann man die Tabelle nur, wenn ein Objekt dafür instanziiert ist und manipulieren wollen wir hier.

In der Trennung von *models* und *tables* kommt wieder das Prinzip »*separation of concerns*« zum Ausdruck. Ein Model gibt es immer, aber es muss nicht zwangsläufig eine Datenbanktabelle geben. Daher ist es besser, diese beiden Belange sauber zu trennen. Die Basisklasse des Frameworks, in der alle Methoden für die Be-und Verarbeitung von Datenbanktabellen und -inhalten enthalten sind, heißt JTable und ist im Verzeichnis *libraries/database* zu finden. Sie erweitern sie hier für unsere Tabelle *MyThings*.

> **Tipp:** Erweiterungen von JTable liegen immer im Backend. Wenn im Frontend ein JTable-Objekt gebraucht wird, muss es aus dem Backend geholt werden. Dafür gibt es unter anderem die Methode addIncludePath().

administrator/components/com_mythings/tables/mythings.php

```php
<?php
defined('_JEXEC') or die;

class MyThingsTableMyThings extends JTable
{
   public $id;
   public $title;
   public $owner;
   public $category;
   public $description;
   public $state;
   public $value;
   public $weight;
   public $lent;
   public $lent_by;

   public function __construct($db)
   {
      parent::__construct('#__mythings', 'id', $db);
   }
}
```

Die hier definierten Eigenschaften müssen exakt den Spaltennamen entsprechen.

Joomla bringt seine Objekte meistens ganz alleine und ohne Hilfe auf die Welt. Warum ist gerade hier ein Geburtshelfer in Form eines Konstruktors nötig? Weil die Tabelle gleich ihr Namensbändchen bekommt und der identifizierende Schlüssel festgelegt wird.

Könnte die Deklaration der Eigenschaften nicht weggelassen werden? Ja, das ist möglich. Klar kann Joomla selbst die Spaltennamen ermitteln. In gewisser Weise wäre es auch sehr praktisch, spart man sich doch die Schreib- und Anpassungsarbeit falls heimlich, still und leise eine neue Spalte dazukommt. Andererseits – es ist eine gute Dokumentation: »Code wird öfter gelesen als geschrieben«.

10.7 Die Models

Jetzt brauchen Sie noch die Daten selbst. Sie haben schon im Frontend die Klasse `JModelList` verwendet. Wenn Sie die API betrachten, werden Sie feststellen, dass diese Klasse nur »get«-Methoden besitzt, sie führt nur lesende Zugriffe aus, hier wollen wir aber Daten ändern.

`JModelForm` ist abgeleitet von `JModel` für die Formularansicht, hier wird das Form-Objekt erzeugt und jeweils genau ein Datensatz gelesen und ins Formular integriert. So sieht die Vererbung aus:

```
JModel
     |-- JModelForm
          |-- JModelAdmin
     |-- JModelItem
     |-- JModelList
```

10.7.1 Das Model MyThings

administrator/components/com_mythings/models/mythings.php

```php
<?php
defined('_JEXEC') or die;
jimport('joomla.application.component.modellist');

class MyThingsModelMyThings extends JModelList
{
  protected function getListQuery()
  {
    $db    = $this->getDbo();
    $query = $db->getQuery(true);
    $query->select('*')->from('#__mythings');
    return $query;
  }
}
```

Es ist dasselbe wie im Frontend (Kapitel 3.3.3), daher gibt es keine Erklärung. Wir werden dieses Skript später noch sehr stark ausbauen.

10.7.2 Die Formulardefinition

Dies ist eine erste kleine Annäherung an das JForms-Konzept. Wir gehen später ausführlich darauf ein, hier wollen wir einfach weiterkommen und machen es kurz und schmerzlos. Legen Sie jetzt ein Unterverzeichnis *forms* unter *models* an. Wir gehen einmal davon aus, dass ein Entwickler schon weiß, welche Eingabefelder er in seinem Formular verbraten will. Diese Felder und ihre Eigenschaften legt er hier fest.

Achtung: Formular – ein Datensatz – Einzahl – also *mything.xml*, nicht *mythings.xml*.

administrator/components/com_mythings/models/forms/mything.xml

```xml
<?xml version="1.0" encoding="utf-8"?>

<form>
   <fieldset>
      <field
         name="id" type="text" default="0" />
      <field
         name="title" type="text"
         class="inputbox"
         label="COM_MYTHINGS_TITLE_LABEL"
         description="COM_MYTHINGS_TITLE_DESC"
         size="60" required="true" />
      <field
         name="owner" type="text"
         label="COM_MYTHINGS_OWNER_LABEL"
         description="COM_MYTHINGS_OWNER_DESC"
         size="40" required="true" />
      <field
         name="category" type="text"
         label="COM_MYTHINGS_CAT_LABEL"
         description="COM_MYTHINGS_CAT_DESC"
         size="40"
         required="true" />
      <field
         name="state" type="text"
         label="COM_MYTHINGS_STATE_LABEL"
         description="COM_MYTHINGS_STATE_DESC"
         size="20" />
      <field
         name="value" type="text"
         label="COM_MYTHINGS_VALUE_LABEL"
         description="COM_MYTHINGS_VALUE_DESC"
```

```
                size="20" />
        <field
            name="weight" type="text"
            label="COM_MYTHINGS_WEIGHT_LABEL"
            description="COM_MYTHINGS_WEIGHT_DESC"
            size="20" />
        <field
            name="description" type="textarea"
            label="COM_MYTHINGS_TEXT_LABEL"
            description="COM_MYTHINGS_TEXT_DESC"
            rows="6" cols="40" />
        <field
            name="lent" type="text"
            label="COM_MYTHINGS_LENT_LABEL"
            description="COM_MYTHINGS_LENT_DESC"
            size="20" />
        <field
            name="lent_by" type="text"
            label="COM_MYTHINGS_LENTBY_LABEL"
            description="COM_MYTHINGS_LENTBY_DESC"
            size="20" />
    </fieldset>
</form>
```

Eine Erklärung zum Code ist hier nicht nötig, es ist die denkbar einfachste Definition von Label/Textfeld-Paaren.

10.7.3 Das Model MyThing

Das folgende Skript war für mich das schwerste. Nicht, weil so viel zu programmieren wäre, ganz im Gegenteil. Das Framework ist hier derartig »automagisch«, dass man sich als Programmierer recht überflüssig vorkommt. Der Impuls ist doch, für die Ausgabe des Formulars sich zuerst das Item aus der Datenbank zu besorgen und die Daten in die Felder des Formulars zu übertragen. Diese ganze Arbeit nimmt Ihnen das Framework ab. *JModelAdmin* stellt dafür die Methode getForm() zur Verfügung – und die hat es in sich.

Gehen Sie wieder ins Verzeichnis *models*.

administrator/components/com_mythings/models/mything.php

```
<?php
defined('_JEXEC') or die;
jimport('joomla.application.component.modeladmin');


class MyThingsModelMyThing extends JModelAdmin
{
```

```
public function getTable($type = 'MyThings',
                        $prefix = 'MyThingsTable',
                        $config = array())
{
  return JTable::getInstance($type, $prefix, $config);
}


public function getForm($data = array(), $loadData = true)
{
  $options = array('control' => 'jform', 'load_data' => $loadData);
  $form = $this->loadForm('mythings', 'mything', $options);

  if (empty($form)) {
    return false;
  }
  return $form;
}


protected function loadFormData()
{
 $app  = JFactory::getApplication();
 $data = $app->getUserState('com_mythings.edit.mything.data', array());

 if (empty($data)) {
    $data = $this->getItem();
 }
  return $data;
 }
}
```

Sie überschreiben hier die Methoden der Klasse JModelForm, um sie der Komponente anzupassen. getForm() baut aus der Formulardefinition in *forms/mything.xml* ein Formular zusammen und füllt es mit den Daten des aktuellen Datensatzes.

Wir »programmieren« nichts, es ist alles da. Wir geben der Platform nur den aktuellen Kontext, damit sie ihre Arbeit tun und ein Formular generieren kann.

So sieht das Verzeichnis *com_mythings/models* jetzt aus:

> *administrator/components/com_mythings/models*
> > |-- *forms*
> > > |-- *mything.xml*
> > |-- *mything.php*
> > |-- *mythings.php*

10.8 Noch mal Controller

Die ganze Matrix ist jetzt abgearbeitet.

	View	Listenansicht	Formularansicht
Ebene			
Controller		*mythings.php*	*mything.php*
Views		***mythings***	***mything***
		|-- *view.html.php*	|-- *view.html.php*
		|-- *tmpl*	|-- *tmpl*
		|-- *default.php*	|-- *edit.php*
Models		*mythings.php*	*mything.php*
Tables		*mythings.php*	

Es sieht auch schon ganz gut aus! Sie können neue Dinge aufnehmen und Änderungen an Daten durchführen. Aber leider haben wir uns zu früh gefreut. Versuchen Sie, in der Listenansicht etwas zu löschen. War wohl nichts!

```
Call to undefined method MyThingsModelMyThings::delete().
```

10.8.1 Der Controller der Listenansicht: MyThings

Der Controller muss das Model der Formularansicht holen, um die Methode `delete()` auszuführen. Öffnen Sie nochmal das Skript mit dem Controller und fügen sie den Code ein, der hier fett gedruckt ist.

Damit sieht der korrekte Code für den Controller so aus:

administrator/components/com_mythings/controllers/mythings.php
```php
<?php
defined('_JEXEC') or die;
jimport('joomla.application.component.controlleradmin');

class MyThingsControllerMyThings extends JControllerAdmin
{
```

```
public function getModel($name = 'MyThing',
                         $prefix = 'MyThingsModel',
                         $config = array())
{
   $config['ignore_request'] = true;
   $model = parent::getModel($name, $prefix, $config);
   return $model;
}
}
```

Warum ist das nötig? Wenn Sie den Ablauf Schritt für Schritt debuggen würden, könnten Sie feststellen: JControllerAdmin lädt sich gleich am Anfang ein Model und nach dem »automagischen« Namenskonzept holt er sich natürlich das Model der Listenansicht *MyThings* (Mehrzahl). Darauf folgt im Controller folgende Abfrage:

```
if ($model->delete($cid)) {
```

Diese Methode gibt es aber nur in JModelForm. Und wer erweitert JModelForm? Genau! Deshalb brauchen wir hier das Model *MyThing*.

Eine Frage, die sich mir anfangs immer wieder gestellt hat: Woher weiß man eigentlich, was in der Konfiguration $config einzugeben ist? Ich finde es nur im Quellcode. Aber als Entwickler darf man da ohnehin keine Berührungsängste haben.

10.8.2 Der allgemeine Controller

Wir haben jetzt eine richtige Interaktion und der Controller bekommt endlich was zu kontrollieren.

Um zu verhindern, dass Daten durch einen direkten Aufruf über die URI manipuliert werden, ergänzen Sie den allgemeinen Controller mit einer Sicherheitsabfrage:

administrator/components/com_mythings/controller.php

```
<?php
defined('_JEXEC') or die;
jimport('joomla.application.component.controller');

class MyThingsController extends JController
{
protected $default_view = 'mythings';

public function display($cachable = false, $urlparams = false)
{
   $input = JFactory::getApplication()->input;
   $view   = $input->get('view', $this->default_view);
   $layout = $input->get('layout', 'default');
   $id      = $input->get('id');
```

```
if ($view == 'mything' && $layout == 'edit')
{
   if (!$this->checkEditId('com_mythings.edit.mything', $id))
   {
     $this->setRedirect(JRoute::_('index.php
?option=com_mythings&view=mythings', false));
     return false;
   }
 }
 parent::display($cachable, $urlparams);
}
}
```

Erklärung zum Code:

`$input` weiß, was der Benutzer will.

```
if ($view == 'mything' && $layout == 'edit') {
```

Falls der Benutzer eine Formularansicht mit einem bestimmten Satz editieren will,

```
if (!$this->checkEditId('com_mythings.edit.mything', $id)) {
```

ist die Methode `checkEditId($context, $id)` des Controllers dran. Sie prüft, ob der angeforderte Satz in diesem Kontext überhaupt möglich ist – und der Kontext sind die Satzschlüssel, die auf der Listenansicht sichtbar waren.

10.9 Das Geheimnis der drei Controller

Dieser Abschnitt ist für Leute gedacht, die gerne das »Warum« wissen – es ist keine Pflichtlektüre. Aber kommen Sie hierher zurück, wenn Sie bei einer Dialogsteuerung nicht weiterwissen, vielleicht kommt dann eine Erleuchtung.

Jeder fragt sich am Anfang: Drei Controller – muss das sein? Bei den Skripten für Views und Models ist klar, wozu sie gut sind und was geschieht. Bei den Controllern dagegen ist das Zusammenwirken alles andere als offensichtlich. Die Controller sind der reinste Geheimdienst, irgendwie nicht zu fassen. Sie steuern, aber sie kommunizieren nicht.

- Der allgemeine Controller: *com_mythings/mything.php* ist der Boss

Klasse:	`MyThingsController`
Erweitert	`JController`
Zeigt	die Listenansicht (View MyThings)

- Der Controller der Formularansicht: *com_mythings/controllers/mything.php*

  Klasse: `MyThingsControllerMyThing`

  Erweitert   `JControllerForm`

  Zeigt   die Formularansicht (View MyThing)

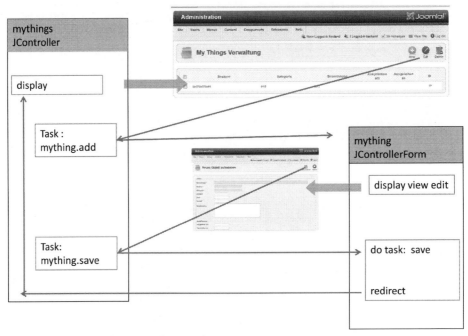

Bild 10.9: Die Rolle des Controllers MyThing

- Der Controller der Listenansicht: *com_mythings/controllers/mythings.php*

  Klasse: `MyThingsControllerMyThings`

  Erweitert   `JControllerAdmin`

  Zeigt   nichts – niente – nothing – kaum zu glauben, aber wahr.

Er übernimmt zwar die üblichen Aufgaben (tasks) der Tabellenansicht, (wenn zum Beispiel das Löschen angeklickt wird), erzwingt dann aber nach getaner Arbeit eine Umleitung (Redirect) an einen der beiden anderen Controller, damit diese die geänderte Tabelle oder das geänderte Formular wieder anzeigen. Richtig heimtückisch, wie das abläuft!

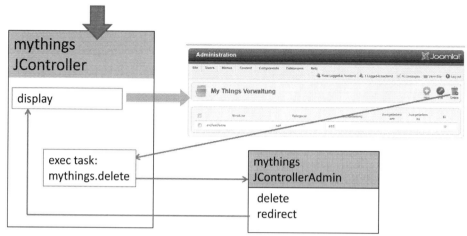

Bild 10.10: Rolle des Controllers MyThings

Man erkennt hier: Der allgemeine Controller gibt die View aus, der Controller der Listenansicht erledigt die Aufgabe (delete) – aber die Ausgabe der View erledigt wieder der allgemeine Controller.

10.10 Die Sprachdateien

Nachdem die Komponente jetzt praktisch fertig ist, könnten Sie gleich Texte zu den Sprachschlüsseln definieren, die wir bis jetzt verwendet haben. Das ist die ungeliebte Strafarbeit am Ende jedes Entwicklungsschritts. Es steht Ihnen frei, eigene Übersetzungstexte zu formulieren!

Sprachdateien wurden im Kapitel 6 eingeführt. Erstellen sie zunächst nur die eigentlichen Sprachdateien, die Sprachdateien für den Installationsvorgang lassen Sie beiseite.

> **Tipp:** Während der Entwicklung ist man wirklich gestraft mit diesen Sprachschlüsseln. Besser: verwenden Sie während der Entwicklung einfach normalen Text, wie wir es in Kapitel 3 gemacht haben. Ist alles fertig, gehen Sie durch den Code, erfinden gute Sprachschlüssel und setzen sie anstelle dieser Texte ein:

administrator/components/com_mythings/language/de-DE/de-DE.com_mythings.ini

```
COM_MYTHINGS="My Things"
COM_MYTHINGS_ADMIN="My Things Verwaltung"
COM_MYTHINGS_TITLE="Bezeichnung"
COM_MYTHINGS_CAT="Kategorie"
COM_MYTHINGS_OWNER="Besitzer"
COM_MYTHINGS_DESCR="Beschreibung"
```

```
COM_MYTHINGS_STATE="Zustand"
COM_MYTHINGS_VALUE="Wert"
COM_MYTHINGS_WEIGHT="Gewicht"
COM_MYTHINGS_ID="ID"
COM_MYTHINGS_LENT="Ausgeliehen am"
COM_MYTHINGS_LENT_BY="Ausgeliehen an"
COM_MYTHINGS_CHANGE="Änderung"
COM_MYTHINGS_NEW="Neues Objekt aufnehmen"
COM_MYTHINGS_DATA_SET="Daten"
COM_MYTHINGS_ADD_INFO="Zusatzangaben"
COM_MYTHINGS_LENT_DATA="Ausleihstatus"
COM_MYTHINGS_OWNER_LABEL="Besitzer"
COM_MYTHINGS_CAT_LABEL="Kategorie"
COM_MYTHINGS_TITLE_LABEL="Bezeichnung"
COM_MYTHINGS_TEXT_LABEL="Beschreibung"
COM_MYTHINGS_STATE_LABEL="Zustand"
COM_MYTHINGS_VALUE_LABEL="Wert"
COM_MYTHINGS_WEIGHT_LABEL="Gewicht"
COM_MYTHINGS_LENT_LABEL="Ausgeliehen am:"
COM_MYTHINGS_LENTBY_LABEL="Ausgeliehen an:"
COM_MYTHINGS_N_ITEMS_DELETED="%d Einträge gelöscht"
COM_MYTHINGS_N_ITEMS_DELETED_1="Eintrag gelöscht"
```

Dasselbe kann nun mit der englischen Sprachdatei gemacht werden: Erzeugen Sie ein Verzeichnis */language/en-GB* und dort die Übersetzung ins Englische.

administrator/components/com_mythings/language/en-GB/en-GB.com_mythings.ini
Die Übersetzung ist aber eine Hausaufgabe für Sie!

Tipp: Spickzettel im Download.

10.11 Aus Fehlern lernen

Bei der Programmierung der ersten Backend-Komponente hat jeder ausgiebig Gelegenheit, Fehler zu machen! Millionen!

```
Fatal error: Call to a member function getLabel() on a non-object in
...\administrator\components\com_mythings\views\mything\tmpl\edit.php
on line 15
```

Das ist meine absolute Lieblingsmeldung, gibt es doch viele mögliche Ursachen:

- Falscher Name für die Datei *forms/mything.xml*
- Fehler in dieser Datei – ein Sensibelchen, wirklich!

- Fehler beim Aufruf von `getForm()` in *view.html.php*

- Fehler im Model, so dass es gar kein Form-Objekt erzeugt

mythngs.php sieht doch fast so aus wie *mythings.php,* nicht? Abweichungen vom Namenskonzept – absichtlich oder unabsichtlich durch Tippfehler – rächen sich mit Meldungen der Art **500 – View nicht gefunden** oder **Call to a member function getKeyName() on a non-object**

Sogar beim Einrichten von Sprachdateien kann man Fehler machen.

- Ein Hochkomma in einer Meldung bricht die Ausgabe recht unfreundlich ab.

- Die Sprachdatei zu speichern, ohne auf *UTF-8 ohne BOM* zu konvertieren, beschert nette Schmierzeichen in der Ausgabe.

10.12 Backend, die erste – geschafft!

Die Komponente funktioniert. Sie können im Backend Daten eingeben, ändern, löschen, auflisten. In den nächsten Arbeitsschritten werden wir einige dieser Dateien erweitern, aber die Struktur bleibt erhalten.

administrator/components/com_mythings
        |-- mythings.php
        |-- controller.php
        |-- mythings.xml (das tricky Komponenteneinschleuseskript)
        *|-- **controllers***
            |-- mythings.php
            |-- mything.php
        *|-- **language***
            |-- de-DE
                |-- de-DE.com_mythings.ini
            |-- en-GB
                |-- en-GB.com_mythings.ini
        *|-- **models***
            *|-- **forms***
                |-- mything.php
            |-- mything.php
            |-- mythings.php
        *|-- **sql***
            |-- install.php
            |-- uninstall.php
        *|-- **tables***
            |-- mythings.php
        *|-- **views***
            *|-- **mything***
            |-- view.html.php
                *|-- **tmpl***
                    |-- edit.php
            *|-- **mythings***
            |-- view.html.php
                *|-- **tmpl***
                    |-- default.php

11 Formulare cleverer: JForm

»Schlimm genug, das Rad wieder neu zu erfinden, aber nicht auch noch den Platten.«
Kai Krause (Musiker und Software-Pionier)

Die Verarbeitung von HTML-Formularen gehört zu den bestgehassten Tätigkeiten der Webentwicklung: sie haben zig Attribute, sind mit Daten zu befüllen, die Daten sind aus dem Request auszulesen, zu validieren, zu formatieren, irgendwo in sinnreichem Format abzuspeichern und für jede Erweiterung braucht man andere Felder.

`JForm` hilft diese Aufgaben in vielen Punkten zu automatisieren. `JForm` vereinfacht auch den Ablauf an einigen Stellen, aber dafür müssen Sie sich (wie immer) an bestimmte Regeln und Abläufe halten.

11.1 XML-Dateien für HTML-Formulare

Anstelle von HTML-Formularen und einem Satz klassischer `input`-, `select`- oder `textarea`-Elemente erstellen Sie für `JForm` eine oder mehrere XML-Dateien mit `fields`, `fieldsets` und `field`-Elementen. Die Details dazu werden Sie gleich kennenlernen. Das resultierende XML-Dokument sollte hierbei zu Ihrem Datenmodel passen, denn beide Klassen können gut miteinander, wenn es um den Austausch der Daten geht. Christiane wird Ihnen das in den Programmierteilen der Backend-Komponente demonstrieren.

Aber auch an anderer Stelle sind diese `JForm`-Felder im Einsatz: als Parameter für Erweiterungen. Hier müssen Sie (fast) nichts tun, außer die jeweilige XML-Datei mit einem `<config>`-Element auszustatten und daraufhin Ihre »Parameterfelder« hineinzupacken. Diese Spezialität lernen und sehen Sie in verschiedenen Kapiteln zur Konfiguration der Erweiterung.

11.1.1 Container, Strukturen, Daten und Dateien

XML[47]-Datei ist nicht gleich XML-Datei. Auch in Joomla haben die zahlreichen *.xml*-Dateien je nach Lagerort unterschiedliche Bedeutung und können den Anforderungen entsprechend *erweitert* werden. Damit `JForm` in so einer Datei, die ggf. auch vom Installer genutzt werden kann, nur die nötigen Elemente durchforstet, sind die Felder in bestimmte Container-Elemente zu notieren.

---

[47] Zur Erinnerung: XML = eXtensible Markup Language ~ erweiterbare Auszeichnungssprache. Man erfindet für [s]ein System im Grunde selbst, welche Elementnamen vorkommen, wie sie arrangiert werden und was sie ggf. bedeuten.

Nicht jede Erweiterung benötigt bspw. Konfigurationsparameter und nicht immer benötigt man Eingabeformulare für Daten, wie bei Komponenten und Modulen. Beide werden jedoch über JForm gebildet und entstammen mitunter einer einzigen XML-Datei. Die Unterscheidung ob *Datenformular* (für ein Datenmodel) oder *Konfiguration* treffen Sie mit einem übergeordneten XML-Element:

- <form> definiert *das* Eingabeformular für die Models von Komponenten und den angebundenen Daten. Die vom Anwender abgesendeten Formularfelder werden von JForm für Sie aufbereitet und gefiltert, müssen aber von Ihnen gezielt in Ihrer Model-Klasse verarbeitet und gespeichert werden.

- <**config**> stellt Konfigurationsparameter dar, die Sie bei den meisten Erweiterungen im Backend rechts als Slider-Panels wiederfinden. Joomla kümmert sich bei Modulen, Plugins und Templates um deren Verarbeitung und Speicherung. Bei Ihren Komponenten und möglichen Parametern für Einzeldatensätze müssen Sie wiederum selbst tätig werden.

Eine logische Gruppierung aller in einer *.xml*-Datei enthaltenen Felder können Sie über das <fields>-Element vornehmen: beachten Sie bitte den Plural. Mit einem name-Attribut versehen, lassen sich die darin notierten Einzelfelder über die Methoden von JForm in PHP lokalisieren und ebenso als Gruppe verarbeiten.

Die visuellen Unterteilungen im Browser erreichen Sie hingegen mit den aus HTML bekannten <fieldsets>, die Sie quasi als Zwischencontainer in die Hauptelemente (form, config, fields) einfügen. Die Parameter-Panele im Backend nutzen diese Aufteilung für ihre optische Gliederung und das Setzen von Zwischenüberschriften. Im Gegensatz zu benannten <fields> haben <fieldsets> *keine* Auswirkung auf die Datenstruktur beim Absenden des Formulars im HTTP-Request. Sie tauchen oft gemeinsam auf und tragen aus rein pragmatischen Gründen dann auch den gleichen Namen.

Was das bedeutet, soll das nachfolgende Beispiel der Kontaktkomponente verdeutlichen. Es zeigt einen stark gestrafften Auszug dieser *Strukturen* aus dem Datenformular:

```xml
<?xml version="1.0" encoding="UTF-8"?>
<form>
<!-- die Feldgruppe für das "Hauptformular" als Fieldset -->
  <fieldset>
    <field name="id" type="hidden" ... />
    <field name="name" type="text" ... />
  </fieldset>

<!-- Feldliste mit Namen "metadata" -->
  <fields name="metadata">
    <fieldset name="metadata">
      <field name="robots" type="list" ... >
    </fieldset>
  </fields>

<!-- Feldliste mit Namen "params" -->
```

```
<fields name="params">
  <fieldset name="jbasic" ...>
    <field name="show_contact_category" type="list" ... >
    <field name="show_contact_list" type="list" ... >
      <!-- usw. -->
  </fieldset>
  <fieldset name="email" ...>
    <field name="show_email_form" type="list" ... >
    <field name="show_email_copy" type="list" ... >
    <field name="banned_email" type="textarea" ... >
      <!-- usw. -->
  </fieldset>
</fields>
</form>
```

Anhand der drei benannten `<fieldsets>` (*metadata, jbasic, email*) können die darin enthaltenen Felder gemeinsam in einem Layout dargestellt werden. Wenn das gesamte Formular abgesendet wird und das Datenmodel obiges XML-Formular und die Daten aus dem HTTP-Request lädt und durch `JForm` verarbeitet (Filter, Validierung, Plausibilität, etc.), stehen Ihnen dagegen die Felder der `<fields>` »metadata« und »params« gesondert von den Felder des »oberen« Formularbereichs bereit. So lassen sich z. B. die »params«, also die typischen Parameter, ungeachtet der tatsächlichen Anzahl Parameterfelder als Gruppe zu *einem* JSON-String verarbeiten und in der Datenbank speichern.

Die gesamte XML-Struktur und die Bedeutung der einzelnen Elemente sowie die Mechanismen von `JForm` sind abstrakter als »Normale« HTML-Formulare. Konsequent eingesetzt ist es mitunter ausreichend, die XML-Datei zu ändern, d. h. mit einem gut darauf abgestimmten Datenmodel und einer sinnvollen Tabellenstruktur sparen Sie sich den individuellen Code, dem Sie bei der Verarbeitung von »normalen« HTML-Formularen begegnen.

11.1.2 Fields und Attribute. Viele davon

Da ich Sie auch hier nicht mit meterlangen Listen von Attributen langweilen möchte, die Sie schneller im Code-Editor oder Ihrer IDE finden, gibt es hier gleich das Basispaket der Attribute, die Sie praktisch jedem `<field>`-Element anhängen können. Doch zunächst das Minimum:

```
<field type="Feldtyp" name="Feldname" label="Beschriftung" />
```

Der Feldtyp (`type`) ist natürlich notwendig, damit `JForm` weiß, was hier zu »zeichnen« ist[48]. Theoretisch könnten Sie auch die Beschriftung (`label`) weglassen, wodurch `name` als Beschriftung herangezogen wird, was aber selten zu verständlichen Eingabefeldern führt.

---

[48] Was aber nur bedingt richtig ist: Unbekannte Feldtypen werden zu schlichten INPUT-Feldern ohne besondere Handhabe und Unterstützung von JForm.

Für die Beschriftung selbst sollten Sie einen Sprachschlüssel aus Ihrer Erweiterung bzw. aus dem globalen Fundus des Joomla-Sprachpakets angeben (*de-De.ini*), und um einen Hilfetext als Tooltip anzuzeigen, benutzen Sie das Attribut description – ebenfalls als Sprachschlüssel. Die beiden Attribute werden *immer* durch die Übersetzungsroutine geschoben.

```
<field type="Feldtyp" name="Feldname"
    label="PLG_JFORMS_LABELTEXT"
    description="PLG_JFORMS_SUPER_HINT" />
```

Das XML-Regelwerk ist dabei immer einzuhalten, das u. a. besagt:

- Attribute müssen immer in Anführungszeichen stehen

- **type** und **name** sind *zwingende* Attribute

- **name** *muss* einen gültigen HTML-Formularnamen ergeben, d. h. keine Leer- oder Sonderzeichen (denn in HTML wird alles konvertiert); Kleinbuchstaben und der Unterstrich haben sich in den letzten 20 Jahren im Web bewährt

- Felder *ohne* Unterelemente können wahlweise als *leeres Element* (<field />) oder mit schließendem Element () notiert werden

- das XML muss wohlgeformt sein (alle Elemente müssen geschlossen werden)

- es können nur XML-Entitäten & < ⊃ verwendet werden; HTML-Entitäten wie ä sind ungültig

Der Feldname wird in den meisten Fällen von Ihrem Model abhängig sein, d. h. auch von den Tabellenfeldern. Bei Verwendung von »fertigen« Listenfeldern mit CMS-Metadaten geben diese ggf. den Feldnamen vor, darunter bspw. Cache-Parameter, Modulpositionen, Username, ACL-Rechte.

Alle Feldtypen akzeptieren die Attribute:		
default	Text	Vorgabewert
description	Text	Beschreibung für Tooltip (via Sprachschlüssel)
class	Text	entspricht dem HTML-Attribut class für Styling
readonly	Boolean	Eingabe sperren
hidden	Boolean	Feld nicht anzeigen
onchange	Text	entspricht dem HTML-Attribut zur Angabe einer JavaScript-Callbackroutine
Listen unterstützen häufig:		
size	Zahl	Wechsel von Auswahllisten (einzeilig) zu Listboxen (mehrzeilig)
multiple	Boolean	Mehrfachselektion zulassen

Alle Feldtypen akzeptieren die Attribute:		
Anwender profitieren bei Textfeldern (`type="text"`) auch hiervon:		
`autocomplete`	Text »off«	zum Einschalten lassen Sie das Attribut weg und es gelten die Browsereinstellungen, ansonsten verhindern Sie mit »off«, dass sich Browser Feldwerte speichern, die es nicht zu speichern lohnt, bspw. Ordnungszahlen ...

Um eine Funktion oder ein besonderes Verfahren des Feldes mit dem Feldtyp *Boolean* zu aktivieren, schreiben Sie »true«: `multiple="1"` und `multiple="true"` sind hier nicht gleichbedeutend.

11.1.3 Datenfilter

Formularfelder können die wildesten Werte enthalten und sollten daher immer mit dem Attribut `filter="`*filtername*`"` einen Filtertyp erhalten. Der Filter stellt sicher, dass keine ungewünschten Zeichen durchgelassen werden. Auch wenn Sie eines der vielen, fertig gefüllten Listenfelder nehmen (Dateilisten, Zugriffsrechte, Positionen etc.) werden diese Listen zwar serverseitig gefüllt, aber vom Client-Browser kann das daraus resultierende HTML-Formularfeld natürlich mit allerlei Unfug darin wieder an den Server zurückgesendet werden. Also: Eingehende Daten immer schön putzen, bevor sie damit *unbesehen* an die Datenbank oder in das Dateisystem gehen.

Standardfilter in *forms.php*:

- `raw`, eigentlich kein Filter: die Eingabe wird 1:1 durchgelassen

- `unset`, entfernt den Wert

- `int_array`, konvertiert in ein Array aus Zahlen

- `safehtml`, entfernt HTML entsprechend der Textfiltereinstellungen in der Globalen Konfiguration

- `server_utc`, Uhrzeit der Serverzeitzone (Globale Konfiguration)

- `user_utc`, Uhrzeit der Benutzerzeitzone

- `url`, nur für URLs deren Protokoll mit '://' angegeben wird (schließt damit mailto, ed2k, magnet etc. aus). Der Wert kann mit relative= »1« auch relative URLs zu `JURI::root()` bauen (http-URLs)

- `tel`, Rufnummern validieren entsprechend der internationalen Standards NANP, ITU-T, EPP/IETF. Normalisiert den Wert zu »ccc.nnnnn«

- `rules`, nur sinnvoll in Verbindung mit gleichnamigen Feldtyp rules

Allerhand zusätzliche Filterregeln finden Sie im Ordner *./libraries/form/rules*. Zudem können Sie jederzeit einen PHP-Callback als Filter angeben in der Schreibweise

»Klasse::methode«. Diese wird bspw. beim WYSIWYG-Editorfeld (`type="editor"`) verwendet mit `filter="JComponentHelper::filterText"`.

Wenn Ihnen das immer noch nicht genügt, lassen sich (praktisch) beliebige Funktionsnamen angeben, die zum Zeitpunkt, an dem das Formular geladen wird, im Speicher vorliegen (Laufzeit-Code). Zu guter Letzt können Sie noch aus dem Fundus des Filter-Pakets `JFilterInput` wählen. Hierbei wird HTML stets herausgefiltert.

WYSIWYG-Editor und der Textfilter aus *components*:

```
<field type="editor" ... filter="JComponentHelper::filterText" />
```

Filtert über *function isbn()*, so es diese zur Laufzeit gibt:

```
<field type="text" ... filter="isbn" />
```

Filtert über *JFilterInput »cmd«*:

```
<field type="text" ... filter="cmd" />
```

11.1.4 Kleine Feldstudie

Download: Ein Beispiel-Plugin ohne jegliche Funktionalität, aber zur Demonstration vieler Feldtypen über die entsprechende XML-Datei finden Sie installationsbereit im Zip-Archiv *plg_system_jforms.zip*.

Eine kleine Übersicht der möglichen Feldarten sehen Sie hier zur Inspiration und im Quelltext mit Minimalausstattung, um nicht allzu unübersichtlich zu werden. Bei einigen Felder sind bemerkenswerte oder ergänzende, relevante Attribute fett hervorgehoben. Die Feldnamen beginnen hier äußerst unkreativ mit `jf_` plus Feldtyp, damit sie im Beispielformular des o.g. Plugins eindeutig sind. Auf die Übersetzung mit Sprachschlüssel habe ich ebenso verzichtet.

Sehr schlichte Feldtypen zu Beginn, wobei *email* oder *tel* zu den Feldern gehören, mit besonderer Validierung und Formatierung der Daten:

```
<field type="text"     name="jf_text"     label="Text (einzeilig)" />
<field type="textarea" name="jf_textarea" label="Textfeld (mehrzlg.)" />
<field type="email"    name="jf_email"    label="E-Mail (validiert)" />
<field type="tel"      name="jf_tel"      label="Telefon (validiert)" />
<field type="timezone" name="jf_timezone" label="Zeitzonen" />
```

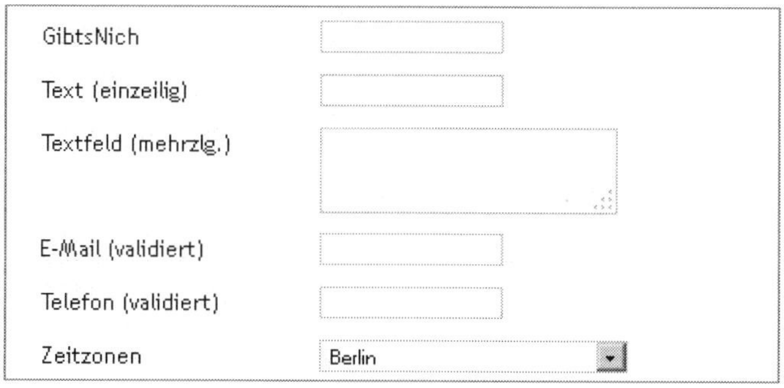

Bild 11.1:
Sehr einfache Feldtypen

Kontrollkästchen und Radio-Buttons in Einzel- und Mehrfachversion:

```
<field type="checkbox" name="jf_checkbox" label="1 Kontrollkästchen"
value="99"/>
<field type="checkboxes" name="jf_checkboxes" label="N Kontrollkästchen">
   <option value="1">Wert 1</option>
   <option value="2">Wert 2</option>
   <option value="3">Wert 3</option>
</field>
<field type="radio" name="jf_radio" label="Radio" default="1">
   <option value="0">Knopf 0</option>
   <option value="1">Knopf 1</option>
</field>
<field type="list" name="jf_list" label="Auswahlliste" default="1">
   <option value="1">JGLOBAL_USE_GLOBAL</option>
   <option value="0">Wert mit Null</option>
</field>
```

Mit dem Sprachschlüssel JGLOBAL_USE_GLOBAL sei hier exemplarisch demonstriert wie man »Global verwenden« aus der *de-DE.ini* von Joomla verwendet.

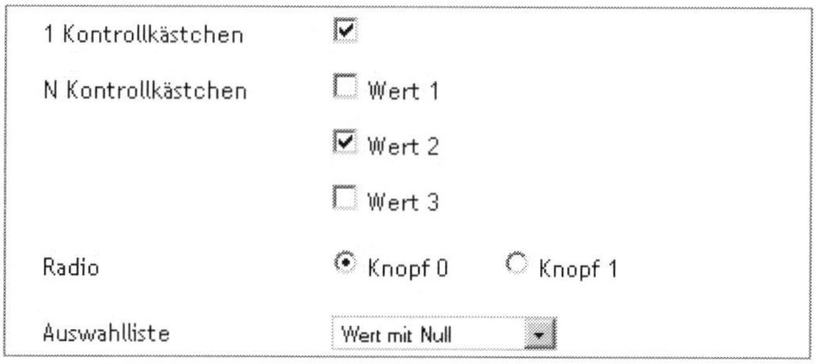

Bild 11.2:
Kontrollkästchen und
Radiobuttons

Dateisystem, Upload und Listen:

```
<field type="file" name="jf_file" label="Datei-Upload" />
<field type="filelist" name="jf_filelist" label="Dateiliste"
   hide_none="1"
```

```
   filter="\.(php|zip|gz)" />
<field type="folderlist" name="jf_folderlist" label="Ordnerliste"
   hide_default="1" />
<field type="imagelist" name="jf_imagelist" label="Bilderliste"
   hide_default="1"
   directory="images/banners" />
<field type="media" name="jf_media" label="Media-Verwaltung"
   directory="images/banners" />
```

Die Attribute `hide_none` bzw. `hide_default` unterbinden die Listeneinträge »Nichts gewählt« bzw. »Standard wählen«, die viele Listen als Ersteinträge enthalten und ggf. zu unerwünschten Rückgabewerten führen (»-1« bei Dateilisten). Mit dem `type="media"` öffnet sich ein IFrame-Popup und die *Medien-Verwaltung*.

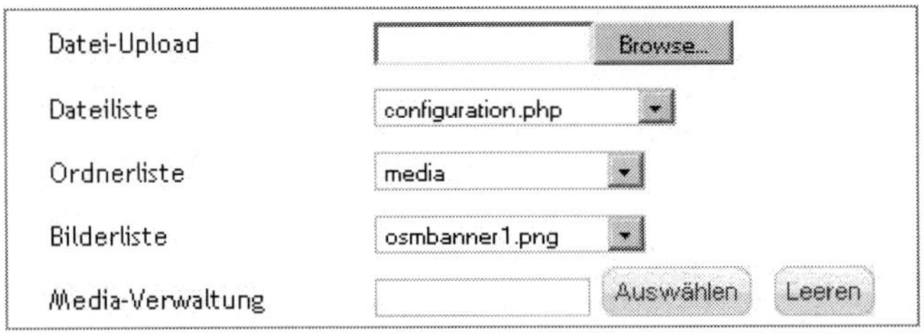

Bild 11.3:
Dateisystem, Upload
und Auswahllisten

Benutzerauswahl-Popup, Gruppen und Metainformationen des CMS:

```
<field type="user"       name="jf_user" label="Benutzer" />
<field type="usergroup" name="jf_usergroup" label="Benutzergruppen"
       multiple="1" />
<field type="accesslevel" name="jf_accesslevel" label="Zugriffsebenen" />

<field type="contentlanguage" name="jf_cntlang" label="Sprachen" />
<field type="databaseconnection" name="jf_dbconnection"
       label="Datenbanktyp" />
   <option value="*">JALL</option>
</field>
<field type="cachehandler" name="jf_cachehandler" label="Cache-Handler" />
<field type="modulelayout" name="jf_modulelayout" label="Modullayout"
       module="mod_menu" client_id="0" />
<field type="plugins" name="jf_plgeditors"  label="Editoren (Plugins)"
       folder="editors" />
```

Beim `type="modulelayout"` geben Sie u. a. den Modultyp und die Anwendungskennung an (0=Site, 1=Admin), um die Layouts eines Moduls für alle Templates aufzuführen.

Benutzer		Benutzer auswählen
Benutzergruppen	- Manager ▾	
Zugriffsebenen	Verleih ▾	
Sprachen für Inhalte	Deutsch (DE) ▾	
Datenbanktyp	Mysql ▾	
Cache-Handler	Cache_Lite ▾	
Modullayout	Standard ▾	
Editoren (Plugins)	Editor - TinyMCE ▾	

Bild 11.4: Benutzer, Rechte und CMS-Metainformationen

Abschließend einige Schmankerl, die mit JavaScript aufgepeppt werden – automatisch. Der bekannte Kalender, die neuere Farbauswahl und der jeweilige WYSIWYG-Editor des aktiven Nutzers (bzw. aus der Systemvorgabe):

```
<field type="calendar" name="jf_calendar" label="Kalender"
    format="%d.%m.%Y %H:%M" size="24"
    onchange="alert(this)" />
<field type="color" name="jf_color" label="Farbauswahl"
    default="#BADA55" onchange="alert(this)" />
<field type="editor" name="jf_editor" label="HTML-Texteditor"
    filter="JComponentHelper::filterText"
    buttons="false" width="350" />
```

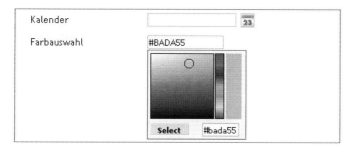

Bild 11.5: Felder mit JavaScript-Behaviors

Ganz schlechter Programmierstil – zum Davonlaufen – ist hier *natürlich* die direkte Angabe von onchange="**alert(this)**", das im Demo-Plugin nur veranschaulichen soll, wie Sie auf eine Änderung des Feldwertes bereits im Browser per JavaScript reagieren können. Der ordentliche Aufruf einer externen Ajax- oder Validierungsroutine bietet sich hier an. Externe JavaScript-Dateien mit ihrem clientseitigen Applikations-Code binden Sie leicht über JDocumentHtml ein.

12 Fehlerbehandlung

Mit PHP5, Joomla! 2.5 und der aktuellen Platform 11.4 vollzieht sich auch ein Paradigmenwechsel in der Art der Fehlerbehandlung. Vor PHP5 war das Auslösen von Ausnahmefehlern, den *Exceptions*, technisch nicht möglich und so haben Klassen ihre Fehlermeldungen als Eigenschaften gespeichert, Methoden uneinheitlich auch mal den Wert FALSE zurückgegeben oder die nunmehr ausgedienten Klasse JError genutzt. Einige neuere Klassen geben inzwischen sogar Exception-Objekte zurück, wenn innen etwas schiefläuft. Wie Sie diesem Mischmasch in Ihren Erweiterungen begegnen können, erfahren Sie in diesem Kapitel.

In *Ihrer* Erweiterung geben Sie die Dinge, die schieflaufen bitte als PHP5-Ausnahme bekannt. CMS und Platform haben ebenfalls begonnen, diese native Lösung für die Fehlerbehandlung in PHP5 umzusetzen, denn Exceptions sind nicht lokal begrenzt, sondern können wandern und an höherer Stelle abgefangen und ausgewertet werden. »Höhere Stellen« sind bspw. der Startskript der Komponente, der auf einen Ausnahmefehler im tiefen Innern einer Modulklasse reagieren kann.

Dazu stellt Ihnen PHP5 bereits eine kleine Sammlung an vorgefertigten Ausnahmeklassen[49] zu Verfügung, darunter:

- BadFunctionCallException, BadMethodCallException: ein Callback (Handler) bezieht sich auf eine undefinierte Funktion oder es fehlen Argumente im Aufruf.

- DomainException: ein Wert entspricht nicht der vorgegebenen Menge eines Datenbereichs (z. B. in Models).

- InvalidArgumentException: ein Argument (einer Funktion oder Methode) entspricht nicht dem erwarteten Wert, bspw. NULL statt Objekt oder String statt Zahl.

- LengthException: die Länge (von etwas) ist ungültig.

- LogicException: betrifft Fehler im Programmablauf.

- OutOfBoundsException: ein Schlüsselwert ist nicht Teil einer bestimmten Menge. Meist ein Laufzeitfehler.

- OutOfRangeException: ein Wert liegt nicht im gültigen Bereich. Meist ein Laufzeitfehler, wie zu hoher numerischer Arrayindex.

- OverflowException: der Wert ist zu groß oder ein »Container« ist voll.

---

[49] *http://php.net/manual/de/spl.exceptions.php*

Allen Ausnahmen geben Sie per Fehlertext und ggf. über eine eindeutige Fehlernummer den Umstand mit, der zur Ausnahme geführt hat. Mehr über Exceptions in PHP entnehmen Sie bitte dem PHP-Handbuch.

12.1 Mit Ausnahmen umgehen

Download: Den Quelltext zu diesem Beispiel finden Sie in der Datei *kap-12.zip*.

Schauen wir uns zunächst einmal an, wie Exceptions in PHP5 eingesetzt, sie also *geworfen* (throw) und *gefangen* (catch) werden können. Was man fängt, kann man begutachten und auf das, was drinsteckt (Fehlermeldung, Fehlercode), reagieren. Exceptions speichern für uns nicht nur diese einfachen Informationen, sondern führen weitaus mehr mit sich. Der komplette Ausführungsweg, der zu einem Fehler geführt hat, kann einem Exception-Objekt entlockt werden, so man dies wissen muss oder möchte.

Zunächst ein allgemeines Beispiel für den Einsatz einer `BadFunctionCallException` innerhalb der magischen Methode `__call()`

Datei: *werfer.php*

```php
<?php
class Werfer {
  protected $name;
  protected $alter;
  public function __construct($name, $alter) {
    $this->name  = $name;
    $this->alter = $alter;
  }
  public function __call($method, $args) {
    // nur Methoden die mit 'get' beginnen werden akzeptiert
    if (substr($method, 0, 3) == 'get') {
      $prop = strtolower(substr($method, 3));
      return $this->{$prop};
    }
    throw new BadFunctionCallException("{$method} ist nicht erlaubt",
          403);
  }
  public function __set($prop, $value) {
    if (in_array($prop, array('name', 'alter'))) {
      // ungültige Werte
      if (empty($value)) {
        throw new OutOfBoundsException("{$prop} darf nich leer sein",
              451);
      }
```

```
    $this->$prop = $value;
  }
  // ungültige Eigenschaftsnamen
  throw new InvalidArgumentException("{$prop} gibt es nicht",
      404);
  }
}
```

Beim Aufruf einer Methode, die *nicht* existiert, greift PHP bei dieser Klasse auf die Magische Methode[50] __call() zurück. Dort prüfen *wir,* ob der Name dieser »virtuellen Methode« ($method) mit dem Wörtchen »get« beginnt und lösen bei Nichterfüllung dieser einfachen Bedingung eine Ausnahme vom Typ **BadFunctionCall**Exception aus.

Ähnlich arbeitet auch die zweite Magische Methode __set(), die PHP dann aufruft, wenn versucht wird, nicht-öffentliche oder nicht-existierende Eigenschaften eines Objekts zu ändern. Sie dient als Übung im nächsten Abschnitt.

Im folgenden Beispiel werden die Methoden **get**Name() und **get**Alter() als »virtuelle Methoden« akzeptiert und der Wert der gleichnamigen Eigenschaften ordnungsgemäß zurückgegeben. Der Aufruf von edit() hingegen löst eine Ausnahme aus:

```
// Instanz erstellen
$bully = new Werfer('Bully', 42);

// Aufruf "virtueller Methoden" für die geschützten
// Eigenschaften $name, $alter
echo $bully->getName(), ' ist ', $bully->getAlter(), PHP_EOL;

// edit() löst einen Ausnahmefehler aus
echo $bully->edit('Gucky'), PHP_EOL;
```

Führen Sie diesen *fehlerhaften* Code aus, erhalten Sie eine Ausgabe ähnlich wie diese (Dateipfade und Zeilennummern können abweichen, die Ausgabe ist hier formatiert):

```
Bully ist 42

Fatal error: Uncaught exception 'BadFunctionCallException'
  with message 'edit ist nicht erlaubt'
  in werfer.php:20
Stack trace:
#0 werfer.php(45): Werfer->__call('edit', Array)
#1 werfer.php(45): Werfer->edit('Gucky')
#2 {main}
  thrown in werfer.php on line 20
```

---

[50] Weitere *Magische Methoden* und ihren Einsatz finden Sie in der PHP-Sprachreferenz.

Falls Sie XDebug für PHP installiert und aktiv haben, sieht die Ausgabe eher so aus:

```
Bully ist 42

BadFunctionCallException: edit ist nicht erlaubt
  in werfer.php
  on line 20

Call Stack:
  0.9800    65792  1. {main}() werfer.php:0
  0.9803    66744  2. Werfer->setName() werfer.php:45
  0.9803    67016  3. Werfer->__call() werfer.php:45
```

Zu Beginn die kombinierte Ausgabe der beiden gültigen get-Methoden (»Bully ist 42«), darunter Meldung und Art der Exception und (abhängig von Ihrer PHP-Konfiguration) der Ausführungsweg »Call Stack«, auf dem der Ärger verursacht wurde.

Der Call-Stack ist hier noch vergleichsweise übersichtlich und kann innerhalb Joomlas wesentlich länger werden; die Pfadnamen ebenso. Ohne XDebug an *erster Stelle* (Position #0), mit XDebug hingegen an *letzter Stelle* (Zeile Nr. 3), steht die Methode oder Funktion, *welche* die Ausnahme ausgelöst hat (Werfer::__call()) und *wo* sie aufgerufen wurde: Ohne XDebug ist die Fundstelle als `werfer.php(45)`, mit XDebug als `werfer.php:45` angegeben. In Zeile 45 der Datei *werfer.php* finden wir dann auch den ungültigen Aufruf von `$bully->edit('Gucky')`.

Ändern Sie den Beispielcode nun ab, um *jedwelche* Ausnahme *kontrolliert abzufangen*. Dazu umschließen wir den Aufruf von `edit()` mit einen try-catch-Block.

Beispiel: *werfer-catch.php* (ab Zeile 40)

```php
// ...
// Aufruf "virtueller Methoden" für die geschützen
// Eigenschaften $name, $alter
echo $bully->getName(), ' ist ', $bully->getAlter(), PHP_EOL;

// edit() löst die Ausnahme aus
try {
    echo $bully->edit('Gucky'), PHP_EOL;
} catch(BadFunctionCallException $e) {
    // API-Fehler: Plan B!
    $bully->name = "Gucky";
} catch(Exception $e) {
    echo "Andere Fehler! Kein Plan!";
}
echo "\$bully heisst jetzt: " . $bully->getName();
```

Unser »Plan B« ist, die Eigenschaft `$name` einfach zu setzen. Dank `__set()` ist dies auch möglich, denn »name« ist eine der erlaubten Eigenschaften. Zur Erinnerung:

```
...
  public function __set($prop, $value) {
    if (in_array($prop, array('name', 'alter'))) {
...
```

Der Skript sollte nun ausnahmslos funktionieren und diese Ausgabe produzieren:

```
Bully ist 42
$bully heißt jetzt: Gucky
```

12.1.1 Mit Ausnahmen üben

Der »Plan B« kann leider auch schiefgehen, wenn wir hier einen ungültigen Eigenschaftsnamen oder Wert angeben. Darum kümmert sich dich zweite Magische Methode __set(). Dort werden ebenfalls die »vorhersehbaren« Problemfälle beim Aufruf berücksichtigt und ggf. mit dem Werfen besonderer Exceptions quittiert:

```
...
    if (empty($value)) {
      throw new OutOfBoundsException("{$prop} darf nich leer sein",
            451);
    }
...
    // ungültige Eigenschaftsnamen
    throw new InvalidArgumentException("{$prop} gibt es nicht",
          404);
...
```

Eine leere Zeichenfolge (empty($value)) wird als »*außerhalb des Wertebereichs*« (out of bound) angesehen und wirft die passende Exception: OutOfBoundsException.

Die erlaubten Namen wurden damit geprüft, die Gültigkeit ihrer Werte ebenfalls, und so bleibt nur noch übrig, für alles, was dem noch widerspricht, die Exception für »Ungültiges Argument« zu werfen: InvalidArgumentException.

Ausnahmeübungen: Verändern Sie den Code um den try-catch-Block weiter und ändern Sie gezielt ungültige Eigenschaften von $bully oder setzen Sie leere Werte. Versuchen Sie die verschiedenen Exceptions, die geworfen werden, gezielt abzufangen und individuell darauf zu »reagieren«. Ein einfaches *echo* mit passendem Hinweis genügt für diese Übung.

Die Schnittstelle der Exception-Klassen in PHP5 finden Sie in der Sprachreferenz beschrieben: *http://de.php.net/manual/de/language.exceptions.php*

Fehlercodes bei Ausnahmen: ja, nein, keine, welche?

Die Wahl einer speziellen oder eigenen Exception-Klasse genügt, um einen Fehler bzw. eine Ausnahme wortwörtlich zu *klassifizieren*. Die Fehlermeldung mag auch hilfreich sein für Sie als Programmierer. Fehlermeldungen, die für Endanwender bestimmt sind, aber von Programmierern verfasst wurden, erzielen selten den gewünschten Zweck: Sie werden so gut wie nie *verstanden*, egal in welcher Sprache sie formuliert wurden ... ;-) Meist sind diese Meldungen auch auf Englisch und enthalten (natürlich) variable Informationen (die der Programmierer zu dechiffrieren vermag), die in der Vielzahl der Kombinationen eine Übersetzung mitunter unmöglich macht.

Nehmen wir das folgende Beispiel: Beim Verbindungsaufbau mit einem Server sind die auftretenden Fehler oft vom selben Typ, haben aber verschiedene Ursachen: Username und Passwort können falsch sein, aber egal *welcher* Wert falsch ist, die Verbindung kommt nicht zustande. Dem aufrufenden Code genügt es i. d. R., zu erfahren, dass eine »ConnectionException« auftrat: Es wird auf eine Fehlerseite umgeleitet und als Grund erscheint: »Connection Error!«.

Aha. Kommt Ihnen das bekannt vor? Haben Sie auch schon ähnlich epische Werke verfasst, um Anwendern Ihrer Programme auf eloquente Weise mitzuteilen, dass etwas faul war im Staate Dänemark?

Mit ergänzenden Fehlercodes können die Details, die zum obigen Verbindungsproblem geführt haben, dem Menschen vor dem Computer bekannt gegeben werden. Dieser, oder ein anderer Mensch, kann dann die Ursache dieser Ausnahme mit hoher Wahrscheinlichkeit gezielt(er) und schnell(er) beseitigen.

```
try {
  MyServer::connect('supa user', 'Gehaim', $server);
} catch(ConnectionException $e) {
  // jeder Fehlercode führt zu einer anderen Meldung
  echo JText::_('CONNECTION_ERROR_' . $e->getCode());
} catch(Exception $e) {
  // allgemeine Ausnahmen mit Originalfehlertext
  echo $e->getMessage();
}
```

Dazu passend eine (beispielhafte) Liste an Codes und ihre Meldungen:

```
CONNECTION_ERROR_101="Der Username fehlt"
CONNECTION_ERROR_102="Der Username ist zu kurz"
CONNECTION_ERROR_103="Der Username ist zu lang"
CONNECTION_ERROR_104="Der Username ist unbekannt."
; ...
CONNECTION_ERROR_200="Das Passwort fehlt"
CONNECTION_ERROR_201="Das Passwort ist zu kurz"
CONNECTION_ERROR_202="Das Passwort ist ungültig."
; ...
```

Wenn Anwender über die internen Missstände im Programm informiert werden *müssen*, von denen bekannt ist, dass Anwender diese Missstände auch beheben *könnten*, sind eindeutige Fehlercodes als Ergänzung zur Exception ideal, um die Gründe genauer zu differenzieren. Die Werte der Fehlercodes bleiben Ihnen überlassen, sollten im jeweiligen Kontext eindeutig sein und gut dokumentiert werden. Mitunter müssen (auch) Übersetzer die Details und Hintergründe kennen. So können Sie als Programmierer das Ausformulieren *verständlicher* Meldungen und Lösungswege für die Endanwender anderen überlassen – »Communication Error« umgangen!

12.1.2 Die Ausnahme zur Regel machen

Wie Sie sehen konnten, müssen Ausnahmefehler nicht immer so unerwartet auftreten, wie der Name *Exception* zunächst vermuten lässt. Eingabefehler können durchaus erwartet werden und sind – streng genommen – gegenüber der idealen, perfekten Nutzung eines Programms natürlich »Ausnahmen«.

Wenn Sie wissentlich für ein erweiterbares und flexibles Grundsystem programmieren, kann nicht zuletzt wegen der Konfigurationsfreudigkeit von Joomla und seinen Komponenten, aus dem Normalfall für den einen eine Ausnahme beim anderen werden.

Neue API + alte API: Mit Joomla! 3.0 und Platform 12.x wird/wurde begonnen viele Methoden zu entfernen, die als @deprecated markiert waren. Durch try-catch-Blöcke können Sie auf Unterschiede in *diesen APIs* eingehen und Ihre Erweiterungen in einer Code-Basis und entsprechendem Aufwand, kompatibel zu mehreren Versionen des CMS und/oder der Platform machen. Wir wünschen Ihnen viel Erfolg!

12.2   Ausnahmen in MyThings

Die Programmierung von MyThings ist noch nicht abgeschlossen, und welche Fehler (im Innern) noch auftreten können, ist ungewiss. Aus diesem Grund beschränken wir uns zunächst auf die allgemeinen Exceptions und lassen spezielle Unterklassen wie die vorgestellte BadFunctionCallException oder InvalidArgumentException erst einmal außen vor. Wenn bekannt ist, welche Merkmale die Komponente am Ende enthalten wird, kann die Fehler- und Ausnahmebehandlung auch feinfühliger erfolgen.

Im Frontend ändern Sie den Startskript wie folgt ab:

./components/com_mythings/mythings.php

```
$controller->execute($app->input->get('task'));
```

Der Einzeiler wird in einen try-catch-Block eingeschlossen.

```
   ...
/* Aufgabe (task) ausführen. Hier ist das die Ausgabe des Standardviews*/
try {
  $controller->execute($app->input->get('task'));
} catch(Exception $e) {
  // zur Startseite und Fehlermeldung anzeigen
  $controller->setRedirect(JURI::base(), $e->getMessage(), 'error');
}
   ...
```

Im Ausnahmefall führt der Weg zur Startseite und die Meldung wird ausgegeben. Sollte die Startseite zufällig auf MyThings zeigen, muss die mögliche Rekursion abgefangen werden. Das Menüobjekt der Anwendung liefert Ihnen die nötigen Informationen.

Mit dem hiesigen try-catch erfolgt die Reaktion auf eine Ausnahme mitunter zu spät und schon sehr »weit oben«. Innerhalb der Model-, der Tabellen- und View-Klassen können Sie natürlich auch schon auf Ausnahmen eingehen. Beim Datenzugriff geht gerne etwas schief, aber ebenso lässt sich der ein oder andere Schluckauf auch programmatisch auffangen und das Programm kann mitunter ungehindert fortfahren.

Fehler, die Sie im Programmcode abfangen, können und sollten Sie über JLog oder JMail protokollieren damit sie nicht dauerhaft ungesehen bleiben.

13 Alles bleibt anders – Exkurs Refactoring

Ein Projekt mag noch so sorgfältig geplant sein – Änderungen sind unvermeidlich. Die Geschäftslogik oder die Organisationsstruktur ändert sich, die Systemumgebung, die Joomla Platform – immer wieder wird angestückelt, auskommentiert, gehackt und nach einiger Zeit heißt es »code smells« – der Code bekommt ein »Gschmäckle«. Er wird fehleranfälliger, weniger performant, schwerer zu lesen, zu verstehen und zu pflegen. Erfahrene Programmierer entwickeln eine Nase dafür und fühlen sich nicht wohl, bis er wieder frisch gebadet und sauber riecht.

Refactoring[51] ist eine Technik, den Code durch viele kleine Verbesserungen behutsam neu und sauber aufzubauen. Nach jedem Schritt hat man ein immer noch funktionierendes Gesamtsystem. Nicht die Abrissbirne sondern der Restaurator ist hier am Werk. Es ist auch keine einmalige Sache, sondern kommt nach größeren Änderungen immer wieder zum Zug.

> **Am Rande:**
> Refactoring hat nichts mit Fabrik zu tun, auch wenn es sich so anhört. Der Begriff kommt aus der Mathematik. Einfach ausgedrückt: Man kann manchmal Faktoren in einer Gleichung zusammenfassen und vereinfachen. Die Gleichung bleibt immer dieselbe, ob da steht $a = ((2*1) + (2*3)/2)$ oder $a = (2 + 6/2)$ oder $a = 2 + 3$, die Faktoren werden immer sauberer und schöner, die Gleichung besser lesbar, aber es bleibt dieselbe Gleichung.

Unser Code selbst ist eigentlich noch ganz frisch. Wir haben bis jetzt noch keine Wiederholungen, die man eliminieren müsste, keine überflüssigen Variablen und noch keine auskommentierten Teile oder ähnlichen Müll, der sich gewöhnlich im Lauf vieler Programmerweiterungen ansammelt.

Aber wir haben am Anfang vieles vernachlässigt und nicht unbedingt auf die Programmierkonventionen geachtet.

Beispiele gefällig?

In den Programmierkonventionen (Kapitel 7) ist beschrieben wie man Zeilen schön umbricht. Nicht einfach irgendwo! Darauf habe ich nun am Anfang gar nicht geachtet.

---

[51] Martin Fowler kann als «Papst» des Refactoring gelten: *www.refactoring.com*

Zum Entsetzen eines sehr geschätzten Kollegen habe ich anfangs auch die Zeilen nicht einheitlich eingerückt. Hauptsache es funktionierte, egal, wie es aussah. Aber so können wir es nicht vorzeigen – Refactoring!

Kommentare werden bei Änderungen leicht vergessen. Passen sie noch zum Code? Oder steht da irgendwo nach einer Fehlerkorrektur

```
// Zähler hochsetzen
$i = $i - 1;
```

Für uns ist es aber momentan vorrangig, die Funktionalität der Komponente zu verbessern und dabei die Datenbank erweitern. Wir bauen also um und an, und bei jedem Schritt lernen Sie ein neues Stück der Joomla-Platform kennen und verstehen.

13.1 Refactoring im Backend

Kein Entwickler würde auch die Ausgabe von Listen ohne Sortierung oder Blätter-Funktionen planen. Das wird also die erste Verbesserung sein.

In unserer ursprünglichen Liste von Besitztümern hatten wir unsere Sachen in Kategorien eingeteilt und diese Kategorie stand in jedem Datensatz als Klartext.

	A	B	C
1	Besitzer	Kategorie	Bezeichnung
2	René	Elektronik	Dell - X3467
3	Axel	Elektronik	Toshiba X4646
4	Axel	Kleidung	Abendanzug
5	Christiane	Kleidung	Dirndl
6	René	Sonstiges	Kuschelteddy
7	Christiane	Werkzeug	Akkuschrauber
8			

Bild 13.1: Die Excel-Tabelle war leicht zu erweitern

Kam ein neues Ding dazu, wurde einfach eine passende Zeile oder ein Kategorie-Name kopiert.

Im Joomla-Backend funktioniert das so nicht mehr. Wir geben die Daten immer neu ein. Auch die Kategorie und den Besitzer. Schon allein bei den Kategorien müsste man bei der Eingabe wissen, ob es etwa schon eine Kategorie »Kleidung« gibt. Oder gibt es vielleicht noch eine Einteilung in »Herrenkleidung« und »Kinderkleidung«? Oder heißt es »Herren-Kleidung«?

Eine Hierarchie der Kategorien ist auch noch gar nicht vorgesehen, ist aber notwendig. Zum Glück hat Joomla ein komplettes Kategorienkonzept, das wir einfach verwenden können. Im Hinblick auf die angestrebte Million von Leihobjekten ist es auch sinnvoll, wenn wir die Ausgabe auf einzelne Kategorien einschränken können, also muss zunächst im Backend wenigstens ein Filter für die Kategorien her.

Das Formular wollen wir auch verbessern und erweitern. Ein Bild zu jedem Gegenstand sollte auch erlaubt sein, aber getrennt vom Beschreibungstext, damit die Ausgaben einheitlich aussehen. Für die Beschreibung der Dinge brauchen wir einen Editor, man will ja den Text auch formatieren können. Und ein Kalender zum Anklicken ist nötig.

Auf längere Sicht wollen wir auch eine Statistik, wie oft ein Gegenstand aufgerufen wurde, das gibt zusätzliche Spalten in der Datenbank. Hier ist Axel gefordert, er wird Plugins und Module beisteuern, um die Komponente zu ergänzen.

Wir legen fest, dass nur angemeldete Benutzer Sachen verleihen oder ausleihen dürfen. Daher wollen wir den Namen des Ausleihers nicht einfach als Text eingeben, sondern aus der Liste der User auswählen.

Es ist noch vieles nötig und möglich, aber der Platz hier ist begrenzt und fürs Erste haben wir genug zu tun. Für den Benutzer ändert sich zunächst wenig, wir arbeiten diskret im Backend und auch dort nur in kleinen Schritten, die Gesamtstruktur bleibt unverändert, genau wie es sich fürs Refactoring gehört.

13.2 Refactoring im Frontend – Hausaufgabe!

Und im Frontend? Hier haben wir einige Baustellen offen stehen lassen. Das Refactoring im Frontend beschreiben wir hier nicht, das überlassen wir Ihnen als Übungsaufgabe.

1. Sprachschlüssel verwenden

2. Ausgaben escapen

> **Tipp:** Aber natürlich lassen wir die Leser nicht im Regen stehen. Alles steht bereit zum Download unter *com_mythings_kap13.zip*.

13.3 Schrotflinten-Chirurgie und Nebenwirkungen

Wenn Sie sich mehr mit dem Thema Refactoring beschäftigen, finden Sie eine Menge amüsanter Bezeichnungen, die ich Ihnen nicht vorenthalten will. Eine davon beschreibt sehr gut, was wir in den folgenden Kapiteln betreiben: Schrotflinten-Chirurgie (shotgun surgery). Viele kleine Änderungen an vielen verschiedenen Stellen. Es muss bei uns sein, denn wie führen Schritt für Schritt neue Konzepte ein. Aber diese Art von Änderungen kann leicht zu einem müffelnden Code führen.

Refactoring bedeutet dann:

- Beim Hin-und-her-Probieren bleiben oft Leichen im Code übrig, nicht verwendete Variable zum Beispiel. Entsorgen Sie Ihre Leichen!

- Copy-Paste-Programmierung führt zu doppeltem Code, das ist eine Fehlerquelle. Helperklassen einsetzen! Wiederholungen ausmerzen!

- Dieselben Probleme werden auf verschiedene Arten gelöst – was durchaus sinnvoll ist, wenn man auf der Suche nach der besten Lösung ist – aber wenn man sie gefunden hat, sollte sie auch überall verwendet werden. Andernfalls bleiben oddball-Lösungen übrig – eine Übersetzung dieses Begriffs können Leser gerne beisteuern, ich finde keine!

- Weitere Verdächtige wurden schon im Kapitel 7 über Programmierkonventionen angesprochen: Schlecht gewählte Variablennamen, Inkonsistenzen bei Namen.

Entwickeln Sie selbst Ihre Nase – schauen Sie sich die Codes anderer Erweiterungen an (Sie dürfen das – es ist alles unter GNU/GPL), lesen Sie Ihre eigenen Programme, die Sie schon länger nicht mehr angefasst haben.

14 Filter – Sortierung – Pagination

Bevor wir uns komplizierteren Konzepten zuwenden, wollen wir noch schnell das Sortieren und häppchenweise Ausgeben der Listenansichten erledigen. Unsere Daten, die Items, wurden einfach alle untereinander ausgegeben. Nun hoffen wir natürlich, dass wir bald eine Million Dinge zu verleihen haben, und brauchen einen Filter zum Suchen. Die Listen wollen wir mit einer Blätter-Funktion serviert bekommen. Joomla hat hier alle Bausteine vorrätig, man muss sie nur richtig in Model und View der Listenansicht einfügen.

Wenn Sie dieses Kapitel durch haben, wissen Sie, wie Joomla die Sortierung handhabt, Zustände speichert und Filter verwendet.

Downloads: Zu diesem Kapitel finden Sie den Code unter *com_mythings_kap14.zip*.

Es kommen hier zwei Eigenschaften ins Spiel, welche Daten über den Zustand der Session enthalten: state (JModel) und filter_fields (JModelList). Das ist etwas verwirrend, vor allem wenn die Sortierbegriffe auch noch als Filter verwendet werden, wie es im Backend meist der Fall ist.

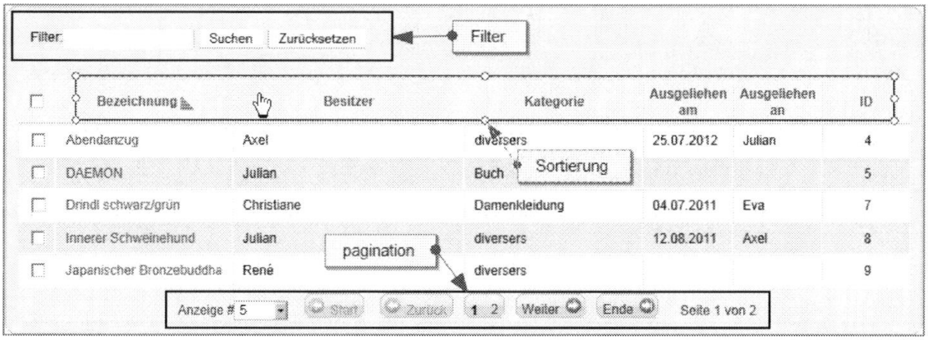

Bild 14.1: Filter, Sortierung und Pagination

Auf allen Listen im Backend findet sich ein Textfeld für die Eingabe eines Suchbegriffs. Dieser Suchbegriff bleibt innerhalb einer Session solange erhalten, bis er mit dem Button *Zurücksetzen* gelöscht wird.

Sortierung betrifft den Tabellenkopf, also die Überschriftenzeile. Im Model geben wir eine Standard-Sortierspalte und -richtung an. Durch einen Klick auf die Spaltenüberschriften ändert sich die Sortierung.

14.1 Die Listenansicht wird erwachsen

Die Erweiterungen, die wir jetzt einfügen, brauchen eine Menge recht hässlichen Code, und Sie werden ihn hassen, aber »per aspera ad astra« (Seneca). Der Erfolg lohnt dann die Mühe. Wir arbeiten im Backend, das Frontend wird Ihre Übungsaufgabe (mit Sprungtuch in den Downloads, versteht sich).

14.1.1 Neue Eigenschaften für die View

Die View bekommt zwei neue Eigenschaften, die vom Model mit Daten versorgt werden: state und pagination.

Die Seitenaufteilungs- und Blätter-Funktion ist eine sehr leichte Übung, denn die View bekommt dieses Objekt frei Haus von der Platform.

Im pagination-Objekt sind die Eigenschaften enthalten, die zum Aufbau eines solchen Seitenfußes nötig sind, zum Beispiel:

- Wie viele Datensätze sind vorhanden?
- Mit welchem Satz beginnt die aktuelle Ausgabe?
- Mit welchem Satz endet sie?
- Wie viele Elemente sind anzuzeigen?
- Auf welcher Seite befinden wir uns gerade?
- Wie viele Sätze sind laut Konfigurationseinstellung anzuzeigen?

Darum brauchen Sie sich niemals kümmern – JModelList ist unser Freund und errechnet das alles von alleine.

state dagegen enthält alles, was dem aktuellen Zustand dieser View wichtig ist. Das ist der Platz für Informationen, die weiter verwendet werden sollen. state und pagination sind Eigenschaften der View. Fügen Sie nur die fett gedruckten Zeilen ein, der Rest diese Skripts bleibt unverändert.

administrator/components/com_mythings/views/mythings/view.html.php

```php
<?php
defined('_JEXEC') or die;
jimport('joomla.application.component.view');

class MyThingsViewMyThings extends JView
```

```
{
  protected $items;
  protected $pagination;
  protected $state;

  public function display($tpl = null)
  {
    $this->addToolbar();
    $this->items     = $this->get('Items');
    $this->state     = $this->get('State');
    $this->pagination= $this->get('Pagination');
    parent::display($tpl);
  }
                              [ ... ]
```

14.1.2 Die Ausgabe anpassen

In der Layout-Datei *tmpl/default.php* erweitern Sie den ersten Teil des Codes mit den Spaltenüberschriften. Alles, was fett gedruckt ist, ist geändert oder neu eingefügt.

Die Listendarstellungen im Backend sind sehr standardisiert. Wir übernehmen alle CSS-Klassen aus dem Standardtemplate des Backend, das macht leider den Quelltext nicht übersichtlicher oder verständlicher.

Tipp: Um Code zu verstehen, werfe ich alles CSS-Beiwerk heraus, das nur der Gestaltung dient. Was dann an echtem Code übrigbleibt, ist oft recht wenig und, mit ein paar gut gezielten Zeilenumbrüchen aufgelockert, viel leichter zu lesen und zu verstehen.

administrator/components/com_mythings/views/mythings/tmpl/default.php

```
<?php
defined('_JEXEC') or die;

JHtml::_('behavior.tooltip');
JHtml::_('behavior.multiselect');
$nullDate = JFactory::getDbo()->getNullDate();

$listOrder = $this->state->get('list.ordering');
$listDirn  = $this->state->get('list.direction');
?>

<form action="<?php echo
JRoute::_('index.php?option=com_mythings&view=mythings'); ?>"
        method="post" name="adminForm" id="adminForm">

<fieldset id="filter-bar">
```

```
<div class="filter-search fltlft">

  <label class="filter-search-lbl">
    <?php echo JText::_('JSEARCH_FILTER_LABEL'); ?>
  </label>

  <input type="text"
         name="filter_search"
         id="filter_search"
         value="<?php echo $this->escape($this->state-
>get('filter.search')); ?>"/>

  <button type="submit">
    <?php echo JText::_('JSEARCH_FILTER_SUBMIT'); ?>
  </button>

  <button type="button"
          onclick="document.id('filter_search').value='';
          this.form.submit();">
  <?php echo JText::_('JSEARCH_FILTER_CLEAR'); ?>
  </button>
  </div>
</fieldset>

<div class="clr"> </div>
<table class="adminlist">
<thead>
<tr>
<th width="10">
  <input type="checkbox" name="checkall-toggle" value=""
          onclick="checkAll(this)" />
</th>
<th width="20%">
  <?php echo JHtml::_('grid.sort', 'COM_MYTHINGS_TITLE', 'title',
                                  $listDirn, $listOrder); ?>
</th><th width="10%">
  <?php echo JHtml::_('grid.sort', 'COM_MYTHINGS_OWNER', 'owner',
                                  $listDirn, $listOrder); ?>
</th>
<th width="20%">
  <?php echo JHtml::_('grid.sort', 'COM_MYTHINGS_CAT', 'category',
                                  $listDirn, $listOrder); ?>
</th>
<th width="10%">
  <?php echo JHtml::_('grid.sort', 'COM_MYTHINGS_LENT', 'lent',
                                  $listDirn, $listOrder); ?>
</th>
```

```
<th width="20%">
  <?php echo JHtml::_('grid.sort', 'COM_MYTHINGS_LENT_BY', 'lent_by',
                        $listDirn, $listOrder); ?>
</th>
<th width="10%">
  <?php echo JHtml::_('grid.sort', 'COM_MYTHINGS_ID', 'id',
                        $listDirn, $listOrder); ?>
</th>
</tr>
</thead>
<tfoot><tr><td colspan="7">
    <?php echo $this->pagination->getListFooter(); ?>
</td></tr></tfoot>


        [..] der Tabellenkörper bleibt unverändert

<div>
  <input type="hidden" name="task" value="" />
  <input type="hidden" name="boxchecked" value="0" />
  <input type="hidden" name="filter_order"
            value="<?php echo $listOrder; ?>" />
  <input type="hidden" name="filter_order_Dir"
            value="<?php echo $listDirn; ?>" />
  <?php echo JHtml::_('form.token'); ?>
</div>
</form>
```

Erklärung zum Code

Ich erkläre nur die Zeilen, die neu dazugekommen sind. Wir verwenden hier Standardtexte von Joomla. Das ist einheitlich und Sie brauchen sich keine Mühe machen, Sprachschlüssel zu definieren.

```
$listOrder = $this->state->get('list.ordering');
$listDirn  = $this->state->get('list.direction');
```

Die Sortierspalte und -richtung bekommen Sie aus dem state-Objekt und werden Sie nachher an die Klasse JGrid übergeben, die die Sortierung durchführt.

```
<fieldset id="filter-bar">
<div class="filter-search fltlft">
  <label>
        <?php echo JText::_('JSEARCH_FILTER_LABEL'); ?>
  </label>
```

Ein fieldset gruppiert die Elemente für den Bereich des Filters, das Label »Filter« wird vor das Texteingabefeld gesetzt.

```
<input type="text"
       name="filter_search"
       id="filter_search"
       value="<?php echo
              $this->escape($this->state->get('filter.search'));?>"
</input>
```

Es folgt das Texteingabefeld für den Suchbegriff. Hat der Benutzer bereits eine Eingabe gemacht, steht sie in state. Sie ist die Vorbelegung des Textfeldes und wird *escaped*, um unliebsame Überraschungen in Form von eingegebenem Schadcode zu vermeiden.

```
<button type="submit">
  <?php echo JText::_('JSEARCH_FILTER_SUBMIT'); ?>
</button>
```

Der Button »Suchen«.

```
<button type="button"
  onclick="document.id('filter_search').value='';
  this.form.submit();">
  <?php echo JText::_('JSEARCH_FILTER_CLEAR'); ?>
</button>
```

Der Button »Zurücksetzen«. Wenn dieser Button angeklickt wird, baut die Anwendung die Listenansicht ohne Suchbegriff neu auf. Da es pro Formular nur einen submit-Button geben kann, ist hier etwas JavaScript ins Spiel gekommen: »Tu so, als ob der Benutzer nichts ins Suchfeld eingegeben und den »Suchen«-Button gedrückt hätte.«

Bis hierher ging es um den Suchfilter. Jetzt kommt die Sortierung dran. Die Sortierung betrifft die Spaltenüberschriften der Liste, hier exemplarisch die Spalte »Bezeichnung« bzw. die Tabellenspalte »title«.

```
<?php echo JHtml::_('grid.sort', 'COM_MYTHINGS_TITLE', 'title',
                               $listDirn, $listOrder); ?>
```

Die Klasse JHtmlGrid bietet mit der Methode sort() eine sehr komfortable Möglichkeit, Tabellen durch einen Klick auf die Spaltenüberschrift zu sortieren. Die Sortierrichtung (aufsteigend oder absteigend) und die Spalte, nach der sortiert wird, kamen aus state.

Das Einfügen der Blätter-Funktion ist dann eine leichte Übung, die Klasse JPagination hat die passende Methode dafür.

```
<?php echo $this->pagination->getListFooter(); ?>
```

Einfach die Methode getListFooter() aufrufen, das ist alles.

```
<input type="hidden" name="filter_order"
                     value="<?php echo $listOrder; ?>" />
<input type="hidden" name="filter_order_Dir"
                     value="<?php echo $listDirn; ?>" />
```

Schließlich übergeben Sie die Sortierkriterien, die der Anwender durch Klick auf den Tabellenkopf gewählt hat, als versteckte Felder – das Model merkt sie sich im state-Objekt und hat sie für die nächste Ausgabe parat.

14.2 Das Model und sein state

In JModelList, unserer Basisklasse, ist alles da, was für solche Standardfunktionen wie Suchfilter oder das Blättern in Listen nötig ist. Sie müssen nur die vorhandenen Methoden für die Verwendung in MyThings anpassen.

Die fett markierten Zeilen kommen nun dazu.

administrator/components/com_mythings/models/mythings.php

```php
<?php
defined('_JEXEC') or die;
jimport('joomla.application.component.modellist');

class MyThingsModelMyThings extends JModelList
{
  public function __construct($config = array())
  {
    if (empty($config['filter_fields'])) {
      $config['filter_fields'] =
      array('id', 'title', 'category', 'owner', 'lent', 'lent_by');
    }
    parent::__construct($config);
  }

  protected function populateState($ordering = 'title', $direction = 'ASC')
  {
    $search = $this->getUserStateFromRequest(
                  $this->context.'.filter.search',
                  'filter_search', '', 'string'
                  );
    $this->setState('filter.search', $search);
    parent::populateState($ordering, $direction);
  }

  protected function getStoreId($id = '')
  {
    $id  .= ':'.$this->getState('filter.search');
    return parent::getStoreId($id);
  }

  protected function getListQuery()
```

```
{
  $db    = $this->getDbo();
  $query = $db->getQuery(true);
  $query->select('*')
        ->from('#__mythings');
  $search = $this->getState('filter.search');
  if (!empty($search)) {
  $s = $db->quote('%'.$db->escape($search, true).'%');
  $query->where('title LIKE' .$s
              .'OR owner LIKE' .$s
              .'OR category LIKE' .$s
              .'OR lent_by LIKE' .$s);
  }
  $sort  = $this->getState('list.ordering');
  $order = $this->getState('list.direction');
  $query->order($db->escape($sort).' '.$db->escape($order));
  return $query;
}
}
```

Erklärung zum Code:

```
public function __construct($config = array())
{
  if (empty($config['filter_fields'])) {
      $config['filter_fields'] =
              array('id','owner','category','title','lent','lent_by');
  }
  parent::__construct($config);
}
```

Der Konstruktor definiert die Tabellenspalten, in denen mit den Eingaben im Filter gesucht werden kann und die für die Sortierung relevant sind.

```
protected function populateState($ordering = 'title', $direction = 'ASC')
```

Die Methode populateState() wird verwendet, um die Eingaben des Benutzers in das state-Objekt zu speichern. Solange der Benutzer keine Eingabe gemacht hat, gilt als Standard die Sortierung nach *title* in Richtung ASC – bei MySQL also in aufsteigender Reichenfolge.

```
$search = $this->getUserStateFromRequest
($this->context.'.filter.search','filter_search', '', 'string');
```

getUserStateFromRequest() ist eine Methode von JModellist. Damit bekommen Sie die Eingabe des Benutzers in das Filter-Textfeld bezogen auf den aktuellen Kontext. Der Kontext beantwortet die Frage: »Worum geht es hier? Welcher Filter ist hier gemeint?«. Er wird von Joomla automatisch versorgt, hat daher hier den Inhalt »com_mythings. mythings«.

```
$this->setState('filter.search', $search);
```

Das schreiben wir zur weiteren Verwendung in das state-Objekt.

```
parent::populateState($ordering, $direction);
```

Diese Methode ermittelt die Statusinformationen für den aktuellen Dialogschritt.

```
protected function getStoreId($id = '')
{
  $id. = ':'.$this->getState('filter.search');
  return parent::getStoreId($id);
```

Hier lassen wir die Elternklasse JModelList einen Id-Schlüssel im md5-Format über diese Ausgabe erzeugen. Er ernthält alle Informationen zum aktuellen Zustand der Ausgabe (Nummer des Start-Satzes, Listenlänge, Sortierspalte, Sortierrichtung) – und Sie ergänzen ihn hier noch um die Eingabe im Suchfeld. Das Ergebnis kann dann so aussehen: :kopi::0:20:owner_id:asc, aber Sie brauchen damit nichts zu machen, das verwendet die Platform für sich.

Schließlich erweitern wir den Teil, in dem die Abfrage formuliert wird.

```
$search = $this->getState('filter.search');
```

Der Suchbegriff, den der Benutzer eingegeben hat. Falls ein Suchbegriff vorliegt, schränken wir nun die Suche ein:

```
if (!empty($search)) {
    $s = $db->quote('%'.$db->escape($search, true).'%');
```

quote() ist eine Sicherheitsmaßnahme. Damit wird der Searchstring, also die Eingabe des Benutzers in das Suchfeld, in Hochkommata eingeschlossen, um Code Injection zu verhindern.

```
$query->where('title LIKE' .$s
              .'OR owner LIKE' .$s
              .'OR category LIKE' .$s
              .'OR lent_by LIKE' .$s);
```

Dasselbe geschieht mit Sortierfeld und Sortierrichtung.

Eigentlich sollte dies ja in vier Anweisungen der Art $query->where('a like $s', 'OR'); aufgeteilt werden. Aber das funktioniert leider nicht mehr, wenn die Abfrage später erweitert und geändert werden soll. Darauf hat auch René im Kapitel 9 schon hingewiesen.

```
$query->order($db->escape($sort).' '.$db->escape($order));
  return $query;
}
}
```

Suchen Sie etwa mit dem Suchwort »nadel« nach Nähnadel, Stecknadel, Sicherheits-nadel, Nadelkissen …. im Datenbank-Heuhaufen, so hat die komplette Query für eine MySQL-Datenbank diese Form:

```
SELECT * FROM #__mythings
WHERE (title    LIKE '%nadel%' OR
       owner    LIKE '%nadel%' OR
       category LIKE '%nadel%' OR
       lent_by  LIKE '%nadel%' )
ORDER BY title ASC
```

Damit hätten wir schon einen Teilsieg bei den Umbauarbeiten errungen. Die Sortierung und das Blättern wollen wir auch im Frontend haben. Aber das ist eine Übungsaufgabe für den Leser!

> **Tipp:** Der Fallschirm befindet sich in den Download-Dateien (*com_mythings_kap14.zip*).

Bis hier war keine Änderung an der Datenbank nötig – aber jetzt lässt es sich nicht mehr vermeiden. Im nächsten Kapitel wird auch unsere Tabelle #_mythings ein paar kosmetische Eingriffe erleiden.

15 Kategorien, User und JForms

In diesem Kapitel lernen Sie, die Kategorien und User des Joomla CMS für sich zu verwenden. Diese Konzepte sind so allgemein, dass dafür sehr komfortable Bausätze in der Platform existieren. Und bei der Gelegenheit schauen wir auch das interessante JForms-Konzept an.

> **Download:** Den Code zu diesem Kapitel finden Sie unter *com_mythings_kap14.zip* und *com_mythings_kap15.zip*.

Dazu sind einige Umbaumaßnahmen nötig, zunächst auf der Datenbank, dann in den Programmen des Backends und des Frontends. Die Schrotflinte ist im Einsatz, fast alle Programme im Backend müssen noch einmal angefasst werden und es kommt sogar ein neues Verzeichnis dazu. Es ist ein Puzzle und das Gesamtbild erschließt sich erst, wenn alles an seinem Platz ist.

15.1 Komponenten-Submenü einschleusen

Sie brauchen im Komponentenmenü neben dem Menüpunkt zur Komponente einen Submenü-Punkt zu den Kategorien.

Bild 15.1: Komponenten-Submenü für Kategorien

Es ist praktisch unmöglich, von Hand bzw. per SQL ein Submenü in die Datenbank einzuschmuggeln, dazu ist der Installer nötig. Also tricksen wir wieder. Erstellen Sie diese Hilfsdatei (sie ersetzt die erste Dummy-Installations-Datei):

> **Vorsicht:** Das &-Zeichen muss als & geschrieben werden, und UTF-8 ohne BOM nicht vergessen!

administration/components/com_mythings/mythings.xml

```xml
<?xml version="1.0" encoding="utf-8"?>
<extension type="component" version="2.5" method="upgrade">
<name>com_mythings</name>
<administration>
  <submenu>
  <menu
    link="option=com_categories&amp;extension=com_mythings"
    view="categories" alt="My Things/Categories">Kategorien
  </menu>
  </submenu>
</administration>
</extension>
```

Machen Sie aus dieser *mythings.xml* ein zip-File *mythings.zip*. Diese Dateien werden nur einmal für diese tricky Aktion benötigt.

Gehen Sie jetzt im Backend zu *Erweiterungen installieren*, geben Sie diese *mythings.zip* als Quelle an und der Installer wird das Submenü erzeugen. Das ist übrigens ein netter Trick, der auch außerhalb von MyThings gute Dienste leistet. Und weil es ein Trick ist, haben wir auch auf Sprachschlüssel verzichtet.

Leider – oder den Joomla-Entwicklern sei Dank für sichere Programmierung! – funktioniert das Aufnehmen von Kategorien für MyThings erst, wenn auch die Zugriffsberechtigungen stimmen. Hier ist Joomla ganz streng, es gibt nur mittels Core-hacks eine Möglichkeit, das zu umgehen, aber dafür bekommen Sie keine Anleitung von mir. Deshalb erstellen Sie hier die *access.xml* – und bekommen sie erst in Kapitel 20 erklärt.

> **Tipp:** Kopieren Sie die *access.xml* aus *com_content*. Passen sie in Zeile 2 den Namen an. Das reicht für's Erste.

administrator/components/com_mythings/access.xml

```xml
<?xml version="1.0" encoding="utf-8"?>
<access component="com_mythings">
    <section name="component">
        <action name="core.admin" title="JACTION_ADMIN"
                description="JACTION_ADMIN_COMPONENT_DESC" />
        <action name="core.manage" title="JACTION_MANAGE"
                description="JACTION_MANAGE_COMPONENT_DESC" />
        <action name="core.create" title="JACTION_CREATE"
                description="JACTION_CREATE_COMPONENT_DESC" />
```

```
        <action name="core.delete" title="JACTION_DELETE"
                description="JACTION_DELETE_COMPONENT_DESC" />
        <action name="core.edit" title="JACTION_EDIT"
                description="JACTION_EDIT_COMPONENT_DESC" />
    </section>

    <section name="category">
        <action name="core.create" title="JACTION_CREATE"
                description="COM_MYTHINGS_ACCESS_CREATE_DESC" />
        <action name="core.delete" title="JACTION_DELETE"
                description="COM_MYTHINGS_ACCESS_DELETE_DESC" />
        <action name="core.edit" title="JACTION_EDIT"
                description="COM_MYTHINGS_ACCESS_EDIT_DESC" />
    </section>

    <section name="mythings">
        <action name="mything.lend" title="COM_MYTHINGS_ACCESS_LEND"
                description=" COM_MYTHINGS_ACCESS_LEND_DESC" />
    </section>
</access>
```

Benutzen Sie das gleich! Legen Sie mindestens eine oder auch beliebig viele Kategorien für MyThings an.

15.2 Normalisierung der Datenbank

Wir haben bisher Kategorie, Besitzer und Ausleiher als einfache Textfelder in der Datenbank. Nun werden wir die Datenbank normalisieren und anstelle der Namen nur noch Verweise auf Kategorien oder User des CMS verwenden. Für Einsteiger erkläre ich ein paar Grundbegriffe – aber glauben Sie ja nicht, dass Ihnen damit die Einarbeitung in MySQL erspart bleibt!

15.2.1 Mini-Exkurs Normalisierung

Nehmen wir als Beispiel eine Tabelle von Ärzten. Jeder Arzt hat ein Fachgebiet und arbeitet in einer Praxis. Wenn wir vier Ärzte in einer Gemeinschaftspraxis haben, würde die Tabelle so aussehen:

id	name	fach	strasse	plz	ort
1	Dr. Ach	Zahnarzt	Hauptweg 4	63425	Musterstadt
2	Dr. Weh	Kieferchirurg	Hauptweg 4	63425	Musterstadt
4	Dr. Gold	Kieferchirurg	Hauptweg 4	63425	Musterstadt
3	Dr. Zahn	Zahnarzt	Hauptweg 4	63425	Musterstadt

Ändert sich die Adresse, weil die Gemeinschaftspraxis umzieht, müssen vier Datensätze korrigiert werden, und es kann dabei leicht zu Fehlern kommen. Würden alle Ärzte weggehen, gäbe es die Praxis plötzlich nicht mehr, obwohl sie vielleicht nur von einem neuen Ärzteteam übernommen werden soll. Ein Schritt zur Normalisierung ist es nun, Inhalte, die wiederholt vorkommen, in eigene Tabellen auszulagern und die Verbindung über eindeutige Schlüssel herzustellen. Bei dem Ärzte-Beispiel würde es so aussehen: Es gibt vier Ärzte – und sie arbeiten alle in einer Praxis.

Arzt			
id	name	fach	praxis_id
1	Dr. Ach	Zahnarzt	1
2	Dr. Weh	Kieferchirurg	1
3	Dr. Gold	Kieferchirurg	1
4	Dr. Zahn	Zahnarzt	1

Praxis			
praxis_id	strasse	plz	ort
1	Hauptweg 4	63425	Musterstadt

Zieht die Praxis um, ist die Adresse nur einmal zu ändern. Gehen alle Ärzte weg, bleiben die Praxisdaten trotzdem erhalten. Um die Inhalte normalisierter Tabellen wieder zusammenzubringen, verwendet MySQL den *Join*. Ein Join[52] fügt zwei Tabellen, die wir bei der Normalisierung so brutal getrennt haben, wieder zu einer neuen, virtuellen Tabelle zusammen. Es gibt verschiedene Arten von Joins – und sie sind eine Wissenschaft für sich, auf die ich hier nicht weiter eingehen kann.

Wenn nun diese getrennten Tabellen dieselben Spaltennamen haben, müssen diese in der virtuellen Tabelle eindeutig gemacht werden, damit man damit arbeiten kann. Um das zu erreichen, gibt man den Tabellen Alias-Namen[53]. Bei der Wahl der Alias-Namen sind Entwickler oft schreibfaul. Die Haupttabelle heißt meist a, die anderen Tabellen bekommen ein Kurzzeichen. c für category, u für user – es ist ein Grabbeltisch. Schauen Sie sich den Code der verschiedenen models von Joomla an und Sie bekommen einen Eindruck davon.

15.2.2 Tabelle #__mythings ändern

Wenn wir schon dabei sind, die Tabelle anzupassen, machen wir Nägel mit Köpfen und nehmen weitere Spalten auf, selbst wenn sie zunächst nicht gebraucht werden. Ein Vorrat kann hier nicht schaden, denn ein Bild wollen wir auf jeden Fall hochladen können. Und so wie ich Axel kenne, wird er eine Statistik über die Anzahl der

---

[52] *http://dev.mysql.com/doc/refman/5.1/de/join.html*
[53] *http://dev.mysql.com/doc/refman/5.5/en/problems-with-alias.html*

beliebtesten Dinge haben wollen, sodass eine Spalte für die Klicks nützlich ist. Das Rückgabedatum haben wir anfangs auch vergessen und nehmen es jetzt mit auf.

Arbeiten Sie direkt in phpMyAdmin, um neue Spalten hinzuzufügen

```
ALTER TABLE #__mythings
ADD img      TEXT,
ADD hits     INT(11),
ADD lent_to DATETIME DEFAULT '0000-00-00 00:00:00' AFTER lent;
```

und um vorhandene Spalten zu ändern. Anstelle der Textfelder kommen jetzt Satzschlüssel, welche auf die Tabellen des CMS verweisen.

```
ALTER TABLE #__mythings
CHANGE category category_id  INT(11),
CHANGE owner    owner_id     INT(11),
CHANGE lent_by  lent_by_id   INT(11),
CHANGE lent     lent_from    DATETIME;
```

Bei diesen Änderungen verlieren Sie den Inhalt dieser Tabellenspalten, sie werden auf 0 gesetzt. Das ist unschön, lässt sich aber nicht vermeiden. Am Ende des Kapitels weisen Sie die Kategorien und Besitzer korrekt zu.

15.2.3 MyThingsTableMyThings anpassen

Hätten Sie auf die Deklaration der Tabellen-Eigenschaften verzichtet, könnten Sie sich jetzt bequem zurücklehnen und diese Korrektur überspringen. Aber wir achten auf gut dokumentierten Code und deshalb müssen sie die Schnittstelle zur Datenbank anpassen:

Alles was fett gedruckt ist kommt dazu.

administrator/components/com_mythings/tables/mythings.php

```
public $owner_id;        (bisher $owner)
public $category_id;     (bisher $category)
public $lent_from;       (bisher $lent)
public $lent_to;
public $lent_by_id;      (bisher $lent_by)
public $img;
public $hits;
```

15.3 Das Model anpassen: categories und user

Ihre bisherige Datenbankabfrage beschränkte sich auf die Tabelle *#__mythings*. Jetzt muss eine Verbindung zu den Tabellen der Joomla-Kategorien und der Joomla-User hergestellt werden.

Ändern Sie die fett gedruckten Zeichen bzw. fügen Sie die fett gedruckten Zeilen ein.

administrator/components/com_mythings/models/mythings.php

```php
<?php
defined('_JEXEC') or die;
jimport('joomla.application.component.modellist');

class MyThingsModelMyThings extends JModelList
{
  public function __construct($config = array())
  {
    if (empty($config['filter_fields'])) {
            $config['filter_fields'] = array(
                     'id', 'title','category', 'owner',
                     'lent_from','lent_by');
    }
    parent::__construct($config);
  }
  protected function populateState($ordering = 'title',
                                   $direction = 'ASC')
  {
    $search = $this->getUserStateFromRequest(
    $this->context.'.filter.search','filter_search', '', 'string');
    $this->setState('filter.search', $search);

    $categoryId = $this->getUserStateFromRequest(
    $this->context.'.filter.category_id', 'filter_category_id', '');
    $this->setState('filter.category', $categoryId);

    parent::populateState($ordering, $direction);
  }

  protected function getStoreId($id = '')
  {
    $id .= ':'.$this->getState('filter.search');
    $id .= ':'.$this->getState('filter.category_id');

    return parent::getStoreId($id);
  }
  protected function getListQuery()
  {
    $db  = $this->getDbo();
    $query = $db->getQuery(true);

    $query->select('a.*')->from('#__mythings as a');

    $query->select('u.username AS owner');
```

```
$query->join('LEFT', '#__users AS u ON u.id = a.owner_id');

$query->select('c.title AS category');
$query->join('LEFT', '#__categories AS c ON c.id = a.category_id');

$query->select('v.username AS lent_by');
$query->join('LEFT', '#__users AS v ON v.id = a.lent_by_id');

$categoryId = $this->getState('filter.category_id');
if (is_numeric($categoryId)) {
    $query->where('a.category_id = '.(int) $categoryId);
}

$search = $this->getState('filter.search');
if (!empty($search)) {
$s = $db->quote('%'.$db->getEscaped($search, true).'%');
$query->where(('a.title LIKE' .$s
        .'OR u.username LIKE' .$s
        .'OR c.title LIKE' .$s
        .'OR v.username LIKE' .$s));
}
$sort  = $this->getState('list.ordering');
$order = $this->getState('list.direction');
$query->order($db->getEscaped($sort).' '.$db->getEscaped($order));
return $query;
}
}
```

Erklärung zum geänderten Code:
Die Erklärungen beziehen sich nur auf geänderte Zeilen des Codes.

```
if (empty($config['filter_fields'])) {
  $config['filter_fields'] = array(
        'id', 'title', 'owner' ,'category',
        'lent_from', 'lent_by');
```

Der Feldname hat sich geändert, es heißt jetzt *lent_from.*

```
$categoryId = $this->getUserStateFromRequest
        ($this->context.'.filter.category_id',
        'filter_category_id', '');
```

Da Sie nun schon mal im Model zugange sind, bauen Sie auch gleich den Kategorie-Filter für die Listenansicht mit ein. getUserStateFromRequest() liefert die Eingabe des Benutzers.

```
$this->setState('filter.category_id', $categoryId);
```

Im `state`-Objekt bleibt die Eingabe ins Filter-Feld erhalten, bis der User etwas anderes wählt.

```
$id .= ':'.$this->getState('filter.category_id');
```

Hier ergänzen Sie den Ident-Schlüssel dieser Ausgabe noch um die `category_id`.

Jetzt wird es interessant mit der Verknüpfung von *#_mythings*, *#_categories* und *#_users*.

```
protected function getListQuery()
  {
    $db  = $this->getDbo();
    $query= $db->getQuery(true);
    $query->select('a.*' ) ->from('#__mythings AS a');
```

Alle Spalten der Tabelle *#__mythings* werden in die Suche einbezogen.

```
$query->select('c.title AS category');
```

Von *#__categories* benötigen Sie nur die Spalte *title* mit den Kategoriennamen.

```
$query->join('LEFT', '#__categories AS c ON c.id = a.category_id');
```

Verknüpfen Sie *#__categories* und *#__mythings* über die `category_id`

```
if (is_numeric($categoryId)) {
    $query->where('a.category_id = '.(int) $categoryId);
}
```

Ermitteln Sie die Auswahl, die der Benutzer eventuell vorher im Kategorie-Filter gemacht hat. Wenn etwas ausgewählt wurde, steht in `state` ein ganzzahliger Wert und die Ausgabe wird eingeschränkt auf diese `category_id`. Das casting `"(int)"` stellt sicher, dass wirklich nur ein Integer-Wert zum Zug kommt.

```
$query->select('v.username AS owner_id');
$query->join('LEFT', '#__users AS v ON v.id = a.owner_id');
```

Dasselbe mit der `owner_id` des Eigentümers, nachdem der Alias `"u"` schon vergeben ist, kommt `"v"` als zweiter Aliasname.

```
$query->select('v.username AS lent_by');
$query->join('LEFT', '
        #__users AS v ON v.id = a.lent_by_id');
```

Und mit der `lent_by_id` des Ausleihers.

```
$search = $this->getState('filter.search');
if (!empty($search)) {
$s = $db->quote('%'.$db->getEscaped($search, true).'%');
$query->where(('a.title LIKE' .$s
            .'OR u.username LIKE' .$s
```

```
            .'OR c.title LIKE' .$s
            .'OR v.username LIKE' .$s));
}
```

Die Suche über die Eingaben im Filter ist im Prinzip unverändert. Beachten Sie aber, dass wir jetzt a.title von *#__mythings*, c.title (von *#__categories*) und u.username, v.username (von *#__users*) als Spaltennamen haben.

> **Tipp:** $hilf = $query->dump(); an dieser Stelle ist recht nützlich, um die query zu prüfen.

Der restliche Code dieses Skripts bleibt unverändert.

15.4 Die Listenansicht anpassen

15.4.1 Das Submenü der Listenansicht

Wir wollen das Kategorien-Konzept von Joomla für uns verwenden. Daher müssen wir Kategorien aufnehmen, ändern und löschen können, genau wie es auch bei Beiträgen oder Kontakten gemacht wird. Und ebenso wollen wir zwischen MyThings und Kategorien hin- und herwechseln können.

Bild 15.2: Das Submenü in der Listenansicht

Sie erinnern sich, dass wir die Toolbars im Backend in der jeweiligen *view.html.php* aufgebaut haben? Dabei haben wir die *administrator/includes/toolbar.php* verwendet. Diese Datei enthält eine weitere Klasse namens *JSubMenuHelper*. Die Methode zum Erzeugen der Submenüs sieht so aus:

```
JSubMenuHelper::addEntry($name, $link = '', $active = false);
```

$name ist der Name des Menüpunkts, $link ruft die betreffende Komponente auf. $active ist ein boolescher Wert und gibt an, ob dies die aktuelle Tab ist oder nicht. Es liegt es nahe, einfach das Submenü zusammen mit der Toolbar in *view.html.php* aufzubauen. Das habe ich zunächst auch gemacht und es funktioniert.

Aber: In diesem Submenü soll immer der aktive Tab im Vordergrund stehen. Welcher Menüpunkt aktiv ist, weiß am besten der Controller. Der Aufbau des Submenüs selbst hat im Controller nichts verloren, wir verlagern ihn deshalb in eine Helperklasse.

Helperklassen sind – Überraschung! – Helfer-Klassen, die sozusagen außerhalb des MVC-Schemas stehen und von überall verwendet werden können. Hierhin kommen allgemeine Funktionen, die von verschiedenen Klassen gebraucht werden. (DRY-Prinzip – *don't repeat yourself* – Wiederholung vermeiden). Joomla findet sie auch nicht durch irgendwelche Magie, hier muss der Entwickler schon selbst dafür sorgen, dass sie herangezogen werden.

Für die Helperklasse muss nun sogar die Verzeichnisstruktur der Komponente erweitert werden: Erstellen Sie ein Verzeichnis *helpers*. Speichern sie den folgenden Code:

administrator/com_mythings/helpers/mythings.php

```php
<?php
defined('_JEXEC') or die;

class MyThingsHelper
{
public static function addSubmenu($vName)
{

   JSubMenuHelper::addEntry(
      JText::_('COM_MYTHINGS_SUBMENU_MYTHINGS'),
      'index.php?option=com_mythings&view=mythings',
      $vName == 'mythings'
   );
   JSubMenuHelper::addEntry(
      JText::_('COM_MYTHINGS_SUBMENU_CATEGORIES'),
      'index.php?option=com_categories&extension=com_mythings',
      $vName == 'categories'
   );
}
}
```

Dieser Code ist eigentlich selbsterklärend. JSubMenuHelper hat nur eine einzige statische Methode, nämlich addEntry(). Damit baut man sich das Submenü beliebig auf und gibt die Namen der Reiter als Textschlüssel ein. Je nachdem, welche View gerade aktuell ist, bringt addEntry() den entsprechenden Tab in den Vordergrund.

Jetzt können Sie den Controller veranlassen, das Submenü in die View einzubauen. Fügen Sie in den allgemeinen Controller gleich am Anfang der Methode display die fett gedruckten Zeilen ein.

administrator/components/com_mythings/controller.php

```php
<?php
defined('_JEXEC') or die;
jimport('joomla.application.component.controller');

JLoader::register('MyThingsHelper', JPATH_COMPONENT
. '/helpers/mythings.php');
```

```
class MyThingsController extends JController
{

  protected $default_view = 'mythings';

  public function display($cachable = false, $urlparams = false)
  {
    $input = JFactory::getApplication()->input;
    $view  = $input->get('view', $this->default_view);
    $layout = $input->get('layout', 'default');
    $id     = $input->get('id');

    MyThingsHelper::addSubmenu($view);
```

Der Rest des Codes bleibt unverändert.

Damit wird zunächst die Helperklasse für den Autoloader registriert und ist bei Bedarf schnell geladen. Dann fügt der Controller das Submenü zum Wechsel zwischen MyThings und Kategorien in die Listenansicht ein.

15.4.2 Listenansicht mit Kategoriefilter

Eine langweilige Aufgabe: Die Listenansicht an die neuen Spaltennamen anzupassen – aber es kommt der Kategoriefilter dazu:

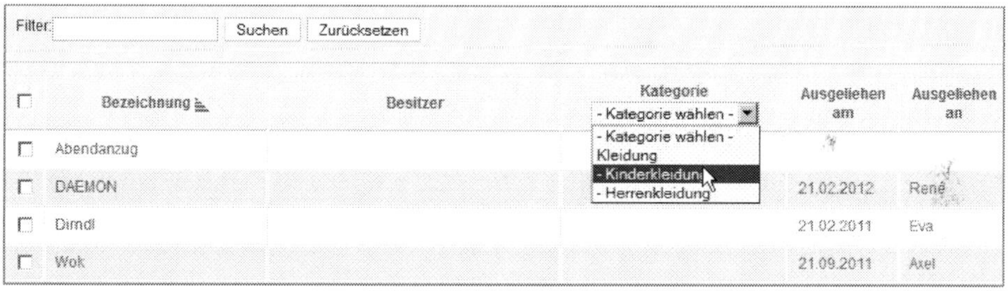

Bild 15.3: Ein Filter für Kategorien

Wir genehmigen uns einmal eine Abweichung vom standardisierten Aufbau der Listenansicht und platzieren das Auswahlfeld für Kategorien direkt im Spaltenkopf *Kategorien*. Das ist doch besser zu handhaben als die übliche Leiste mit den Filtern. Schlagwort »Usability«!

Fügen Sie den Kategorie-Filter innerhalb des Tabellenheaders unterhalb des Spaltennamens »Kategorie« ein.

administrator/components/com_mythings/views/mythings/tmpl/default.php

```
…..
<th width="10%">
  <?php echo JHtml::_('grid.sort', 'COM_MYTHINGS_CAT', 'category_id',
                                   $listDirn, $listOrder); ?>
```

```
<p>
<select name="filter_category_id" class="inputbox"
        onchange="this.form.submit()">
  <option value="">
        <?php echo JText::_('JOPTION_SELECT_CATEGORY');?>
  </option>
  <?php echo
        JHtml::_('select.options', J
        Html::_('category.options', 'com_mythings'),
        'value', 'text',
        $this->state->get('filter.category_id'));?>
</select>
</p>
</th>
</th>
<th width="20%">
  <?php echo JHtml::_('grid.sort', 'COM_MYTHINGS_OWNER', 'owner',
                      $listDirn, $listOrder); ?>
</th>
<th width="20%">
  <?php echo JHtml::_('grid.sort', 'COM_MYTHINGS_LENT_BY', 'lent_by',
                      $listDirn, $listOrder); ?>
</th>
  if ( $item->lent_from != $nullDate) {
    echo JHtml::_('date', $item->lent_from, Text::_('DATE_FORMAT_LC4'));
```

Erklärung zum Code:

administrator/components/com_mythings/views/mythings/tmpl/default.php

```
<p>
<select name="filter_category_id" class="inputbox"
        onchange="this.form.submit()">
```

Eine Select-Liste wird angelegt, sie filtert die Kategorien unserer Komponente.

```
    <option value="">
        <?php echo JText::_('JOPTION_SELECT_CATEGORY');?>
    </option>
```

Als erste Option soll der Auswahltext »Kategorie auswählen« stehen.

```
    <?php echo JHtml::_('select.options',
            JHtml::_('category.options', 'com_mythings'),
            'value', 'text',
            $this->state->get('filter.category_id'));?>
```

JHtml im Einsatz. Hier bekommen Sie ohne weiteres Zutun alle Kategorien der Komponente *MyThings* fix und fertig als Optionen für eine Select-Liste geliefert. Aktuell ausgewählt ist diejenige Kategorie, deren ID im Filter-Feld des state-Objekts steht.

15.5 Formularansicht und JForms

Die Listenansichten sind damit fertig. *JForms* wurde ja schon im Kapitel über die API vorgestellt. Hier folgt die Praxis zur Theorie. Es ist ein Schlaraffenland (noch dazu kalorienfrei!) und bietet alles, was das Herz des Formularentwicklers begehrt. Falls wirklich ein Wunsch offen bleiben sollte, lässt sich die Klasse JFormField leicht erweitern.

In einer XML-Datei, die unter *models/forms* mit dem Namen des zugehörigen Models geschrieben wird, definieren Sie die Felder, die auf dem Formular erscheinen sollen, und fassen sie in Gruppen zusammen. Die Gruppen können dann über Namen angesprochen werden. Der enorme Vorteil: Damit kann man die Form und ihr Layout voneinander unabhängig machen. Das Model baut »automagisch« aus den Felddefinitionen ein Form-Objekt und füllt es mit den Daten des jeweiligen Items. Das Layout hat nichts mehr weiter zu tun, als die Felder auszugeben.

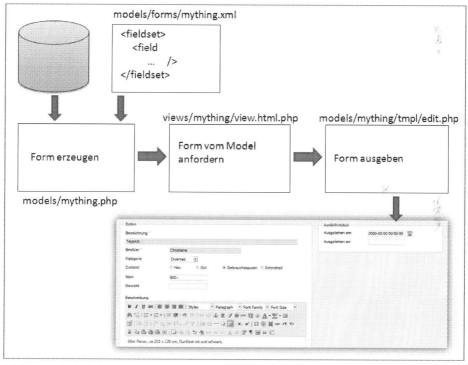

Bild 15.4: So funktioniert die Formularausgabe

15.5.1 Man nehme ... fieldsets und fields

Öffnen Sie nochmal im Backend die Datei *models/forms/mything.xml*. Dort haben wir die einfachste denkbare Felddefinition verwendet, aber das schmücken wir jetzt aus.

Bei uns am dringendsten sind folgende Punkte:

- Select-Listen für Kategorien von com_mythings

- Editor für die Beschreibung

- Kalender für das Ausleihdatum

- Möglichkeit, den Status einheitlich anzugeben, nicht als freien Text

- Bild hochladen

- Möglichkeit, User auszuwählen, die als Besitzer oder Ausleiher auftreten

Wir teilen das Formular auf in zwei fieldsets: eins für die Attribute des Ausleihobjekts und eins für die Daten des Ausleihvorgangs.

Innerhalb der fieldsets definieren wir jetzt unsere Felder. Hier beginnt der Spaß. Wir kaufen ein bei *libraries/form/fields*:

Eine Felddefinition muss auf jeden Fall *Typ* und *Name* haben. *Description* ist optional, es ist der Text, der dann in den Tooltips angegeben wird, wenn *behavior.tooltip* im Layout gesetzt ist.

Danach kommen Attribute, die je nach Feldtyp verschieden sind. Hier eine Minimalvariante eines `<field>`-Elements.

```
<field
    name="id"
    type="hidden"
    default="0" />
```

In Kapitel 11 sehen Sie das gesamte Angebot, von dem wir nur einen kleinen Teil brauchen. Wir ermuntern Sie aus- und nachdrücklich, in der API herumzustöbern.

15.5.2 … garniere sie mit Eigenschaften

Das Kunststück beim Aufbau des *form* ist nun herauszufinden, welche `<field>`-Elemente welche Attribute haben können. Vorläufig sind API und der Quellcode der Platform unsere Wissensquelle, dort finden wir auch die möglichen Attribute zu den einzelnen Feldtypen.

> **Tipp:** Es gibt auch genug Komponenten im Backend – und es ist gar keine Schande, sich die *forms* dort anzuschauen.

Sie bauen jetzt die *models/forms/mything.xml* etwas um. Der Fettdruck zeigt die Änderungen. Der Code ist selbsterklärend.

Vorsicht! Diese Datei ist eine Prinzessin auf der Erbse. Der winzigste Fehler kann meine erklärte Lieblings-Fehlermeldung *Fatal error: Call to a member function get-Label() on a non-object in ...* provozieren.

administrator/componentes/com_mythings/models/forms/mything.xml

```xml
<?xml version="1.0" encoding="utf-8"?>
<form>
  <fieldset name="mythings-data">
    <field
        name="id"
        type="hidden"
        default="0" />
    <field
        name="title"
        type="text"
        class="inputbox"
        label="COM_MYTHINGS_TITLE_LABEL"
        size="60"
        required="true" />
    <field
        name="owner_id"
        type="user"
        label="COM_MYTHINGS_OWNER_LABEL"/>
    <field
        name="category_id"
        type="category"
        extension="com_mythings"
        class="inputbox"
        label="COM_MYTHINGS_CAT_LABEL"/>
    <field
        name="state"
        type="radio"
        label="COM_MYTHINGS_STATE_LABEL"
        default="0" class="inputbox" >
        <option value="0">COM_MYTHINGS_STATE_NEW
        </option>
        <option value="1">COM_MYTHINGS_STATE_USED
        </option>
    </field>
    <field
        name="value"
        type="text"
        class="inputbox"
        label="COM_MYTHINGS_VALUE_LABEL"
        size="20" />
```

```xml
    <field
        name="weight"
        type="text"
        label="COM_MYTHINGS_WEIGHT_LABEL"
        size="20" />
    <field
        name="img"
        type="media"
        label="COM_MYTHINGS_IMG_LABEL"
        description="COM_MYTHINGS_IMG_DESCR"
        size="20" />
    <field
        name="description"
        type="editor"
        class="inputbox"
        label="COM_MYTHINGS_TEXT_LABEL"
        filter="JComponentHelper::filterText"
        buttons="false"
        hide="readmore,pagebreak,image"/>
</fieldset>

<fieldset name="mythings-lent">
    <field
        name="lent_from"
        type="calendar"
        label="COM_MYTHINGS_LENT_LABEL"
        format="%Y-%m-%d %H:%M:%S"
        size="20" />
    <field
        name="lent_to"
        type="calendar"
        label="COM_MYTHINGS_LENT_TO_LABEL"
        description="COM_MYTHINGS_LENT_TO_DESC"
        format="%Y-%m-%d %H:%M:%S"
        size="20" />
    <field
        name="lent_by_id"
        type="user"
        label="COM_MYTHINGS_LENTBY_LABEL"
        description="COM_MYTHINGS_LENTBY_DESC"
        size="20" />
</fieldset>
</form>
```

15.5.3 ... zeige sie als Formular

Die View hat nun das form-Objekt fertig zum Gebrauch. Das Layout hat nichts weiter zu tun, als alles auszugeben.

Ein paar neue Felder sind dazu gekommen und die Ausleih-Informationen sollen rechts oben stehen.

administrator/components/com_mythings/views/mything/tmpl/edit.php

```php
<?php
defined('_JEXEC') or die; ?>

<form action="<?php echo JRoute::_('index.php?option=com_mythings&id='
                .(int) $this->item->id); ?>"
            method="post" name="adminForm" id=" adminForm ">
<div class="width-60 fltlft">

<fieldset class="adminform">
```

Die fett gedruckte Zeile quetscht den Datenbereich auf 60 % zusammen, um Platz für eine rechte Spalte zu schaffen.

Über das Editorfeld fügen Sie noch die Möglichkeit ein, ein Bild hochzuladen.

```php
    <li><?php echo $this->form->getLabel('img'); ?>
        <?php echo $this->form->getInput('img'); ?>
    </li>
```

Ich konnte es mir nicht verkneifen, die Ausleihdaten rechts oben noch als Slider zu gestalten. Das Auf- und Zuklappen ist immer so nett. Die fett gedruckten Zeilen erzeugen ein Sliderpanel mit einem Slider für die Ausleihdaten. Ändern Sie am Ende des Programms diese Zeilen. Was fett gedruckt ist, ist neu.

administrator/components/com_mythings/views/mything/tmpl/edit.php

```php
        <?php echo $this->form->getInput('description'); ?>
        </li>
    </ul>
  </fieldset>
</div>

<div class="width-40 fltrt">
<?php echo JHtml::_('sliders.start', 'lent-data'); ?>
<?php echo JHtml::_('sliders.panel',
    JText::_('COM_MYTHINGS_LENT_DATA'), 'lent-details'); ?>

<fieldset class="adminform">
<ul class="adminformlist">
```

```
<li><?php echo $this->form->getLabel('lent_from'); ?>
    <?php echo $this->form->getInput('lent_from'); ?>
</li>
<li><?php echo $this->form->getLabel('lent_to'); ?>
    <?php echo $this->form->getInput('lent_to'); ?>
</li>
<li><?php echo $this->form->getLabel('lent_by_id'); ?>
    <?php echo $this->form->getInput('lent_by_id'); ?>
</li>
</ul>
</fieldset>
<?php echo JHtml::_('sliders.end'); ?>

<input type="hidden" name="task" value="" />
<?php echo JHtml::_('form.token'); ?>
</div>
</form>
<div class="clr"></div>
```

Erklärung zum Code:

```
</div>
<div class="width-40 fltrt">
```

Nur HTML: Ende der linken Spalte und Beginn der rechten Spalte.

```
<?php echo JHtml::_('sliders.start', 'lent-data'); ?>
```

Hiermit beginnt ein Slider-Bereich für Ausleihdaten.

```
<?php echo JHtml::_('sliders.panel',
    JText::_('COM_MYTHINGS_LENT_DATA'), 'lent-details'); ?>
```

Damit ist ein Slider definiert. Er enthält die Felder des fieldset *lent-details* und eine Überschrift.

```
<?php echo JHtml::_('sliders.end'); ?>
```

Damit ist das Sliderpanel abgeschlossen. Innerhab eines solchen Panels können viele Slider auf- und zuklappen, auch bei uns werden noch welche dazukommen.

Schauen Sie sich jetzt Ihr Formular an und freuen Sie sich!

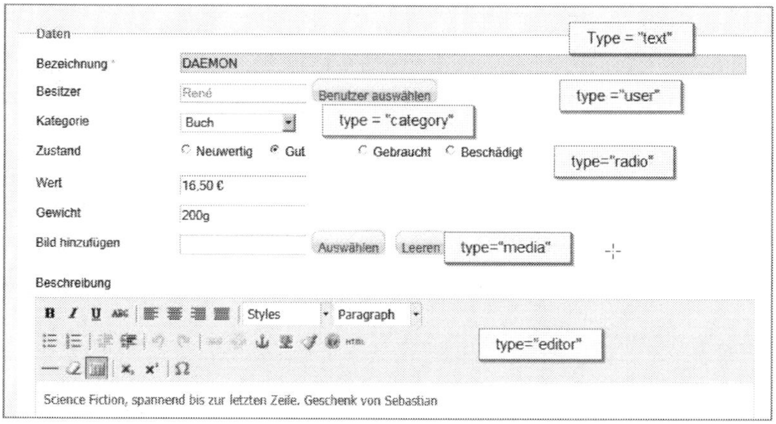

Bild 15.5: Die Formularansicht im neuen Gewand

15.5.4 Layout-Variante mit Schleife

Das bisher verwendete Layout der Formularansicht nimmt sich alle Felder einzeln vor; der Entwickler muss also genau wissen, welche Felder es gibt. Kommt ein neues Feld dazu oder fällt eins weg (oder hundert), bedeutet das eine Änderung am Layout.

Fieldsets geben Ihnen aber die Möglichkeit, davon unabhängig zu werden, indem die Felder in einer foreach-Schleife nacheinander ausgegeben werden. Das würde innerhalb des Sliders dann wie im folgenden Abschnitt aussehen, wobei die Felder vom Typ *hidden* übergangen werden (haben wir momentan nicht, aber wer weiß?). Und zur Abwechslung verwenden wir hier einmal eine Definitionsliste anstelle der unsortierten Liste.

```
<fieldset class="panelform">
<dl>
<?php foreach ($this->form->getFieldset('mythings-lent') as $field): ?>
    <?php if (!$field->hidden): ?>
        <dt><?php echo $field->label ?></dt>
        <dd><?php echo $field->input ?></dd>
    <?php endif; ?>
<?php endforeach; ?>
</dl>
</fieldset>
```

15.6 Erweiterung der Sprachdateien

Wie nach jedem Refactoring-Schritt: Sprachdateien sind zu erweitern. Darin haben Sie schon Übung, deshalb gibt es keine Erklärung.

Folgende Zeilen sind neu:

```
COM_MYTHINGS_SUBMENU_MYTHINGS="MyThings"
COM_MYTHINGS_SUBMENU_CATEGORIES="Kategorien"
COM_MYTHINGS_STATE_NEW="Neuwertig"
COM_MYTHINGS_STATE_USED="Gebrauchsspuren"
COM_MYTHINGS_IMG_LABEL="Bild"
COM_MYTHINGS_IMG_DESCR="Optimal sind 200*200px"
COM_MYTHINGS_LENT_TO_LABEL="Ausgeliehen bis"
COM_MYTHINGS_LENT_TO_DESCR="Datum der Rückgabe"
```

Fertig. Bewundern Sie Ihr Werk!

15.7 Frontend anpassen

Das Frontend anzupassen, ist Ihre Übungsaufgabe (Das Sprungtuch finden Sie im Download). Was müssen Sie beachten?

* Das Model muss einen LEFT JOIN zu Kategorien und Usern (Ausleiher) verwenden.

* Spalten- bzw. Eigenschaftsnamen haben sich geändert, das betrifft die Listenausgabe und die Detailansicht.

* Die Eingabe »Zustand« wurde zu einem Radio-Button umgebaut.

* Sie können jetzt auch ein Bild mit ausgeben.

Hier zur Erinnerung noch einmal die Änderungen an der Tabelle:

```
public $category_id;    (bisher $category)
public $owner_id;       (bisher $owner)
public $lent_by_id;     (bisher $lent_by)
public $lent_from;      (bisher $lent)
public $lent_to;
public $img;
```

16 Kosmetik fürs Frontend

Da Sie gerade so schön beim Umbauen sind, machen wir im Frontend gleich damit weiter, nur etwas entspannter und mit dem Zweck, das Aussehen der Layouts aufzupolieren. Christiane hat uns in Kapitel 3.3.5 (beim Layout der Listenansicht) »rücksichtslos« ein paar style-Attribute in die HTML-Tabelle gepackt und hielt es dann auch nicht für nötig, eine CSS-Datei zu laden … ;-)

Aber kommt Ihnen das nicht auch bekannt vor? Der Kunde möchte das Design der Website durchgängig umgesetzt sehen, doch die HTML-Ausgabe von (externen) Komponenten oder Modulen, die man als Frontend-Designer ordentlich anhübschen will, ist schlicht unbrauchbar.

Frontend- und Template-Designer haben dazu Layout-Overrides, um das HTML über das Template entsprechend aufzupeppen und eine API, die es erlaubt, die nötigen Ressourcen nachzuladen.

In diesem Kapitel lernen Sie:

- ein Layout-Override zu erstellen
- ein alternatives Layout für eine View anzulegen
- Ressourcen wie Stylesheets (CSS) und JavaScript (JS) einzubinden
- die Reihenfolge beim Laden externer Ressourcen zu beeinflussen

16.1 Layout-Overrides erstellen

Damit Sie generell das Layout einer x-beliebigen Komponente ändern können, müssen sie zunächst wissen, welche ihrer Views aktiv ist, die das Layout lädt. Bei Komponenten finden Sie den Namen der aktiven View eines Menütyps, auch bei aktivem *SEF*, am schnellsten über die Link-URL.

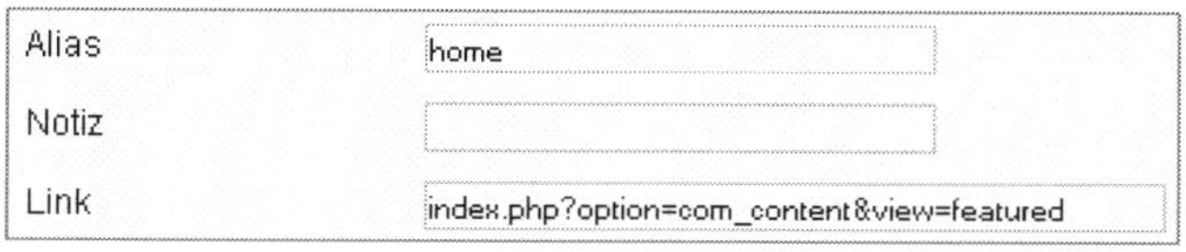

Alias	home
Notiz	
Link	index.php?option=com_content&view=featured

Bild 16.1: Typisch Startseite: »featured« (Hauptbeiträge) der Artikelkomponente (*com_content*)

Die Artikelkomponente fährt von Hause aus mit sechs verschiedenen Views und insgesamt sieben Layouts zzgl. mehrerer Hilfsdateien für »Unterlayouts« auf. Unsere Komponente ist da bescheiden und hat im Frontend (*./components/com_mythings*) zwei

Views anzubieten, mything (Einzelansicht) und mythings (Tabellenansicht), mit je einem Standardlayout (*default.php*), zu finden unter:

- *./views/mything/tmpl/default.php* (Einzelansicht)

- *./views/mythings/tmpl/default.php* (Tabellenansicht)

Die Tabellenansicht wird von einer gleichnamigen XML-Datei begleitet (*default.xml*), weshalb darauf auch ein Menüeintrag erstellt werden kann.

Alias	verleih
Notiz	
Link	index.php?option=com_mythings&view=mythings

Bild 16.2: Verleihübersicht: Menütyp »mythings« (Tabellenansicht) von MyThings (com_mythings)

Um für die *Tabellenansicht* unserer Komponente ein Layout-Override zu erstellen, legen Sie im Template-Ordner folgende Ordnerstruktur an und kopieren die Layoutdatei *default.php* dort hinein:

./components/**com_mythings**/views/**mythings**/tmpl/**default.php** (Quelle)

./templates/beez5/html/**com_mythings**/**mythings**/**default.php** (Ziel)

Für Beez 2 entsprechend: *templates/beez_20/html/com_mythings/mythings/default.php*

Falls Sie ein anderes Template verwenden, ist das *Hauptverzeichnis* »html«, in dem alle Overrides eines Templates abgelegt werden, ggf. noch zu erstellen. Und an diesem Punkt lasse ich Sie erst mal alleine mir Ihrer Kunst: Ohne den Interna von MyThings in die Quere zu kommen, können Sie nun wie für jede andere Komponente auch, am Layout der Tabellenansicht Änderungen vornehmen. Zumindest was den aktuellen Stand des Funktionsumfangs betrifft.

> **Baustelle MyThings!** Die Arbeiten an den Originallayouts der Komponente sind zu diesem Zeitpunkt noch nicht beendet. Christiane und Axel haben in den folgenden Kapiteln noch spannende Änderungen an und mit der Ausgabe vor (ACL, Formulare und Plugins).
> Wenn Sie Overrides erstellen (auch für Core-Komponenten oder Module), haben Sie deshalb stets ein Auge auf deren Layoutdateien, die mit einem Update dieser Erweiterungen unverhofft auftreten können.

16.2   Alternatives Layout erstellen

Overrides erstellen Sie innerhalb eines Templates und benötigen dazu seitens der Komponente stets eine existierende Vorgabe. *Neue Layouts* sind demnach erst einmal im

Bereich der Komponente anzulegen, bevor ein Designer damit anderswo hantieren kann.

Von der Artikelkomponente kennen Sie die Möglichkeit Blog- und Tabellenansichten über Kategorien und Artikel auszugeben, indem Sie einfach einen anderen Menütyp erstellen. Hier entsteht eine Alternative für die bisherige Tabellenansicht. MyThings hat (noch) keine Kategorieansicht und diese mitsamt den nötigen Models und Datenbankabfragen zu erstellen, lassen wir Ihnen als Hausaufgabe.

Download: Den Installer für das Layout finden Sie in der Downloaddatei *kap-16.zip*.

Das alternative Layout wird keine Designrevolution und ist grundsätzlich funktionsgleich mit der aktuellen Tabellenansicht.

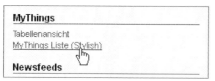

Bild 16.3: Zusatzlayout »Stylish«

Nachdem Sie das Layout installiert haben, sehen Sie folgende Änderungen:

./components/com_mythings/views/mythings/tmpl/stylish.php

```php
defined('_JEXEC') or die;

/* Stylesheet aus dem media-Ordner einbinden */
JFactory::getDocument()
  ->addStyleSheet(JURI::base(true) . 'media/mythings/css/mythings.css');

/* falls angemeldet, werden die persönlichen Things hervorgehoben */
$user = JFactory::getUser();

/* ... */
```

Die Liste basiert weiterhin auf einer Tabelle, ist nun aber von einem DIV umgeben. Beide haben eine CSS-Klasse, ebenso die einzelnen Spalten im Tabellenkopf (thead) und Tabellenkörper (tbody). Zusammengefasst ergibt sich das HTML-Gerüst, das viele Ankerpunkte für CSS-Künstler liefert.

In der Schleife, welche die einzelnen Dinge ausgibt, werden dazu ausreichend Hilfsvariablen gesetzt, die in das HTML der Tabelle eingestreut werden, um »semantische« CSS-Klassen zu bilden. Darunter auch die Variablen $avail und $mine als Schalter, ob ein Ding verfügbar ist und/oder vom aktuellen User ausgeliehen wurde.

```
<table class="things">
<thead>
  <tr>
    <th class="title">...</th>
    <th class="category">...</th>
    <th class="lentby">...</th>
    <th class="date">...</th>
  </tr>
</thead>
<tbody class="thing-list">
<?php foreach ($this->items as $item) {
// Hilfsvariablen
$link = JRoute::_("index.php?option=com_mythings&view=mything&id="
     . (int) $item->id);
$avail   = ($item->lent_from == $nullDate)
     ? 'avail' : 'unavail';
$mine = ($item->lent_by == $user->username)
     ? 'mine' : '';
$lent = ($item->lent_from != $nullDate)
     ? JHtml::_('date', $item->lent_from, 'DATE_FORMAT_LC4')
     : ' ';
?>
  <tr class="thing-item <?php echo "{$avail} {$mine}" ?>">
    <td class="title">...</td>
    <td class="category">...</td>
    <td class="lentby">...</td>
    <td class="date">...</td>
  </tr>
<?php } ?>
</tbody>
```

Der Name des alternativen Layouts wird im Formular noch als verstecktes Feld eingefügt:

```
<input type="hidden" name="Layout" value="stylish" />
```

Im Backend können Sie nach der Installation auch einen Menüeintrag auf dieses alternative Layout »MyThings Liste (Stylish)« setzen. 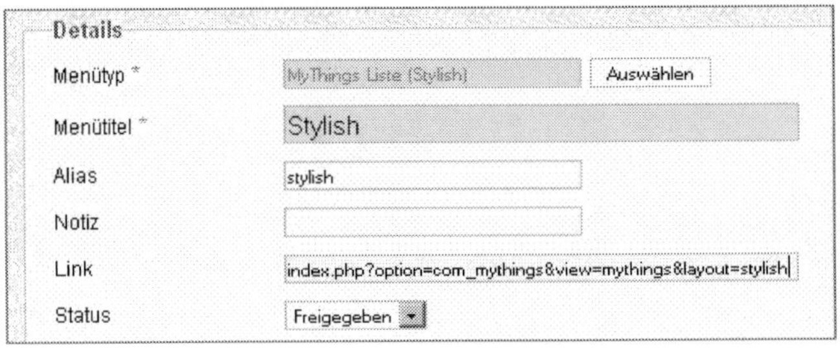

Details	
Menütyp *	MyThings Liste (Stylish) Auswählen
Menütitel *	Stylish
Alias	stylish
Notiz	
Link	index.php?option=com_mythings&view=mythings&layout=stylish
Status	Freigegeben

Bild 16.4: Der Link zur Listenausgabe enthält den neuen Zusatzparameter layout=stylish

16.3 Ressourcen einbauen: JDocument

Nachdem Sie Ihre Arbeitskopie im Template-Ordner angelegt haben, können Sie über die API von `JDocument` externe Ressourcen verknüpfen und individuellen CSS und JS-Code hinzufügen. Theoretisch sieht das so aus:

```
$base = JURI::base(true) . '/media/mythings/';
// die Instanz des aktiven Dokuments besorgen
$doc = JFactory::getDocument();
$doc->addScript($base . 'mythings.js');
$doc->addStylesheet($base . 'mythings.css');
$doc->addScriptDeclaration('/* ein Stück JavaScript */');
$doc->addStyleDeclaration('/* ein Stück CSS */');
```

Sie müssen sich zunächst die Instanz des aktiven Dokument-Objekts besorgen. Danach können Sie eine der nachfolgend vorgestellten Methoden anwenden, um die entsprechende Ressource zu laden.

```
function addScript($url, $type="text/javascript", $defer=false,
$async=false)

function addStyleSheet($url, $type='text/css', $media=null,
$attribs=array())
```

An den Vorgabewerten der Funktionsparameter können Sie schon erahnen, dass Sie hier i. d. R. nur die URL zur gewünschten Style- oder Scriptdatei anzugeben brauchen. Für Ajax-lastige Views und Layouts können Sie den Download der via `addScript()` geladenen Skripte über die Parameter `$defer` und `$async` verzögern bzw. parallelisieren – sofern der aktive Browser mit den gleichnamigen Attributen und ihren Regeln aus der HTML5-Spezifikation zurechtkommt.

```
function addScriptDeclaration($content, $type='text/javascript')

function addStyleDeclaration($content, $type='text/css')
```

Individuelle CSS und JS-Schnipsel fügen Sie als einzelne Deklarationen in den Seitenkopf ein. Diese werden von `JDocument` in der Reihenfolge ihres Auftretens gesammelt und gemeinschaftlich in *einem* `<script>`- bzw. `<style>`-Element im Kopf der aktuellen Seite (`JDocumentRendererHead`) ausgegeben.

Die Angabe des MIME-Type scheint hier für HTML-Dokumente und in Zeiten von HTML5 auf den ersten Blick redundant, jedoch soll(te) `JDocument` *auch* für XML-Dokumente anwendbar sein. In der Welt von XML ist die Wahl für Skript- und Stylesheet-Typen ebenso offen und austauschbar wie die Namen der Elemente und nicht, wie in den HTML-Standards, begrenzt auf die Fähigkeiten von Browsern.

Der MIME-Type muss daher angegeben werden *können*.

Als Ergänzung der vier Methoden und diesmal auf HTML-Dokumente begrenzt (`JDocumentHtml`) lassen sich benutzerdefinierte Elemente generieren (bzw. jedwedes

Markup) und am Ende des `<head>`-Elements ausgeben. Dies ist mitunter nötig, um die klassische Browserweiche, für die nicht mehr ganz so frischen Versionen des Internet Explorer[54], mit Hilfe von sogenannten »Bedingten Kommentaren« (conditional comments, CC) zu erstellen.

```
function addCustomTag($html)
```

Als `$html` geben Sie den gesamten HTML-Code an, bspw. einen CC mitsamt entsprechendem Inhalt. Da jeder Aufruf von `addCustomTag()` zu einem eigenen Stück HTML führt, sollten Sie die Inhalte für CCs hierfür möglichst sammeln und in einem Rutsch übergeben.

```
$msie6 = <<<MSIE6
<!-- Browser Emulators -->
<!--[if IE 6]>
<link rel="stylehseet" href="msie6-hacks.css">
<style>.msie6 .flt {display:inine-block}</style>
<![endif]-->
MSIE6;

$msie5 = "<!--[if IE 7]> <script src="ie7fix.js"></script> <![endif]-->";

$doc->addCustomHtml($msie6 + $msie7);
```

Alle vorgestellten Methoden unterstützen auch die Objektverkettung (chaining) und können in einem Guss aufgerufen werden:

```
/* ohne Rücksicht auf Sinnhaftigkeit und URLs ... */
JFactory::getDocument()
    ->addScript("schnubbi.js")
    ->addStylesheet("schick.css")
    ->addStyleDeclaration("a, a::link {color:#BADA55}")
    ->addScriptDeclaration("alert('Hallo!')")
    ->addCustomHtml("<!-- Ende der Vorführung ? -->")
    ->addScript("dubbi.js")
    ;
```

16.3.1 Gegen den Inline-‹script›

Da Sie nun erfahren haben, wie Sie eine HTML-Seite »offiziell« mit individuellem JavaScript oder CSS anreichern können, sollten Sie eines tunlichst vermeiden: `<script>`-Elemente direkt in Ihr Layout aufnehmen und damit *unkontrolliert* auf der Seite verteilen.

---

[54] In MSIE 10 wurde die Unterstützung für Bedingte Kommentare aufgehoben.

Gerade bei Modulen ist diese Unart sehr häufig zu beobachten und Mitursache dafür, dass sich trotz aktiviertem Cache, viele Joomla-Websites so langsam »anfühlen«, wurden sie erst mit zahllosen, scriptbesessenen Modulen aufgerüstet. Die meisten Web-Browser unterbrechen ihre Arbeit beim Auftreten eines Script-Elements, verarbeiten den Scriptcode, und fahren *danach* mit dem nachfolgendem HTML fort – es hätte ja sein können, dass in dem Script die Struktur des DOM oder des HTML verändert werden sollte. Die Gleichzeitigkeit der Ausführung und der parallele Download anderer Ressourcen (Grafiken) wird vorsätzlich unterbrochen.

Organisieren Sie die Ressourcen in Ihrer Erweiterung und nutzen Sie die o.g. API-Methoden. Sie ermöglichen dadurch auch anderen Erweiterungen einen zuverlässigen Zugriff und Zugang zu *allen* externen verknüpften Ressourcen noch bevor das Template in HTML gegossen wird und zum Browser gelangt. Skript-Packer und Kompressoren geben Anwendern und Betreibern die Möglichkeit die Leistung ihrer Websites zu erhöhen.

Das Modul der Volltextsuche und das Plugin der E-Mail-Verschleierung gehören leider zu den Kandidaten aus dem Core, die nicht nur Inline-Skripte ausspucken, sondern auch das garstige `document.write()` einsetzen.

Wenn Sie Optimierungsideen suchen: hier wäre noch Potenzial!

16.3.2 Probieren Sie mal Heredocs

Programmieren Sie zufällig auch in Perl oder hacken Sie gerne auf der Shell herum? Dann kennen und nutzen Sie vermutlich die *Heredocs*[55], ansonsten weiß die Wikipedia zu berichten: »*Ein Sprachkonzept aus der Informatik zur Spezifikation eines Zeichenfolgen-literals.*«

Diese *Literale* fungieren als einfach Mini-Templates mit Platzhaltern, die man an Ort und Stelle (here) erstellen, in Variablen speichern und natürlich auch als Ergebnis einer Funktion zurückgeben kann.

Im Grunde hätte dieser Abschnitt an den Anfang des Buches ins Kapitel 7 mit den Code-Guidelines gepasst, aber in Layouts und Templates findet sich oft derart garstig Ding, das mit dem Zusammenstellen von dynamischem, individuellen JavaScript- und CSS-Code zusammenhängt, sodass mir Heredocs hier irgendwie besser aufgehoben scheinen.

Mit Heredocs spart man sich vor allem das lästige und fehleranfällige Maskieren (escapen) von Slashes und Anführungszeichen, gerade beim Zusammenkleben von JavaScript-Code. Zum Vergleich Auszüge aus `JHtmlBehavior` im Original:

```
$document
   ->addScriptDeclaration(
"
window.addEvent('domready', function() {
```

---

[55] *http://de.wikipedia.org/wiki/Heredoc*

```
    SqueezeBox.initialize(" . $options . ");
    SqueezeBox.assign($$('" . $selector . "'), {
        parse: 'rel'
    });
});"
);
```

und als Heredoc:

```
$squeeze = <<<JS
window.addEvent('domready', function() {
    SqueezeBox.initialize({$options});
    SqueezeBox.assign($$('{$selector}'), {parse: 'rel'});
});
JS;
$document->addScriptDeclaration($squeeze);
```

Die Wahl der äußeren Quotes (" vs. ') kann über die Lesbarkeit entscheiden:

```
$opt['onLoad'] = '
    document.id(\'' . $params['clearButton']
    . '\').addEvent(\'click\', function() {
        Uploader.remove(); // remove all files
        return false;
    });
    document.id(\'' . $params['startButton']
    . '\').addEvent(\'click\', function() {
        Uploader.start(); // start upload
        return false;
    });
';
```

versus Heredoc:

```
$opt['onLoad'] = <<<SCRIPT
document.id('{$params['clearButton']}').addEvent("click", function() {
    Uploader.remove(); /* remove all files */
    return false;
});
document.id('{$params['startButton']}').addEvent("click", function() {
    Uploader.start(); /* start upload */
    return false;
});
SCRIPT;
```

Die Unterschiede sind aufgrund der Kürze des Codes vielleicht nur marginal, aber nach meinem unbescheidenen Dafürhalten, sieht die Heredoc-Variante in vielen Fällen weniger zerfleddert aus und man kann wesentlich entspannter mit Anführungszeichen umgehen.

Mit Heredocs »verbraten« Sie mitunter eine Variable, um darin eine temporäre Kopie für den Template-Code abzulegen (`$squeeze`). Mit den einfachen Variablenplatzhaltern (`{$options}` und `{$selector}`) sparen Sie sich hingegen die Textkleberei mit Punkten, `\'` und `\"` bzw. ähnlichem Schabernack. Objekteigenschaften (`{$foo->bar}`) oder Arrays (`{$params['startButton']}`) können ebenfalls *direkt im Zeichenfolgenliteral* angegeben werden.

16.4 Browser-Ressourcen in ./media

Schon in Joomla! 1.5 wurde ein unscheinbarer Ordner mit Namen *./media* eingeführt, der dazu gedacht ist, die öffentlichen Ressourcen aufzunehmen, die vom Browser zu laden sind: CSS-Dateien, Icons, Scripte. Mit Ausnahme einer großen Zahl »System-Icons« war darin jedoch wenig Sinnvolles zu finden. Erst in der Version 1.6 und aufwärts wurde der Ordner mit mehr Leben gefüllt und die Möglichkeit geschaffen, in diesem Ordner Dateien zu installieren.

Website-Betreiber können und wollen zurecht die URL des Backend verlagern oder zumindest den Standardordner *./administrator* mit einem erweiterten Zugriffsschutz versehen. Falls Ihre Erweiterung(en) gemeinsame Ressourcen nutzen, die im Backend wie auch im Frontend Verwendung finden, speichern Sie diese deshalb im Ordner *./media*, damit der Browser für alle Anwendung ohne Probleme auf diese Dateien zugreifen kann.

16.4.1 Medien in der manifest.xml

Ihr Install-Skript kann die notwendige Verzeichnisstruktur für alle gemeinsamen öffentlichen Ressourcen anlegen. Hierzu fügen Sie der *manifest.xml* das (neue) `<media>`-Element hinzu. Es funktioniert ähnlich dem `<files>`-Element und erlaubt Ihnen, Ordnerstrukturen und einzelne Dateien aus dem Installationsarchiv zu kopieren. Zielordner ist dabei stets der Ordner *./media* im Hauptverzeichnis des Frontend. Da es noch weitere Variationen zum Installieren von Dateien und Ordnern gibt, hat Axel alles zum Thema Installer in Kapitel 23 zusammengefasst.

16.5 Trickreiche Ausführung

Ein selten bedachter Nebeneffekt beim Aufruf der hier vorgestellten API-Methoden ist die Reihenfolge, in der das CMS die zahlreichen PHP-Skripte lädt und ausführt. Plugins, Module, Komponenten-Views, Layouts und die *index.php* des Template »laufen« nicht ganz so top-down ab, wie man vermuten mag. Damit Abhängigkeiten zwischen den Skripten keine Fehler verursachen und die Kaskade bei CSS auch korrekt funktioniert, ist mitunter zu beachten, wo das Laden einer Ressource angelegt wird.

Beispiel in welcher Reihenfolge CSS- und JS-Dateien tatsächlich geladen werden:

1. System-Plugins (onAfterRoute)

2. Komponenten-Events (z. B. onContentBeforeDisplay, onMythingsDisplay)

3. Komponenten-Layout (bspw. *default.php*)

4. System-Plugins (onAfterDispatch)

5. Template (*index.php*)

6. Modul-1-Layout (z. B. *default.php*)

7. Modul-X-Layout (z. B. *default.php*)

Die Liste der System-Events, vor und nach dem Ausführen der Komponente, sind exemplarisch auf onAfterRoute und onAfterDispatch reduziert, da sich nicht alle Ereignisse gleich gut für die Manipulation des Dokument-Objekts eignen.

Module sind hiernach aber in der Lage, die CSS-Kaskade einer Komponente zu überschreiben, da ihr Programmcode und damit auch die Aufrufe von `addStylesheet()` *nach* der Komponente ausgeführt werden.

Ein Plugin hat wiederum gegen die stärkere Kaskade in den später geladenen CSS-Dateien einer Komponente oder eines Moduls nur wenig Chancen. Plugins sind aber wiederum gut dazu geeignet, frühzeitig die erforderlichen *JavaScript-Bibliotheken* zu laden, die dann von der später ausgeführten Komponente oder Modulen genutzt und erweitert werden können.

17 Plugins – Arbeiten im Untergrund

Es gibt bereits einige vorgegebene Plugingruppen, die jeweils Ereignisse zur Verfügung stellen, die in eigenen Plugins benutzt werden können. Dazu haben wir eine Liste im Anhang B abgedruckt. Ebenso lassen sich aber auch eigene Ereignisse definieren und somit in eigenen Erweiterungen implementieren. Wollen Sie fertige oder eigene Ereignisse in Ihren Erweiterungen übernehmen, müssen Sie allerdings diese Ereignisse entsprechend vorbereiten. Der Fachausdruck dafür nennt sich »triggern«. Wie das genau geht, werden wir in diesem Kapitel etwas weiter unten erklären.

Damit haben Sie eine Fülle an Möglichkeiten mit Plugins. Einige werden wir in diesem Kapitel betrachten.

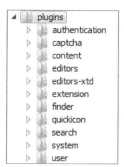

Bild 17.1: Joomlas Plugin-Gruppen

17.1 Klammern ersetzen im Beitrag

Download: Unter dem Namen *plg_content_background.zip* können Sie das Plugin auf *www.buch.cd* downloaden.

Ein oft verwendetes Plugin dient dem Ersetzen einer vorgegebenen Zeichenkette. Dazu wird ein Contentplugin benötigt, das vor der Ausgabe des Beitrages den Text nach einer bestimmten Zeichenkette durchsucht. Als Beispiel ein kleines Plugin, welches in den Beiträgen unterschiedliche Hintergründe durch Bilder oder Farben nach Belieben setzt, indem eine vorgegebene Zeichenkette im Beitrag entsprechend vom Plugin ersetzt wird.

Dazu geben wir im Beitrag nachfolgende Zeichenkette ein:

```
{background=images/sampledata/fruitshop/apple.jpg farbe=#000080}
```

Im Plugin müssen wir nun zunächst diese Zeichenkette definieren, damit wir nach ihr suchen können:

```php
<?php

defined('_JEXEC') or die;

class plgContentBackground extends JPlugin {

public function onContentPrepare($context, &$article, &$params, $limitstart)
{

  $regex = "/{background=(.*) farbe=(.*)}/i";
```

In den Klammern stehen *reguläre Ausdrücke*[56]. Der Punkt steht für ein beliebiges Zeichen und das Sternchen dafür, dass dieses Zeichen beliebig oft vorkommen darf. Einleitend ein »/«, der als Begrenzer dient. Am Ende finden wir denn auch noch einen Begrenzer, wobei der von einem »i« gefolgt ist, was bedeutet, dass uns die Groß- und Kleinschreibung nicht interessiert. »{background=« ist der Beginn unserer Zeichenkette, die wir im Beitrag eingegeben haben. Da wir den Inhalt rechts vom Gleichheitszeichen benötigen, wo wir den Pfad zum Hintergrundbild eingetragen haben, setzen wir das in Klammern. Durch die Klammern können wir anschließend ganz gezielt auf diesen Inhalt zugreifen. Das gleiche wiederholen wir noch einmal bei der Farbe.

Die Klammern werden nun quasi in Reihenfolge gezählt und können im Plugin mit $1 und $2 angesprochen werden. Beziehungsweise: der Inhalt der Klammern ist den beiden Variablen $1 und $2 zugewiesen worden.

Damit können wir die Zeichenkette bestimmen, die anstelle der geschweiften Klammern ausgegeben werden soll:

```php
$ersetzen = '<div style="background:url($1);background-color: $2">';
```

Wir setzen also ein div-style zusammen und übergeben jeweils unsere ermittelten Werte.

Jetzt müssen wir noch die Zeichenkette ersetzen, was wir mit preg_replace machen können:

```php
$article->text = preg_replace($regex, $ersetzen,
$article->text);
```

Am Ende muss noch das schließende DIV ausgegeben werden:

```php
echo '</div>';
```

---

[56] *http://www.danielfett.de/internet-und-opensource,artikel,regulaere-ausdruecke*

Sie können jetzt im Beitrag mehrere Hintergrundbereiche definieren, wenn Sie möchten. Lassen Sie den Pfad zum Bild weg, wird die angegebene Hintergrundfarbe benutzt.

Bild 17.2: Plugin für Hintergründe

Hier folgt der ganze Code des Plugins zum besseren Überblick. Wobei ich an den Anfang eine Prüfung gestellt habe, ob überhaupt die gewünschte Zeichenkette im Text vorhanden ist. Wenn nicht, dann wird das Plugin sofort wieder verlassen. So können wir die Performance etwas verbessern.

```php
<?php

defined('_JEXEC') or die;

class plgContentBackground extends JPlugin {

  public function onContentPrepare($context, &$article, &$params,
$limitstart) {

    if (strpos($article->text, '{background') === false) {
      return true;
    }

    $regex = "/{background=(.*) farbe=(.*)}/i";
    $ersetzen = '<div style="background:url($1);background-color: $2">';
    $article->text = preg_replace($regex, $ersetzen,
$article->text);
    echo '</div>';
  }
}
```

17.2 Dynamischer Titel per Parameterübergabe

Download: Unter dem Namen *plg_mytitel_02.zip* können Sie das Plugin auf *www.buch.cd* downloaden.

Ich greife an dieser Stelle wieder auf unser erstes Plugin aus Kapitel 5 zurück. Das war nicht sonderlich spektakulär. Aber ich werde Ihnen an diesem kleinen Beispiel-Plugin zeigen, wie Sie Parameter in Plugins einbinden können und wie Sie das Content-Plugin zu einer eigenen Plugingruppe und Ereignissen, die Sie in Ihrer Komponente benutzen können, aus- und umbauen können.

Als erstes möchte ich das Plugin mit eigenen Parametern etwas aufpeppen, was tatsächlich sehr einfach gelöst ist in Joomla. Wir müssen zunächst in unserer XML-Installationsdatei den oder die Parameter einbauen. Dazu ergänzen wir die *mytitel.xml* um den `config`-Block. Zum besseren Verständnis, wo wir gerade sind, hier die gesamte XML-Installationsdatei. Details dazu bitte im Kapitel über den *Installer* nachlesen (Kapitel 23).

```
<?xml version="1.0" encoding="utf-8"?>
<extension version="2.5" type="plugin" group="mythings">
<name>plg_mytitel 03</name>
<author>Axel Tüting </author>
<creationDate>Maerz 2012</creationDate>
<copyright>Franzis Verlag</copyright>
<license>GNU General Public License version 2 or later; see
LICENSE.txt</license>
<authorEmail>tueting@time4mambo.de</authorEmail>
<authorUrl>www.time4mambo.de</authorUrl>
<version>0.3</version>
<description>Ein erstes Plugin - Erstellt für das Buch Erweiterungen
Programmieren aus dem Franzis Verlag </description>

<files>
<filename plugin="mytitel">mytitel.php</filename>
<filename>index.html</filename>
</files>

<config>
<fields name="params">
<fieldset name="Header">
<field name="titel" type="input"
default="Wir lernen, wie wir unser erstes Plugin programmieren"
description="Tragen Sie hier eine Überschrift ein, die am Anfang des Textes
angezeigt wird."
label="Überschrift" size="50">
```

```
</field>
<field name="groesse" type="input" default="1.5"
description="Die Größe wird in 'em' angegeben"
label="Schriftgröße"
size="5">
</field>
</fieldset>
</fields>
</config>

</extension>
```

Mit `config` kennzeichne ich den Block, der die Parameter im Backend enthält. Im Block `fields` sind die einzelnen Felder enthalten. Der Name `params` ist an dieser Stelle Pflicht! Wird hier ein anderer Name vergeben, werden die Parameter nicht im Backend angezeigt. Danach wird das `fieldset` angegeben. Dieses Fieldset kennzeichnet einen Optionsbereich innerhalb der Parameter. Also der Bereich, der auch eingeklappt werden kann. Mindestens ein Fieldset muss angegeben werden!

Ich habe zwei Parameter-Felder hinzugefügt. Eines für die Überschrift und eines für die Überschriftengröße. Im Beispiellisting verzichte ich auf die Sprachschlüssel, in der Originaldatei sind Sie jedoch eingetragen.

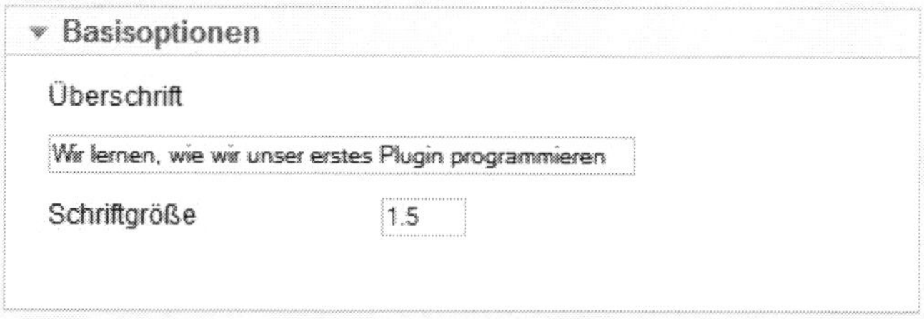

Bild 17.3: im Backend beim Plugin

Die `description` ist der Text, der im Tooltip angezeigt wird, wenn man über dem Text mit der Maus einen Moment verharrt.

`field` gibt schließlich die eigentlichen Parameter aus. Wichtig ist hier die Bezeichnung, die in `type` steht. In unserem ersten Plugin ist das jeweils ein Input-Feld. Also ein einzeiliges Eingabefeld. Die Typenbezeichnung ist identisch mit den Formularfeldern aus HTML.

Wenn wir die Zeichenketten in den Inputfeldern des Plugins ändern und das Plugin speichern, schreibt Joomla automatisch diese neuen Werte in die Datenbank und holt sie dort auch wieder heraus, wenn wir sie brauchen. Das bedeutet, dass wir all das nicht programmieren müssen. Also keine Speicherroutine und auch keine Leseroutine. Joomla nimmt uns diese Arbeit automatisch ab. Letztlich handelt es sich dabei um ein Formular. Und die Daten des Formulars werden entsprechend von Joomla verarbeitet und als `get`-Methode an unsere PHP-Programmierung übergeben. Dadurch wird der

Abruf der Parameter sehr einfach für uns, indem wir unsere *mythings.php* mit nur wenigen Zeilen ergänzen müssen:

```
$ueberschrift = $this->params->get('titel');
$hoehe = '<p style="font-size:'.$this->params->get ('groesse').'em;">';
```

Ich greife mit meinem Objekt auf die Methoden `params` und `get` zu und lese die jeweiligen Werte aus. `titel` und `groesse` sind die Namen, die ich bei dem einzelnen `field` zuvor angegeben habe. Damit kann ich nun bequem meine Ausgabe zusammenbauen:

```
$article->text = $hoehe.$ueberschrift.'</p>'.$article->text;
```

Natürlich könnte ich den Umweg über die Zwischenvariablen auch umgehen und gleich alles in eine letzte Zeile schreiben. Ich wollte es lediglich ein wenig übersichtlicher schreiben. Ich hätte also auch einfach nur diese Zeilen schreiben können:

```
$article->text = '<p style="font-size:'.
$this->params->get('groesse').'em;">'.
$this->params->get('titel') .'</p>'.$article->text;
```

Parameter sind also sehr einfach zu erzeugen. In der XML-Datei, mit der ich das Plugin installiere, wird das Formular erzeugt und mit `params->get` werden die Parameter eingelesen. Hier der gesamte Code unseres erweiterten ersten Plugins:

```php
<?php
defined('_JEXEC') or die;

class plgContentMyTitel extends JPlugin {

  public function onContentPrepare($context, &$article, &$params,
$limitstart) {
     $ueberschrift = $this->params->get('titel');
     $hoehe = '<p style="font-size:'.$this->params->get ('groesse').'em;">';
     $article->text = $hoehe.$ueberschrift.'</p>'.$article->text;
    return true;
   }
}
```

17.3   Triggern von Ereignissen

Bislang funktioniert unser Plugin ausschließlich in Beiträgen. Was daran liegt, dass wir nach wie vor auf das Ereignis `onContentPrepare` zugreifen, welches nicht in unserer Komponente implementiert ist. Generell gibt es nun zwei Möglichkeiten:

1. Wir implementieren das Ereignis `onContentPrepare` in der Komponente.

2. Wir implementieren eigene Ereignisse und schreiben das Plugin entsprechend um.

Variante eins mag auf den ersten Blick logischer erscheinen, hat aber den entscheidenen Nachteil, dass dann alle Content-Plugins, die mit dem Ereignis onContentPrepare arbeiten, auf unsere Komponente zugreifen. Und das könnte nicht immer erwünscht oder sinnvoll sein. Somit erscheint ein eigenes Ereignis sinnvoller.

Download: Unter dem Namen *plg_mytitel_03.zip* können Sie das Plugin auf *www.buch.cd* downloaden .

Um unser Plugin für ein eigenes Ereignis anzupassen, ist nur wenig Veränderung notwendig. Zum besseren Verständnis schauen wir uns aber zunächst das Triggern eines neuen Ereignisses an. Dazu hat uns Christiane in der Komponente freundlicherweise bereits zwei Ereignisse vorprogrammiert. Sie finden sie unter

/components/com_mythings/views/mythings/view.html.php

Eventuell müssen Sie erst die letzte Komponentenversion installieren.

Etwas weiter unten in der *function display($tpl = null)* finden Sie die beiden Ereignisse. Wir schauen uns aber erst einmal das erste an, welches wir auch konkret benutzen.

```
JPluginHelper::importPlugin('mythings');
$dispatcher = JDispatcher::getInstance();
$result = $dispatcher->trigger('onMythingsBeforeDisplay',
  array ('com_mythings.mythings', $num_items));

$this->before_display = implode("\n", $result);
```

JPluginHelper ruft die Methode importPlugin auf und übergibt die aktivierten Plugins aus der Gruppe mythings (befinden sich dort deaktivierte Plugins, werden diese ignoriert). Wir werden anschließend ein Plugin erstellen, das wir eben dieser Gruppe zuordnen werden. Wenn wir uns für Variante eins entschieden hätten, dann müssten Sie hier content übergeben. Also alle Plugins, die der Plugingruppe *Content* zugeordnet sind.

```
JPluginHelper::importPlugin('content');
```

$dispatcher erzeugt eine neue Instanz in der Klasse JDispatcher.

In der darauffolgenden Zeile triggern wir dann das Ereignis onMythingsBeforeDisplay. Damit können unser Plugin und alle anderen Plugins, die für dieses Ereignis programmiert wurden, mit unserer Komponente kommunizieren.

Am Ende dieses Blocks übergeben wir unser Ergebnis der Methode before_display, die wir dann in der *default.php* auswerten können. Da wir ein Array aufrufen, bekommen wir das auch in $result zurück. Mit implode sorgen wir dafür, dass wir das Array auflösen und eine Zeichenkette erhalten, die wir dann auch problemlos ausgeben können.

Was wir dann auch in der *default.php* tun:

/components/com_mythings/views/mythings/tmpl/default.php

```php
<?php echo $this->before_display ?>
```

Dort, wo wir das Ereignis triggern, legen wir auch fest, welche Parameter das Plugin erhält. In unserem Ereignis ist das zunächst der *context* mit der Zeichenkette com_mythings. mythings und die Anzahl der Dinge, die wir derzeit in unserer Liste haben. In der *view.html.php* ist die Variable $num_items entsprechend implementiert:

```php
$num_items = count($this->items);
```

Mit diesen beiden Parametern können wir ein Plugin schreiben, welches beispielsweise einen kleinen Titel mit der genauen Anzahl der Dinge ausgibt:

```php
<?php
defined('_JEXEC') or die;

class plgMythingsMyTitel extends JPlugin {
 public function onMythingsBeforeDisplay($context, $anzahl) {

   $things = "<p>Wir haben heute insgesamt ".$anzahl." Dinge im
Programm</p>";
   return $things;
 }
}
```

Wichtig ist, dass Sie den Klassennamen entsprechend anpassen. Da wir kein Content-Plugin, wie zuvor, sondern jetzt ein Mythings-Plugin haben, muss das auch so im Klassennamen auftauchen. Einleitend auch mit dem Hinweis, dass es sich um ein Plugin handelt und am Ende der eigentliche Titel des Plugins: *plgMythingsMyTitel*.

In der *function* finden sich unsere beiden zuvor festgelegten Parameter. Der Kontext und die Anzahl der Dinge. Den Kontext benötigen wir an dieser Stelle abermals nicht, werten aber die Anzahl aus und geben das Ganze zurück.

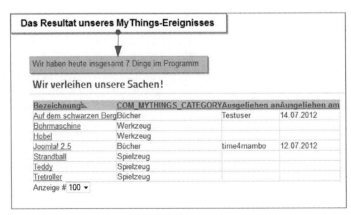

Bild 17.4: Ereignis in unserer Komponente

In der Installations-XML müssen Sie die neue Gruppe angeben.

```
<extension version="2.5" type="plugin" group="mythings">
```

Diese *group* finden Sie dann natürlich im *plugins*-Verzeichnis.

Bild 17.5: eigene Plugingruppe

Ein zweites Ereignis: onMythingsDisplay

Ein zweites Ereignis hat Christiane mit *onMythingsDisplay* in der Komponente implementiert. Dort erhalten Sie als Übergabe an das Plugin jedes einzelne Ding (*item*) übergeben. Leider haben wir aber völlig vergessen, eine Ausgabe dazu zu programmieren. Nehmen Sie es als Herausforderung, wenn Sie Lust haben. Wie es geht, haben Sie in diesem Kapitel gelernt.

17.4   System-Plugins

Offiziell gibt es nur eine Handvoll Ereignisse, die System-Plugins zustehen und dabei in erster Linie die Hauptpunkte im Ausführungszyklus einer Applikation begleiten: `onAfterInitialise()`, `onAfterRoute()`, `onAfterDispatch()`, `onAfterRender()`. Dazu gesellen sich die Ereignisse der Benutzeranmeldung: `onAuthenticate()`, `onUserLogin()`, `onUserLogout()`.

Da beim Auslösen eines Events nicht mehr nachgeschaut wird, woher die registrierten Event-Handler denn ursprünglich stammen, sind System-Plugins auch so etwas wie eierlegende Wollmilchsäue und Hans Dampf in allen Gassen. Unser Beispielplugin ist zwar *offiziell* ein System-Plugin, da es im Ordner *./plugins/system* abgelegt wird, aber es kann als solches *natürlich* ab `onAfterInitialise()` bei allen daran anschließenden Events mitmischen. Es ist also mitnichten erforderlich, für jedes Event oder jeden Programmabschnitt, auch für die eigenen Komponenten, ein separates Plugin anzulegen und noch mehr Einzeldateien laden zu lassen. Statt dessen könnte auch ein einzelnes, dafür etwas dickeres System-Plugin sinnvoll sein, gerade wenn ein Systemereignis dazu genutzt wird, einen wichtigen Funktionsteil der Komponente abzudecken oder zu erweitern. Bei MyThings wären dies der Ausleihvorgang, die Rückgabe und der Verleihstatus. Mit dem Verleihstatus wird sich das kommende Beispiel befassen und erreicht wird hiermit:

- Zugriff auf beliebige User-Objekte

- System- und Content-Eventhandler koordinieren

- Informationen in der Session ablegen und auslesen

- Systemmitteilungen ausgeben

17.4.1 Plugin MyThings Systemtools: Verleihstatus

Download: Den Quelltext zu diesem Kapitel finden Sie in der Datei *plg_system_ mythings.zip*. Installieren Sie das Plugin wie gewohnt über das Backend.

Beim Anmelden im Frontend sollen die Besucher darüber informiert werden, wie viele Dinge sie ausgeliehen haben und wie viele davon überfällig sind. Die Information wird als Teil der *Systemmitteilungen* der Anwendung ausgegeben und erscheint somit an der Stelle von `<jdoc:include type="message"/>` im jeweiligen Template.

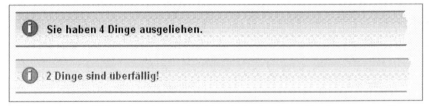

Bild 17.6: Freundliche Hinweise an den User beim Login und im Benutzerprofil.

Das Event *onUserLogin* eignet sich schon alleine vom Namen her sehr gut dazu, wenngleich es auch andere (spätere) System-Ereignisse gäbe, die man hierzu verwenden könnte. Um unseren Ausleihern dann auch richtig auf den Keks zu gehen, zeigen wir diese Meldung auch penetrant auf der Seite ihres *Benutzerprofils*. Das Event, in das wir uns hierzu einklinken, heißt *onContentPrepareData*.

Nachdem Sie das Plugin »*MyThings Systemtools*« aus dem Downloadarchiv installiert haben, öffnen Sie (wieder einmal) eine Datei mit Namen *mythings.php* in Ihrem Code-Editor. Sie finden darin u. a. folgenden Code zu den beiden Event-Handlern:

./plugins/system/mythings/mythings.php

```
public function onUserLogin($userdata, $options = array()) {
  if (self::inAdmin()) {
```

```
      return true;
  }


  // neue Suche nach Name nötig, da uns die ID hier fehlt
  $user = JUser::getInstance($userdata['username']);

  // User gefunden: Ausleihe testen
  if ($user->id) {
    $this->findUserThings($user);
  }
  return true;
}
```

```
public function onContentPrepareData($context, $data) {
  if (self::inAdmin()) {
    return true;
  }
  // User Profil im Frontend?
  if ($context == 'com_users.profile') {
    // aus der Session holen: hier ein stdClass!!
    $things = JFactory::getApplication()
                      ->getUserState('com_mythings.things');
    if ($things) {
      $this->notifyUserAboutThings($things->lent, $things->overdue);
    }
  }
  return true;
}
```

Da es sich um ein System-Plugin handelt, wird es *auch* im Backend ausgeführt, die Angaben zum Ausleihstatus sollen aber nur im Frontend erfolgen. Das Ausführen von Plugins lässt sich zwar von unserer Warte aus nicht grundsätzlich auf eine bestimmte Applikation begrenzen[57], aber in *welcher* Anwendung das Plugin läuft, kann man durchaus in Erfahrung bringen, und entsprechend wird die Ausführung mitunter freundlich abgebrochen:

```
if (self::inAdmin()) {
  return true;
}
```

Die Hilfsroutine inAdmin() habe ich in praktisch all meinen (System-)Plugins:

```
static public function inAdmin() {
  return (JFactory::getApplication() instanceof JAdministrator);
}
```

---

[57] Eine seltsame bishin lästige Sache, denn in der Datenbank ist eine Client-Id enthalten.

Doch zurück zu den Event-Handlern. Während der Anmeldung am System (der Applikation) erhalten wir in onUserLogin() u. a. ein assoziatives Array mit Nutzerdaten. Die User-ID ist hier brillianterweise *nicht* enthalten, sodass wir diese anhand des 'username' nochmals aus der Datenbank lesen müssen:

```
$user = JUser::getInstance($userdata['username']);
```

Da wir uns *inmitten* des Login-Vorgangs befinden, ist der Zugriff auf den aktiven User via JFactory::getUser() noch nicht möglich! Plugins, die *nach diesem* ausgeführt werden, könnten den Anmeldevorgang also noch abbrechen.

Nun geschieht folgendes: das JUser-Objekt $user wird an die Hilfsroutine findUserThings() übergeben, welche die eigentliche Arbeit verrichtet und die Tabelle #__mythings durchsucht. Bei erfolgreicher Suche landen die Treffer via setUserState() in der Session. Mit der dritten Hilfsroutine wird die eigentliche Info-Ausgabe in die Systemmitteilungen vorgenommen: notifyUserAboutThings().

Diese Trennung in Suche und Anzeigesteuerung über die Session machen wir uns auch bei der Ausgabe im Userprofil zunutze. Zunächst der Code der Hilfsroutinen:

```
protected function findUserThings(JUser $user) {
  // aufruf mit unsinniger User-ID: raus.
  if ($user->id == 0) {
    return $this;
  }
  // Datenbank und frisches Abfrageobjekt
  $db    = JFactory::getDbo();
  $query = $db->getQuery(true);

  // Anzahl Dinge die User ausgeliehen hat
  $query->select('COUNT(id) AS n')
    ->from('#__mythings')
    ->where('lent_by_id = '. (int) $user->id);

  $db->setQuery($query);
  $lent = (int) $db->loadResult();

  // in der Session festhalten wie viele Dinge ausgeliehen sind
  JFactory::getApplication()
          ->setUserState('com_mythings.things.lent', $lent);
  // nichts geliehen? raus.
  if ($lent == 0) {
    return $this;
  }
  // Auswahl verfeinern nach Fälligkeitsdatum
  $query->where('lent_to >= CURDATE()');
  $overdue = (int) $db->loadResult();
```

```
// in der Session festhalten wie viele davon überfällig sind
JFactory::getApplication()
        ->setUserState('com_mythings.things.overdue', $overdue);

$this->notifyUserAboutThings($lent, $overdue);
}
protected function notifyUserAboutThings($lent, $overdue) {
    $msg = JText::plural('MYTHINGS_LENT_TOTAL', $lent);
    JFactory::getApplication()->enqueueMessage($msg, 'message');

    $msg = JText::plural('MYTHINGS_LENT_OVERDUE', $overdue);
    JFactory::getApplication()->enqueueMessage($msg, 'warning');
}
```

Da die wesentliche Arbeit bereits durch den Login-Handler veranlasst wurde und von `findUserThings()` durchgeführt wurde, kann in `onContentPrepareData()` bei der Anzeige des User-Profils (`$context == 'com_users.profile'`) einfach geerntet werden. Zur Erinnerung ein Auszug:

```
// User Profil im Frontend?
if ($context == 'com_users.profile') {
    // aus der Session holen: hier ein stdClass!!
    $things = JFactory::getApplication()
                    ->getUserState('com_mythings.things');
    if ($things) {
        $this->notifyUserAboutThings($things->lent, $things->overdue);
    }
}
```

Kontext prüfen, Session auslesen, Meldungen ausgeben. Einfach und kompakt. Beim Auslesen der Sessiondaten via `getUserState('com_mythings.things')` erhalten wir aufgrund der impliziten Hierarchie im Schlüssel »com_mythings.things« nun ein stdClass-Objekt, welches die beiden Einzelwerte *lent* und *overdu*, die in `onUserLogin()` noch separat gesetzt wurden, als Eigenschaften enthält. Mit dem Aufruf `notifyUserAboutThings()` werden die Werte wieder separat übergeben, und wie zuvor lassen sich diese System-mitteilungen im Template ausgeben.

Die Sprachschlüssel sind über `JText::plural` tauglich für 1 bis N Dinge:

```
MYTHINGS_LENT_TOTAL="Sie haben %d Dinge ausgeliehen."
MYTHINGS_LENT_TOTAL_1="Sie haben %d Ding ausgeliehen."
MYTHINGS_LENT_OVERDUE="%d Dinge sind überfällig!"
MYTHINGS_LENT_OVERDUE_1="%d Ding ist überfällig."
```

Auch in diesem Plugin ist noch lange nicht der Weisheit letzter Schluss erreicht, daher:

Hausaufgabe: Fügen Sie Parameter hinzu, um die beiden Hinweise separat ein-/auszuschalten und auf den Login oder das Profil zu beschränken.

Ergreifen Sie drastischere Maßnahmen, wenn ein Besucher zu viele Dinge und zu lange ausgeliehen hat (Grenzwerte als Parameter auslegen!): brechen Sie den Login ab oder schicken Sie eine Petz-Mail an den Verleiher und den System-Admin; wie Sie Nutzerdaten herausfinden, haben Sie ja gelernt.

17.5 Bemerkenswerte Ereignisse

Unser MyThings-System-Plugin aus dem vorherigen Abschnitt hat gezeigt, dass sich Events aus unterschiedlichen *Programmschichten* gut in einer Pluginklasse kombinieren lassen. Unter den zahlreichen Content-, Model- und Formular-Events heben sich einige weitere hervor, die es in dieser Art unter Joomla! 1.5 noch nicht gab und die im aktuellen Entwicklungszyklus seit Joomla! 1.6 auch stetig ergänzt wurden.

Die Möglichkeiten, die sich alleine durch die hier exemplarisch herausgepickten Events ergeben, sind sehr vielfältig. Mit der Einführung von JForm und der Verbindung zu JModel und JTable sind nicht nur bessere, aber vor allem kontrollierte Eingriffe in die Abläufe von Komponenten und deren Daten möglich.

17.5.1 onContentBeforeSave und onContentAfterSave

Das Pärchen onContentBeforeSave und onContentAfterSave gibt es gratis bei allen Speicheroperationen, die auf JTable basieren – das sind die meisten[58]. Sie erfahren quasi für alle Komponenten, *welche* gerade etwas speichert und *welche* Daten gespeichert werden und können diese Daten verändern oder auf deren Inhalte reagieren. Das Präfix *onContent* ist die interne Vorgabe für die beiden Ereignisse und so trifft das Ereignis auch auf Komponenten zu die *nicht* »com_content« heißen.

Im Backend ändern die Template-, Modul- und Sprachverwaltung dieses Präfix in *onExtension* um, wodurch vermieden wird, dass »gewöhnliche« und herkömmliche Content-Plugins (für com_content) beim Ändern von Erweiterungen unverrichteter Dinge mitmischen. Im Anhang B finden Sie Details zu den Events, ihren Parametern sowie zur Plugingruppe »extensions«.

Hausaufgabe: Ergänzen Sie das Plugin »MyThings Systemtools« aus diesem Kapitel um die beiden Vorgänge Ausleihe und Rückgabe, indem Sie bspw. eine Bestätigung per E-Mail versenden. Zwar gibt es weder im CMS noch in der Komponente entsprechend benannte »Ausleih-Ereignisse«, beides sind jedoch Speichervorgänge die über JTable vonstatten gehen.

---

[58] Mit purem SQL (INSERT und UPDATE) wird dieser Ablauf ebenso umgangen.

17.5.2 onContentPrepareData und onContentPrepareForm

Nicht minder interessant sind `onContentPrepareData` und `onContentPrepareForm`. Diese erlauben Ihnen in alle via `JForm` generierten Formulare einzugreifen – das sind die meisten Formulare im Backend. Dazu kommen sämtliche Panels, Tabs und Slider für Konfigurationsparameter.

Wiederum erfahren Sie über einen Context-String bzw. über den Namen des Formular-objekts selbst, welche Komponente hier speichert bzw. um welches XML-Formular es sich handelt. In den Paramatern zu `onContentPrepareForm` erhalten Sie auch Zugang zum internen SimpleXML-Objekt, aus dem das Formular erstellt wurde, entsprechend »unhandlich« ist gelegentlich die Verarbeitung. Äußerst nützlich aber ist die Möglichkeit weitere XML-Dateien (mit Formulardefinitionen) hinzuzuladen. Das prominenteste Beispiel ist und bleibt das Userprofil-Plugin, weshalb es hier nochmals erwähnt sei.

Hausaufgabe: Da sie nun in praktisch jede Komponente und jedes Formular im Backend (oder beim Frontend-Editing) eingreifen können, wäre eine nette Herausforderung, die *Versionierung* von »Inhalten« zu implementieren.

18 Module: Daten immer anders

Dieses Kapitel nimmt in den Beispielen Bezug auf die vollständige Komponente. Wenn Sie den Beispielcode nachprogrammieren möchten, müssen Sie gegebenenfalls erst die vollständige Komponente installieren, da sonst einige Datenbankeinträge fehlen könnten.

Lernziele in diesem Kapitel:

Zugriff auf vorhandene Daten, die auf Modulebene ausgegeben werden. Eigene- und Default-Parameter im Modul und deren Abfrage, sowie Einbindung in den eigenen Code. Weiter SQL-Abfragen, wie *JOIN* und *LIMIT* und den Einsatz von *Aliase*.

Download: Unter dem Namen *mod_mythingsall.zip* können Sie dieses Modul von *www.buch.cd* downloaden.

18.1 Eines für alle

Ich habe mich entschieden, Ihnen ein Modul zu zeigen und es dem Anwender zu überlassen, welche Funktion in dem Modul er konkret nutzen möchte. Damit haben Sie ein Modul, das alles kann. Oder zumindest zwei, drei Sachen, um Ihnen das Prinzip zu erklären. Sie können im Backend dieses Modul kopieren oder über »Neu« ein zweites anlegen und können somit auf alle unterschiedlichen Funktionen zugreifen.

In den Parametern des Moduls können Sie auswählen, ob Sie eine Topliste der beliebtesten oder eine Liste der neuesten Dinge sehen möchten. Oder sie lassen sich einfach die vorhandenen Kategorien anzeigen.

Zur besseren Übersicht verzichte ich hier im Listing auf Sprachschlüssel. Im Code des Moduls sind diese aber wieder vorhanden. Der grundlegende Aufbau des Moduls ist identisch mit dem ersten Modul aus Kapitel 4.

Damit wir Parameter im editierten Modul im Backend haben, schreiben wir diese in die *mod_mythingsall.xml*:

```
<config>
 <fields name="params">
  <fieldset name="basic">
   <field name="art" type="radio" defaul="top" description="Wählen Sie
```

```
aus, welche Ausgabe mit diesem Modul gemacht werden soll" label="Für was
soll das Modul benutzt werden:">
    <option value="top">Topliste</option>
    <option value="neu">Neue Dinge</option>
    <option value="kategorien">Kategorieübersicht</option>
  </field>
  <field name="anzahl" type="input" default="5" description="Wieviel
sollen in der Liste ausgegeben werden" label="Anzahl der Ausgabeliste"
size="3" />
  </fieldset>
  <fieldset name="advanced">
    <field name="moduleclass_sfx" type="text"
label="COM_MODULES_FIELD_MODULECLASS_SFX_LABEL"
description="COM_MODULES_FIELD_MODULECLASS_SFX_DESC" />
    <field name="layout" type="modulelayout" label="JFIELD_ALT_LAYOUT_LABEL"
description="JFIELD_ALT_MODULE_LAYOUT_DESC" />
  </fieldset>
 </fields>
</config>
```

Nach der Installation haben Sie dann diese Einstellungsmöglichkeiten im Modul:

Bild 18.1:
Basisoptionen
im Modul

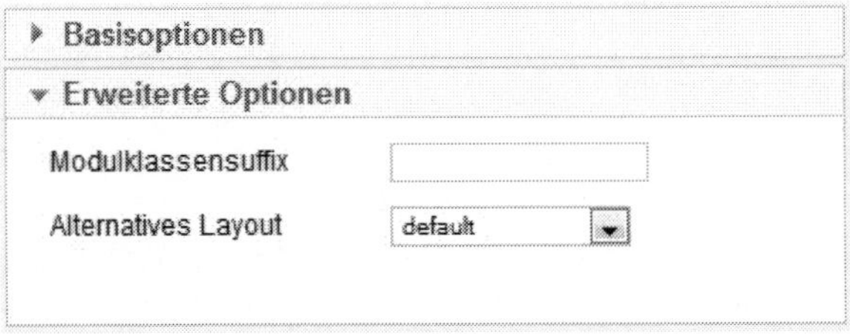

Bild 18.2: Erweiterte
Optionen im Modul

Egal was Sie einstellen – nachdem Sie das Modul gespeichert haben, speichert Joomla automatisch Ihre Einstellungen. Somit brauchen Sie sich keine Gedanken darüber zu machen, ob und wie die Daten in die Datenbank geschrieben werden.

```
<fieldset name="basic">
...
<fieldset name="advanced">
```

Diese beiden Zeilen sind jeweils für die einzelnen Optionen-Abschnitte verantwortlich. *basic* wird in *Basisoptionen* und *advanced* in *Erweiterte Optionen* oder entsprechend in einer anderen Sprache umgesetzt. Das was jeweils innerhalb der einzelnen *fieldsets* steht, wird dann jeweils unter dem jeweiligen Slider beim Modul zu finden sein.

18.1.1 Das einfachste vorweg: Erweiterte Optionen

Beginnen wir zunächst mit den einfachen Dingen, dem *Modulklassensuffix* und dem *Alternativen Layout*.

```
<field name="moduleclass_sfx" type="text"
label="COM_MODULES_FIELD_MODULECLASS_SFX_LABEL"
description="COM_MODULES_FIELD_MODULECLASS_SFX_DESC" />
```

Diese Zeile ist für das *Modulklassensuffix* zuständig. Entscheidend ist die Bezeichnung `name="moduleclass_sfx"`. Damit weiß Joomla, was das ist und was es damit machen muss. Sie brauchen das nicht mehr zu berücksichtigen in Ihrer Programmierung. Geben Sie hier ein Suffix ein, so zeigt Joomla dies automatisch im Modul zur Laufzeit an und es kann somit dann per CSS angesprochen werden.

Ähnlich verhält es sich mit der Zeile für das *Alternative Layout*.

```
<field name="layout" type="modulelayout" label="JFIELD_ALT_LAYOUT_LABEL"
description="JFIELD_ALT_MODULE_LAYOUT_DESC" />
```

Auch hier weiß Joomla, was zu machen ist, und Sie brauchen keinerlei Code dafür zu schreiben.

18.1.2 Eigene Parameter in den Basisoptionen

Somit können wir uns nun unseren eigenen Parametern – den Basisoptionen – zuwenden. Hier erzeugen wir zunächst drei Radiobuttons, zu denen jeweils eine SQL-Abfrage gehört und anschließend geben wir an, wieviel Einträge maximal im Modul angezeigt werden sollen. So können Sie ein Modul mit den Top 5 oder den Top 10 erstellen oder die letzten fünf Neuigkeiten beispielsweise.

Ausgewertet werden die Parameter in der *helper.php*. Innerhalb meiner Klasse *modMyThingsAll* erstelle ich insgesamt zwei Methoden. Die erste kümmert sich um die besten und neuesten Dinge und die zweite um die Kategorien. Beiden Methoden übergebe ich die Parameterliste in Form des Parameters `$params`.

```
class modMyThingsAll
{
  public function getAllThings($params) { ... }

  public function getKategorien($params) { ... }
}
```

Damit kann ich in beiden Methoden die Parameter des Moduls abfragen und auswerten.

Toplisten

Zunächst der ganze Code der ersten Methode für die *Topliste* und *Neueste Dinge*:

```
public function getAllThings($params) {

    $modart = $params->get('art');
    $listzahl = (int) $params->get('anzahl');


    $db    = JFactory::getDbo();
    $query = $db->getQuery(true);
    $query->clear();


    $query->select('my.title, cat.title catname, my.hits');


    if($modart=="top") {
      $query->order('my.hits ASC');
    }
    elseif($modart=="neu") {
      $query->order('my.hits DESC');
    }


    $query->from('#__mythings my, #__categories cat');
    $query->where('cat.id=my.category_id');


    $db->setQuery($query,0, $listzahl);
    $listthings = $db->loadAssocList();


    return $listthings;
}
```

Mit `$param->get`*('NAME')* werden die einzelnen Parameter abgefragt. *name* ist ein Element-Attribut aus unserer XML-Datei und der dort angegebene Wert wird an das `get` übergeben:

```
<field name="art" …
```

Mit der nachfolgenden Abfrage erhalte ich den ausgewählten Wert, der bei den Optionen in *value* angegeben ist, zurück, weil diese zum *field name="art"* gehören.

```
$modart = $params->get('art');
```

Zur Erinnerung nochmal einen schnellen Blick in die XML-Datei:

```
<option value="top">Topliste</option>
<option value="neu">Neue Dinge</option>
<option value="kategorien">Kategorieübersicht</option>
```

In `$modart` steht nun also `top`, `neu` oder `kategorien`. Je nachdem was ausgewählt wurde.

Als Zweites benötigen Sie den Wert der Anzahl von Datensätzen, die im Modul ausgegeben werden:

```
$listzahl = (int) $params->get('anzahl');
```

Da ich eine Integerzahl benötige, sorge ich mit *(int)* dafür, dass ich die auch auf alle Fälle bekomme und frage dann diesen Wert ab.

Damit habe ich alles, um eine SQL-Abfrage erstellen zu können und rufe dann auch direkt die Datenbank auf:

```
$db = JFactory::getDbo();
$query = $db->getQuery(true);
```

In Kapitel 4 wurde die *query*-Abfrage erklärt, weshalb ich hier nicht mehr näher darauf eingehe.

```
$query->select('my.title, cat.title catname, my.hits');
```

Interessant ist jedoch diese Zeile. Da in der Tabelle der Komponente lediglich die ID der verwendeten Kategorie vorliegt und der dazugehörige Kategoriename in der *#__categories* liegt, muss ich zum einen eine *JOIN*-Abfrage erstellen und zum anderen mit Aliasen arbeiten. Aliase sind notwendig, weil es in beiden Tabellen eine Spalte mit dem Namen *title* gibt und ich auch beide benötige. Damit diese aber auseinandergehalten werden, benötige ich zumindest für eine der beiden einen anderen Namen – einen Alias.

Um ein wenig Übersicht zu behalten, vergebe ich auch für die einzelnen Datenbanktabellen Aliase, was ich etwas weiter unten mit dieser Zeile mache:

```
$query->from('#__mythings my, #__categories cat');
```

Sollten Sie nicht so bewandert in SQL sein, so können Sie zumindest bei den Tabellen die Aliase weglassen und müssen dann aber überall, wo *my* oder *cat* steht, den korrekten Tabellennamen hinschreiben. Die Zeile mit dem *select* würde dann so aussehen:

```
$query->select('#__mythings.title, #__categories.title catname,
#__mythings.hits')
```

Und desgleichen müssen Sie auch in der *order-* und *where*-Abfrage wiederholen. Womit Sie denn auch gleich den Vorteil von Aliasen sehen, mit denen man das Ganze einfach etwas kürzer und angenehmer schreiben kann.

Beim *catnamen* jedoch gibt es keine Kompromisse. Da müssen Sie mit einem Alias arbeiten, da sich sonst der eine *title* mit dem anderen bei der Rückgabe selbst überschreibt.

```
if($modart=="top") {
  $query->order('my.hits DESC);
}
elseif($modart=="neu") {
  $query->order('my.hits ASC);
}
```

Das sind die einzigen Unterschiede, die vorhanden sind. Es wird jeweils eine andere Auswertung der Hits gemacht. Bei der Auswahl der Topliste benötigen wir die höchsten Hits und bei den neuen Dingen die niedrigsten Hits. *ASC* gibt die Ergebnisliste sortiert von 1 bis 10 aus. Oder genauer: vom niedrigsten bis zur höchsten Wert. *DESC* das Ganze umgekehrt. Also von 10 bis 1 – vom höchsten bis zum niedrigsten Wert. Ich setze einfach mal voraus, dass die mit den niedrigsten Hits am neuesten sind. Natürlich stimmt das nicht so ganz, da es ja auch einfach sein kann, dass wir ein paar sehr unattraktive Dinge in unserer Liste haben. Da Module aber mit dem arbeiten, was bereits vorhanden ist und sich leider kein Datumsfeld in der Tabelle befindet, aus der wir erkennen können, wann ein Ding zum ersten Mal in der Liste zugefügt wurde, prüfe ich das über die Hits ab. Ich erstelle also ein ganz einfaches *ORDER BY*.

```
$query->where('cat.id=my.category_id');
```

Um den Kategorienamen herauszubekommen, müssen wir der *categories*-Tabelle die *category_id* der *mythings*-Tabelle übergeben.

```
$db->setQuery($query,0, $listzahl);
```

Nun haben wir alles zusammen für unsere Datenbankabfrage, bis auf die Angabe der Anzahl der Datensätze. In SQL wird das normalerweise weiter hinten in der SQL-Abfrage gesetzt. Der Versuch, ein *$query->limit(...)* zu schreiben, führt zwar nicht zu einer Fehlermeldung, funktioniert aber nicht in Joomla und wird einfach ignoriert. Aber es kann beim *setQuery* übergeben werden. Neben unserer SQL-Abfrage, geben wir hier den Startwert und die Anzahl der Datensätze an. In unserem Fall wollen wir alles von 0 bis unserer Parameterzahl (-1) angezeigt bekommen. Sie könnten auch als Startwert eine andere Zahl angeben – es wird dann nicht der erste Datensatz, sondern als Erstes der ausgegeben, den Sie als Zahl vorgeben plus der vorgebenen Anzahl der danach kommenden Datensätze. Die Angabe *10,5* würde beispielsweise bedeuten, dass Sie die Datensätze 10 bis 14 ausgeben. 10 ist der erste und 14 der fünfte Datensatz. Also nicht plus der zweiten Zahl, sondern die gesamte Anzahl der Datensätze.

Die SQL-Anweisung hier einmal als Ganzes:

```
SELECT my.title, cat.title catname, my.hits FROM #__mythings my,
#__categories cat WHERE cat.id=my.category_id ORDER BY my.hits ASC LIMIT 0,5
```

Wobei die Zahl 5 bei LIMIT einfach mal angenommen ist für dieses Beispiel und ansonsten der ermittelten *$listzahl* entspricht.

Tipp: Wenn Sie in dieser SQL-Abfrage die Reihenfolge vertauschen, werden Sie vermutlich Fehlermeldungen erhalten. Das `LIMIT` vor dem `ORDER BY` funktioniert beispielsweise nicht. Was denn auch eine weitere Stärke von Joomla ist. Dadurch dass wir einfach nur die einzelnen *$query* bestücken und Joomla das dann selbst zusammenbaut, brauchen wir uns keine Gedanken über die richtige Reihenfolge zu machen.

Jetzt brauchen wir eigentlich nur noch die Auswertung an eine Variable zu übergeben und diese dann per `return` zurückgeben, damit wir sie ins Frontend bringen können.

```
$listthings = $db->loadAssocList();

return $listthings;
```

René erwähnte bereits, dass es einige Möglichkeiten der Datenbankrückgaben gibt. Mit `loadAssocList()` erhalten wir ein Array zurück. Da wir pro Datensatz drei Felder haben, können wir das oft benutzte `loadResult()` nicht gebrauchen, das nur ein Feld zurückgibt.

Eine einfache Kategorienliste

Die Kategorienliste ist recht einfach im Aufbau und greift auch nur auf die #__*categories*-Tabelle zu. Zeigt aber auch, dass Sie manchmal Ihre Daten von anderen Tabellen holen müssen.

```
public function getKategorien($params) {

    $db     = JFactory::getDbo();
    $query  = $db->getQuery(true);

    $query->select('title');
    $query->from('#__categories');
    $query->where("extension='com_mythings'");

    $db->setQuery($query);
    $kat = $db->loadAssocList();

    return $kat;
}
```

Der Code ist recht überschaubar und wird vermutlich mittlerweile für Sie keine Probleme mehr darstellen.

Etwas ungewöhnlich lediglich diese Zeile:

```
$query->where("extension='com_mythings'");
```

extension ist eine Tabellenspalte in der #__*categories*. Diesem Feld übergebe ich als Abfragewert eine Zeichenkette.

```
$kat = $db->loadAssocList();
```

Auch hier übergebe ich wieder eine Liste von mehreren Datensätzen.

Damit hätten wir die *helper.php* abgeschlossen.

18.1.3 Alles unter Kontrolle

Die *mod_mythingsall.php* ist auch weiterhin recht überschaubar und ist fast unverändert zum ersten Modul aus Kapitel 4. Lediglich eine andere Klasse und andere Variablennamen:

```
defined('_JEXEC') or die;

require_once dirname(__FILE__).DS.'helper.php';
$list = modMyThingsAll::getAllThings($params);
$kat = modMyThingsAll::getKategorien($params);
require JModuleHelper::getLayoutPath('mod_mythingsall', 'default');
```

Und da wir zwei Methoden haben, müssen wir natürlich die auch entsprechend aufrufen, damit wir diese dann in der View ausgeben können.

18.1.4 Ausgabe der Arrays

Die *default.php* unterscheidet sich nun doch etwas von unserem ersten Modul. Hauptsächlich deswegen, weil wir nicht nur ein Feld sondern Arrays ausgeben müssen, und aber auch, weil in der Ausgabedatei auch wieder eine Parameterabfrage gemacht werden muss.

```
defined('_JEXEC') or die;

$auswahl = $params->get('art');

if($auswahl == "top" || $auswahl == "neu") {
 foreach($list as $zeile) {
   echo $zeile['title']." - ".$zeile['catname']." (".$zeile['hits']."
Aufrufe)<br />";
 }
}
elseif ($auswahl == "kategorien") {
 foreach($kat as $zeile) {
   echo $zeile['title']."<br />";
 }
}
```

Da Sie die Möglichkeit haben, das Modul für drei verschiedene Ansichten zu benutzen, ist es erforderlich, in der Ausgabedatei abzufragen, welche Ansicht ausgewählt wurde.

```
$auswahl = $params->get('art');
```

Die Parameterabfrage ist identisch mit der in der *helper.php*. Damit kann ich entspre-chende IF-Bedingungen implementieren. In beiden Bedingungsblöcken werden dann die Arrays mit einer *foreach*-Schleife ausgewertet. Alternativ können Sie auch mit dem PHP-Befehl `implode()` arbeiten. Allerdings können Sie dann nicht, wie oben, eigene Formatierungsangaben einfügen.

```
echo "{$zeile['title']} - {$zeile['catname']} ({$zeile['hits']} Aufrufe)<br
/>";
```

Sie können hier sehen, wie wichtig der Alias für den zweiten *title* in der *helper.php* ist. Hätten wir den nicht eingefügt, gäbe es zwei *title*-Felder im Array, was natürlich nicht funktioniert.

Bild 18.3: Die drei möglichen Module

18.2 Und weiter...

Natürlich wäre es hübsch, wenn man beispielsweise die Kategorien nun anklicken könnte oder die einzelnen Dinge der Topliste auch direkt anklicken und aufrufen könnte. Alles könnte vielleicht noch farbig oder mit Icons gestaltet werden und vieles mehr ist denkbar.

»Anklicken« bedeutet, dass in der Komponente die eine oder andere Vorgabe wäre. Models, die man ansprechen kann und vielerlei mehr. Da wir keinen detaillierten Kategorieaufruf der Komponente im Frontend haben, ist es schwer, »mal eben schnell« einen Kategorienaufruf im Modul zu bewerkstelligen.

Farbige Gestaltung oder Icons statt der Kategoriennamen sind hingegen lediglich ein wenig Fleißarbeit und lassen sich letztlich leicht bewerkstelligen.

Module arbeiten stets mit vorhandenen Daten. Fehlen die Daten, die man gern zur Ansicht bringen möchte oder sind notwendige Views nicht vorhanden, dann stoßen Sie mit Modulen schnell an Grenzen.

19 Die Komponente wird konfigurierbar

Download: Die Komponente zum Herunterladen für dieses Kapitel: *com_mythings_kap19.zip.*

In Joomla wimmelt es von Parametern, mit denen das ganze CMS und alle Erweiterungen konfiguriert werden. Eigentlich ist das ganze CMS eine Parameterverwurstungsmaschine. »Eine maßgeschneiderte Komponente braucht keine Parameter«, denkt man vielleicht am Anfang. Weit gefehlt! Eine Komponente ohne Konfigurierungsmöglichkeiten ist wie ein Gürtel mit nur einem Loch. Passt perfekt – aber nur bis zur nächsten Pizza!

Parameter erlauben es uns also, die Komponente (oder jede andere Extension) vielseitig einsetzbar und flexibel zu machen. Welche Felder sollen im Frontend gezeigt werden? Welche Sortierung soll die Tabelle am Anfang haben? In welcher Reihenfolge sind die Spalten zu zeigen? Als Entwickler steht man aber doch vor einem Dilemma. Gestattet man viele Auswahlmöglichkeiten, so muss der Code viele bis endlos viele Einstellungen berücksichtigen. Verweigert man die Einstellungsmöglichkeiten, ist die Komponente recht einseitig und wird nicht viele Freunde finden. Da gilt es also, einen Kompromiss zu finden.

Im CMS machen die Parameter an allen Ecken und Enden einer Komponente Einsteigern in Joomla manchmal schwer zu schaffen, denn oft kann ein und derselbe Parameter an drei Stellen gesetzt werden. Dann ist es nicht immer offensichtlich, welcher Parameter am Ende zum Tragen kommt. »Ich habe alles eingestellt, aber trotzdem wird dieser Parameter ignoriert ...«, ist eines der häufigen Probleme.

Es ist Aufgabe des Entwicklers schon im Vorfeld ein paar Gedanken daran zu verschwenden, wie die Komponente mit ihren Parametern umgeht, um ein für die späteren Benutzer nachvollziehbares und konsistentes Verhalten zu bekommen.

Wir wollen an einem einfachen Beispiel zeigen, wie die Konfigurierbarkeit zu programmieren ist.

Tipp: Falls Sie schon früher Joomla-Komponenten entwickelt haben: Wagen Sie es ja nicht, jetzt irgendwas mit der Klasse `JParameter` anzufangen! Diese Klasse ist seit Joomla 2.5 als deprecated (verabscheuungswürdig) eingestuft, und wir werden uns nicht die Tastatur damit schmutzig machen.

Es gibt bei diesem Thema ein Durcheinander an Begriffen. Wir sprechen von Parametern, Optionen, Parametrisieren oder Konfigurieren. Auch in der Datenbank und in den Skripten findet man den Namen 'params' zuhauf. Nur das Framework kennt keine Klasse JParameter (mehr) sondern JFormField: Formularfelder.

Für den Administrator der Anwendung macht es keinen Unterschied, ob er in einem Formular Daten für die Datenbanktabelle eingibt oder Optionen für die Konfigurierung. Er sieht einfach ein Eingabeformular mit ganz normalen Eingabefeldern. Als Entwickler bauen Sie dieses Formular zunächst wie jedes andere auch, mit <fieldsets> und <fields> zusammen. Einen Vorgeschmack haben wir schon bei der Gestaltung des Formulars von MyThings im Backend im Kapitel 15 bekommen.

Unsere Komponente ist recht überschaubar und ich will nur das Prinzip erklären, daher halten wir die Sache einfach. Der Administrator kann für die Komponente einstellen:

- Nach welcher Spalte ist zu sortieren? Aufsteigend oder absteigend?

- »Wert« und »Gewicht« bei den einzelnen Dingen zeigen?

Wie bei Joomla üblich, sollen diese »globalen« Einstellungen unserer Komponente dann beim Anlegen eines Menüpunkts bzw. beim Datensatz zu überschreiben sein.

19.1   Globale Einstellungen der Komponente

Wechseln Sie im Backend in irgendeine Standardkomponente, zum Beispiel Weblinks. In der Toolbar rechts oben sehen Sie ein Icon namens »Optionen«. Ein Klick darauf öffnet ein Modalfenster, in dem Sie die Optionen einstellen können. Dasselbe wollen wir für MyThings. Diese »Optionen« sind dann die Einstellungen, die bei Menüeinträgen oder einzelnen Datensätzen als »Globale Einstellungen« gelten.

19.1.1 Toolbar: Das Icon »Optionen«

Öffnen Sie die View für Listenansicht und ergänzen Sie die Methode addToolbar(), um die »preferences« am Ende der Methode addToolBar() anzuhängen.

administrator/component/com_mythings/views/mythings/view.htm.php
```
protected function addToolbar()
{
    JToolBarHelper::title(JText::_('COM_MYTHINGS_ADMIN'));

                    [ ... ...]

    JToolBarHelper::preferences('com_mythings');
}
```

Das ist auch schon alles – ab sofort ist das Icon »Optionen« verfügbar.

Bild 19.1: Toolbar mit dem Icon *Optionen*

Ein Klick auf Optionen und – nein, das war es doch noch nicht: *500 – Es ist ein Fehler aufgetreten – XML-Datei nicht gefunden!* Ohne *config.xml* geht nichts.

19.1.2 Die config.xml

Die Datei für Komponentenparameter steht direkt im Hauptverzeichnis der Backend-Komponente. Sie wird von der Core-Komponente *com_config* verarbeitet, wenn Sie den Button »Optionen« anklicken. Sie brauchen selbst gar nichts programmieren, sondern bauen nur diese Konfigurationsdatei auf, den Rest macht Joomla.

Erstellen Sie eine neue Datei namens *config.xml* (wie immer bei xml-Dateien: UTF-8 ohne BOM nicht vergessen!).

administrator/components/com_mythings/config.xml

```
<?xml version="1.0" encoding="utf-8"?>
<config>
<fieldset
    name="order"
    label="COM_MYTHINGS_ORDER_OPTIONS"
>
<field
    name="orderdir"
    type="list"
    default="ASC"
    label="COM_MYTHINGS_ORDERDIR_LABEL"
>
<option value="ASC">COM_MYTHINGS_OPTION_ASC</option>
<option value="DESC">COM_MYTHINGS_OPTION_DESC</option>
</field>
<field
    name="ordercol"
    type="list"
    default="1"
    label="COM_MYTHINGS_ORDERCOL_LABEL"
>
<option value="title">COM_MYTHINGS_TITLE_LABEL</option>
<option value="category_id">COM_MYTHINGS_CAT_LABEL</option>
<option value="lent_by">COM_MYTHINGS_LENTBY_LABEL</option>
<option value="lent">COM_MYTHINGS_LENT_LABEL</option>
</field>
```

```
</fieldset>

<fieldset
    name="detail_layout"
    label="COM_MYTHINGS_DETAIL_LAYOUT_OPTIONS"
>
<field
    name="value"
    type="radio" default="1"
    label="COM_MYTHINGS_VALUE_LABEL"
>
<option value="0">JHIDE</option>
<option value="1">JSHOW</option>
</field>
<field
    name="weight"
    type="radio" default="1"
    label="COM_MYTHINGS_WEIGHT_LABEL"
>
<option value="0">JHIDE</option>
<option value="1">JSHOW</option>
</field>
</fieldset>
</config>
```

`<fieldset name="...">` . . . `</fieldset>` umschließt eine Gruppe von Feldern, die mit einem Namen ansprechbar ist. Bei den Komponentenparametern wird im Modalfenster der Optionen für jedes `<fieldset>` ein Tab erzeugt.

Ein Klick auf »Optionen« in der Toolbar zeigt unser Konfigurationspanel in seiner ganzen Pracht – wie erwartet entsprechen die Tabs den einzelnen Fieldsets.

Bild 19.2: Tabs für die globale Konfiguration der Komponente

Ist die Eingabe getätigt und »Speichern« angeklickt, übernimmt Joomlas *com_config* die Parameter und speichert sie bei der Komponente, das heißt in der Tabelle *#__extensions*, Spalte *params*. Dort könnte dann etwa stehen:

```
{"orderdir":"ASC","ordercol":"cat_id","value":"1","weigth":"1"}
```

Parameter sind im JSON-Format gespeichert – dazu gab es Informationen im Kapitel 9.

19.1.3 Verwendung im Frontend

Die Globalen Parameter einer Komponente bekommen Sie danach überall in Joomla und somit auch im Frontend von `JComponentHelper`, bereits fertig zum Gebrauch in Form eines praktischen *Registry*-Objekts.

```
$this->cparams = JComponentHelper::getParams('com_mythings');
```

19.2 Einstellungen zum Menüpunkt

Jeder Menüpunkt kann eigene Optionen haben. In der Menüverwaltung zeigt Joomla diese Parameter auf der rechten Seite als Slider an. Dort finden sich auch schon die von Joomla standardmäßig vorgegebenen Slider für Menü-Optionen, Aber wie bringen wir jetzt unsere eigenen Optionen dorthin?

Erinnern Sie sich noch an die Parameterdatei für den Menütyp im Frontend? Zurück also ins Kapitel 3.3.6. Dort haben wir schon eine *default.xml* angelegt. Das ist diejenige, welche!

Hier fügen wir die `<field>`-Elemente für die Parameter ein, doch diesmal in ein `<fields>`-Element anstelle des `<config>`-Elements wie in der globalen *config.xml*.

components/com_mythings/views/mything/tmpl/default.xml
```xml
<?xml version="1.0" encoding="utf-8"?>
<metadata>
<layout title ="COM_MYTHINGS_MYTHINGS_VIEW_DEFAULT_TITLE"
    option="COM_MYTHINGS_MYTHINGS_VIEW_DEFAULT_OPTION">
    <message>
    <![CDATA[COM_MYTHINGS_MYTHINGS_VIEW_DEFAULT_DESC]]>
    </message>
</layout>

<fields name="params">
<fieldset name="order"
    label="COM_MYTHINGS_ORDER_OPTIONS" >
<field name="orderdir"
    type="list"
    default=""
    label="COM_MYTHINGS_ORDERDIR_LABEL" >
    <option value="">JGLOBAL_USE_GLOBAL</option>
    <option value="ASC">COM_MYTHINGS_OPTION_ASC</option>
    <option value="DESC">COM_MYTHINGS_OPTION_DESC</option>
</field>
<field name="ordercol"
    type="list"
    default=""
```

```
        label="COM_MYTHINGS_ORDERCOL_LABEL">
        <option value="">JGLOBAL_USE_GLOBAL</option>
        <option value="title">COM_MYTHINGS_TITLE_LABEL</option>
        <option value="category_id">COM_MYTHINGS_CAT_LABEL</option>
        <option value="lent_by">COM_MYTHINGS_LENTBY_LABEL</option>
        <option value="lent">COM_MYTHINGS_LENT_LABEL</option>
    </field>
    </fieldset>

    </fields>
    </metadata>
```

Jede Select-Liste bekommt die zusätzliche Option »Globale Einstellung«. Diese fügen wir an den Anfang ein und sie hat stets `value=""`.

```
<option value="">JGLOBAL_USE_GLOBAL</option>
```

Beim Sprachenschlüssel `JGLOBAL_USE_GLOBAL` bedienen wir uns aus dem reichhaltigen Arsenal an Sprachschlüsseln, das wir in Joomlas *de-DE.ini* finden.

Der Rest des Codes dürfte selbsterklärend sein. Wenn Sie jetzt einen neuen Menüpunkt zu MyThings anlegen, sehen Sie das Ergebnis: Sie können Optionen auswählen.

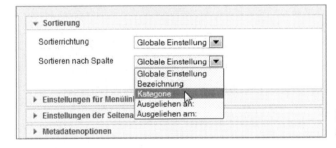

Bild 19.3: Parameter zum Menüpunkt

Die eingegebenen Werte speichert Joomla in die Tabelle *#__menus* in die Spalte *params* des betreffenden Menüsatzes. Hier sind alle Parameter enthalten, nicht nur die von uns definierten, sondern auch die der Standardoptionen von Joomla. So könnte der Inhalt der Spalte aussehen:

```
{"orderby":"DESC","ordercol":"title","menu-anchor_title":"","menu-
anchor_css":"", …. ,"secure":0}
```

19.3 Eine Extrawurst für jedes Ding

Bis hierher hat das Framework das Speichern und Aufbereiten der Parameter für uns erledigt. Aber jetzt, auf Datensatzebene, wird es ernst. Sie müssen jetzt alles, was Komponente und Menü zu der Bearbeitung von Parametern haben, für MyThings selbst programmieren:

- Parameter definieren

- Slider für Parameter zur Detailansicht von *MyThings* hinzufügen

- Datenbank um eine Spalte *params* erweitern

- Parameter in die Datenbank speichern (`JTable`)

- Im Frontend die Parameter verwenden

19.3.1 Parameter definieren

Wo versteckt sich denn diesmal die xml-Datei? Die versteckt sich nicht – es ist einfach die xml-Datei für die Formularansicht. Erweitern Sie diese Datei am Ende um die Parameterfelder, die wir für die Anzeige eines Items vorgesehen haben. Der Code ist selbsterklärend.

administrator/component/com_mythings/model/forms/mything.xml

```
<fields name="params">
    <fieldset name="detail_layout"
    label="COM_MYTHINGS_DETAIL_LAYOUT_OPTIONS" >
        <field name="value"
            type="list"
            label="COM_MYTHINGS_VALUE_LABEL" >
            <option value="">JGLOBAL_USE_GLOBAL</option>
            <option value="0">JHIDE</option>
            <option value="1">JSHOW</option>
        </field>
        <field name="weight"
            type="list"
            label="COM_MYTHINGS_WEIGHT_LABEL" >
            <option value="">JGLOBAL_USE_GLOBAL</option>
            <option value="0">JHIDE</option>
            <option value="1">JSHOW</option>
        </field>
    </fieldset>
</fields>
</form>
```

19.3.2 Formularansicht erweitern

Hier in unserer eigenen Komponente kommt der Slider nicht automatisch wie beim Menü, hier müssen Sie schon selbst Hand anlegen. Fügen Sie in der Layout-Datei am Ende einen neuen Slider hinzu, direkt nach dem fieldset für die Änderungsdaten.

administrator/component/com_mythings/views/mythings/tmpl/edit.php

```
                    <?php echo $this->form->getLabel('lent_by_id'); ?>
                    <?php echo $this->form->getInput('lent_by_id'); ?>
                </li>
            </ul>
        </fieldset>

<?php echo JHtml::_('sliders.panel',
                    JText::_('COM_MYTHINGS_CONFIGURATION'),
                    'params'); ?>
<fieldset class="panelform">
<ul class="adminformlist">
<?php foreach ($this->form->getFieldset('detail_layout') as $field) : ?>
        <li>
            <?php echo $field->label; ?>
            <?php echo $field->input; ?>
        </li>
<?php endforeach; ?>
</ul>
</fieldset>
```

Lassen Sie sich jetzt ein Ding in der Detailansicht zeigen. Rechts sehen Sie einen Slider für die Konfiguration und Sie können Optionen wählen. Beim Senden des Formulars werden die eingegebenen Werte als zwei Strings in ein Array eingelesen. Es hat mich einige Mühe gekostet, das zu erreichen. Falls der geneigte Leser aus den Fehlern anderer lernen möchte:

Irgendwelche Versuche, bei den XML-Dateien kreativ zu sein, führen direkt in den (virtuellen) Abgrund, solange man nicht sehr genau weiß, was man tut. Überhaupt – wenn bei der Konfigurierung etwas nicht funktioniert, ist es nicht der Ehemann oder der Gärtner, sondern die xml-Datei, die man zuerst im Verdacht haben sollte.

Bild 19.4: Slider mit Parametern für den Datensatz

19.3.3 Datenbank und JTable

Wenn also jetzt der »Speichern«-Knopf gedrückt wird, liest das Framework die Daten in ein Array namens *params*.

Damit sie aber in die Datenbank überhaupt gespeichert werden können, muss unsere Tabelle eine Spalte *params* bekommen. Das machen Sie, wie in den anderen Fällen auch, schnell und schmerzlos direkt in der Datenbank über phpMyAdmin.

```
ALTER TABLE #__mythings ADD params TEXT
```

Die Klasse `MyThingsTableMyThings` bekommt damit eine weitere Eigenschaft. Das reicht aber noch nicht, denn die Eingabe in die Parameterfelder muss zusammengefasst und in das JSON-Format umgewandelt werden. Leider geht das nicht »automagisch«.

Bisher war `MyThingsTableMyThings` eine absolut minimalistische Erweiterung von `JTable`, jetzt fangen wir an, einige Methoden von `JTable` für uns anzupassen.

Überschreiben Sie zunächst die Methode `bind()` von `JTable`, um ein `JRegistry`-Objekt der Parameter zu bekommen und es der Spalte *params* zuzuordnen. Hier noch einmal der gesamte Code zur Auffrischung.

administrator/components/com_mythings/tables/mythings.php

```php
<?php
defined('_JEXEC') or die;

class MyThingsTableMyThings extends JTable
{
  public $id;
  public $title;
  public $category_id;
  public $owner_id;
  public $description;
  public $state;
  public $value;
  public $weight;
  public $lent_from;
  public $lent_to;
  public $lent_by_id;
  public $params;

    public function __construct($db)
    {
        parent::__construct('#__mythings', 'id', $db);
    }

    public function bind($array, $ignore = '')
    {
        if (isset($array['params']) && is_array($array['params']))
        {
            $registry = new JRegistry;
            $registry->loadArray($array['params']);
            $array['params'] = (string) $registry;
        }
```

```
        return parent::bind($array, $ignore);
    }
}
```

Die Methode `bind()` überträgt die Eingabedaten aus dem Array nacheinander in die zugehörigen Eigenschaften von *MyThingsTableMyThings*. Sie müssen die Methode hier anpassen, um die Parameter, die wir als Array vorliegen haben, in das JSON-Format umzuwandeln und als Eigenschaft `$params` zu übergeben.

Damit werden die Parameter beim Datensatz gespeichert, wie Sie z. B. mit phpMyAdmin leicht kontrollieren können.

> **Für Einsteiger:** `JRegistry` ist eine Art Datenkonvertierungsmaschine. In diesem Fall heißt es: Array rein – String im JSON-Format raus. In der Einführung in die API (Kapitel 9) finden Sie mehr dazu.

19.4 Feuer frei! Einsatz im Frontend

Konfiguriert haben wir – jetzt müssen wir das im Frontend anwenden.

19.4.1 Wer gewinnt? Parameter zusammenführen

Eine häufige Frage im Joomla-Support-Forum lautet ungefähr »Ich habe alle Optionen richtig eingestellt, aber Joomla übernimmt meine Einstellungen nicht?« Um dies zu beantworten, müsste man wissen: Wie geht die betreffende Komponente vor, um diese drei Schichten Parameter zu mischen (*merge*)? Überlagern die Optionen beim Menü die des Datensatzes oder umgekehrt?

> **Für Einsteiger:** Ein array_merge führt ein oder mehrere Arrays zusammen. Die Elemente der verschiedenen Arrays werden aneinandergehängt, wenn sie verschiedene Schlüsselwörter haben. Haben die Arrays Felder mit den gleichen Schlüsselwörtern, so überschreibt der zuletzt dazugekommene Wert den vorherigen. Wie bei CSS: Der letzte Maler übermalt die anderen.

Wir haben jetzt eine globale Einstellung für unsere Komponente

```
{"orderdir":"ASC","ordercol":"lent_from","value":"1","weigth":"1"}
```

Eine Einstellung zum Menüpunkt (hier ist für die Sortierspalte die globale Einstellung gewählt):

```
{"orderdir":"DESC","ordercol":"", ....}
```

Eine Einstellung für den Datensatz.

```
{"value":"0","weigth":""}
```

Um die Übersicht auszugeben, *mergen* wir Komponenteneinstellung und Menüparameter und erhalten

```
{"orderdir":"DESC","ordercol":"title"}
```

Für den Datensatz ist das Ergebnis des *merge*:

```
{"value":"0","weigth":"1"}
```

19.4.2 Menü-Parameter für die Listenansicht

Diese Parameter verwenden wir für die Sortierung, das betrifft die Methode `populateState()` des Models. Wir haben in dieser Methode bisher Default-Werte verwendet, jetzt ersetzen wir die Default-Werte durch die Optionen in den Parametern.

Was brauchen Sie, um die Sortierspalte und die Sortierreihenfolge aus den Parametern zu bestimmen?

- Die Parameter, die beim Menü gespeichert sind.

- Die Parameter, die global bei der Komponente gespeichert sind.

- Das Ergebnis der Zusammenführung beider Parametersätze, wobei die Parameter beim Menü die globalen Einstellungen überlagern.

Und so bekommen Sie das: Gehen Sie zuerst zur Methode `populateState()` des Models *MyThings* und fügen Sie die fett gedruckten Zeilen ein:

components/com_mythings/models/mythings.php

```php
protected function populateState($ordering = 'title', $direction = 'ASC')
{
    $menu = JFactory::getApplication()->getMenu();
    $menu_item = $menu->getActive();
    $temp = JComponentHelper::getParams('com_mythings');
    if ($menu_item) {
        $temp->merge($menu_item->params);
    }
    $ordering  = $temp->get('ordercol', $ordering);
    $direction = $temp->get('orderdir', $direction);

    parent::populateState($ordering, $direction);
}
```

Bei der Ausgabe selbst haben Sie hier nichts weiter zu tun, die Änderung betrifft nur das Model.

19.4.3 Die Detailansicht MyThing

Die Parameter des aktuellen Satzes sind eine Eigenschaft der View, die globalen Parameter bekommen Sie von JComponentHelper. Die Parameter des Menüpunkts brauchen Sie nicht berücksichtigen, denn sie beziehen sich nur auf die Übersicht, nicht auf die Detailansicht. Am Ende *mergen* wir die beiden Parametersätze und zwar so, dass die Werte des Items die globalen Einstellungen überschreiben.

components/com_mythings/views/mything/view.html.php

```php
<?php
defined('_JEXEC') or die;
jimport('joomla.application.component.view');

class MyThingsViewMyThing extends JView
{
protected $item;
protected $params;

function display($tpl = null)
{
    $this->item= $this->get('Item');

    $params = new JRegistry();
    $params->loadString($this->item->params);
    $temp = JComponentHelper::getParams('com_mythings');
    $temp->merge($params);
    $this->params = $temp;

    parent::display($tpl);
}
}
```

Weiter geht es mit der Ausgabe des Layouts, wo wir die Früchte aus diesem Gemisch ernten. Die fett gedruckten Zeilen sind neu. Je nachdem, ob der Parameter auf »Anzeigen« oder »Verbergen« gesetzt wurde, wird der Wert gezeigt oder übersprungen.

components/com_mythings/views/mything/tmpl/default.php

```php
<?php
defined('_JEXEC') or die;

$item = $this->item;
$params = $this->params;
?>

<h1><?php echo $item->title; ?></h1>

    . . .

<?php  if ($params->get('value')) : ?>
  <tr>
  <td><?php echo JText::_('COM_MYTHINGS_VALUE'); ?></td>
```

```
  <td><?php echo $item->value; ?></td>
</tr>
<?php endif; ?>
<?php  if ($params->get('weight')) : ?>
  <tr>
  <td><?php echo JText::_('COM_MYTHINGS_WEIGHT'); ?></td>
  <td><?php echo $item->weight; ?></td>
  </tr>
<?php endif; ?>
</table>
        . . .
```

Fertig! Und jetzt können Sie nach Lust und Laune Spalten und Daten zeigen oder aus den Ausgaben verschwinden lassen. Aber hier erkennen Sie schon, wie die Verwendung dieser wenigen Parameter den Code aufbläht.

Schauen Sie sich einmal den Code von Extensions an. Nicht selten besteht der Kern eines Moduls aus zwei oder drei Programmzeilen, ist aber garniert mit 20 Parametern, von denen Sie selbst vielleicht gar keinen brauchen. Das ist auch ein Grund, selbst als Entwickler tätig zu werden. Nicht nur aus Heimwerkerstolz sondern um die Anwendung schlank zu halten.

19.5 Zusammenfassung

Wir haben im Backend drei Stellen, an denen die Eingabe von Daten zur Konfiguration unserer Komponente möglich ist:

- Globale Einstellungen für die Komponente in der Default-View.

- Einstellungen für das Menü-Item, wobei wir nicht viel zu tun hatten.

- Einstellungen zu jedem Datensatz, dafür musste unsere Tabelle erweitert werden.

Im Frontend haben wir diese Menü-Parameter dann verwendet, um die Sortierung der Spalten bei der Ausgabe zu verändern. Die Datensatz-Parameter haben wir eingesetzt um das Layout der Detailansicht zu modifizieren.

Es ist eigentlich ganz einfach, aber die Anzahl der Fehler, die man machen kann, ist auch hier praktisch unbegrenzt, und ich glaube, ich habe ausnahmslos jeden Fehler einmal gemacht. Vor allem in den XML-Files – jede künstlerische Freiheit rächt sich da furchtbar.

Ich fand es auch nützlich, immer wieder in der Datenbank, also in den Tabellen *#__extensions, #__menu* und *#__mythings,* die Parameter zu kontrollieren, da bekommt man ein besseres Gespür für die Daten und die Umformungsprozesse – ich sage nur `JRegistry`!

19.5.1 Kurz und bündig – Parameterdefinitionen

Globale Einstellungen

xml-Datei	*administrator/components/com_mythings*

Aufbau	`<config>`
	`<fieldset name="  ">`
	`    <field> . .</field>`
	`</fieldset>`
	`</config>`

Verwendung im Backend	Default-View der Komponente. Icon »Optionen« in der Toolbar
Wie speichern?	macht Joomla
Wo gespeichert?	Tabelle *#__extensions*, Spalte *params*
Verwendung	`JComponentHelper::getParams ('com_mythings');`

Menüoptionen

xml-Datei	*components/com_mythings/* *views/mythings/tmpl/mythings.xml*

Aufbau	`<metadata>`
	`<fields name="params">`
	`  <fieldset name="  ">`
	`      <field> . .</field>`
	`  </fieldset>`
	`</fields>`
	`</metadata>`

Verwendung im Backend	beim Menüpunkt, als Slider rechts oben
Wie speichern?	macht Joomla
Wo gespeichert?	Tabelle *#__menu*, Spalte *params*

Verwendung	`$menu = JFactory::getApplication()`
	`->getMenu();`
	`$menu_item = $menu->getActive();`
	`$params = $menu_item ->params;`

Parameter beim Datensatz

xml-Datei	*administrator/components/com_mythings/ models/forms/mything.xml*

Aufbau	`<form>`
	`<fields name="params">`
	`  <fieldset name="  ">`
	`    <field> . .</field>`
	`  </fieldset>`
	`</fields>`
	`</form>`

Verwendung im Backend	Formularansicht MyThing, Layout `edit`. Das Aussehen kann man selbst bestimmen, üblicherweise Slider auf der rechten Seite.
Wie speichern?	Erweiterung von `JTable`: Eigenschaft `$params`
Wo gespeichert?	Tabelle *#__mythings*, Spalte *params*

19.6 Sprachdateien

Die Sprachdateien müssen noch erweitert werden, im Backend ist einiges dazugekommen.

administrator/languages/de-DE/de-DE.com_mythings.ini

```
COM_MYTHINGS_DETAIL_LAYOUT_OPTIONS="Detail Layout"
COM_MYTHINGS_TABLE_LAYOUT_OPTIONS="Tabellen Layout"
COM_MYTHINGS_CONFIGURATION="Mything Einstellungen"
COM_MYTHINGS_ORDER_OPTIONS="Sortierung"
COM_MYTHINGS_ORDERCOL_LABEL="Sortieren nach Spalte"
COM_MYTHINGS_ORDERDIR_LABEL="Sortierrichtung"
COM_MYTHINGS_OPTION_ASC="Aufsteigend"
COM_MYTHINGS_OPTION_DESC="Absteigend"
```

Und dasselbe auf Englisch ist Hausaufgabe!

20 Wer darf was? Zugriffsrechte

> **Download:** Den Code zu diesem Kapitel finden Sie unter *com_mythings_kap20.zip*.

Das Thema ACL (Access Control List) gehört zu den schwierigsten im ganzen Joomla-Umfeld. Die Umsetzung im CMS ist nicht wirklich eine Offenbarung und möglicherweise wird sich in den nächsten Versionen der Platform einiges ändern.

Wir erweitern die Komponente jetzt so, dass wir Zugriffsberechtigungen konfigurieren können. Damit ist dann der Weg frei für die Erstellung von Formularen im Frontend. Wir haben jetzt wieder ein Puzzle von Codestückchen und Dateien vor uns und das »Henne-Ei-Problem«. Egal, mit welchem Teilstück wir anfangen – der Sinn der Sache erschließt sich erst richtig, wenn alles zusammengebaut ist und zusammenwirkt. Noch dazu sind wir wieder mit der Schrotflinte unterwegs und müssen querbeet Dateien anpassen.

Programmieren Sie zunächst die Komponente so, dass der Administrator den Benutzergruppen Zugriffsrechte zuweisen kann.

20.1 Globale Konfiguration der Berechtigungen

Fangen wir mit den Berechtigungseinstellungen der Komponente an. Im vorherigen Kapitel haben Sie die Toolbar um das Icon »Optionen« erweitert. Dort wollen wir einen weiteren Tab für Berechtigungen, das kennen Sie ja aus anderen Backend-Komponenten.

Bild 20.1: Optionen-Icon in der Toolbar

Fügen Sie ein neues `<fieldset>`-Element am Ende Ihrer *config.xml* ein. Es enthält als einziges `<field>`-Element die »rules«.

Dieses <fieldset> heißt im CMS gewöhnlich »permissions« (Berechtigungen). Dieser Name ist ein Standardname. Übernehmen Sie ihn einfach – das ist bequem, erspart es doch die Definition eines eigenen Sprachschlüssels.

administrator/components/com_mythings/config.xml

```xml
<?xml version="1.0" encoding="utf-8"?>
<config>


        . . . <fieldsets> der globalen Konfiguration . . .

   <fieldset
      name="permissions"
      label="JCONFIG_PERMISSIONS_LABEL"
      description="JCONFIG_PERMISSIONS_DESC" >
      <field
         name="rules"
         type="rules"
         label="JCONFIG_PERMISSIONS_LABEL"
         filter="rules"
         validate="rules"
         component="com_mythings"
         section="component" />
   </fieldset>
</config>
```

Kleine Ursache, große Wirkung. Schauen Sie sich an, was sich hinter diesem unscheinbaren <field>-Element »rules« verbirgt. Es liest die Benutzergruppen der Anwendung ein. Das sind zunächst die von Joomla standardmäßig angelegten Benutzergruppen, es kann auch weitere, vom Administrator definierte Gruppen geben. Das geht uns aber nichts an, »rules« liest und präsentiert sie hier einfach.

20.2   Der Dreh- und Angelpunkt: Die access.xml

Die *access.xml* liegt im Hauptverzeichnis der Backend-Komponente. Sie mussten sie schon im Kapitel 15 »Kategorien, User und JForms« erzeugen, damit Sie Kategorien anlegen konnten.

Diese Datei legt mitnichten Zugriffsregeln fest. Sie stellt eher eine Art Matrix auf, in der die Aktionen definiert sind, die mit den Elementen der Komponente ausführbar sind.

Es gibt drei Stufen von Elementen:

- Ein <section>-Element für die Komponente selbst

- Ein <section>-Element für Kategorien der Komponente, falls Kategorien verwendet werden

- Ein oder mehrere `<section>`-Elemente für die Datensätze der eigenen Komponente, falls Zugriffsschutz auf Datensatzebene nötig ist.

action	section	component	category	Eigene Komponente
Komponente konfigurieren	`core.admin`	■		
Komponente verwenden	`core.manage`	■		
Daten aufnehmen	`core.create`	■	■	
Daten löschen	`core.delete`	■	■	
Daten ändern	`core.edit`	■	■	✓
Eigene Daten ändern	`core.edit.own`	■	■	✓
Status von Daten ändern	`core.edit.state`	■	■	
Selbst definierte Aktion auf eigener Komponente ausführen	`z. B. mything.lend`			■

Diese Matrix zeigt, wie die *sections* und *actions* einander zugeordnet sind. Eine *action* hat die Attribute *name, title* und *description*.

Ein `<action>`-name in der *access.xml* hat den Aufbau

`zugehörigkeit.aktion.[Präzisierung]`, zum Beispiel `core.manage`

Zwei dieser Aktionen verwenden wir in unserer Komponente bisher nicht:

- `core.edit.own`: Benutzer dürfen die von ihnen angelegten Datensätze bearbeiten. Dazu muss natürlich der Datensatz die id des Bearbeiters enthalten.

- `core.edit.state`: Benutzer dürfen den Status eines von ihnen angelegten Datensatzes ändern, z. B. »published«.

Wir haben in unserer Tabelle keine Spalten für Status oder die ID des Bearbeiters vorgesehen, daher kommen diese actions bei uns nicht vor. Wir überlassen es Ihnen als Hausaufgabe, die Tabelle *#__mythings* um die Spalten *user_id* oder *created_by* und *published* zu erweitern, das Model und die Views anzupassen und diese Daten dann auch in die Prüfung der Zugriffsrechte einzubeziehen – es ist bestimmt eine gute Übung. Viel Erfolg!

Die im Folgenden beschriebene Datei *access.xml* wurde schon im Kapitel 15 (Kategorien, User und JForms) erstellt, vergleichen Sie nur den Inhalt mit der Beschreibung.

administrator/components/com_mythings/access.xml

```
<?xml version="1.0" encoding="utf-8"?>
<access component="com_mythings">
```

Im Kopf steht der Name der Komponente.

```
<section name="component">
. . . .
<action name="core.delete"
        title="JACTION_DELETE"
        description="JACTION_DELETE_COMPONENT_DESC" />
. . . . .
</section>
```

Diese Section enthält die Zugriffsregeln auf die Komponente. Der Zugriff wird von Joomla selbst geprüft, daher »core«.

```
<section name="category">
. . .
<action name="core.create"
        title="JACTION_CREATE"
        description="COM_CATEGORIES_ACCESS_CREATE_DESC" />

. . . .
</section>
```

Diese Section enthält die Zugriffsregeln auf die Kategorien von MyThings. Diese Section war der Grund dafür, dass Sie die Datei schon im Kapitel 15 erzeugen mussten.

```
<section name="mythings">
<action name="mything.lend"
        title="COM_MYTHINGS_ACCESS_LEND"
        description=" COM_MYTHINGS_ACCESS_LEND_DESC" />
. . . .
</section>
```

Hierher kommen die von uns erfundenen Regeln für die Datensätze unserer Komponente MyThings, hier verwenden wir auch eigene Sprachschlüssel. Der section name ist nur ein Name. Er könnte auch »Kaffeekasse« heißen. Er muss nur genau so später in der xml-Datei für das Formular wieder auftauchen.

Wenn Ihre Komponente verschiedene Datensatztypen verarbeitet, die auch separate ACL-Regeln haben sollen, fügen Sie einfach weitere <section>-Elemente hinzu.

Im action name ist mit mything.lend hier der Name des zuständigen Models *MyThing* verwendet. Ob das im Sinne des Erfinders ist, wissen wir nicht. Aus der API und aus dem Quellcode lässt sich hier nichts herauslesen. Vom Code her ist egal, welcher Name hier steht. Aber sicher ist der Modelname am geeignetsten, schon allein zu Dokumentationszwecken.

Klicken Sie jetzt in der Komponente auf das Konfigurierungs-Icon »Optionen« und das Berechtigungs-Panel. Jetzt können Sie Zugriffsregeln setzen.

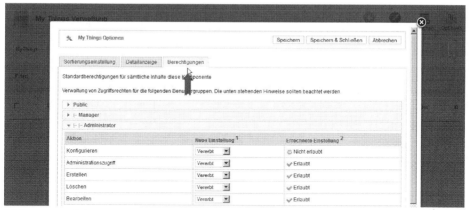

Bild 20.2: : Globale Konfiguration: Zugriffsregeln für MyThings

20.3 Asset – Das Objekt der Begierde

Asset – Sachwert, Vermögenswert, Aktivposten. Der asset oder das asset? Das asset-Objekt? Egal. Unsere Sachwerte sind: die Komponente selbst, unsere Kategorien und die Datensätze zu den Verleih-Objekten. Sie lernen jetzt, wie Sie Joomla dazu bringen, zu jedem Datensatz in *#__mythings* auch einen Satz in *#__assets* anzulegen.

20.3.1 Die Tabelle #__assets

Die Tabelle *#__assets* ist Bestandteil des Joomla CMS. Sie enthält alle assets für alles, also für Artikel, Kategorien, die anderen Komponenten. Nicht alle Komponenten vergeben Zugriffsrechte bis hinunter auf Datensatzebene und nicht alle Komponenten verwenden Kategorien. In vielen Fällen ist also die Komponente das einzige Asset, das es zu schützen gilt, und die Kontrolle über Standardaktionen (`create`, `edit`, `delete`) ist auch ausreichend.

Wir greifen für MyThings natürlich in die Vollen und lassen deshalb alle drei Arten von Assets in dieser Tabelle speichern:

- Die Komponente: *com_mythings*
- Kategorien   *com_mythings.category.[id]*
- Einzelne Datensätze   *com_mythings.mything.[id]*

Vergleichen Sie diese Bezeichner auch mit unserer *access.xml*: Drei sections in der *access.xml*, drei Arten Einträge in der Tabelle *#__assets*.

Der Komponentensatz und die Sätze für die Kategorien kommen »automagisch«, in die Tabelle, darum brauchen wir uns nicht kümmern. Unser Job ist es, assets für die einzelnen Dinge anzulegen. Der nächste Abschnitt beschäftigt sich damit.

com_mythings.mything.5	DAEMON	{"mything.lend":{"6":0}}
com_mythings.mything.4	Abendanzug	{"mything.lend":{"6":1}}
com_mythings.category.17	Herrenkleidung	{"core.create":[],"core.delete": [],"core.edit":[],...
com_mythings.category.12	Diverses für mythings	{"core.create":[],"core.delete": [],"core.edit":[],...
com_mythings	com_mythings	{"core.admin": {"6":0},"core.manage": {"6":1},"core....

Bild 20.3: Tabelle #__assets mit einigen Daten von MyThings

20.3.2 Tabelle #__mythings erweitern

Bei der Programmierung der Backend-Komponente haben Sie die Klasse *MyThingsTableMyThings* angelegt. Sehr minimalistisch, wir haben nur den Konstruktor verwendet, um ihren Primärschlüssel festzulegen. Sonst hat diese Klasse alles von JTable geerbt. JTable hat alle Methoden, die auf einer Datenbanktabelle denkbar sind, und es bestand bei MyThings keine Notwendigkeit, etwas zu erweitern – alles ging von allein, »automagisch« eben. Eine erste Anpassung bei der Methode bind() gab es im Kapitel 19.3, um Parameter der Konfiguration zu speichern.

Jetzt ist aber mehr zu tun. Wir möchten jedem Ding ein Schildchen umhängen, auf dem der Administrator seine Zugriffsrechte eintragen kann. Diese Schildchen sind Sätze in der Tabelle #__assets. Sie müssen zusammen mit einem neuen Datensatz der Komponente gespeichert werden.

JTable speichert Datensätze in der Methode store(). Wir haben uns bisher nicht weiter darum gekümmert, das Framework hat dafür gesorgt, dass diese Methode beizeiten zum Einsatz kam. Jetzt wird es aber interessanter. Diese Methode store() enthält nämlich eine Abfrage »hat die Tabelle, in der ich speichern will, eine Spalte *asset_id*?« Falls ja, ist das ein Signal, dass ein Asset-Satz anzulegen ist.

Wir möchten ab jetzt dieses Signal geben und erweitern #__mythings um eine Spalte asset_id, am einfachsten direkt in phpMyAdmin oder mit diesem SQL-Befehl:

```
ALTER TABLE #__mythings ADD asset_id INT AFTER id
```

20.3.3 JTable erweitern, um assets zu generieren

Wir wollen folgende Verknüpfung erreichen: Jedes unserer Dinge in #__*mythings* hat einen zugehörigen Satz in #__*asset*, in dem die Zugriffsrechte (rules) stehen.

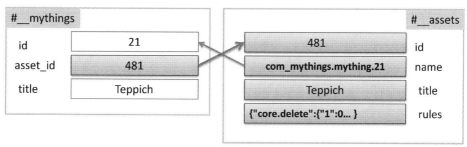

Bild 20.4: Die Beziehung #__*mythings* und #__*assets*

JTable hat schon alle Methoden, um diese Struktur anzulegen. Wir müssen sie lediglich für unsere Zwecke anpassen. Es folgt der gesamte Code der Klasse *MyThingsTableMyThings* – und diesmal stehen die Erläuterungen einfach zwischen den Zeilen.

administrator/components/com_mythings/tables/mythings.php

```php
<?php
defined('_JEXEC') or die;

class MyThingsTableMyThings extends JTable
{
public $id;
public $asset_id;
```

Hier ist die neue Eigenschaft asset_id. Es ist das Signal für JTable, einen Satz in #__*assets* aufzubauen und zu speichern.

```php
public function bind($array, $ignore = '')
{
  if (isset($array['params']) && is_array($array['params']))
      {
          $registry = new JRegistry;
          $registry->loadArray($array['params']);
          $array['params'] = (string) $registry;
      }
```

Es gibt bereits eine Methode bind(), die wir ergänzen:

```php
  if (isset($array['rules']) && is_array($array['rules']))
      {
          $rules = new JAccessRules($array['rules']);
          $this->setRules($rules);
```

```
        }

    return parent::bind($array, $ignore);
}
```

Was im Backend bei den Berechtigungen eingegeben wurde, kommt hier als Array an. In dieser Methode wird das Ganze zu einer Regel umgeformt und kann dann in der Spalte *rules* gespeichert werden.

```
protected function _getAssetName()
    {
        $k = $this->_tbl_key;
        return 'com_mythings.mything.' .(int) $this->$k;
    }
```

Der *asset name* setzt sich zusammen aus dem Komponentennamen *com_mythings*, dem Namen der <section> in der *access.xml* und der *id* des Datensatzes von *#__mythings*.

```
protected function _getAssetTitle()
    {
        return $this->title;
    }
```

Diese Methode setzt den Titel. Schauen Sie nochmal auf das Bild 20.4. Der Inhalt der Spalte *title* aus *#__mythings* wird auch in der Tabelle *#__assets* gespeichert. Andernfalls steht hier dasselbe wie in »name« nämlich *com_mythings.mything.[id]*.

> **Tipp:** Wenn Sie sehen wollen, wo das gebraucht wird: Schalten Sie den Debug-Modus ein, gehen Sie dann im Backend auf »Benutzer«, klicken Sie bei einem der Benutzer auf den Button *Berechtigungsbericht* und Sie sehen eine sehr hilfreiche Übersicht über die Rechte dieses Benutzers. Und DARAUF ist der Name des assets sichtbar und nützlich. Deshalb wird diese Information redundant in die Tabelle *#__assets* dupliziert, für die Abfrage der Zugriffsrechte ist sie nicht von Bedeutung.

```
protected function _getAssetParentId($table = null, $id = null)
    {
        $asset = JTable::getInstance('asset');
        $asset->loadByName('com_mythings');
        return $asset->id;
    }
```

Damit werden die von uns gespeicherten assets unserer Komponente MyThings zugeordnet werden.

Inzwischen dürften alle Klarheiten beseitigt sein. Die Komponente hängt jetzt jedem unserer Ausleihobjekte ein Schildchen um. Darauf kann der Administrator vermerken, welche Benutzergruppe welche Rechte hat – das geht uns aber nichts mehr an.

20.4 Der User, das bekannte Wesen

In der Komponente können wir jederzeit mit `JFactory::getUser()` das User-Objekt bekommen. Es ist ein sehr geschwätziges Objekt, das eine Menge Informationen liefert. Hier interessiert uns vor allem, was es über die Zugehörigkeit zu Benutzergruppen preisgibt, denn Zugriffsberechtigungen werden nicht einzelnen Benutzern, sondern Benutzergruppen gewährt.

`JUser` hat eine Methode `authorise()`, um die Frage »Darf der das?« zu beantworten. Vorsicht hier: Verwenden Sie nicht `authorize()` – das ist deprecated.

```
public function authorise($action, $assetname = null)
```

Beispiel: Darf der Benutzer das Objekt 12 ausleihen?

```
$user =JFactory::getUser;
If ($user->authorise('mything.lend', 'com_mythings.mything.12') { …
```

Das User-Objekt erzählt aber noch viel mehr – der Abschnitt 9.3.14 »Benutzer: user« im Streifzug durch die API ist eine lohnende Lektüre.

20.5 Wächter in Aktion – Zugriffsrechte prüfen

20.5.1 Zugang zur Komponente einschränken

Fangen wir mit dem Backend an. Bei uns dürfen nur speziell geschulte MyThings-Manager Hand anlegen, wir schützen also die Komponente selbst vor Unbefugten. Es ist kein wirklicher Schutz vor Hackern mit krimineller Energie, aber für harmlose Leute, die durch irgendeinen Zufall auf die Komponente kommen, reicht es.

administrator/components/com_mythings/mythings.php

```php
<?php
defined('_JEXEC') or die;

jimport('joomla.application.component.controller');
$controller = JController::getInstance('mythings');

if (!JFactory::getUser()->authorise('core.manage', 'com_mythings')) {
    return JError::raiseWarning(404, JText::_('JERROR_ALERTNOAUTHOR'));
}
```

Es gibt aber noch mehr Schutzmaßnahmen. Der Administrator hat vielleicht mehrere Benutzergruppen aufgenommen, die MyThings verwalten sollen. Eine Gruppe darf vielleicht nur Sachen bearbeiten, aber nichts neu aufnehmen.

Um niemanden in Versuchung zu führen, sollen immer nur die Aktions-Icons in der Toolbar zu sehen sein, die ein User ausführen darf. Das ist zwar an dieser Stelle auch keine wirklich wirksame Sicherheitsmaßnahme, aber ich handle lieber nach dem Motto: »Was der User nicht weiß, macht ihn nicht heiß.« Einen gut sichtbaren Knopf zu zeigen und dann zu sagen: »Nicht für dich, Darling!« – das erzeugt nur Frustration.

Bevor ein Icon in die Toolbar eingefügt wird, fragen wir also »Darf der Benutzer das?«. Diese Abfrage brauchen wir für jede View – und das bedeutet nach Renés Mantra »Wiederholung vermeiden« (DRY-Prinzip; don't repeat yourself): ab damit in die Helperklasse.

Die Helperklasse bekommt eine Methode `getActions()`. Sie gibt ein Array einfacher Werteobjekte (`JObject`) zurück. Deren Eigenschaft ist jeweils eine der in der *access.xml* definierten möglichen Aktionen, der Wert ist die Angabe, ob der Benutzer diese Aktion ausführen darf oder nicht.

administrator/components/com_mythings/helpers/mythings.php
```
public static function getActions($categoryId = 0)
{
$user = JFactory::getUser();
$result = new JObject;
```

Dieses Werteobjekt wird die Aktionsnamen und die Berechtigung für den User aufnehmen.

```
if (empty($categoryId)) {
    $assetName = 'com_mythings';
} else {
    $assetName = 'com_mythings.category.'.(int) $categoryId;
}
```

Falls der Benutzer sich auf eine bestimmte Kategorie bezieht, ist das asset vom Typ *mythings.category*.

```
$actions =  JAccess::getActions('com_mythings');
```

Diese Methode liest alle möglichen Aktionen, die in der *access.xml* für unsere Komponente zugelassen sind, in ein Array.

```
foreach ($actions as $action) {
    $result->set($action->name, $user->authorise($action, $assetName));
}
```

Hier sehen wir die `authorise()`-Methode des User-Objekts mal in Aktion. Sie gibt einen booleschen Wert zurück: Darf der Benutzer diese Aktion ausführen? Ja oder nein?

```
return $result;
}
```

Und hier ist das Ergebnis. Sie verwenden es gleich in der View, um die Toolbar für die Listendarstellung *MyThings* aufzubauen. In der View *view.html.php* gibt es eine Funktion *addToolbar,* die Sie anpassen müssen. Die fett gedruckten Zeilen sind neu.

administrator/components/com_mythings/views/mything/view.html.php

```
protected function addToolbar()
{
JToolBarHelper::title(JText::_('COM_MYTHINGS_ADMIN'));

$state   = $this->get('State');
$canDo   = MyThingsHelper::getActions($state->get('filter.category_id')
);
```

Sie erleben hier wieder etwas automagisches – die Helperklasse taucht aus dem Nichts auf – weil sie nämlich im Controller beim `JLoader` registriert wurde. Der sorgt dafür, dass die Klasse zur Stelle ist, wenn sie gebraucht wird. Das Array *$canDo* enthält Werteobjekte mit den möglichen Aktionen, die in der *access.xml* definiert sind, und Angaben »darf« oder »darf nicht«. Der nette Name *canDo* für das Array ist natürlich frei wählbar, aber ein Beispiel für einen sprechenden Variablennamen. Im Session-Objekt finden wir die *id* der Kategorie, falls der Anwender eine Kategorie ausgewählt hat.

```
$user = JFactory::getUser();
if (count($user->getAuthorisedCategories('com_mythings',
            'core.create')) > 0){
    JToolBarHelper::addNew('mything.add', 'JTOOLBAR_NEW');
}
```

Nur wenn der User berechtigt ist, in die Kategorien der Komponente MyThings etwas einzutragen, bekommt er den Button für »Neuaufnahme«.

```
if ($canDo->get('core.edit')) {
    JToolBarHelper::editList('core.edit', 'JTOOLBAR_EDIT');
}
if ($canDo->get('core.delete')) {
    JToolBarHelper::deleteList('', 'mythings.delete', 'JTOOLBAR_DELETE');
}
if ($canDo->get('core.admin')) {
    JToolBarHelper::preferences('com_mythings');
}
```

Diese Abfragen sind selbsterklärend.

Sie haben jetzt schon Erfahrung: Ändern Sie analog zum obigen Beispiel die View *administrator/components/com_mythings/views/mything/view.html.php* selbst.

Dort benötigen Sie die Abfrage nur bei den Icons für »Speichern und neu« und »als Kopie speichern«, denn hier könnten neue Einträge angelegt werden.

20.5.2 Zugriffsregeln für einzelne Datensätze

Der Administrator soll für jedes einzelne Ding festlegen können, wer es ausleihen darf. Dazu fügen Sie ein neues Sliderpanel für die Zugriffsregeln ein.

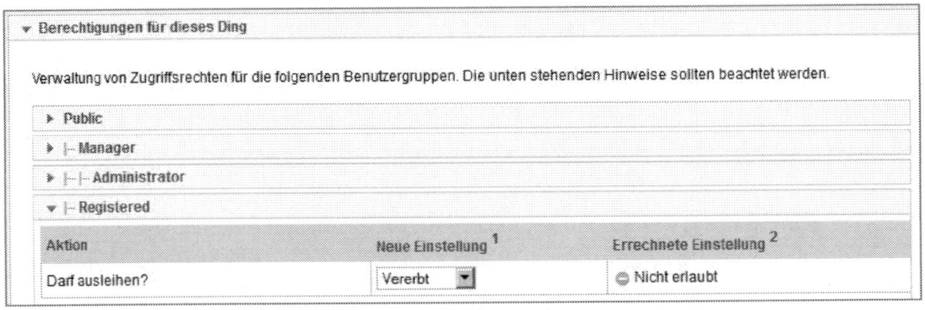

Bild 20.5: Für jeden Datensatz einzeln: Berechtigung zum Ausleihen setzen

Die erste Ergänzung trifft die xml-Datei für den Aufbau des Formulars.

administrator/components/com_mythings/models/forms/mything.xml

```
<fieldset name="mythings-access">
    <field name="asset_id" type="hidden" filter="unset" />
    <field
        name="rules"
        type="rules"
        label="JFIELD_RULES_LABEL"
        validate="rules"
        class="inputbox"
        component="com_mythings"
        section="mythings" />
</fieldset>
```

Wieder verwenden Sie ein `<field>`-Element vom `type="rules"`, um die Benutzergruppen anzuzeigen. Hier sind der Komponentenname und die section anzugeben, entsprechend den Einträgen in der *access.xml*. Wenn Sie die Section dort »Kaffeekasse« genannt haben, muss das auch hier stehen.

Fügen Sie jetzt einen Slider für die Zugriffsregeln ganz am Ende der Formularansicht ein, nach den »rules«:

administrator/components/com_mythings/models/views/mything/tmpl/edit.php

```
        </fieldset>
    <?php echo JHtml::_('sliders.end'); ?>
</div>

<div class="clr"></div>
<div class="width-100 fltlft">
```

```php
        <?php echo JHtml::_('sliders.panel',JText::_('COM_MYTHINGS_ACCESS'),
'mythings-access'); ?>
            <fieldset class="panelform">
                <ul class="adminformlist">
                <li>
                    <?php echo $this->form->getLabel('rules'); ?>
                    <?php echo $this->form->getInput('rules'); ?>
                </li>
                </ul>
            </fieldset>
        <?php echo JHtml::_('sliders.end'); ?>
    </div>

    <div>
        <input type="hidden" name="task" value="" />
        <?php echo JHtml::_('form.token'); ?>
    </div>

</form>
```

Hier also bekommt jedes Ding seine Zugriffsrechte. Und unsere Komponente speichert sie in der Tabelle #_assets.

Und hier noch die Sprachschlüssel, die in diesem Kapitel dazugekommen sind:

administrator/components/com_mythings/language/de-DE/de-DE.com_mythings.ini
```
COM_MYTHINGS_ACCESS="Berechtigungen für diesen Datensatz"
COM_MYTHINGS_ACCESS_LEND="Darf ausleihen?"
```

administrator/components/com_mythings/language/en-GB/en-GB.com_mythings.ini
```
COM_MYTHINGS_ACCESS="Access rights for this item"
COM_MYTHINGS_ACCESS_LEND="Can lend"
```

Fertig. Die Verteidigung ist aufgebaut – die User können kommen!

20.6 Zusammenfassung

Nach dieser Schrotflintenaktion über so viele Dateien dürften alle Klarheiten beseitigt sein. Deshalb hier eine Zusammenfassung. Der Sinn der Aktion ist es, dass die Komponente bei jedem Zugriff eines Users die Frage beantworten kann: »Darf der Benutzer die gewünschte Aktion mit einem bestimmten Asset ausführen?«

Sie können jetzt in der Komponente *MyThings* Zugriffs-Berechtigungen konfigurieren und zwar bis auf Datensatzebene.

Dafür sind die möglichen Aktionen in der *access.xml* definiert.

Für den Administrator haben Sie an zwei Stellen Formulare erweitert, damit er Berechtigungen definieren kann: Bei der Komponentenkonfiguration (*config.xml*) und beim einzelnen Ding (*forms/mything.xml*). Um die Kategorien kümmert sich das Framework, das ist nicht Ihr Bier.

Sie haben die Tabelle *#__mythings* um die Spalte *asset_id* erweitert und *MyThingsJTableMyThings* so angepasst, dass Joomla beim Speichern eines Datensatzes auch einen Satz in *#_assets* speichert.

Schließlich haben wir noch gezeigt, wie diese Abfrage »Darf der User diese Aktion mit diesem Objekt ausführen?« verwendet wird. Zuerst, um den unberechtigten Zugriff auf die Komponente abzuwehren. Dann, um im Backend den Benutzern nur die »erlaubten« Aktionen in der Toolbar anzubieten.

Aus Fehlern lernen

Es war eine Frickelei bis alles am richtigen Platz war. Und die Möglichkeiten, Fehler zu machen waren praktisch unbegrenzt. Aber fast immer waren die Fehler irgendwo in den xml-Dateien passiert. Diese Dateien sind solche Sensibelchen! Sollten irgendwelche Parameter nicht erscheinen, machen Sie sich auf die Suche in den xml-Dateien.

- Fehlende Klammer?

- Leerzeichen wo sie nicht hingehören?

- Mehrzahl (mythings) wo es Einzahl (mything) heißen müsste, oder umgekehrt?

Nun bleibt es spannend – jetzt müssen sich diese Zugriffsregeln bei der Programmierung eines Formulars im Frontend bewähren.

21 Formular im Frontend

Ein Formular für die Ausleihe muss her! Ein sehr einfaches, denn Sie sollen hier nur das Grundprinzip anwenden, das Sie im Backend schon ausgiebig studiert haben. Immerhin bekommt hier die Quälerei mit den Zugriffsrechten endlich eine Berechtigung.

Die Vorgabe lautet: Wenn ein Benutzer berechtigt ist, eine Sache auszuleihen, und wenn eine Sache nicht gerade verliehen ist, dann erhält er die Möglichkeit, einen Zeitraum für die Ausleihe einzugeben. Die eingegeben Zeiten und die *id* des Ausleihers werden dann direkt im Datensatz gespeichert. Zugegeben, ausgereift ist das nicht. Keine Prüfung des Zeitraums, keine extra Tabelle für die Ausleihvorgänge, keine Geschäftslogik, es geht wirklich nur darum, die schiere Datenübergabe- und Speicherlogik zu zeigen.

Im Frontend sind Sie viel freier bei der Entwicklung als im Backend, wo das Aussehen und alle Vorgänge doch sehr standardisiert sind. Was Sie hier sehen, ist auch nur eine von 19384 möglichen Lösungen – nehmen Sie das also nur als Anregung. In Ihrer zukünftigen eigenen Komponente werden Sie die Ausleihvorgänge sicher in eine eigene Tabelle schreiben, die Datenbank normalisieren, eine extra View anlegen, eine Helperklasse anlegen – nur zu! Ab jetzt ist alles möglich.

Diesmal bleibt die Änderung in der Familie *MyThing*. Die Arbeitsschritte sind jetzt:

- Das Model um das Formular erweitern
- Die View anpassen, um das Formular auszugeben
- Einen extra Controller schreiben, der den Ausleihvorgang steuert

21.1 Das Model

Wenn der Benutzer eine Sache ausleihen kann, bekommt er in die bereits vorhandene Detailansicht dieses Formular eingeblendet.

Bild 21.1: Das Ausleihformular

Für ein Mini-Formular sind die Formularfelder schnell geschrieben. Sie brauchen dafür ein neues Verzeichnis *forms* innerhalb von *models*.

components/com_mythings/models/forms/mything.xml

```xml
<?xml version="1.0" encoding="utf-8"?>

<form>
<fieldset name="mythings-lend">
   <field
        name="id"
        type="hidden"
        default="0" />
   <field
        name="lent_by_id"
        type="hidden"
        default="0" />
   <field
        name="lent_from"
        type="calendar"
        label="COM_MYTHINGS_LEND_FROM_LABEL"
        description="COM_MYTHINGS_LEND_FROM_DESC"
        format="%Y-%m-%d %H:%M:%S"
        size="20" />
   <field
        name="lent_to"
        type="calendar"
        label="COM_MYTHINGS_LEND_TO_LABEL"
```

```
            description="COM_MYTHINGS_LEND_TO_DESC"
            format="%Y-%m-%d %H:%M:%S"
            size="20" />
</fieldset>
```

Erinnern Sie sich an die Basisklasse *JModel* und deren abgeleitete Klassen?

JModel

|-- JModelForm

|-- JModelAdmin

|-- JModelItem

|-- JModelList

JModelForm ist für das *form* zuständig und das wird jetzt dasselbe wie im Backend bei der Formularansicht (Kapitel 10.7.3). Copy/Paste-Programmierung ist zwar ein Graus, aber hier ist es einmal erlaubt. Die beiden Methoden getForm() und loadFormData() sind exakt dieselben wie im Backend.

components/com_mythings/models/mything.php

```php
<?php
defined('_JEXEC') or die;
jimport('joomla.application.component.modelform');

class MyThingsModelMyThing extends JModelForm
{

  public function getForm($data = array(), $loadData = true)
  {
    Aus dem Backend kopieren
  }


  protected function loadFormData()
  {
    Aus dem Backend kopieren
  }

  public function getItem()
  {
    ist vorhanden und bleibt unverändert.
  }
}
```

Der Unterschied zum Backend? Dort wurde die Basisklasse `JModelAdmin` erweitert, die das gewünschte Item automagisch angeliefert hat – hier ist es die Do-it-yourself-`getItem()`-Methode aus Kapitel 3, mit einem direkten Datenbankzugriff.

21.2 Die View

Eine extra View oder ein extra Layout sind nicht nötig (lassen Sie sich aber nicht aufhalten!). Ich mach es mir bequem und füge das Formular in das Layout der Detailansicht ein. Zuerst muss sich die View das *form* organisieren:

components/com_mythings/views/mything/view.html.php

```
class MyThingsViewMyThing extends JView
{

    protected $item;
    protected $params;
    protected $form;

    function display($tpl = null)
    {
        $this->item  = $this->get('Item');
        $this->form  = $this->get('Form');

                 [ der Rest bleibt gleich ]
```

Dann kann das Formular auch ausgegeben werden. Der folgende Code sieht gedruckt recht zerfleddert aus, ist aber ganz einfach.

components/com_mythings/views/mything/tmpl/default.php

```
<?php
defined('_JEXEC') or die;

JHtml::_('behavior.keepalive');
JHtml::_('behavior.tooltip');

$item = $this->item;
$params = $this->params;
$user = JFactory::getUser();
$nullDate = JFactory::getDbo()->getNullDate();
?>

. . . .  [ das bisherige Layout bleibt unverändert] . . . .

<?php

if ($item->lent_from == $nullDate)  {
```

```
  if ($user->authorise('mything.lend',
            'com_mythings.mything.' . (int) $item->id) )
{?>
  <form id="lend" method="post"
   action="<?php echo JRoute::_('index.php?option=com_mythings'); ?>" >
  <fieldset>
  <dl>
    <?php foreach
    ($this->form->getFieldset('mythings-lend') as $field) : ?>
        <dt><?php echo $field->label; ?></dt>
        <dd><?php echo $field->input; ?></dd>
    <?php endforeach; ?>
  </dl>
  </fieldset>

  <button  type="submit">
    <?php echo JText::_('COM_MYTHINGS_BUTTON_LEND'); ?>
  </button>
  <input type="hidden" name="task" value="mything.lend" />
  <?php echo JHtml::_('form.token'); ?>
  </form>
  <?php  }
  } else {
    echo JText::_('COM_MYTHINGS_IS_LENT');
}?>
```

Das einzig Neue ist, dass hier die Zugriffsberechtigung im Einsatz ist. Die Eingabefelder sind <field>-Elemente aus der *forms/mything.xml.*

Ein Klick auf den Button und die Eingabe mitsamt dem Task mything.lend wird in den Eingabebereich *JInput* geschrieben. Im Backend war der *task* mit den Icons der Toolbar verknüpft, hier ist es ein ganz normaler Button. Die Wirkung ist dieselbe. Damit ist der Controller *mything* adressiert und dort die Methode lend() aufgerufen.

21.3 Der Controller

Bis jetzt gibt es im Frontend nur den allgemeinen Controller, es gab es ja bisher nichts zu steuern. Das ändert sich hiermit. Zudem braucht das Formular Methoden von JControllerForm, diese Basisklasse ist also zu erweitern. Legen Sie das Verzeichnis *controllers* an, und schreiben Sie einen neuen Controller *MyThing.*

components/com_mythings/controllers/mything.php

```
<?php
defined('_JEXEC') or die;
jimport('joomla.application.component.controllerform');
```

```
class MyThingsControllerMyThing extends JControllerForm
{

public function getTable($type = 'MyThings',
                         $prefix = 'MyThingsTable',
                         $config = array())
{
    JTable::addIncludePath(JPATH_COMPONENT_ADMINISTRATOR . '/tables');
    return JTable::getInstance($type, $prefix, $config);
}


public function lend()
{
  JSession::checkToken() or jexit(JText::_('JINVALID_TOKEN'));

  $input = JFactory::getApplication()->get('input');
  $data = $input->get('jform', array(), 'post', 'array');
  $data['lent_by_id'] = JFactory::getUser()->id;

  $this->redirect = 'index.php?option=com_mythings&view=mythings';

  try {
      $table = $this->getTable();
      if ($table->save($data)) {
        $this->message = JText::_('COM_MYTHINGS_LEND_SUCCESS');
      } else {
        $this->message = JText::_( $table->getError() );
      }
  } catch(Exception $e) {
      $this->message  = $e->getMessage();
  }
    $this->redirect();
}
}
```

Die Abfrage des *token* steht am Anfang jeder Formularverarbeitung. Schauen Sie nochmal in *default.php*. Dort erzeugt JHtml einen Passierschein – *token* genannt – und
JSession::checkToken() prüft ihn hier, damit nicht eine linke Bazille Schadcode
einschleusen kann.

Der Benutzer hat also das Formular ausgefüllt und auf den Button »Ausleihen« geklickt.
Die Eingabe liegt im input-Bereich der Applikation, genauer gesagt im jform-Objekt zur
Abholung und weiteren Verwendung bereit.

Sie möchten jetzt nämlich die eingegeben Daten selber in Form eines Arrays in die
Finger bekommen, um mit den Daten dies und jenes anzustellen – ich füge nur die id

des Benutzers ein. Umfangreichere Be- und Verarbeitung würde natürlich im Model stattfinden, nicht hier im Controller.

Jetzt ist nichts weiter zu tun, als die Tabelle zu instanziieren, die Methode `save()` aufzurufen und ihr das Datenarray mitzugeben. Das Ganze diesmal verpackt in eine korrekte try-catch-Klammer, die im Fehlerfall eine gute und verständliche Meldung produziert.

21.4 Weniger ist mehr

Es hat mich aber einiges an Debugging und ein paar Hilferufe aus der Zauberlehrlingsecke gekostet. Nach dem Motto »Viel hilft viel« habe ich zuerst mal eine Menge zusammenprogrammiert, statt die Arbeit vertrauensvoll der Platform zu überlassen. Also auch hier fahren Sie besser mit Zurückhaltung.

`JTable` ist eine durchdachte und funktionierende Schnittstelle zur Datenbank. Wenn, wie hier in diesem einfachen Fall, das form-Objekt die Spalten der Datenbank direkt abbildet, funktioniert das Speichern ganz automagisch. Denn `JTable` führt von selbst das `bind()` durch, kümmert sich um die assets, prüft und filtert, was nötig ist. Kein Grund, selbst irgendwelche SQL-Statements zu schreiben und der Platform ins Handwerk zu pfuschen. Wenn Sie aus meinen Fehlern lernen wollen: Durch einen Schreibfehler in der *mything.xml*-Datei bei den `<field>`-names hat das `bind()` in `JTable` nicht geklappt und damit wurde der Satz nicht gespeichert – aber gemeinerweise ohne irgendeine Fehlermeldung.

> **Tipp:** Die `bind()`-Methode in `JTable` ist übrhaupt eine gute Stelle, um einen Haltepunkt zu setzen, wenn mit dem Speichern etwas nicht klappt.

21.5 Sprachschlüssel

Neue Sprachschlüssel sind dazugekommen.

components/com_mythings/language/de-DE/de-DE.com_mythings.ini

```
COM_MYTHINGS_BUTTON_LEND="Ausleihen"
COM_MYTHINGS_LEND_FROM_LABEL="Ausleihen ab"
COM_MYTHINGS_LEND_FROM_DESC="Beginn der Ausleihe"
COM_MYTHINGS_LEND_TO_LABEL="Ausleihen bis"
COM_MYTHINGS_LEND_FROM_DESC="Zeitpunkt der Rückgabe."
COM_MYTHINGS_LEND_SUCCESS="Ausgeliehen!"
```

22 Routing und SEF

»Wenn du nicht weißt wohin du gehst, landest du irgendwo anders.«
Yogi Berra (Baseballmanager)

Wird im CMS die Funktion für suchmaschinenfreundliche URLs (SEF) aktiviert, wird Joomla! versuchen, im Frontend-Ordner einer Komponente nach der Datei *router.php* zu suchen und diese auszuführen. Damit erhalten die Anwender schöne URLs für die Seiten aus der Komponente. Notwendig ist ein Router für den Betrieb nicht und Joomla! wird auch ohne diesen diese Seiten finden und anhand der Menüeinträge aufbauen.

> Solange die verschiedenen URL-Parameter nicht endgültig feststehen, handeln Sie sich nur Ärger ein, wenn Sie mit der Programmierung eines eigenen Routers zu früh beginnen. Das Letzte, was Sie daher in Angriff nehmen sollten, ist das Routing Ihrer Komponente.

Hinter dem Routing verbirgt sich die Übersetzung von hübschen, lesbaren URLs in trockene, blanke Daten und Zahlen, die für Ihre Komponente (und das Innere von Joomla) mehr Sinn ergeben.

Wenn Sie mit der Programmierung des Routers beginnen,

- deaktivieren Sie *alle* Menüeinträge, die auf die Komponente verweisen, das erhöht die Übersicht beim Testen und löst die Verwirrung durch Aliase der Menüeinträge;

- aktivieren Sie in der Globalen Konfiguration nur »Suchmaschinenfreundliche URL« und lassen Sie *mod_rewrite* deaktiviert. Damit wird ohnehin nur der Dateiteil »index.php/« der URL weg-korrigiert.

Testen Sie zunächst (ohne Menüeinträge zu haben!) den direkten Aufruf der Komponente mit:

- *index.php?option=com_mythings*

- *index.php/component/mythings/*

In beiden Fällen sollte die *Tabellenansicht* erscheinen. Dies ist die interne Vorgabe und sie bildet sich aus der Komponentenkennung: *mythings*. Die Vorgabe eine Listen-, Tabellen- oder Mehrfachansicht der Daten auszugeben, ist üblich für Komponenten.

Die Ansicht ändert sich i. d. R. nur, wenn ein anderer Bezeichner (view) oder eine besonderer Aufgabe (task) als Teil der Anfrage übermittelt wurden. Die Methode execute() im Frontend-Controller ist dafür zuständig, die entsprechende View zu laden und auszuführen.

Der Router für *MyThings* gestaltet sich recht einfach, da die Komponente lediglich über zwei Views mit Standardlayout verfügt und sich auf das HTML-Format beschränkt. Je mehr Views, Layouts und Ausgabeformate Sie in Ihrer Komponente unterstützen und je tiefer die Datenhierarchie wird, desto komplexer wird auch der Router.

Mit der Komplexität wird auch das *Design* der URLs relevant, in dem Sie bestimmen, in welchem Segment des URL-Pfades welche Information »codiert« ist, welche Werte zulässig sind, ob und wie Parameter zum Teil des Pfades werden oder ob diese klassisch an den Request angehängt werden. Mit dem URL-Design legen *Sie* dann bspw. fest, ob Sie Informationen wie die Anzahl der Datensätze auf einer Seite als Pfad kodieren (*/limit/10*) oder als Request-Parameter (*?limit=10*).

Der Joomla!-Application-Router erwartet von unserem Komponenten-Router zwei Funktionen, deren Namen mit dem Bezeichner der Komponente beginnen:

* mythings**BuildRoute**(array &$query), um aus einem assoziativen Array die Segmente für den SEF-Pfad zu bilden

* mythings**ParseRoute**(array $segments), um aus den Segmenten des eingegangenen SEF-Pfades ein assoziatives Array zu bilden

Beide Funktionen müssen in der Datei *router.php* enthalten sein.

22.1 BuildRoute

Die Funktion *BuildRoute* wird stets dann bemüht, wenn irgendwo in Joomla eine URL zu unserer Komponente (option=com_mythings) angefordert und ausgegeben wird. In den meisten Fällen geschieht dies durch den Aufruf von JRoute::_() innerhalb der eigenen Layouts, schließlich möchte man die Daten(seiten) untereinander verknüpfen. *BuildRoute* ist also für die URLs verantwortlich, die für Ihre Komponente in die Welt hinaus gehen.

Auch das Menümodul bemüht diese Funktion für jeden Menüeintrag auf ein Layout der Komponente und übergibt dabei die Parameter, die sich aus dem Menüeintrag ergeben. Als Resultat erwartet Joomla ein Array, dessen Elemente aneinandergefügt einen schönen URL-Pfad ergeben.

```
function mythingsBuildRoute(&$query) {
  $segments = array();
  /* die Pfad-Segmente werden der Reihe nach aufgebaut */
  if ( count($query) ) {
    if (isset($query['view'])) {
      $segments[] = $query['view'];
      unset($query['view']);
    }
    if (isset($query['layout'])) {
      $segments[] = $query['layout'];
```

```
    unset($query['layout']);
  }
  if (isset($query['id'])) {
    $segments[] = $query['id'];
    unset($query['id']);
  }
}
return $segments;
}
```

Das Array `$query` erhalten wir als *Referenz*, können es also innerhalb unserer Funktion verändern. Es wird von Joomla mit Werten aus dem aktiven Menüeintrag oder den Teilen der URL befüllt, die an `JRoute::_()` übergeben wurden. Die Hauptaufgabe von BuildRoute ist, dieses Array abzuarbeiten und *von allen Einträgen zu befreien*, die für die Segmente des finalen URL-Pfad verwendet wurden. Mitunter ist das Array `$query` am Ende der Funktion auch leer. Verbleibende Einträge werden von Joomla als Query-Parameter interpretiert und an eben diesen URL-Pfad angehängt.

Die Bereinigung von `$query` ist essenziell, denn ohne sie bestünde die »Gefahr«, URLs mit doppelten Segmentbezeichnungen und widersprüchlichen Angaben zu produzieren, die uns später bei der Umkehrfunktion `ParseRoute` gehörig in die Quere kämen.

Zumindest aus den Menüeinträgen erhalten wir den Eintrag »view« und in vielen Fällen auch eine »Itemid«. Außergewöhnliche Angaben zum Layout oder andere URL-Parameter haben wir im Falle von *MyThings* keine und die Abfrage ist hier rein illustrativ. Parameter würden aber ebenfalls als benannter Schlüssel im Array `$query` enthalten sein.

```
if (isset($query['view'])) {
  $segments[] = $query['view'];
  unset($query['view']);
}
```

Der Name einer View ist i. d. R. immer dabei (`$query['view']`) und wird zum ersten Teil unseres `$segments[]` und danach aus der Quelle entfernt: `unset($query['view'])`. So wird mit allen bekannten und gewünschten Elemente (für *MyThings*) verfahren. Das zusammengesetzte (numerische!) Array `$segments` wird dann zurückgegeben.

Die URLs zu *MyThings* sollen folgenden Aufbau haben:

/viewname/layoutname/datensatz-id

/viewname/layoutname/id:aliasname

Daraus ergeben sich maximal drei Pfadsegmente, denen ggf. weitere Parameter wie die Sortierung als normaler Query-String folgen. Als View (*viewname*) kommen lediglich »mythings« oder »mything« in Frage. Als Layouts (*layoutname*) haben wir derzeit auch nur ein »default«, aber das kann sich ja ändern. Abschließend kann eine Zahl stehen, die als ID eines Dings angesehen wird. Die Zahl wird nur dann berücksichtigt, wenn die Einzelansicht (mything) gewählt wurde.

22.1.1 Alias, Slug und der Rest

Anstelle der Datensatz-ID soll später auch der sogenannter »*Slug*« erstellt und im Gegenzug auch erkannt werden: eine Kombination aus Datensatz-ID gefolgt vom Titel-Alias in URL-Form, bspw. »42:dont-panic« für einen Datensatz mit der Nr. 42 und einem Titel »Don't Panic«.

Titel zu Alias: Über die Methode `JApplication::stringURLSafe()` können Sie Titel oder Namen für eine URL-taugliche Zeichenfolge konvertieren, um sie für Links zu den einzelnen Daten, Ansichten und Kategorien zu verwenden.

Wenn Sie die Zeichenfolge für einen *Slug* erstellen (für Links auf Einzeldatensatz oder Namen einer Kategorie) fügen Sie ID und Alias mit dem Doppelpunkt »:« zusammen. Nachdem *BuildRoute* das Array `$segments` zurückgegeben hat, kümmert sich Joomla in der weiteren Ausführung selbsttätig um die Übersetzung des »:« in einen URL-tauglichen Bindestrich »-«.

Welches Verfahren Sie beim Aufspüren und Sortieren der Elemente verwenden, bleibt Ihnen überlassen und die Komplexität Ihrer Komponente kann (und wird) zu ganz individuellen Wegen führen. Vergleichen Sie die Router der Kontakt- und Artikel-Komponenten, sehen Sie wie unterschiedlich die Herangehensweise sein kann. Keine ist falsch oder besser, sondern den Anforderungen und Möglichkeiten der Komponente geschuldet.

22.1.2 Die Itemid sticht

Wie immer gibt die Existenz einer *Itemid* bei Joomla den Ton an. Die Itemid verweist auf einen Menüeintrag und dieser gibt über seine Parameter das Aussehen der zugehörigen Seite vor. Wenn Sie im `$query`-Array keine ausreichenden Information finden, anhand derer sich ein eindeutiger URL-Pfad für die Komponente zusammensetzen lässt, greifen Sie auf die Itemid zurück, sofern sie im Array enthalten ist. Im Zweifelsfall durchsuchen Sie das Menü der Applikation nach einem geeigneten Menüeintrag auf die Komponente, lesen die Query-Parameter aus und arbeiten damit weiter:

```
// Instanzen der Anwendung und ihrem Menü besorgen
$app  = JFactory::getApplication();
$menu = $app->getMenu();

// aktiver Menüeintrag vorhanden: auslesen
if ($query['Itemid']) {
  $menuItem = $menu->getItem($query['Itemid']);
  unset($query['Itemid']);
  // steht etwas brauchbares drin?
  if ($menuItem->query['view']) {
    $segments[0] = $menuItem->query['view'];
```

```
    }
    if ($menuItem->query['layout']) {
      $segments[1] = $menuItem->query['layout'];
    }
  }
}
return $segments;
```

Obiges Beispiel stellt eine durchaus idealisierte und vereinfachte Suche im Menü dar. Die query-Eigenschaft des gefunden Menüeintrags enthält mitunter die von Ihrer Komponente benötigten (oder erwarteten) Standardwerte.

22.2 ParseRoute

Die entgegengesetzte Aufgabe von *BuildRoute* hat die Funktion *ParseRoute*. Ihr wird ein numerisches Array ($segments) übergeben und Ihre Aufgabe ist es, daraus ein assoziatives Array zu bilden, das mindestens eine View enthält, die zu den restlichen Informationen passt. *ParseRoute* muss in dem, was ihr aus dem Internet entgegengeworfen wurde, irgendeinen Sinn erkennen und die URL in eine Struktur umsetzen, mit der wiederum Joomla etwas anfangen kann.

Beim Parsen einer Route wie bspw. »*/verleih/13-blumentopf*« besteht $segments aus zwei Einträgen:

```
$segments = array(
   0 => 'verleih',
   1 => '13:blumentopf'
);
```

ParseRoute ist nun u. a. dafür zuständig, den Text »13-blumentopf« richtig zu interpretieren: Einzeldatensatz, ID-Wert 13, Alias lautet »blumentopf«. Das Rückgabearray könnte somit folgenden Inhalt haben, um Joomla! bei der Suche nach einer passenden Itemid zu unterstützen, womit die View der Komponente bekannt würde (Einzelansicht) und dessen Model erführe, welcher Datensatz denn anzuzeigen sei. Spekulation ist alles.

```
$query = array(
  'view' => 'mything',
  'id'   => '13'
);
```

Für *MyThings* sieht die Umkehrfunktion bislang wie folgt aus:

```
function mythingsParseRoute(array $segments) {
  $vars = array();
  /* die Segmente werden der Reihe nach abgearbeitet und was
   * uns dabei bekannt vor kommt, wird einfach zurückgegeben */
  while ( $segment = array_shift($segments) ) {
```

```
if ($segment == 'mythings' || $segment == 'mything') {
    $vars['view'] = $segment;
}
elseif (is_numeric($segment)) {
    $vars['id'] = $segment;
    $vars['view'] = 'mything';
}
elseif (strpos($segment, ':') !== false) {
    // ein "slug" in der Form "n:ssss" nehmen wir als Alias
    list($id, $nope) = explode(':', $segment);
    $vars['id'] = $id;
}
}
/* Listenansicht erzwingen, wenn bei Einzelansicht die ID fehlt */
if ($vars['view'] == 'mything' && !isset($vars['id'])) {
    $vars['view'] = 'mythings';
}
return $vars;
}
```

Die while-Schleife grast hier rücksichtlos die Elemente von `$segments` ab und `array_shift()` reduziert das Array mit jedem Durchlauf. Das aktive Segment wird als `$segment` zwischengespeichert und geprüft:

- Entspricht es dem Namen einer uns bekannten View, wird der Eintrag im Array `$vars['view']` festgehalten.

- Ist ein Segment rein numerisch, wird die Zahl als Datensatznummer eines Dings angenommen und die View auf Einzelansicht fixiert.

- Enthält das Segment einen Doppelpunkt, unterstellt die Routine eine Datensatz-Nummer und den Alias. Die ID wird extrahiert, der Alias selbst ist nicht weiter interessant.

- Wenn alle Stricke reißen (Einzelansicht aber keine ID), wird von der Tabellenansicht ausgegangen und der Viewname entsprechend gesetzt.

Wiederum einer der vielen Wege, der den einfachen Anforderungen von *MyThings* noch genügt. Welchen Aufwand man betreiben kann, können Sie in den bereits erwähnten Routern der Kontakt- bzw. Artikelkomponenten entnehmen. Beide arbeiten mit Kategorien, was den Umfang und die Tiefe der möglichen Pfadsegmente natürlich erhöht und nicht selten den Weg in die Datenbank erfordert, um nach gültigen Aliasen und Ids zu suchen.

Wieder ist es Ihnen überlassen, welche Methoden Sie beim Zerlegen und Analysieren der Pfadsegmente anwenden, denn wiederum ist dies abhängig von der Komplexität der URL und den Daten, die Sie mit Ihrer Komponente verarbeiten.

Idealerweise sind die eingehenden URLs aufgebaut wie die ausgehenden URLs, die Sie in *BuildRoute* generiert haben. Unnötig zu sagen, dass also beide aufeinander abgestimmt werden müssen.

Versuchen Sie jedoch nicht, alle unmöglichen Kombinationen an Texten und Nummern aus einem URL-Pfad zu verarbeiten. Der Router soll schnell arbeiten, dennoch ist es mitunter nötig, mit den kargen Informationen, die in der URL enthalten sind (Benutzer geben oft halbfertige URLs in die Adressleiste ihrer Browser ein) einen Blick in die Datenbank zu werfen. Das ist entsprechend »teuer« (langsam), weshalb Sie auf die nötige Indizierung der Tabellenspalten achten sollten, die für eine Suche durch den Router in Frage kommen, z. B. »alias« oder »slug«-Felder.

Sie sollten folgende Möglichkeiten in Betracht ziehen, um Routen für Ihre Komponente zu erstellen und zu parsen:

- Nutzen Sie die Angaben aus aktiven Menüeinträgen (Itemid vorhanden), wenn diese zu Ihrer Komponente passen.

- Durchsuchen Sie das Menü nach (allgemeinen) Einträgen auf Ihre Komponente und die benötigte View, um Vorgaben für die »restlichen« Standardwerte der Ansicht zu erhalten.

- Ein Menüeintrag auf eine Listenansicht genügt ggf., um auch das Layout für Kategorieansichten oder Blog-ähnliche Seiten zu parametrisieren und umgekehrt.

- Die Konfigurationsparameter Ihrer Komponente können gleichfalls Vorgaben beim Aufbau der Query- und Segment-Arrays liefern.

Formularanfragen (Methode POST) sind nicht Teil des Routing. Mit POST werden Daten geschrieben aber nicht gelesen.

Ihr Controller ist angehalten, direkt nach einer Schreiboperation (POST oder PUT), bei der er auf alle Daten eines Requests (GET, POST, COOKIE, SESSION) zugreifen kann, auf eine Ansicht umzuleiten (Redirect), die Daten lediglich ausliest (GET). Diese Zielseite ist bei einem klassischen *Roundtrip* (Rundgang) auf dem eigenen Server identisch mit der Seite, welche das Formular ursprünglich aufgerufen hat. So können Sie schon im Vorfeld ein verstecktes Feld mit der zugehörigen Itemid im Formular hinterlegen. Mit dem obligatorischen Redirect als Abschluss dieses Roundtrips, ermittelt die Funktion *ParseRoute* den zugehörigen Menüeintrag und muss keine extra Kapriolen schlagen.

23 Installer

Als wir anfingen, dieses Buch zu schreiben, hatte jeder für seine Erweiterungen den Installer programmiert und erklärt. Schnell erkannten wir, dass wir eigentlich im Großen und Ganzen immer gleiche Abläufe ständig neu erklärten. Auf der einen Seite – auf der anderen Seite ist es gerade für Leser, die nicht von vorn bis hinten dieses Buch durchlesen, sondern gezielt einzelne Kapitel nachschlagen, unter Umständen sehr müßig, alle relevanten Informationen über den Installer zusammenzusuchen, da dieser sich oftmals über mehrere Kapitel hinzieht.

Aus diesen Überlegungen heraus haben wir uns entschlossen, alles in einem Kapitel zusammenzufassen. Zumal wir in diesem Kapitel auch Installer behandeln, die eigentlich nicht Bestandteil dieses Buches sind, der Vollständigkeit halber dennoch hier genannt werden.

Lernziele in diesem Kapitel:

Zum Installer gehört die XML-Datei. Diese regelt alles, was zur Installation dazugehört. Neben Erstinstallation und Updates zu Komponenten, Modulen, Plugins und Templates, gehören auch Sprachdateien losgelöst von den Erweiterungen dazu. Die Installations-XML-Datei legt alle Dateien und Verzeichnisse zur Erweiterung an und kopiert die Dateien an ihre vorgesehenen Orte. Sie kümmert sich um die Parameter der Module, Plugins und Templates. Man kann ganze Pakete erstellen – und wo es etwas zu installieren gibt, gibt es auch etwas zu deinstallieren. Dazu kommen SQL- und schließlich Scriptdateien, die all das regeln, was man nicht direkt in der XML-Datei unterbringen kann.

An Hand dieser stichwortartigen Aufzählung lässt sich erkennen, dass es eine ganze Menge bei der Installation zu beachten gibt.

Ebenso werden wir in diesem Kapitel der Frage nachgehen, wie man einen *Update-Server* einrichtet.

23.1 Das XML-Grundgerüst

Der erste Abschnitt ist bis auf die zweite Zeile mit dem *extension*-Element in jeder Erweiterung immer gleich:

```
<?xml version="1.0" encoding="utf-8"?>

<extension version="2.5" type="component">
```

```
  <name>Mythings</name>
  <author>Axel Tüting</author>
 <authorEmail>tueting@time4mambo.de</authorEmail>
 <authorUrl>http://www.time4mambo.de</authorUrl>
  <creationDate>April 2012</creationDate>
  <copyright>Franzis Verlag</copyright>
  <license>GNU General Public License version 2 or later; see
LICENSE.txt</license>
  <version>1.2.15</version>
  <description>Beschreibungstext, der direkt nach der Installation und beim
Editieren der Erweiterung angezeigt wird</description>

 …

</extension>
```

Ganz am Anfang wird mitgeteilt, dass es sich um eine XML-Datei handelt und wir alles unter *UTF-8* codieren.

In *extension* steht jeweils drin, um was es sich bei der Erweiterung handelt. Die weiteren Angaben richten sich nach der Art der Erweiterung. Die einzelnen Zeilen bitte bei den Elementen nachlesen, da es dort zum Teil bereits sehr unterschiedliche Dinge zu beachten gibt. Im obigen Beispiel-Listing ist eine Komponente für die Joomlaversion 2.5 angegeben.

- Danach haben dann alle Dateien den gleichen »Kopf«. Dazu gehört der gesamte Bereich bis einschließlich zur *description*.

```
  <name>MyThings Statistik Modul</name>
```

- Dieser *Name* findet sich nach dem Installieren in der Modul-, Plugin-, Template- oder Komponentenübersicht – je nachdem, wofür der Installer geschrieben wurde.

```
<author>Tüting, Maier-Stadtherr, Serradeil</author>
```

Der Autor ist in der Regel derjenige, der die Erweiterung programmiert hat. Der Name taucht in der Erweiterungsliste wieder auf (Menü: *Erweiterungen/Erweiterungen – Verwalten*).

```
<authorEmail>tueting@time4mambo.de</authorEmail>
```

Die E-Mail-Adresse des Autors. So kann man auch mit dem Entwickler in Kontakt treten.

```
<authorUrl>http://www.time4mambo.de</authorUrl>
```

Und die Website des Entwicklers kann auch nicht schaden.

```
<creationDate>April 2012</creationDate>
```

Das Datum, an dem die Erweiterung programmiert wurde. Im Zweifelsfalle kann man hier erkennen, welches die neuere Version ist.

```
<copyright>Franzis Verlag</copyright>
```

Wer die Erweiterung programmiert, ist nicht immer identsich mit dem, der die Rechte an dem Programm hat.

```
<license>GNU General Public License version 2 or later; see
LICENSE.txt</license>
```

Ein Hinweis zur GNU/GPL zeigt, dass somit die Erweiterung unter Open Source läuft. Nicht zu verwechseln damit, dass die Erweiterung kostenfrei ist. Eine alternative Schreibweise:

```
<license>GNU/GPL</license>
```

Unter Version kann die Erweiterung entsprechend durchnummeriert werden:

```
<version>1.2.15</version>
```

Auch Versionsnummern unterliegen einer bestimmten Vorgabe:

```
2.3.5-0041
   |  |  |  └──────── Buildnummer
   |  |  └─────────── Revisionsnummer
   |  └────────────── Nebenversionsnummer
   └───────────────── Hauptversionsnummer
```

Bild 23.1: Zusammensetzung der Versionsnummer[59]

Diese Zahl ist sehr wichtig bei Updates. Dazu bitte weiter unten nachlesen.

```
<description>Beschreibungstext, der direkt nach der Installation und beim
Editieren der Erweiterung angezeigt wird</description>
```

Die *description* beschreibt die Erweiterung. Dieser Beschreibungstext wird direkt nach der Installation angezeigt und wenn man die Erweiterung editiert.

Statt eines Textes können hier auch Sprachschlüssel hinterlegt werden. Näheres dazu bitte im Kapitel 6 über die Sprachen nachlesen.

Der gesamte Container wird am Ende mit dem Ende-Tag abgeschlossen:

```
</extension>
```

Zwischen dem Kopf und diesem Ende-Tag folgen teilweise spezifische Angaben je nach Typ der Erweiterung und je nach dem, was man an Dateien oder Parametern für die Erweiterung vorsieht.

---

[59] *http://de.wikipedia.org/wiki/Versionsnummer*

Zwischen dem Ende der *description* und dem abschließenden </extension> können weitere Container eingefügt werden. Im Detail werden diese bei den einzelnen Elementen besprochen.

Überall dort, wo die Eingabe von Parametern möglich sein kann – also in Modulen, Plugins und Templates – bleiben die XML-Dateien in den Verzeichnissen sichtbar, werden mitinstalliert. Dort wo Parameter nicht möglich sind, werden die Installationsdateien nicht mitinstalliert. Das ist beispielsweise bei den Komponenten und Libraries der Fall.

23.1.1 !DOCTYPE

Manchmal findet man zwischen der ersten und dritten Zeile noch einen DOCTYPE-Hinweis:

```
<!DOCTYPE install PUBLIC "-//Joomla! 2.5//DTD template 1.0//EN"
"http://www.joomla.org/xml/dtd/1.6/template-install.dtd">
```

Mit diesem Doctype-Eintrag wird auf eine DTD-Datei verwiesen. In einer DTD-Datei stehen Angaben, die sich auf die Ausgabe/Verarbeitung einer XML-Datei beziehen. Unter dem angegebenen Pfad findet sich eine solche Datei jedoch nicht, und es handelt sich hier um eine irgendwann einmal geplante Idee, die Installer-XML-Dateien *wohlgeformt* – also den Gültigkeitsregeln entsprechend – abzuprüfen. Momentan jedoch wird das nicht unterstützt und kann ergo weggelassen werden.

Manche Editoren jedoch bestehen auf eine DOCTYPE-Angabe. Dafür kann man dann nachfolgende Zeile anstatt der extension-Zeile einfügen:

```
<!DOCTYPE extension … >
```

Wobei natürlich auch hier all das noch in die Zeile eingefügt werden muss, was bei den einzelnen Typen erklärt ist. Am Ende-Tag ändert diese Schreibweise nichts.

23.1.2 manifest.xml

Es gibt generell zwei Möglichkeiten, die Installationsdatei zu benennen. Der Dateiname *manifest.xml* ist dabei immer möglich. Egal um welche Erweiterung es sich handelt und wie diese heißt. *manifest.xml* ist also ein Standardname für die Installationsdatei.

Darüber hinaus kann die Installationsdatei auch so benannt werden, wie die Erweiterung heißt. Wie genau dieser Name sich zusammensetzt, ist bei den einzelnen Typen angegeben.

Ebenso wird die Bezeichnung *manifest.xml* auch einfach als Oberbegriff für eine XML-Installationsdatei benutzt.

Grundsätzlich ist der Ablauf so, dass der Inhalt der Installationsdatei zunächst in eine JSON-Zeichenkette weiterverarbeitet und in die Datenbanktabelle #__extensions.manifest_ *cache* verschoben wird. Mit diesen Daten werden die Listen im Backend unter dem Menüpunkt *Erweiterungen* ausgegeben. Der *manifest_cache* ist für die Anzeige der Installation und der Updates zuständig. Sollten dort noch alte »Reste« vorangegangener Installationen liegen, könnte es zu Problemen mit den Versionsnummern führen, weshalb es ratsam ist, diesen von Zeit zu Zeit zu löschen bzw. zu aktualisieren. Dazu einfach die entsprechenden Wartungsarbeiten im Backend durchführen (»Cache leeren« im Tab *Aktualisieren* (Menü: *Erweiterungen/Erweiterungen*)). Insbesondere dann, wenn man sein Joomla migriert oder von 1.6/1.7 zu 2.5 upgedatet hat.

Das hat zwar nicht direkt mit der Programmierung zu tun, soll aber als mögliche Fehlerursache genannt sein.

23.1.3 method: install oder upgrade

Bei einigen XML-Dateien findet sich im *extension*-Element das Attribut *method*. Fast immer steht hier als Methodenname *upgrade*. Eigentlich reicht das auch völlig aus, da diese Methode es gestattet, dass die jeweilige Installation bereits vorhandene Dateien einer Erweiterung überschreibt.

Alternativ kann aber auch *method=«install«* angegeben werden. Allerdings können dann die vorhandenen Dateien nicht überschrieben werden. Joomla meldet dann »Erweiterung bereits vorhanden« und bricht die Installation ab. Ein eventuelles Update würde dann natürlich auch abgebrochen. In dieser Einstellung müsste man eine bereits vorhandene Erweiterung erst deinstallieren, bevor die neue Version installiert werden kann.

23.2 Die Container im Überblick

Grundsätzlich kann man fast alle Container in jede Installationsdatei schreiben. Nicht alle Container machen aber überall Sinn und einige Installationstypen haben spezifische Container. Um ein wenig Überblick zu bekommen, hier eine Liste, wo welcher Container eingefügt werden kann, aber nicht immer muss. Die Untercontainer sind zeilenweise zu lesen. Stehen in einer Zeile mehrere Elemente, so gehören diese in der angegebenen Reihenfolge zusammen.

Die Kapitelnummer bezieht sich auf das Kapitel, wo der Container hauptsächlich erklärt wird. Einige Container, insbesondere *files*, haben fast immer eine Besonderheit, die sich aus dem Typ ergibt. Ist kein Typ angeben, ist dieser Container in allen Typen möglich.

Hauptelemente (Container)	Unterelemente (Untercontainer)	Typ	Kapitelnummern
files	filename folder		23.3.1, 23.3.2
fileset	files, file		23.3.7

Hauptelemente (Container)	Unterelemente (Untercontainer)	Typ	Kapitelnummern
install	sql, file queries, query	Komponente	23.4.1
uninstall	sql, file	Komponente	23.4.1
scriptfile			23.4.2
update	schemas, schemapath	Komponente	23.4.1
updateservers	server		23.6
administration	menu submenu, menu files, filename files, folder	Komponente	23.3.1
languages	language		23.3.4
config	fields, fieldset, field		19
positions	position	Template	23.3.5
media	filename folder		23.5

23.3 Übersicht der einzelnen Standardtypen

Die Attribut-Reihenfolge im *extension*-Element ist egal. Man kann also sowohl erst den *Typ* und anschließend die *Version* oder umgekehrt schreiben. Die einzelnen Typen unterscheiden sich in einigen Zeilen. Dennoch gibt es auch hier Parallelen. Ein wenig Redundanz in den folgenden Unterkapiteln ist daher nicht zu vermeiden.

Bei dem *version*-Attribut des *extension*-Elements ist grundsätzlich anzumerken, dass entweder die grundsätzliche Joomlahauptversion angegeben wird – »2.5« gilt für alle Unterversionen in dieser Releasenummer – oder Sie können auch die dritte Versionsnummer mit angeben, wenn Ihre Erweiterung erst ab einem bestimmten Bugfix läuft. Angenommen Ihre Erweiterung setzt dringend die Update-Version 2.5.4 voraus, dann tragen Sie diese Versionsnummer auch ein. Ihre Erweiterung wird in einer Joomlaversion 2.5.3 dann nicht installiert.

23.3.1 Komponente

Benutzen Sie nicht den Standardnamen *manifest.xml,* dann erhält die Installationsdatei den gleichen Namen wie die Komponente mit der Suffix *xml*

Es gibt in der Komponente einige Container, die ich teilweise weiter hinten beschreibe. Dazu gehören der *language-, install-* und der *uninstall*-Container.

```xml
<?xml version="1.0" encoding="utf-8"?>
<extension type="component" version="2.5" method="upgrade">
<name>com_mythings</name>
<creationDate>Juli 2011</creationDate>
<authorUrl>webmechanic.biz</authorUrl>
<license>GNU/GPL</license>
<version>1.0.0</version>
<description><![CDATA[
My Things Komponente zum Buch
&quot;Joomla! 2.5 - Erweiterungen programmieren&quot;
aus dem Franzis Verlag.
]]></description>

<install>
<sql>
<file driver="mysql" charset="utf8">sql/install.sql</file>
</sql>
</install>

<uninstall>
<sql>
<file driver="mysql" charset="utf8">sql/uninstall.sql</file>
</sql>
</uninstall>

<files folder="site">
<filename>mythings.php</filename>
<filename>controller.php</filename>
<folder>views</folder>
<folder>models</folder>
</files>

<administration>

<menu img="components/com_mythings/images/mythings-
16.png">COM_MYTHINGS</menu>
<submenu>
<menu
link="option=com_categories&amp;extension=com_mythings">JCATEGORIES</menu>
</submenu>

<files folder="admin">
<filename>mythings.php</filename>
<filename>controller.php</filename>
<folder>sql</folder>
<folder>tables</folder>
<folder>models</folder>
<folder>views</folder>
<folder>controllers</folder>
<folder>languages</folder>
```

```
</files>

<languages folder="admin">
<language tag="de-DE">languages/de-DE/de-DE.com_mythings.ini</language>
<language tag="de-DE">languages/de-DE/de-
DE.com_mythings.sys.ini</language>

<language tag="en-GB">languages/en-GB/en-GB.com_mythings.ini</language>
<language tag="en-GB">languages/en-GB/en-
GB.com_mythings.sys.ini</language>
</languages>
</administration>

</extension>
```

Der Typ muss immer angegeben werden, alles Weitere kann teilweise weglassen werden. Zumindest kann man bei einer Komponenteninstallation sowohl die Version als auch die Methode weglassen.

- Bei einer Komponente steht als Typ *component*, anschließend die Joomla-Version, für die diese Komponente programmiert wurde, und als Abschluss die Methode. Schreibt man method="upgrade" bedeutet das, dass neuere Versionen bestehende Dateien überschreiben können (siehe dazu auch weiter oben).

```
<extension type="component" version="2.5" method="upgrade">
<extension type="component" version="2.5">
<extension type="component">
```

Es gibt einige wenige Komponenten, die für alle Versionen benutzbar sind. Zumindest die Installerdatei wird bei allen Joomlaversionen benutzt, und diese schaut dann während der Installation mittels eines Installations-PHP-Skriptes genauer nach und installiert entsprechend gezielt. Das wird manchmal bei sehr großen Erweiterungen benutzt, wo teilweise alte Dateien auch in neueren Umgebungen laufen. Üblich und sinnvoller ist es aber, gezielt für die passende Version zu programmieren und die Versionen strikt zu trennen. Weshalb das Element-Attribut *version* angegeben werden sollte.

Sehr interessant sind die beiden *files*-Container, die unterschiedlich eingeleitet werden.

```
<files folder="site">
...
<files folder="admin">
...
```

Kurz zur Erinnerung: Wir haben in Joomla teilweise zweimal die gleiche Verzeichnisstruktur. Einmal im Rootverzeichnis von Joomla und einmal im *adminstrator*-Verzeichnis. Da wir aber ja nicht zweimal das gleiche Verzeichnis in unserem Installationspaket abbilden können, gibt uns Joomla hier die Möglichkeit, alles bequem in Frontend (*site*) und Backend (*admin*) zu unterteilen. Wir gewinnen damit Übersicht und reduzieren auch die Fehleranfälligkeit. Joomla erkennt damit auch, in welche Hauptverzeichnisse die nachfolgenden *Files* installiert werden müssen.

```
<menu img="components/com_mythings/images/mythings-
16.png">COM_MYTHINGS</menu>
<submenu>
<menu link="option=com_categories&amp;extension=com_mythings"
img="components/com_mythings/images/mycategories-16.png">JCATEGORIES</menu>
</submenu>
```

Das kleine Bildchen/Icon, das im Komponentenmenü des Backend zu finden ist, einschließlich des Menüverweises und eventueller Unterverzeichnisse wird mittels der obigen Zeilen eingetragen. Da wir uns im großen Container *administration* befinden, muss das Bild selber sich im angegebenen Unterverzeichnis innerhalb des *admin*-Verzeichnisses befinden. Üblicherweise wird dabei ein *image*-Verzeichnis innerhalb der Komponente angelegt. Christiane hat uns den Farbklecks gezeichnet, der ein wenig an Monet mit einem Schuss Bauhaus-Ära erinnert. Ich bin froh, dass sie das gemacht hat – wir Jungs sind da eben viel zu sehr Programmierer und weniger kreativ.

COM_MYTHINGS ist ein Sprachschlüssel und bietet somit die Möglichkeit, die Komponente je nach Landessprache entsprechend zu benennen. Nach einem frisch installierten und deutschsprachigen Joomla findet man im Komponentenmenü dann auch die Komponenten *Kontakte* und *Suchen*, statt *Contacts* und *Search*.

Danach werden mit dem einleitenden *submenu*-Element das oder die Untermenüs definiert. Wichtig ist hier der jeweilige Link, mit dem dann die entsprechenden Komponentenbereiche/-Views geöffnet werden. Danach kann dann wieder das *img*-Attribut angegeben werden und somit können den Untermenüs ebenfalls eigene Grafiken zugewiesen werden. `JCATEGORIES` ist dann wieder ein Sprachschlüssel.

Alternativ können Sie auch die Standard-Icons benutzen. Dann müssen die Zeilen aber ein wenig verändert werden:

```
<menu img="class:component">com_mythings</menu>
```

Als Image wird nun eine Klasse übergeben. Joomla hat uns freundlicherweise schon ein paar Bildchen fertig zur Verfügung gestellt, die wir einfach übernehmen können, wenn wir die passende Klasse angeben. Diese Klassen finden sich im Backend-Template wieder. Wenn Sie z. B. im installierten Template *bluestork* die *template.css*[60] editieren, finden Sie ab Zeile 2021 die ganzen CSS-Klassen mit den verlinkten Grafiken.

- Zusammengesetzt wird die Klasse mit dem Namensvorsatz *.icon-16-* und dort angehängt wird unser Klassenname: *.icon-16-component*. Diese Klasse ist dann wie folgt in der CSS-Datei formatiert:

```
.icon-16-component { background-image: url(../images/menu/icon-16-
component.png); }
```

Und wenn Sie diesem Pfad folgen, finden Sie dort das Standard-Icon für Komponenten.

---

[60] *JOOMLAROOT/administrator/templates/bluestork/css/template.css*

23.3.2 Modul

Die XML-Installer-Datei hat den gleichen Namen wie die Einstiegsdatei im Modul mit
verändertem Suffix. Im vorliegenden Beispiel handelt es sich um das Modul *MyThings
Statistik Modul*. Der Name der »Einstiegsdatei« heißt *mod_mythingsstats.php*. Daraus
ergibt sich der Installername *mod_mythingsstats.xml*.

```xml
<?xml version="1.0" encoding="utf-8"?>
<extension type="module" version="2.5" client="site">
   <name>MyThings Statistik Modul</name>
   <author>Axel Tüting</author>
   <creationDate>04/2012</creationDate>
   <copyright>Copyright (C) Axel Tüting</copyright>
   <license>GNU General Public License version 3 or later</license>
   <authorEmail>tueting@time4mambo.de</authorEmail>
   <authorUrl>http://www.time4mambo.de</authorUrl>
   <version>1.0</version>
   <description>Ein erstes einfaches Statistikmodul für die Komponente
'MyThings'.</description>
   <files>
      <filename module="mod_mythingsstats">mod_mythingsstats.php</filename>
      <filename module="mod_mythingsstats">helper.php</filename>
      <filename module="mod_mythingsstats">tmpl/default.php</filename>
   </files>
   <languages folder="language">
      <language tag="en-GB">en-GB/en-GB.mod_mythingsstats.ini</language>
      <language tag="de-DE">de-DE/de-DE.mod_mythingsstats.ini</language>
      <language tag="de-DE">de-DE/de-DE.mod_mythingsstats.sys.ini</language>
      <language tag="en-GB">en-GB/en-GB.mod_mythingsstats.sys.ini</language>
   </languages>
</extension>
```

Bei Modulen gibt man neben dem Typ und der Version in der *extension* noch an, für
welchen Bereich das Modul programmiert wurde. Also ob für das Frontend
(*client="site"*) oder für das Backend (*client="admin"*):

```xml
<extension type="module" version="2.5" client="site">
<extension type="module" version="2.5" client="admin">
```

Die Bezeichnung, die in *name* steht, wird sowohl als vorgegebener Modultitel benutzt,
als auch als *Modultyp* in der Modulübersicht (Menü: *Erweiterungen/Module*). Danach
gibt es den Container, der die Dateien auflistet, die installiert werden sollen und wo
diese hingeschrieben werden.

Dieser Container wird immer mit *files* eingefasst:

```xml
<files> … </files>
```

Die einzelnen Dateien werden mit den *filenamen*-Elementen umgeben. Wichtig ist dabei stets das *module*-Attribut. Die einzelnen Dateien werden damit eindeutig dem angegebenen Modul zugeordnet.

```
<filename module="mod_mythingsstats">mod_mythingsstats.php</filename>
<filename module="mod_mythingsstats">helper.php</filename>
<filename module="mod_mythingsstats">tmpl/default.php</filename>
```

Die Bezeichnung, die in dem Attribut *module* steht, wird in der Datenbank (*_modules*) abgespeichert und ist auch der Name des Verzeichnisses, welches Joomla im Verzeichnis *modules* auf dem Webserver anlegt. Das Verzeichnis heißt so, wie die »Einstiegsdatei« ohne Suffix. Alle Dateien werden diesem Verzeichnis zugeordnet. Im Beispielcode ist bei der Datei *default.php* ein Pfad und somit Verzeichnisname mit angegeben (*tmpl*). Dieser Pfad/Verzeichnis muss im Installationspaket genau so auch abgebildet sein. Die zu installierende Datei muss also auch in dem angegebenen Verzeichnis liegen. Das Verzeichnis/der Pfad wird bei der Installation dann automatisch erzeugt und die Datei dort auch hineinkopiert. Aus dieser Pfadangabe ergibt sich dann auf dem Webserver dieser Pfad: */modules/mod_mythingsstats/tmpl/default.php*.

Möglich sind nun noch Sprachdateien und Parametereinstellungen. Beides wird gesondert angesprochen. Die XML-Installationsdatei wird automatisch mit in das Verzeichnis übertragen.

23.3.3 Plugin

Der Name der Plugin-Installationsdatei ergibt sich aus der PHP-Datei des Plugins mit verändertem Suffix. Im vorliegenden Beispielcode heißt die PHP-Plugindatei *mythingstitel.php*. Daraus ableitend heißt die Installationsdatei dann *mythingstitel.xml*

```xml
<?xml version="1.0" encoding="utf-8"?>
<extension version="2.5" type="plugin" group="content">
    <name>plg_mythingstitel 02</name>
    <author>Tüting, Maier-Stadtherr, Serradeil</author>
    <creationDate>November 2011</creationDate>
    <copyright>Franzis Verlag</copyright>
    <license>GNU General Public License version 2 or later; see
LICENSE.txt</license>
    <authorEmail>tueting@time4mambo.de</authorEmail>
    <authorUrl>www.time4mambo.de</authorUrl>
    <version>0.2</version>
    <description>Beschreibungstext</description>
    <files>
        <filename plugin="mythingstitel">mythingstitel.php</filename>
        <filename>index.html</filename>
    </files>
</extension>
```

Bei den Plugins gilt zu beachten, dass man hier die Gruppe angeben muss, zu der das Plugin gehört. Das kann eine der Standardgruppen sein oder auch eine eigene Gruppe (Näheres dazu bitte bei den Plugins nachlesen).

```
<extension type="plugin" version="2.5" group="content">
```

Bei den zu installierenden Dateien gilt das Gleiche wie bei den Modulen beschrieben, nur dass hier natürlich das *type*-Attribut vom Typ *plugin* ist. *group* gibt an, in welchem Unterverzeichnis das Plugin liegen wird. Das kann eines der vorgegebenen sein oder eigene Plugingruppen beinhalten.

Bild 23.2: Standard-Plugingruppen

Sehr viele Plugins haben tatsächlich nur eine Datei plus der *index.html*. Dazu können aber auch hier Sprachdateien und Parameter dazukommen. Weiteres dazu bitte in den entsprechenden Kapiteln nachlesen. Die XML-Installationsdatei wird automatisch mit in das Verzeichnis übertragen.

23.3.4 Language

Bei den Sprachen gibt es zwei Varianten der Installation. Zum einen den language-Container und zum anderen eine XML-Installationsdatei, die ausschließlich Sprachpakete installiert. Letztere kennt man beispielsweise vom deutschen Sprachpaket in Joomla, wenn man es nachinstalliert, bzw. das originale Joomla eindeutscht.

Den nachfolgenden *languages*-Container können Sie in jede Installationsdatei einbauen.

```
<languages folder="language">
   <language tag="en-GB">
en-GB/en-GB.plg_mythings_mytitel.ini
   </language>
   <language tag="de-DE">
de-DE/de-DE.plg_mythings_mytitel.ini
   </language>
   <language tag="de-DE">
de-DE/de-DE.plg_mythings_mytitel.sys.ini
   </language>
```

```
  <language tag="en-GB">
en-GB/en-GB.plg_mythings_mytitel.sys.ini
  </language>
</languages>
```

Den *tag* benötigt Joomla, um die Sprachdateien einwandfrei zuordnen zu können und sie so ins richtige Unterverzeichnis zu kopieren.

Mit `folder="language"` wird während der Installation zunächst das *language*-Verzeichnis angesprochen und danach das *language*-Verzeichnis von Joomla, wohin die Sprachdateien verschoben werden. Die Dateien selber müssen im Installationspaket korrekt vorliegen. Siehe auch das Kapitel 6 – *Sprachen*.

Möglichkeit zwei ist eine Installationsdatei ausnahmslos für Sprachpakete. Hier ein Beispiel aus der deutschen *install.xml* von *J!German*[61] (Auszug):

```
<?xml version="1.0" encoding="utf-8" ?>
<extension version="2.5" client="site" type="language" method="upgrade">
<name>German (DE-CH-AT)</name>
<tag>de-DE</tag>
<version>2.5.4v1</version>
<creationDate>02.04.2012</creationDate>
<author>J!German</author>
<authorEmail>team@jgerman.de</authorEmail>
<authorUrl>www.jgerman.de</authorUrl>
<copyright>Copyright (C) 2008 - 2012 J!German. All rights
reserved.</copyright>
<license>GNU General Public License version 2 or later; see
LICENSE.txt</license>
<description>Deutsche Übersetzung für Joomla! 2.5 von J!German</description>
<files>
<filename>de-DE.com_wrapper.ini</filename>
<filename>de-DE.files_joomla.sys.ini</filename>
<filename>de-DE.finder_cli.ini</filename>
<filename>de-DE.ini</filename>
<filename>de-DE.lib_joomla.ini</filename>
<filename>de-DE.lib_joomla.sys.ini</filename>
<filename>de-DE.lib_phpmailer.sys.ini</filename>
<filename>de-DE.lib_phputf8.sys.ini</filename>
<filename>de-DE.lib_simplepie.sys.ini</filename>
<filename>de-DE.localise.php</filename>
<filename>de-DE.mod_articles_archive.ini</filename>
</files>
</extension>
```

Hier gibt es ein paar Besonderheiten im »Kopf« der Installationsdatei:

```
<extension version="2.5" client="site" type="language" method="upgrade">
```

---

[61] *http://www.jgerman.de*

Im *extension*-Element wird `type="language"` angegeben und es wird auch der *client* mit angegeben. Schließlich haben wir Sprache fürs Back- und Frontend.

Interessant ist das *tag*-Element, welches wir schon vom *language*-Container her kennen, welches aber hier im Kopf untergebracht ist:

```
<tag>de-DE</tag>
```

Die Sprachdateien werden dann in einem einfachen *file*-Container aufgelistet.

Metafile

Bei den Sprachpaketen gibt es noch jeweils eine Metadatei, welche landesspezifische Angaben enthält und Berücksichtigung findet, wenn man Mehrsprachigkeit auf der Website umsetzen möchte. Die Metafiles sind nicht relevant für unsere Programmierungen und nur dann interessant, wenn Sie ganze Übersetzungen von Joomla vornehmen. Der Vollständigkeit halber will ich sie aber hier kurz erwähnen und die deutsche Metadatei hier abdrucken, die Sie im Joomla-Language-Verzeichnis der jeweiligen Sprache finden. Hier die *de-DE.xml* für das Backend:

```xml
<?xml version="1.0" encoding="utf-8"?>
<!-- $Id: de-DE.xml 840 2012-04-02 14:03:06Z sisko1990 $ -->
<metafile version="2.5" client="administrator" method="upgrade">
    <tag>de-DE</tag>
    <name>German (Germany-Switzerland-Austria)</name>
    <description>German Administrator Language Package for Joomla! 2.5.4.
Translation version: 2.5.4v1</description>
    <version>2.5.4v1</version>
    <creationDate>02.04.2012</creationDate>
    <author>J!German</author>
    <authorEmail>team@jgerman.de</authorEmail>
    <authorUrl>www.jgerman.de</authorUrl>
    <copyright>Copyright (C) 2005 - 2012 Open Source Matters &amp; J!German.
All rights reserved.</copyright>
    <license>GNU General Public License version 2 or later; see
LICENSE.txt</license>
    <metadata>
        <name>German (DE-CH-AT)</name>
        <tag>de-DE</tag>
        <rtl>0</rtl>
        <locale>de_DE.utf8, de_DE.UTF-8, de_DE, deu_DE, de, german, german-
de, de, deu, germany</locale>
        <firstDay>1</firstDay>
    </metadata>
    <params />
</metafile>
```

23.3.5 Template

Beim Template heißt die Installationsdatei immer *templateDetails.xml.* Das »D« wird stets groß geschrieben im Namen. Beim Template sind im Wesentlichen die Positionsangaben neu. Alles andere wurde bereits in den vorangegangenen Kapiteln besprochen. Wobei auch bei den Templates ein *config*-Container oder ein *languages*-Container enthalten sein können. Hier ein Ausschnitt aus der *templatesDetails.xml* des mitgelieferten *Beez5*-Templates, Die Originaldatei ist wesentlich umfangreicher.

```xml
<?xml version="1.0" encoding="utf-8"?>
<extension version="2.5" type="template" client="site">
<name>beez5</name>
<creationDate>21 May 2010</creationDate>
<author>Angie Radtke</author>
<authorEmail>a.radtke@derauftritt.de</authorEmail>
<authorUrl>http://www.der-auftritt.de</authorUrl>
<copyright>Copyright (C) 2005 - 2012 Open Source Matters, Inc. All rights
reserved.</copyright>
<license>GNU General Public License version 2 or later; see
LICENSE.txt</license>
<version>2.5.0</version>
<description>TPL_BEEZ5_XML_DESCRIPTION</description>

<files>
<folder>css</folder>
<folder>html</folder>
<folder>images</folder>
<folder>javascript</folder>
<folder>fonts</folder>
<folder>language</folder>
<filename>index.html</filename>
<filename>index.php</filename>
</files>

<positions>
<position>debug</position>
<position>position-0</position>
<position>position-1</position>
<position>position-2</position>
<position>position-3</position>
</positions>

<languages folder="language">
<language tag="en-GB">en-GB/en-GB.tpl_beez5.ini</language>
<language tag="en-GB">en-GB/en-GB.tpl_beez5.sys.ini</language>
</languages>
```

```
<config>
<fields name="params">
<fieldset name="advanced">
<field name="wrapperSmall" type="text" default="53"
label="TPL_BEEZ5_FIELD_WRAPPERSMALL_LABEL"
description="TPL_BEEZ5_FIELD_WRAPPERSMALL_DESC"
filter="integer" />
</field>
</fieldset>
</fields>
</config>
</extension>
```

Bei den Templates ist ebenfalls anzugeben, für welchen Bereich das Template gilt. Also entweder *site* oder *admin*:

```
<extension version="2.5" type="template" client="site">
<extension version="2.5" type="template" client="admin">
```

Interessant bei den Templates sind die Positionsangaben:

```
<positions>
<position>debug</position>
<position>position-0</position>
<position>position-1</position>
<position>position-2</position>
<position>position-3</position>
</positions>
```

Diese können dann bei den Modulen ausgewählt werden.

Tipp: Positionsangaben die hier nicht aufgeführt sind, können bei den Modulen auch nicht ausgewählt werden, können aber direkt in das vorgesehene Feld geschrieben werden. Das macht beispielsweise Sinn bei *{loadposition position}* im Content.

23.3.6 Library

Es lassen sich auch *libraries* installieren. Sehr ähnlich wie bei neuen Plugingruppen wird auch hier ein neues Verzeichnis im Verzeichnis *libraries* erstellt. Allerdings ist der Vorgang anders, als bei den Plugins. Als Beispiel die *lib_alpha.xml* vom Joomla-Entwickler John Doe:

```
<?xml version="1.0" encoding="UTF-8" ?>
<extension type="library" version="2.5" method="upgrade">
<name>lib_alpha</name>
<libraryname>alpha</libraryname>
```

```
<description>LIB_ALPHA_XML_DESCRIPTION</description>
<creationDate>July 2008</creationDate>
<author>John Doe</author>
<authorEmail>john.doe@example.org</authorEmail>
<authorUrl>http://www.example.org</authorUrl>
<copyright>(C) 2008 Copyright Info</copyright>
<license>License Info</license>
<version>2.5.0</version>
<files folder="files">
<file>alpha.php</file>
</files>
</extension>
```

Unter *type* wird der Hinweis darauf gegeben, dass es sich um eine Library handelt. Völlig anders ist hier das *libraryname*-Element. Der Name, der hier eingetragen wird, ist auch gleichzeitig der Verzeichnisname, der dann in das *library*-Verzeichnis eingetragen wird.

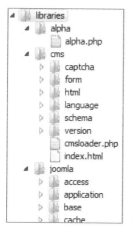

Bild 23.3: Eine neue Library

23.3.7 File

Bei den Plugins kann es erforderlich sein, einige der View-Dateien der Komponente anzupassen und so mit den entsprechenden Ereignissen zu erweitern. Sie könnten dann eine kleine ZIP-Datei downloaden, wo Sie nach dem Entpacken die Dateien in die entsprechenden Verzeichnisse kopieren müssen. Das kann natürlich auch automatisiert werden mit einer entsprechenden Installationsdatei. Wie gehabt, benötigen Sie dafür den kompletten Pfad mit den Dateien. In der XML-Datei ergänzen Sie das *extension*-Element mit einem `type="file"`.

```
<?xml version="1.0" encoding="utf-8"?>
<extension type="file" version="2.5" method="upgrade">
<name>Files MyThing Komponente</name>
```

```
<author>Axel und Christiane</author>
<creationDate>04/2012</creationDate>
<copyright>Copyright (C) Axel Tüting</copyright>
<license>GNU General Public License version 3 or later</license>
<authorEmail>tueting@time4mambo.de</authorEmail>
<authorUrl>http://www.time4mambo.de</authorUrl>
<version>1.0</version>
<description>Angepasste Komponenten-Views für das erste Plugin</description>

<fileset>
<files>
<file>components/com_mythings/views/mythings/view.html.php</file>
<file>components/com_mythings/views/mythings/tmpl/default.php</file>
</files>
</fileset>
</extension>
```

Für die Dateien legen Sie ein *fileset* an und darin einen Container für die *files*. Jede einzelne Datei wird mit einem *file* eingerahmt. Achten Sie dabei auf den korrekten Pfad, der – wie gesagt – sowohl in der ZIP-Datei anschließend vorliegen muss und auch exakt so ins Joomla kopiert wird. Dabei geht Joomla immer vom Joomla-Root-Verzeichnis aus.

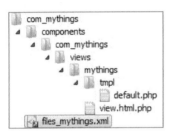

Bild 23.4: File-Installer mit komplettem Pfad

Es gibt eine alternative Schreibweise und damit die Möglichkeit, den Pfad anders zu setzen.

```
<fileset>
<files folder="mythings" target="components/com_mythings/views/mythings">
<filename>view.html.php</filename>
</files>
<files folder="tmpl" target="components/com_mythings/views/mythings/tmpl">
<filename>default.php</filename>
</files>
</fileset>
```

Dazu werden die beiden Dateien einfach in ein Verzeichnis Ihrer Wahl gelegt – wobei es natürlich der Übersicht halber Sinn macht, die Verzeichnisse wie die Zielverzeichnisse zu benennen, und der korrekte Zielpfad wird in das *files*-Element geschrieben.

```
<files folder="mythings" …
```

Zuerst gebe ich das Verzeichnis an, in dem die Datei im Installationsverzeichnis liegt und anschließend mit *target* das Ziel innerhalb Joomlas, wo die Datei hin kopiert werden soll.

```
... target="components/com_mythings/views/mythings">
```

Mit dieser Technik spare ich mir die vielen Verzeichnisse im Installationspaket und ich kann so auch mehrere Dateien eines Verzeichnisses im Installationspaket wesentlich bequemer zu ihrem Ziel kopieren, weil ich das *files*-Element nur einmal schreibe und eben mehrere *filename*-Container schreiben kann. Ein Beispiel dazu:

```
<fileset>
<files folder="mythings" target="components/com_mythings/views/mythings">
<filename>view.html.php</filename>
<filename>dummydatei.php</filename>
<filename>dummy02.php</filename>
</files>
<files folder="tmpl" target="components/com_mythings/views/mythings/tmpl">
<filename>default.php</filename>
</files>
</fileset>
```

Beide Techniken funktionieren. Die zweite ist wesentlich angenehmer bei mehreren Dateien. Insgesamt ist die zweite Methode meines Erachtens etwas übersichtlicher.

Bild 23.5: Beide Verzeichnisstrukturen im Überblick

23.3.8 Package

Hat man mehrere Erweiterungen, die zusammengehören, programmiert, stellt sich die Frage, wie man diese an den Anwender weitergibt. Variante eins ist, alle einzeln an den Anwender zu geben, Variante zwei wäre, sie alle zusammenzupacken und ein *Unpack_* *first.zip* daraus zu machen. Immerhin braucht der interessierte Anwender dann nur einen Download zu machen, muss aber immer noch alles einzeln installieren. Variante drei wäre eine Package, das alle einzelnen Erweiterungen automatisch installiert. Das wäre am anwenderfreundlichsten.

Um ein Package zu erstellen, werden alle gezippten Einzelanwendungen mit der Installationsdatei zusammengepackt. Die gezippten Einzelanwendungen haben auch alle ihre Installationsdateien. An dieser Stelle ändert sich also zunächst nichts.

Als Beispiel erstelle ich ein Package aus unserer Komponente, einem Modul und einem Plugin. Dazu lege ich noch ein paar File-Dateien, die für ein Plugin in die Komponente kopiert werden müssen.

Der besseren Übersichtlichkeit wegen lege ich alle Einzelanwendungen in das Verzeichnis *packages*. Man kann auch die gezippten Einzelerweiterungen direkt in das Rootverzeichnis der ZIP-Datei legen. Ich persönlich ziehe aber eine gewisse Übersichtlichkeit vor. Die Installationsdatei nenne ich *pkg_mythings.xml* – *pkg* für *Package*.

Im *extension*-Element kommt ein `type="package"`.

```xml
<?xml version="1.0" encoding="utf-8"?>
<extension type="package" version="2.5" method="upgrade">
<name>MyThings Package</name>
<packagename>MyThings</packagename>
<author>Axel Tüting</author>
<creationDate>04/2012</creationDate>
<copyright>Copyright (C) Franzis Verlag</copyright>
<license>GNU General Public License version 3 or later</license>
<authorEmail>tueting@time4mambo.de</authorEmail>
<authorUrl>http://www.time4mambo.de</authorUrl>
<version>1.0</version>
<description>Package für Mythings</description>
<files folder="packages">
<file type="component" id="mythings">com_mythings.zip</file>
<file type="plugin" id="mytitel" group="mything">plg_mytitel_03.zip</file>
<file type="module" id="mod_mythingsstats"
client="site">mod_mythingsstats.zip</file>
<file type="file" id=file_mythings">file_mythings.zip</file>
</files>
</extension>
```

Hinter dem Namen kommt noch der Packagename dazu:

```xml
<name>MyThings Package</name>
<packagename>MyThings</packagename>
```

Der findet sich später auch in der Übersicht der Verwaltung im Backend.

Bei den *files* geben Sie das Verzeichnis an, in dem die ganzen Erweiterungen liegen.

> **Tipp:** Wenn Sie Ihre Erweiterungen direkt in das Rootverzeichnis der ZIP-Datei schreiben, schreiben Sie in den *folder* einen Punkt: *folder="."*

Sie müssen nun jeweils den Typ der ZIP-Datei angeben – also, ob es sich um eine Komponente, ein Plugin, ein Modul oder ein File-Paket handelt. Danach eine ID, die identisch mit der ist, die Sie jeweils beim Modul (*<filename module="mod_mythingsstats">*) plus dem *client* und beim Plugin (*<filename plugin="mytitel">*) plus der *group* eingetragen haben. Bei der Komponente und bei den Files haben Sie diese ID nicht und sind dort nicht an eine feste Vorgabe gebunden.

Bild 23.6: Das Mythings-Package

Der Anwender hat nun den Vorteil, dass er nur eine ZIP-Datei zu installieren braucht. Das Package sorgt dafür, dass alle einzelnen Erweiterungen insgesamt installiert werden. Der Anwender erhält am Ende den Text, der in der *description* des Package steht, angezeigt. In unserem Fall also einen nicht sehr aussagekräftigen Text, da der Anwender nicht wirklich erfährt, was er da eben eigentlich alles installiert hat:

```
<description>Package für Mythings</description>
```

Da sollten Sie dann vielleicht dem Anwender noch ein paar mehr Worte mitgeben …

> **Tipp:** Achten Sie auf die Reihenfolge der Dateien der Installation. In unserem Beispiel gäbe es eine Fehlermeldung, wenn Sie den Typ *file* vor der *Komponente* ausführen wollten, da die Dateien natürlich nur in ein existierendes Verzeichnis kopiert werden können.

23.4 install-, uninstall-, update-Skripte

Es gibt zwei Möglichkeiten konkrete Installationsskripts auszuführen. Die einfachste ist die Möglichkeit, SQL-Skripte auszuführen. Darüber hinaus können Sie auch PHP-Skripte während der Installation ausführen, um all die Aufgaben zu tätigen, die nicht mit den Element-Containern abgedeckt werden können.

23.4.1 SQL-Skripte

Immer dann, wenn die Datenbank angepasst oder verändert werden muss, indem neue Datenbanktabellen erzeugt werden müssen, werden SQL-Anweisungen in der Installation benötigt.

```
<install>
<sql>
<file driver="mysql" charset="utf8">sql/install.sql</file>
</sql>
</install>

<uninstall>
<sql>
<file driver="mysql" charset="utf8">sql/uninstall.sql</file>
</sql>
</uninstall>

<update>
<schemas>
<schemapath type="mysql">sql/updates</schemapath>
</schemas>
</update>
```

Der erste Element-Container enthält die SQL-Datei zum Installieren und der *uninstall*-Container ergo das SQL-Skript, welches aufgerufen wird, wenn die Erweiterung deinstalliert wird.

In `driver="mysql"` steht die Datenbank. Da Joomla nicht nur mit MySQL zusammenarbeiten kann, sondern auch mit anderen Datenbanken, muss das hier entsprechend angegeben werden. Dazu noch der *charset*, der mit der Angabe `utf8` den bestmöglichen »Zeichenvorrat« vorgibt. Sowohl Joomla als auch die Datenbank ist in *UTF-8* codiert. Dennoch sollte diese Angabe auch bei den Erweiterungen gemacht werden, da so sichergestellt ist, dass dieser Umstand auch wirklich so bleibt. Bei einer Komponente muss das Verzeichnis *sql*, nebst der Dateien, innerhalb des *administrator*-Verzeichnisses liegen.

Das Besondere ist, dass diese Datei bei der Installation nicht nur kopiert, sondern auch ausgeführt wird und die Datenbank entsprechend anpasst.

Zur Erinnerung hier noch einmal die *install.sql* von unserer ersten Komponente:

```
CREATE TABLE IF NOT EXISTS `#__mythings` (
  `id` int(11) NOT NULL AUTO_INCREMENT,
  `oberbegriff` varchar(50) NOT NULL DEFAULT '',
  `unterbegriff` varchar(50) NOT NULL DEFAULT '',
  `bezeichnung` varchar(200) NOT NULL DEFAULT '',
  `ausgeliehen_am` date DEFAULT '0000-00-00',
  `ausgeliehen_an` varchar(50) NOT NULL DEFAULT '',
  PRIMARY KEY (`id`)
```

```
) ENGINE=MyISAM  DEFAULT CHARSET=utf8 AUTO_INCREMENT=10 ;

INSERT INTO `#__mythings` VALUES
(0, 'Buch', 'Fachbuch', 'C#', '2011-01-18', 'Richard'),
(0, 'DVD', '', 'Men in Black', '2011-02-03', 'Sebastian'),
(0, 'Deko', '', 'Bronzebuddha 1', '0000-00-00', ''),
(0, 'Deko', '', 'Bronzebuddha 2', '2011-05-09', 'Olivia'),
(0, 'Buch', '', 'DAEMON', '0000-00-00' ,'');
```

Durch die erste Zeile wird dieses SQL-Skript nur dann ausgeführt, wenn die Tabelle noch nicht vorhanden ist. Ist sie es, wird dieses Skript nicht ausgeführt:

```
CREATE TABLE IF NOT EXISTS …
```

Die *uninstall.sql* hat lediglich die Funktion die Datenbanktabelle zu löschen. Wobei es – je nach der zu deinstallierenden Erweiterung – natürlich auch wesentlich komplexer sein kann, als es hier aufgeführt ist:

```
DROP TABLE IF EXISTS `#__mythings` ;
```

Es gibt noch eine alternative Schreibweise, die nicht als »sauberer Code« angesehen und auch seltenst benutzt wird. Der Vollständigkeit halber soll sie aber dennoch hier erwähnt werden. Sie können die SQL-Anweisungen auch direkt in die XML-Datei schreiben:

```
<install>
<queries>
<query>
CREATE TABLE IF NOT EXISTS `#__mythings` (
  `id` int(11) NOT NULL AUTO_INCREMENT,
  `oberbegriff` varchar(50) NOT NULL DEFAULT '',
  `unterbegriff` varchar(50) NOT NULL DEFAULT '',
  `bezeichnung` varchar(200) NOT NULL DEFAULT '',
  `ausgeliehen_am` date DEFAULT '0000-00-00',
  `ausgeliehen_an` varchar(50) NOT NULL DEFAULT '',
  PRIMARY KEY (`id`)
) ENGINE=MyISAM  DEFAULT CHARSET=utf8 AUTO_INCREMENT=10 ;
</query>
<query>
INSERT INTO `#__mythings` VALUES
(0, 'Buch', 'Fachbuch', 'C#', '2011-01-18', 'Richard'),
(0, 'DVD', '', 'Men in Black', '2011-02-03', 'Sebastian'),
(0, 'Deko', '', 'Bronzebuddha 1', '0000-00-00', ''),
(0, 'Deko', '', 'Bronzebuddha 2', '2011-05-09', 'Olivia'),
(0, 'Buch', '', 'DAEMON', '0000-00-00' ,'');
</query>
</queries>
</install>
```

Diese Schreibweise stammt noch aus Joomla! 1.0 und wird immer noch ausgeführt in der *manifest.xml*. Allerdings sollten Sie diesen Container nicht benutzen. Stattdessen ist es besser, mit den SQL-Dateien zu arbeiten. Zumal die *manifest.xml* dann auch übersichtlicher wird. Meist finden Sie diese alte Schreibweise in Erweiterungen, die es schon sehr lange gibt und die ein Installpaket enthalten, welches für alle Versionen benutzt wird. Da finden sich oft genug noch alte »Überbleibsel«. Die Erweiterung *Community Builder* ist beispielsweise solch eine Erweiterung.

Neben den install- und uninstall-Dateien gibt es auch noch die Möglichkeit, im Installationspaket Update-Dateien mit beizulegen. Der entscheidende Vorteil ist, dass Sie in einem einzigen Installationspaket sowohl alles für eine Erstinstallation unterbringen können, als auch alles, was für ein Update benötigt wird. Für Sie als Programmierer hat das den Vorteil, dass Sie nicht ein Paket für das Update und noch eins für die Erstinstallation, und das jeweils für jede Version, erstellen müssen, sondern im Endeffekt nur ein einziges Paket, in dem jede einzelne Version berücksichtigt ist. Wichtig sind dafür aber dreierlei Dinge:

1. Sie müssen sehr genau auf die Version der Installerdatei achten:

```
<version>1.0.6</version>
```

2. Sie benötigen für jede Version eine gleichnamige SQL-Datei.

3. Und diese müssen im *admin*-Verzeichnis am angegebenen Ort liegen.

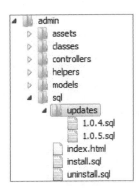

Bild 23.7: Update-SQL-Dateien im angegebenen Verzeichnis

```
<update>
<schemas>
<schemapath type="mysql">sql/updates</schemapath>
</schemas>
</update>
```

Im *type* wird die Datenbank geschrieben. Das ist deswegen wichtig, weil Joomla mit verschiedenen Datenbanken umgehen kann und sich die Datenbanksprache SQL stets ein wenig in der Syntax für die einzelnen Datenbanken unterscheidet.

In *schemapath* wird lediglich der Verzeichnisort angegeben, an dem die SQL-Updatedateien liegen. Dabei geht Joomla davon aus, dass diese Verzeichnisangabe sich auf das *admin-Verzeichnis* bezieht. Sie müssen nicht zwingend das Verzeichnis so benennen, wie ich das hier im Beispiel gemacht habe. Da Sie aber vermutlich auch eine *install.sql* und eine *uninstall.sql* haben, bietet es sich an, diese in das Verzeichnis *sql* zu legen und dort hinein das Verzeichnis *update* zu schreiben.

Joomla überprüft nun beim Installieren, welche Version vorliegt, und schaut nach, welche Version Sie bislang installiert hatten. Weichen diese beiden Versionsnummern ab, werden die jeweiligen Update-SQL-Skripte ausgeführt und damit wird Ihre Erweiterung auch datenbanktechnisch auf den aktuellen Stand gehoben. Wird keine bisherige Installation gefunden, wird kurzerhand das *Install-Skript* der Erweiterung ausgeführt – Joomla weiß, dass es sich um eine Erstinstallation handelt.

23.4.2 PHP-Skripte

Oft genug gibt es noch jede Menge Arbeiten bei der Installation zu machen, die sich nicht mit den Element-Containern allein lösen lassen. Dazu kann zum Beispiel gehören, dass installierte Plugins bereits aktiviert oder Module bereits voreingestellt sind, dass sie auf *allen Seiten* angezeigt werden, auf *position-7* (Standardvoreinstellung für die linke Templateposition) und aktiviert sind. Oder Sie müssen die bestehende Datenbanktabelle ändern, müssen aber eventuell vorhandene Daten dabei sichern. All dieses und noch viel mehr können Sie mit PHP-Installationsdateien lösen.

Der Aufruf innerhalb der Installationsdatei ist recht einfach:

```
<scriptfile>script.php</scriptfile>
```

Bei diesem Aufruf liegt die *script.php* im Rootverzeichnis des Installationspakets. Möchten Sie die Datei in einem Unterverzeichnis ablegen, müssen Sie auch hier wieder den Pfad ab dem *admin*-Verzeichnis angeben:

```
<scriptfile>install/script.php</scriptfile>
```

> **Tipp:** In einigen Erweiterungen finden Sie noch zusätzlich die Elemente *<installfile>* und *<uninstallfile>*. Diese Elemente werden seit der Joomlaversion 1.6 nicht mehr benutzt, sind aber dennoch weit verbreitet. Insbesondere finden Sie diese Elemente in Erweiterungen, die es schon sehr lange auf dem Markt gibt und die bereits unter Joomla! 1.5 liefen.

- Das Element *scriptfile*, bzw. die Datei in diesem Element, wird nun bei allen Abläufen ausgeführt (install, uninstall und update).

- In diesem Skript wird zunächst auch erst eine Klasse erstellt. Der Klassenname setzt sich aus dem Erweiterungsnamen und dem Zusatz *InstallerScript* zusammen. Also beispielsweise:
  class com_mythingsInstallerScript oder
  class mod_mythingsstatsInstallerScript.

Dort drin gibt es einige vorgegebene Methoden, die Sie benutzen können:

- *function preflight ($type, $parent)*
- *function install ($parent)*
- *function update ($parent)*
- *function uninstall ($parent)*
- *function postflight ($type, $parent)*

In *$parent* steht, um was für einen Typ von Erweiterung es sich handelt. Also beispiels-weise:

- *JInstallModule*
- *JInstallComponent*
- etc.

und in *$type* steht, dass es ich um *install* oder *update* handelt. Damit kann mit einem Script auf alle Eventualitäten entsprechend reagiert werden. Wobei *Preflight* vor und *Postflight* nach der eigentlichen Installation, dem Update oder Uninstall tätig wird. Somit können Installationen etc. vorbereitet und nachbereitet werden.

Eine Möglichkeit wäre, im *Preflight* die PHP-Version abzufragen, falls eine bestimmte PHP-Version für die Erweiterung notwendig ist, ebenso wie die installierte Joomla-Version. Beim *update* kann eine neue Versionsnummer in die Datenbanktabelle der Erweiterung gesetzt werden oder vielleicht muss die bestehende Datenbank erweitert werden. Im *Postflight* könnten Parameter-Defaultwerte festgelegt werden.

Installiert man Module oder Plugins, sind diese standardmäßig deaktiviert. Module werden »auf keinen Seiten« angezeigt und manchmal sind sie noch nicht einmal sichtbar in der Modulübersicht und müssen erst mit »Neu« erstellt werden.

Mit den Install-Methoden können in der Datenbank entsprechende Einträge gemacht werden, damit die Erweiterungen aktiviert sind und auf allen Seiten oder nur auf der Startseite oder wo auch immer angezeigt werden.

In einer Erweiterung hatte ich ein undokumentiertes XML-Element gefunden, welches weitere zusätzliche Erweiterungen installierte. Also letztlich wie ein Package funktionierte, ohne dass es eines war. Nach näherem Hinsehen fand ich dann in der *installscript.php* die Ausführung/Auswertung dieses Elements. Sie können also so auch komplett neue Install-Elemente kreieren.

Mit dem Script ist also all das möglich, was nicht in der XML- und SQL-Datei machbar ist.

```php
<?php

defined('_JEXEC') or die('Restricted access');

jimport( 'joomla.filesystem.file' );
jimport( 'joomla.filesystem.folder' );

class com_mythingsInstallerScript {
```

```
function postflight($type, $parent) {
...
}

function install($parent) {
...
}

function uninstall($parent) {
...
}

function update($parent) {
...
}

function preflight($type, $parent) {
...
}
}
```

23.5 Media

Der *media*-Container dient dazu, Ausgaben der Erweiterungen, wie Grafiken oder CSS-Dateien, an eine bestimmte Stelle im Joomla-System abzulegen. In den vergangenen Joomla-Versionen waren insbesondere CSS-Dateien und grafische Elemente mal in der Komponente, im Modul oder im Pluginverzeichnis abgelegt, mal im Administrationspfad, mal im Frontendpfad, manchmal aber im *image*-Verzeichnis untergebracht und es erforderte manchmal geradezu detektivischen Spürsinn, um die Dateien, die man ändern wollte, zu finden. Mit dem *media*-Verzeichnis wurde nun ein gemeinsamer »Ablageort« geschaffen, um so noch besseren Überblick und Ordnung in Joomla zu erreichen. Der Container selbst kann in allen Installationsdateien zu jedem Typ geschrieben werden:

```
<media destination="com_mythings" folder="media_inhalte">
<filename>beispiel.php</filename>
<filename>komponenten.css</filename>
<folder>images</folder>
</media>
```

In diesem Beispiel würde im *media*-Verzeichnis von Joomla ein neues Unterverzeichnis namens *com_mythings* erstellt und dort die beiden Dateien *komponenten.css* und *beispiel.php* hineinkopiert. Des Weiteren wird ein Unterverzeichnis namens *images* angelegt und der Inhalt des bei der Installation befindlichen *images*-Verzeichnisses in eben dieses im *media*-Verzeichnis kopiert. In der Installations-ZIP-Datei legen Sie ein Verzeichnis Namens *media_inhalte* an und kopieren dort die beiden Dateien und das *image*-Verzeichnis hinein.

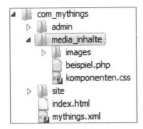

Bild 23.8: *media_inhalte* innerhalb
der Installationsdateien der Komponente

- In den meisten Fällen wird das Verzeichnis im Installationspaket auch *media* genannt. Um es in diesem Beispiel zu verdeutlichen, habe ich den Verzeichnisnamen auf *media_inhalte* gesetzt. Aber auch deswegen, um zu verdeutlichen, dass Sie natürlich nicht an diese Ordnerstruktur gebunden sind. Sie können Ihre *media*-Daten auch in verschachtelten Ordnern liegen haben. Beispielsweise innerhalb des *admin-Verzeichnisses* oder wie auch immer es Ihnen beliebt. Sie müssen dann lediglich den kompletten Pfad im *folder*-Attribut angeben.

23.6 Update-Server

»Update-Server« klingt ein wenig hochtrabend. In Wirklichkeit reicht eine URL aus, in der eine XML-Datei gelegt wird, in der wiederum die aktuelle Versionsnummer steht, und noch ein paar wenige weitere Angaben. Und natürlich die neue Version. In der XML-Installationsdatei steht dann eine URL zu eben dieser XML-Datei. Damit kann Joomla selbstständig abprüfen, ob eine neue Version der Erweiterung vorliegt und, falls ja, wird das im Kontrollzentrum entsprechend angezeigt.

Bild 23.9: Ein neues Update ist verfügbar

23.6.1 type="extension"

In der *install.xml* der Erweiterung wird der Updateserver eingetragen:

```
<updateservers>
<server type="extension" priority="1" name="Komponente
updaten">http://www.IhreDomain.de/update/mythings.xml
</server>
</updateservers>
```

Im *type* kann neben der *extension* auch noch eine *collection* stehen. Dazu etwas weiter unten.

Ebenso ist es an dieser Stelle auch möglich, sowohl einen Zweizeiler (*collection* und *extension*) anzugeben, als auch mehrere Updateserver. Dazu Beispiele:

```
<updateservers>
  <server type="extension" priority="1" name=" Mirror 1">
http://www.ErsteDomain.de/update/mythings.xml</server>
  <server type="extension" priority="2" name=" Mirror 2">
http://www.AndereDomain.de/update/mythings.xml</server>
  <server type="extension" priority="3" name=" Mirror 3">
http://www.GanzAndereDomain.de/update/mythings.xml</server>
</updateservers>

<updateservers>
  <server type="collection">
http://www.IhreDomain.de/update/mythings.xml</server>
  <server type="extension" priority="2" name="Komponente
updaten">http://www.IhreDomain.de/update/mythings.xml
  </server>
</updateservers>
```

Mittels des *priority*-Attributs kann die Gewichtung der einzelnen Server-URLs angegeben werden.

Mit dem Typ *extension* wird direkt eine Erweiterung (Komponente, Plugin, Modul) angesprochen.

In meinem Beispiel spreche ich auf dem Updateserver die *mything.xml* an. In eben dieser Datei steht unter anderem die aktuelle Versionsnummer, die wiederum mit der aktuell installierten Versionsnummer der Erweiterung abgeglichen wird. Liegt auf dem Updateserver eine höhere Versionnummer, wird das entsprechend angezeigt im Kontrollzentrum von Joomla, und wenn man dann auf den Button klickt oder alternativ über *Erweiterungen/Erweiterungen* → *Aktualisieren* geht, wird einem konkret angezeigt, was aktualisiert werden kann.

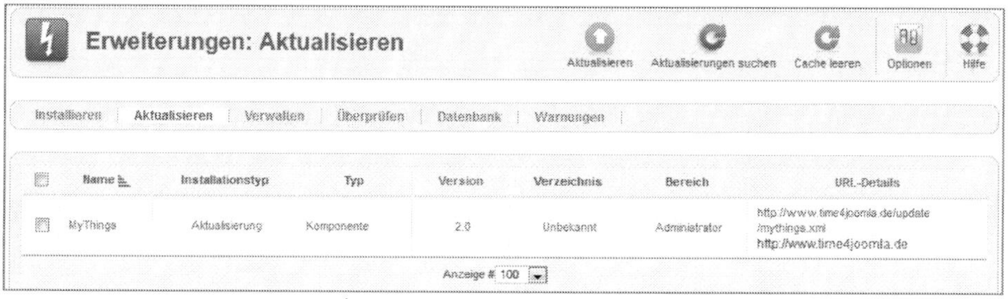

Bild 23.10: Eine neue Version unserer Komponente kann installiert werden

Hier der Code der *mything.xml* vom Updateserver:

```
<update>
<name>MyThings</name>
<description>Mythings Komponente</description>
<element>com_mythings</element>
<type>component</type>
<version>2.0</version>
<infourl title="MyThings">http://www.Domain.de</infourl>
<downloads>
  <downloadurl type="full"
format="zip">http://www.Domain.de/update/com_mythings.zip
  </downloadurl>
</downloads>
<maintainer>Axel Tüting</maintainer>
<maintainerurl>http://www.time4mambo.de</maintainerurl>
<targetplatform name="joomla" version="2.5"/>
</update>
```

Der äußere Container ist das *update*-Element. Dort drinnen muss das *name*-Element stehen und das *element*-Element. Hier muss angegeben werden, um was für eine Erweiterung genau es sich handelt (*component, module, plugin, package,* etc.). Wird ein Plugin upgedated, muss das *folder*-Element angegeben werden. Im *folder*-Element steht dann der Typ des Plugins (*content, system, editor-xtd,* etc.). Das *version*-Element ist natürlich Pflicht, denn an dieser Stelle wird ermittelt, ob überhaupt ein Update notwendig/möglich ist. Eine *infourl* kann eingetragen werden, muss aber nicht. Diese URL wird im Backend bei der Aktualisierung angezeigt. Der *downloads*-Container umschließt dann die Dateien, die upgedatet werden. In *type* kann hier entweder *full* für ein ganzes Paket oder *upgrade* für einzelne Dateien stehen. In *format* wird angegeben, um was für ein Dateiformat es sich handelt (*zip, tar,* etc.). Optional sind die *maintainer*- und *maintainerurl*-Elemente. Vergleichbar mit den *author*- und *authorUrl*-Elementen im Installer. Die *targetplatform* gibt die Joomla-Version vor, die mindestens zugrunde liegen muss. Die Version 2.5 schließt alle Unterversionen mit ein. Andernfalls müssen Sie eine ganz konkrete Mindestversion angeben. Beispielsweise: »2.5.6«, wenn das Update nur ab dieser Version läuft.

23.6.2 type="collection"

Eine *collection* ist eine Auflistung. Es ist hier möglich, konkret verschiedene Updates zu unterschiedlichen Ausgangsversionen zur Verfügung zu stellen.

Beispielsweise könnte es notwendig sein, dass die aktuelle Version Ihrer Erweiterung nicht direkt mit einer älteren Version verträglich ist und erst Zwischenschritte zu anderen Versionen unternommen werden müssen. Dann können Sie das konkret angeben.

Der Aufbau der XML-Datei auf dem Updateserver ist identisch mit der vom Typ *extension*. Allerdings werden die Elemente einmal oder mehrmals kopiert und so eine Liste erzeugt. So wird überprüft, ob die Erweiterung bereits eine bestimmte Versionsnummer erreicht hat oder die Zwischenschritte gemacht werden müssen. Das Joomla-Update ist beispielsweise eine solche *Collection*. Wenn Sie noch Joomla 1.6 installiert haben, wird zunächst ein Update auf Joomla! 1.7.0 durchgeführt und von dort dann auf 2.5x.

Hier ein Auszug[62] aus dieser Datei:

```
<updates>
 <update>
  <name>Joomla! 1.7</name>
  <description>Joomla! 1.7 CMS</description>
  <element>joomla</element>
  <type>file</type>
  <version>1.7.0</version>
  <infourl title="Joomla!">http://www.joomla.org/</infourl>
  <downloads>
  <downloadurl type="full"
format="zip">http://joomlacode.org/gf/download/frsrelease/15901/68959/
Joomla_1.6.x_to_1.7.0_Package.zip</downloadurl>
  </downloads>
  <maintainer>Sam Moffatt</maintainer>
  <maintainerurl>http://sammoffatt.com.au</maintainerurl>
  <section>Testing</section>
  <targetplatform name="joomla" version="1.6"/>
 </update>
 <update>
  <name>Joomla! 2.5</name>
  <description>Joomla! 2.5 CMS</description>
  <element>joomla</element>
  <type>file</type>
  <version>2.5.6</version>
  <infourl title="Joomla!">http://www.joomla.org/</infourl>
  <downloads>
   <downloadurl type="full"
format="zip">http://joomlacode.org/gf/download/frsrelease/17174/74755/Joomla
_2.5.6-Stable-Update_Package.zip</downloadurl>
  </downloads>
  <maintainer>Sam Moffatt</maintainer>
  <maintainerurl>http://sammoffatt.com.au</maintainerurl>
  <section>Testing</section>
  <targetplatform name="joomla" version="1.7"/>
 </update>
 (…)
</updates>
```

---

[62] Die ganze Datei finden Sie hier: *http://update.joomla.org/core/extension.xml.*

23.6.3 Anmerkungen zum Update-Server

> **WICHTIG:** Sie müssen die URLs grundsätzlich in eine Zeile schreiben! Also in dieser Art:
> <server>http://www.Domain.de</server>
> Sie dürfen hier keinen Zeilenumbruch einfügen! Es führt zu Fehlern, bzw. Nichtausführen, wenn Sie das Ganze etwas übersichtlicher gestalten:
> <server>
> http://www.Domain.de
> </server>

Es gibt bei der XML-Datei auf dem Updateserver einige Elemente, von denen einige Pflichtelemente und andere optional sind. Hier eine Auflistung:

Element	(P)flicht / (O)ptional	Anmerkung
name	P	
description	O	
element	P	
type	P	
folder	P / O	bei Plugins Pflicht
client		ab Joomla! 2.5 nicht mehr relevant
version	P	
infourl	O	
downloads	P	beinhaltet das Element *downloadurl*
maintainer	O	
maintainerurl	O	
targetplatform	P	Beinhaltet die Attribute *name* und *version* – beide Attribute sind Pflicht
tags		Sinn unbekannt*
section		Sinn unbekannt*

*»Sinn unbekannt« – »unknown use« – so steht es in der offiziellen Joomla-Dokumentation *http://docs.joomla.org/Deploying_an_Update_Server*.

Anhang A – Nützliche Links

A.1 Entwicklungsumgebungen und -hilfen

Einen Überblick über verschiedene PHP-Editoren in englischer Sprache mit Vor- und Nachteilen und was sie kosten:
http://webification.com/23-best-php-ides-compared

A.1.1 NetBeans

http://netbeans.org/

Englischsprachiges Video:
http://vimeo.com/13045800

A.1.2 PHPEdit

http://www.waterproof.fr/

Eine deutschsprachige Hilfe zu PHPEdit:
http://www.waterproof.fr/products/PHPEdit/manual/de/

A.1.3 EasyCreator

…ist eine Hilfe zur Erzeugung eigener Erweiterungen und wurde von Nikolai Plath entwickelt:
http://extensions.joomla.org/extensions/miscellaneous/development/5908

A.1.4 PHPUnit

Ein deutschsprachiges Handbuch zur PHP-Testumgebung:
http://www.phpunit.de/manual/2.3/de

A.1.5 Versionskontrolle und gemeinsame Projekte

Git:
http://git-scm.com/

Sourceforge:
http://sourceforge.net/

A.2 GNU/GPL

Was genau ist eigentlich die GNU? – Hier eine deutsche Übersetzung, die man mal gelesen haben sollte, wenn man für den freien Markt entwickelt oder Software unter der GNU/GPL-Lizenz benutzt:

http://www.gnu.de/

A.3 PHP

Ein umfassendes Online-Handbuch in deutscher Sprache zu PHP:
http://php.net/manual/de

A.4 SQL

Eine Sicherheitslücke kann durch unsachgemäßen Code entstehen. Sogenannte *SQL Injections* sind eine Gefahr, der sich leicht begegnen lässt, und die hier sehr gut erklärt ist:
http://php.net/manual/de/security.database.sql-injection.php

Ein deutschsprachiges *MySQL-5.1-Referenzhandbuch* als kostenloses Online-E-Book:
http://dev.mysql.com/doc//refman/5.1/de

… das Sie aber auch downloaden können:
http://dev.mysql.com/doc

Eine kleine, aber feine Website zur praktischen Anwendung von SQL:
http://e.b-24.de/html-php-mysql/mysql/SelfMySQL/sql.htm

A.5 HTML, CSS und Co.

Eines **der** Nachschlagewerke für HTML und Co. ist sicherlich SelfHTML:
http://de.selfhtml.org

CSS4you ist mittlerweile einer der CSS-Seiten im deutschsprachigen Internet:
http://www.css4you.de/

Die HTML-Spezifikation zu HTML5 vom W3C in englischer Sprache:
http://www.w3.org/TR/html5-author/

...und die CSS-Spezifikation des W3C:
http://www.w3.org/TR/CSS/

Dr. Web ist eines der ältesten deutschsprachigen Web-Magazine und hat eine Fülle von Informationen rund um das Web:
http://www.drweb.de

A.6   Programmierung allgemein

Ein kostenloses eBook zur Objektorientierten Programmierung:
http://openbook.galileocomputing.de/oop/

Wikipedia erklärt hier sehr schön, was *Entwurfsmuster* sind:
http://de.wikipedia.org/wiki/Entwurfsmuster_(Buch)

Singleton Design Pattern – Singleton-Entwurfsmuster. Ein umfangreiches deutschsprachiges Tutorial zu diesem Thema findet sich hier:
http://www.philipphauer.de/study/se/design-pattern/singleton.php

UTF-8-BOM taucht ab und an immer wieder auf. Was das eigentlich ist, und warum es da zu Problemen kommen kann, erklärt diese kleine deutschsprachige Anleitung:
http://www.w3.org/International/questions/qa-utf8-bom.de.php

Und um die ganzen *UTF-8, UTF-16, UTF-32* mit und ohne *BOM* besser verstehen zu können, gibt es hier eine umfangreiche englischsprachige FAQ:
http://unicode.org/faq/utf_bom.html

Die MVC (Model-View-Controller) ist keine Erfindung von Joomla. Wer es noch einmal mit anderen Worten nachlesen möchte, kann das bei Wikipedia machen:
http://de.wikipedia.org/wiki/Model_View_Controller

A.7   Joomla

Ein deutschsprachiges Wiki zu Joomla findet sich unter nachfolgender Adresse. Dort werden auch jederzeit eifrige Mitschreiber gesucht:
http://www.joomla-wiki.de

Die englischsprachige Dokumentation finden Sie direkt bei Joomla.org:
http://docs.joomla.org/

Die *Joomla API* in deutscher Sprache – zumindest ansatzweise:
http://joomla-2-5.agentur-pflueger.de/

Wer seine Erweiterungen veröffentlichen möchte oder bereits vorhandene sucht, gehe
zur Sammelstelle der Erweiterungen:
http://extensions.joomla.org/

René Serradeil hat einige Erweiterungen programmiert, die er hier zur Verfügung stellt:
http://joomla.webmechanic.biz/

Das wohl größte deutschsprachige Supportforum ist das Joomla-Portal, wo man ab und
an auch die Autoren dieses Buches finden kann. Christiane ist dort als *firstlady* unterwegs, René als *CirTap* und Axel als *time4mambo*.
http://www.joomlaportal.de

Weitere Tutorials rund um Joomla, als auch eine erweiterte Linkliste mit verschiedenen
Themen rund ums Web findet sich auf Axel Tütings Seite:
http://www.time4joomla.de/

Anhang B – Events (Plugins)

Die Ereignisroutinen sind in den nachfolgenden Unterkapiteln nach Thema sortiert. Einige Ereignisse können von Plugins aus mehreren Gruppen (system, content, user) abgearbeitet werden. System-Plugins sind grundsätzlich in der Lage, auf praktisch alle Ereignisse zu reagieren, da sie als Erste im System geladen werden.

Die meisten Ereignisse können durch einen *expliziten* Rückgabewert von FALSE die weitere Ausführung nachfolgender, identischer Ereignisse abbrechen lassen. Zum Beispiel kann das *onBeforeLogin*-Event durch FALSE den Anmeldevorgang beenden.

B.1   System (Anwendung)

Plugingruppe: *system.*

`onAfterInitialise()` Initialisierung von Framework und Anwendung abgeschlossen

`onAfterRoute()`   Errechnen der Route

`onAfterDispatch()`   Ausführen der Komponente

`onAfterRender()`   Ausgabe beendet (letztes Event im Standardablauf)

B.2   Authentifizierung, Login, Logout

Ereignisse von `JApplication`. Rückgabewert FALSE bricht das Ereignis ab.

Plugingruppe: *authentication.*

`onAuthenticate($credentials, $options, $response)`

> `$credentials` Username, Passwort
> `$options`   Anmeldeoptionen (remember, autoregister, Gruppe)
> `$response`   JAuthenticationResponse

Plugingruppe: *system.*

`onUserLogin($userdata, $options = array())`

Nachdem der User authentifiziert wurde, bevor der Benutzer angemeldet wird.

> `$userdata` Array; username, password, ...
> `$options`   Anmeldeoptionen (remember, autoregister, Gruppe)

```
onUserLogout($userdata, $options = array())
```

Nachdem der User abgemeldet wurde.

```
onUserLoginFailure($response)
```

```
onUserLogoutFailure($response)
```

Treten beim An- oder Abmelden Fehler auf, werden diese Ereignisse ausgelöst. Sie sollten hier z. B. temporär angelegte Session-Informationen entfernen oder geöffnete Verbindungen zu externen Authentifizierungsdiensten ordnungsgemäß beenden.

B.3   Content (allgemein)

Generische Ereignisse die *grundsätzlich von JTable ausgelöst werden* und damit nicht nur die Komponente *com_content* betreffen. Einzelne Komponenten (s. u.) vergeben einen anderen Kontext als »content« wodurch die Events umbenannt werden.

Plugingruppe: *content.*

Bedeutung der gemeinsamen Parameter bei den Ereignissen:

$context	Name des Komponentenkontext, z. B. »com_content.content«
$table	JTable-Instanz mit dem aktiven Datensatz
$isNew	Boolean TRUE wenn der Datensatz neu ist
$keys	Array mit den Primärschlüsseln der betroffenen Datensätze

```
onContentBeforeSave($context, $table, $isNew)
```

```
onContentAfterSave($context, $table, $isNew)
```

Bevor/nachdem der Datensatz in $table gespeichert wird/wurde.

```
onContentBeforeDelete($context, $table)
```

```
onContentAfterDelete($context, $table)
```

Bevor/nachdem der Datensatz in $table gelöscht wird/wurde.

```
onContentChangeState($context, array $keys, $value)
```

```
onCategoryChangeState($context, array $keys, $value)
```

Bevor/nachdem der Status (Freigabe) für einen Datensatz geändert wird/wurde.

B.4 Erweiterungen (Backend)

Plugingruppe: *content, extension.*

Versionen der verwandten Content-Events für die Backend-Komponenten der Erweiterungsverwaltung: *com_languages, com_templates, com_modules.* Für Plugins (*com_plugins*) werden »normale« Content-Events beim Speichern der Plugin-Einstellungen ausgelöst.

```
onExtensionBeforeSave($context, $table, $isNew)
```

```
onExtensionAfterSave($context, $table, $isNew)
```

Bekannte Angaben für `$context`: com_languages.language, com_modules.module, com_templates.style, com_templates.source.

B.5 Installation

Plugingruppe: *extension.*

Bedeutung der gemeinsamen Parameter bei den Ereignissen:

`$installer`	Joomla Installer object
`$eid`	Datensatz-ID der Erweiterung (*#__extensions*)

```
onExtensionAfterInstall($installer, $eid)
```

```
onExtensionAfterUninstall($installer, $eid, $result)
```

Prüfen Sie die Existenz und Gültigkeit der Erweiterungs-ID bevor Sie die API des Installer verwenden, um bspw. das Manifest und andere Informationen auszulesen:

```
// gültige Datensatz-ID der Erweiterung?
if ($eid > 0) {
    /* @var $manifest SimpleXMLElement  Inhalt der "manifest.xml" */
    $manifest      = $installer->getManifest();
    $updateservers = $manifest->updateservers;
}
```

B.6 Formulare und Models (JForm, JModel)

Plugingruppe: *content.*

Formulare die mit `JForm` und zugehörigem `JModel` aufgebaut werden, lösen die folgenden Ereignisse aus. Ebenfalls Teil der generischen Content-Gruppe.

onContentPrepareData($context, $data)

> $context   Name des Komponentenkontext, z. B. »com_users.profile«
>
> $data   Mixed, Array oder Objekt: die Daten des Formulars

onContentPrepareForm(JForm $form, $data)

> $form   JForm-Instanz mit Zugriff auf das XML
>
> $data   Mixed, Array oder Objekt: die Daten des Formulars

Kein einheitliches Verhalten bei Lese- und Schreibvorgängen. Datentyp für $data wechselt zwischen assoziativem Array (nach dem Speichern) und Objekt (beim Lesen).

PrepareData wird vor PrepareForm ausgelöst. Der Zugriff auf das JForm-Objekt ermöglicht die Manipulation des Formulars zur Laufzeit, um bspw. Felder zu entfernen oder weitere Felder aus weiteren XML-Dateien hinzuzuladen.

> **Beispiel im CMS:** Das Plugin *Benutzerprofil* nutzt die Möglichkeit, zusätzliche Eingabefelder beim Benutzerformular im Backend und Frontend einzublenden und die erhaltenen Daten in einer eigenen Datentabelle abzuspeichern.

B.7   Komponente: Beiträge (com_content)

Plugingruppe: *content.*

Im Kontext dieser Komponente ausgelöste Ereignisse, deren Ergebnisse u. a. in den Templates wiederzufinden sind.

Bedeutung der Parameter bei den Ereignissen:

> $context   String, Kennung »com_content.content« u. a.
>
> $item   Artikelobjekt (Aufbau der #__content)
>
> $params   JRegistry der Artikelparameter
>
> $page   Nummer der aktuellen Seite (Frontend Pagination)

onContentPrepare($context, $item, $params, $page=0)

Der »Klassiker« für die meisten Content-Plugins. Hier werden die typischen Platzhalter ersetzt oder der Inhalt eines »Artikels« in irgendeiner Weise manipuliert, formatiert, ergänzt, ...

onContentAfterTitle($context, $item, $params, $page=0)

Das Ergebnis dieses Ereignisses (String) wird in einigen Artikel-Layouts unter dem Titel ausgegeben.

```
onContentBeforeDisplay($context, $item, $params, $page=0)
```

Das Ergebnis dieses Ereignisses (String) wird in der Artikelansicht i.d.R. vor dem Artikeltext (Haupttext) ausgegeben.

```
onContentAfterDisplay($context, $item, $params, $page=0)
```

Das Ergebnis dieses Ereignisses (String) wird in der Artikelansicht i.d.R. nach dem Artikeltext (Haupttext) ausgegeben.

Content-Eventhandler erwarten im `$item` wenigstens die Eigenschaft `$text`, um darin die üblichen `{platzhalter}` zu ersetzen. Die Zeichenfolge des `$context` variiert beim Aufrufe von benutzerdefinierten Modulen mit »Vorbereitung« oder innerhalb Formularfelder, die mit `JHtml::_('content.prepare')` ihre Daten verarbeiten. Auch andere Komponenten können ihre HTML-Inhalte hierüber erweitern wollen.

> **Volltextsuche ignorieren:** Content-Plugins, die Ihre Inhalte **nicht** für die Volltextsuche aufbereiten und indizieren möchten, sollten an Anfang der Routine den Kontext `'com_finder.indexer'` prüfen und die Ausführung vorzeitig beenden.

```
function onContentPrepare($context, &$article, &$params, $page = 0) {
    // Plugin nicht ausführen wenn der Inhalt indiziert wird.
    if ($context == 'com_finder.indexer') {
      return true;
    }
// ...
}
```

B.8 Komponente: Kontakte (com_contact)

Plugingruppe: *contact.* Im Kontext dieser Komponente ausgelöste Ereignisse.

Bedeutung der gemeinsamen Parameter bei den Ereignissen:

`$contact`	Ein Kontakt-Objekt
`$data`	Daten des Kontaktformulars

```
onValidateContact($contact, $data)
```

Führt eine Prüfung der Kontaktformulardaten durch. Rückgabe FALSE bedeutet, dass der Kontakt fehlerhafte Angaben enthält.

```
onSubmitContact($contact, $data)
```

Ein Kontaktformular (im Frontend) wurde abgesendet.

B.9   Komponente: Benutzer (com_users)

Plugingruppe: *user*. Im Kontext dieser Komponente ausgelöste Ereignisse.

`$user, $olduser, $newuser`	Array mit den User-Daten
`$credentials`	Array mit (neuen) Anmeldedaten
`$results`	Array mit Ergebnissen vorheriger Events
`$error`	Liste vorheriger Fehlermeldungen

`onUserBeforeSave($olduser, $isNew, $newuser)`

`onUserAfterSave($credentials, $options, $results, $error=null)`

Anmeldedaten (`$credentials`) und Optionen (`$options`) beim Registrieren eines neuen Benutzerkontos.

`onUserBeforeDelete($user)`

`onUserAfterDelete($user, $results, $error=null)`

B.10   Komponente: Suche

Plugingruppe: *search, finder*. Im Kontext dieser beiden Komponenten ausgelöste Ereignisse.

Komponenten können »ihre« Inhalte ebenso wie die Standardkomponenten durchsuchbar machen.

`onContentSearch($keyword, $phrase='', $ordering='', $areas=null)`

`$keyword`	Der Suchbegriff
`$phrase`	Suchgenauigkeit: `'exact'`, `'all'`, `'any'`
`$ordering`	Ausgabe sortieren. Schlüsselworte s. u.
`$areas`	Liste zu durchsuchender Kategorien

Für `$ordering` gelten die Schlüsselworte und die Plugin-Konfiguration:

`'alpha'`	alphabetisch
`'ordering'`	nach Reihenfolge (der Plugin-Parameter)
`'category'`	nach Kategorien gruppiert
`'popular'`	beliebteste Datensätze
`'oldest'`	älteste Datensätze
`'newest'`	neueste Datensätze

Die Parameter $phrase und $ordering treffen natürlich nicht auf alle Suchplugins und deren Inhalte zu. Als Rückgabe wird eine Liste der gefundenen Datensätze erwartet.

`onContentSearchAreas()`

Rückgabe ist eine Liste der Suchbereiche, die das Plugin unterstützt, üblicherweise ein Array mit exakt einem Eintrag, der den Namen der zugrundeliegenden Komponente angibt. Zum Beispiel:

```
static $areas = array(
    // allgemeine Joomla Suchtypen
    'content'    => 'JGLOBAL_ARTICLES',
    'categories' => 'PLG_SEARCH_CATEGORIES_CATEGORIES',
    'contacts'   => 'PLG_SEARCH_CONTACTS_CONTACTS',
    'newsfeeds'  => 'PLG_SEARCH_NEWSFEEDS_NEWSFEEDS',
    'weblinks'   => 'PLG_SEARCH_WEBLINKS_WEBLINKS',
);
return $areas;
```

B.11 Editor

Plugingruppe: *editor*. Ereignisse zum Erstellen von WYSIWYG-Editoren.

`onInit()` Laden aller JS-Bibliotheken

`onDisplay($name, $content, $width, $height, $cols, $rows, $buttons = true, $id = null, $asset = null, $author = null, $params = array())`

Die Parameter $name bis $rows beschreiben die Attribute der TEXTAREA, $buttons aktiviert die Editor-Extensions (editor-xtd). Um die ACL einzubinden, sind $id, $asset, $author und $params verfügbar. Diese Attribute können auch über das JForm-Feld des Typs »editor« gesetzt werden, sind aber selten nötig, wie am Vorgabewert *null* zu erkennen ist.

`onSave($id)`

`onGetContent($id)`

`onSetContent($id, $content)`

`onGetInsertMethod()`

Die Rückgabewerte dieser Funktionen sind Zeichenfolgen mit JavaScript-Code, der an die entsprechende, externe Editor-Bibliothek anzupassen ist, um Inhalte zu speichern, auszulesen oder zu übertragen.

Das einfachste Beispiel für solch einen Datenaustausch finden Sie im Editor-Typ »Keiner« (*none*) in der Plugindatei *./plugins/editors/none/none.php*. Entwickeln Sie daraus die Funktionen und Aufrufe für Ihren Editor.

B.12 Captcha

Plugingruppe: *captcha*. Ereignisse zum Erstellen von Captcha-Schnittstellen zum Absichern von Formularen gegen Spammer und Trolle.

Gemeinsame Parameter:

$id, $name, $class   gleichnamige HTML-Attribute für das Captcha-Feld

onInit($id)

Laden aller JS- und Captcha-Bibliotheken, ggf. Aufbau einer Session mit einem Captcha-Dienst und Auslesen des Captcha-Codes. Der Ablauf ist hier abhängig vom entsprechenden Dienst.

onDisplay($name, $id, $class)

Zeigt das Captcha-Feld mit den möglichen Attributen an. Angaben zum HTML liefert Ihnen die Dokumentation des Captcha-Dienstes.

onCheckAnswer($code)

Captcha mit $code wurde eingegeben und ist zu überprüfen.

Anhang C – Entwicklungsumgebung

Die Entwicklung unter einem Framework kann ganz schön nervenzerfetzend sein. Denn bei der Entwicklung sind die viel gepriesenen Vorteile des objektorientierten Programmierens anfangs nicht so einleuchtend – jedenfalls für Einsteiger. In einem eigenen Projekt weiß man ja, was da ist. Da kennt man die selbst definierten Klassen und Methoden und kann sie gut einsetzen. Aber bei einem Framework steht der Einsteiger vor einer API mit einer gefühlten Million Klassen und Methoden. Wer die API studiert hat, kennt die Basisklassen und kann schon Programme schreiben. Aber spätestens beim Debuggen wird es schwierig. Das geht nicht mehr ohne eine IDE (Integrated Development Environment), sonst wird das eine Suche nach der Nadel im Heuhaufen – und zwar nachts, mit Sonnenbrille auf und ohne Taschenlampe!

IDEs erleichtern dem Softwareentwickler die Arbeit. Sie vereinigen alles, was Softwareentwicklung ausmacht unter einer Benutzeroberfläche: Dateiverwaltung, Versionsverwaltung, Editor, Debugger und vieles mehr. Sie haben im Großen und Ganzen alle dieselbe Funktionalität und sind ähnlich zu bedienen:

- Das Schreiben von Code erleichtern durch Code-Vervollständigung
- Code-Hervorhebung
- Kontextsensitive Hilfe
- Syntaktische Code-Prüfung (Parsen)
- Aufrufverfolgung
- Variablen zur Laufzeit anzeigen
- Unterstützen des Debugging: Haltepunkte setzen, schrittweises Debuggen
- Codes vergleichen
- Git zur Versionsverwaltung
- Und vieles mehr – gefühlt eineinhalb Millionen Funktionen

Die Unterschiede zwischen den Systemen, und welches für Sie das Beste ist – das müssen Sie selbst herausfinden. In Joomla-Entwicklerforen wird meist Eclipse empfohlen. Das fand ich selbst recht kompliziert und bin nicht damit zurechtgekommen. Zurzeit ist das kostenpflichtige phpStorm auf dem Vormarsch.

C.1   PHPEdit – Axels Editor

Ich komme aus der Applikationsentwicklung und habe jahrelang mit Visual Basic und C++ verbracht. Als Entwicklungsumgebung habe ich seinerzeit das *Visual Studio* von *Microsoft* und da ich C++ auf Linux-Systemen eingesetzt habe, auch *Eclipse* benutzt. Obwohl ich *Eclipse* im professionellen Umfeld eingesetzt habe, sind *Eclipse* und ich nie wirklich Freunde geworden. Als ich in PHP stärker einstieg, suchte ich ergo nach einer Alternative. Meine Wahl fiel damals auf *PHPEdit* von *Waterproof63*. Dieser Editor kostet allerdings Geld. Es gibt ihn in verschiedenen Paketen und zum Redaktionsschluss dieses Buches lag das kleinste Paket bei 89,- €. Der Vorteil ist der modulare Aufbau und man kann das Paket beliebig erweitern. Für mich reichte zunächst das Grundpaket. Dafür erhält man eine ganze Menge. Später habe ich mir noch eine Erweiterung für Subversion für 30,- € nachgekauft.

PHPEdit wird stetig weiterentwickelt und liegt mir derzeit in der Stableversion 4.3.2 vor. Der Support ist sehr gut, soweit ich das beurteilen kann. Die Entwicklungsumgebung liegt in vielen Sprachen vor – unter anderem in Deutsch. Das Supportforum des französischen Herstellers ist in englischer Sprache. Es gibt eine 30-Tage-Testversion der jeweils aktuellen Stableversion der Entwicklungsumgebung.

Man kann nicht nur in PHP damit programmieren, auch für zahlreiche andere Sprachen, wie beispielsweise HTML. CSS, Javascript und SQL ist *PHPEdit* wunderbar geeignet. Zusätzlich lassen sich Frameworks einbinden und entsprechende Abhängigkeiten einrichten.

C.1.1   Moderne Oberfläche

In der Version 3 brauchte *PHPEdit* noch recht lange, bis alles geladen war und eignete sich wirklich nur zum Programmieren und nicht »um mal eben schnell was zu ändern«. Mit der Version 4 kamen nicht nur gravierende Änderungen, sondern auch richtig Tempo in die Entwicklungsumgebung. Ich nutze mittlerweile *PHPEdit* auch für »mal schnell zwischendurch«. Möglich machen das verschiedene Oberflächen – *Arbeitsflächen-Layouts* –, die frei eingestellt werden können und in denen es auch ein *QuickEdit-Layout* gibt, welches automatisch geladen wird, wenn eine Datei doppelt geklickt wird – sofern das Suffix dem Editor zugewiesen ist.

Interessant sind die neuen Menübänder, wie man sie beispielsweise auch von *Office 2010* von *Microsoft* her kennt. Anfangs war das zunächst ein wenig gewöhnungsbedürftig. Zumal auch nur die Menübänder eingeblendet werden, die man benutzen kann. Hat man sich aber einmal daran gewöhnt, kann man sehr effizient damit arbeiten, weil alles sehr aufgeräumt und übersichtlich daherkommt.

---

[63] *http://www.waterproof.fr/*

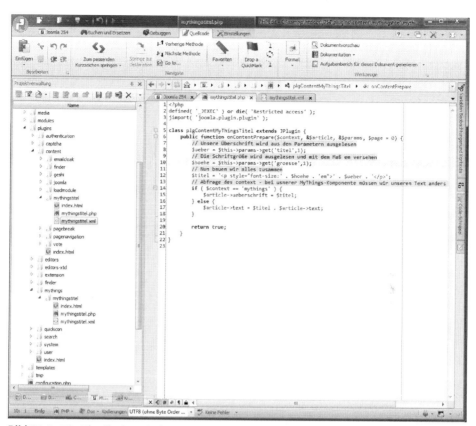

Bild 23.1: Die Oberfläche mit der Projektverwaltung

Für mich war es sehr wichtig, dass ich bestimmte Fenster/Ansichten auf einen Griff einsehen kann, ohne erst lange in Menüs zu klicken und mir so optimalen Überblick verschaffe. Das ist bei *PHPEdit* sehr gut gelöst. Ich kann sowohl an allen Seiten etwas andocken und so einstellen, dass es stehen bleibt oder selbstständig »einklappt«. In Bild C.1 habe ich links den Projekteditor stehen lassen und rechts mehrere Fenster in den Rahmen gelegt. Dabei reicht ein Mausover aus, damit die Fenster auf- und zuklappen, was aber auch eingestellt werden kann.

Zusätzlich kann ich auch im angedockten Fenster automatisch weitere Ansichten legen, die ich dann jeweils unten per Icon problemlos wechseln kann. Man kann im linken angedockten Fenster mit der Projektverwaltung sehen, dass ganz unten weitere Icons sind. Dort kann ich dann auch bequem mir die Datenbank, den Code-Browser mit den Klassen und Objekten oder alle zur Verfügung stehenden Klassen meines Projektes ansehen – je nachdem, was ich dort eingestellt habe.

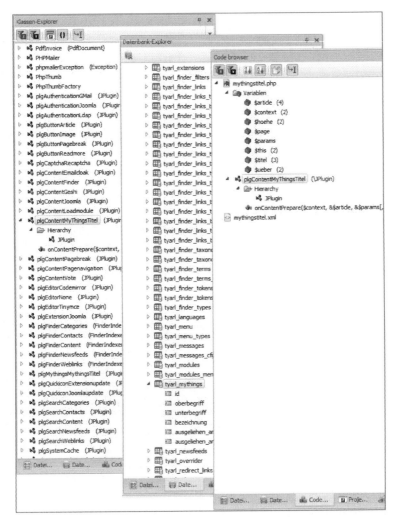

Bild 23.2: Verschiedene Browser links angedockt

C.1.2 Alles Einstellungssache

Wichtig war mir auch, dass ich mir eigene Vorlagen und Codeschnipsel anlegen kann. Alles ist hier sehr komfortabel gelöst. Codeschnipsel kann ich nach verschiedenen Ordnern/Kategorien anlegen und jederzeit bequem in meine Editoroberfläche transportieren.

Bild 23.3: Code-Schnipsel anlegen

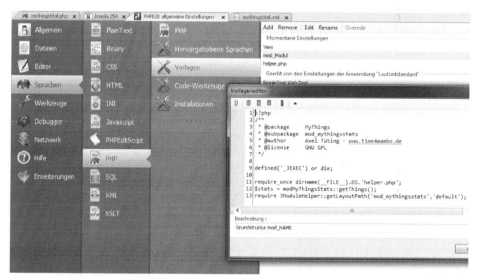

Bild 23.4: Eigene Vorlagen anlegen

Zusätzlich gibt es die Möglichkeit von Tastaturkürzeln, die ich mit ganzen Codeblöcken belegen kann. Diese Tastaturkürzel bestehen aus Buchstaben oder Wörtern, die nach dem Eintippen mit der Tab-Taste abgeschlossen werden, und dann wird an Stelle des Wortes der zuvor angelegte Block geschrieben.

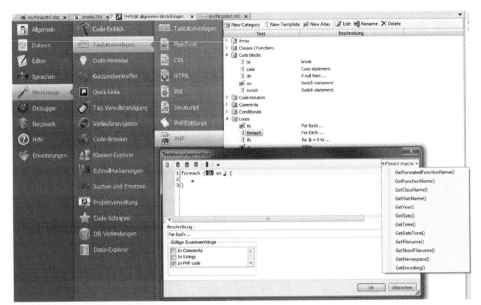

Bild 23.5: Tastaturkürzel anlegen

C.1.3 Benutzung von Frameworks

PHPEdit bringt einige Frameworks mit, bzw. diese lassen sich teilweise auch zukaufen. Dazu gehören *Prado*, *Symphony* und *eZ Publishing*. Aber es lassen sich auch eigene Frameworks einbinden. Zum Beispiel *Joomla*.

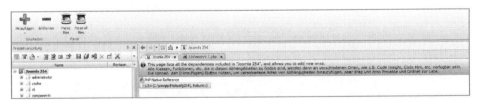

Bild 23.6: Die *Platform (Framework) Joomla* einbinden

Damit stehen die ganzen Joomla-Klassen, Funktionen etc. zur Verfügung und werden an verschiedenen Orten angezeigt und können so auch bequem ausgewählt und in den eigenen Code integriert werden. Wahlweise kann man natürlich auch Teile von Joomla einbinden. Braucht man nicht das ganze Framework, kann man auch nur, beispielsweise, die Plugins einbinden. Man wählt das Verzeichnis aus und überlässt es *PHPEdit*, die Klassen zu *parsen*.

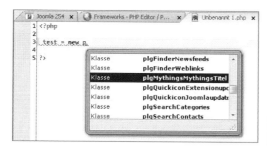

Bild 23.7: Auswahl der Klassen aus dem integrierten *Framework Joomla*

C.1.4 Debug

Debuggen kann sicherlich heutzutage jede Entwicklungsumgebung. *XDebug* ist hier schon fertig eingebaut, man kann aber auch andere Debugger benutzen.

Bild 23.8: Debug-Menüband

Neben der Einrichtung des eigenen Servers bringt *PHPEdit* auch einen internen Server mit, der sich sehr einfach einstellen lässt.

Einzelschritte, aus Blöcken herausspringen oder hineinspringen, bis Cursor debuggen, Breakpoints – sollte eigentlich bei allen IDEs genauso möglich sein, wie das Überprüfen von Variablen. Bei *PHPEdit* kann man auch Werte beim Start übergeben, Get- und Set-Methoden simulieren oder einen Stop durchführen, wenn bestimmte Bedingungen erfüllt wurden. Alles lässt sich überwachen und speichern und auch die Abhängigkeiten zu entfernten Klassen überprüfen.

> **Tipp:** Ich musste bei meinem lokalen XAMPP-Server in der *xampp/php/php.ini* *Xdebug.remote* umstellen auf: `xdebug.remote_enable = 1`
> Falls vorhanden, am Anfang der Zeile das Semikolon entfernen.

C.1.5 Datenbankabfragen

Gerade bei den umfangreichen Joomla-Tabellen ist es sehr schön, dass man nicht nur die Datenbank im Überblick hat, sondern auch sehr einfach SQL-Anweisungen zusammenbauen kann.

Da bietet *PHPEdit* einige sehr schöne Möglichkeiten. So können Sie etwa zunächst die Abfrage in einer grafischen Ansicht gestalten.

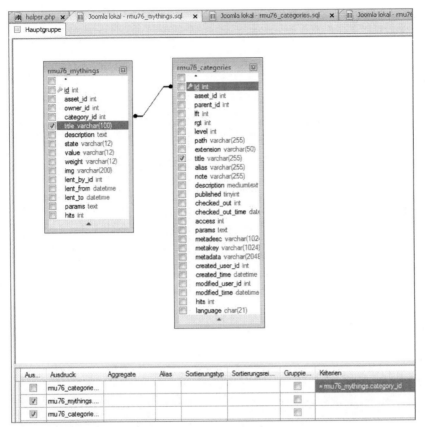

Bild 23.9: Abfragegestaltung

Haben Sie Ihre Abfrage zusammengestellt, können Sie diese einfach starten und somit überprüfen, ob die Ausgabe Ihren Wünschen entspricht:

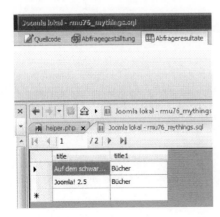

Bild 23.10: Abfrageresultate

Und die fertige SQL-Anweisung erhalten Sie natürlich auch:

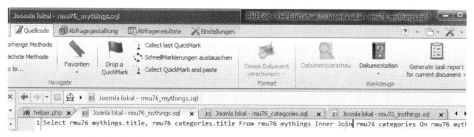

Bild 23.11: Quellcode der SQL-Anweisung

Diese müssen Sie lediglich durch Ändern des Präfix (also: #__) noch an Joomla anpassen und schon können Sie die Anweisung in Ihrer Programmierung verwenden.

C.1.6   Fazit

PHPEdit bietet einiges fürs Geld. Zahlreiche freie Einstellungen mögen zu Anfang ein wenig verwirren und benötigen auch Einarbeitungszeit. Aber *PHPEdit* ist meines Erachtens ein sehr mächtiges Entwicklungswerkzeug, welches wirklich sehr viel bietet und ermöglicht. Die Navigation empfinde ich trotz der Vielfalt als innovativ und übersichtlich. Und man kann sich auch langsam einarbeiten. Nach der Erstinstallation kann man sofort mit der Entwicklung beginnen.

Ich habe hier nur einen klitzekleinen Einblick über die Möglichkeiten mit *PHPEdit* gegeben. Sehr schön ist beispielsweise auch, dass ich eigene Hilfeseiten und Handbücher einbinden kann und mehrere Features gegeben sind, um die eigenen Anwendungen zu dokumentieren oder eine eigene API zu erstellen.

Natürlich fehlen auch nicht die Codevervollständigung oder auch Sprungmöglichkeiten zu den Definitionen von Variablen, zu Funktionen oder Klassen. Die Anzeige aller gleichnamigen Variablen im Editor und die Klammernpaare werden auch sauber angezeigt. Sprungmarken und die Möglichkeit des Ein- und Ausklappens von Codeblöcken sind ebenso vorhanden, wie eine Syntaxüberprüfung bereits beim Schreiben des Codes.

PHPEdit ist sicherlich eher für Profis und regelmäßige Programmierer gedacht. Wer nur ab und an ein kleines Programm schreiben möchte, wird vermutlich das Allermeiste in dieser Entwicklungsumgebung nicht nutzen. Entwickler, die gern umfangreichere Programme schreiben möchten, sollten sich aber zumindest die Testversion einmal anschauen.

C.2   NetBeans – Christianes Werkzeugkasten

C.2.1   NetBeans installieren

NetBeans ist ist ein Open-Source-Projekt ebenso wie Joomla. Sie können es kostenfrei herunterladen[64]. Nehmen Sie sich die PHP-Version. Momentan ist 7.1 aktuell. Wer weiß, welche Version aktuell ist wenn Sie sich damit beschäftigen? Verlassen Sie sich deshalb nicht zu sehr auf die hier gezeigten Bilder, sie wurden unter 7.01 erstellt und es kann Abweichungen zu Ihrer Version geben.

Diese Anleitung ist unter Windows (XAMPP) erstellt.

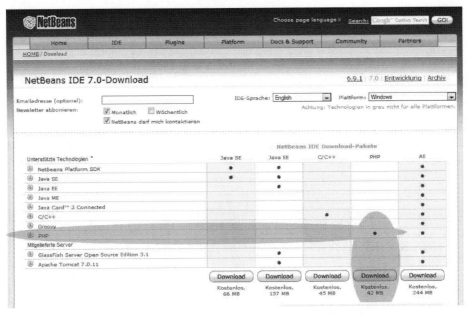

Bild 23.12: NetBeans Download

Die Installation von NetBeans ist denkbar einfach und läuft ganz standardmäßig ab. Falls Sie auf Ihrem PC kein Java Development Kit (JDK) installiert haben, erhalten Sie zunächst eine entsprechende Meldung, denn NetBeans ist in Java geschrieben.

JavaSE kann man ebenfalls herunterladen[65]. Es gibt ein Paket aus JavaSE + NetBeans, aber das sollten Sie *nicht* nehmen, denn es handelt sich dabei um NetBeans für Java – wir brauchen die PHP-Variante.

---

[64] *http://netbeans.org*

[65] *http://www.oracle.com/technetwork/java/javase/downloads/index.html*

C.2.2   XDebug installieren

NetBeans ist im Grunde ebenso ein Framework wie Joomla und XDebug ist eine Erweiterung von NetBeans zum Debuggen von PHP-Programmen. Nur – es gibt fast für jede Version jedes Betriebssystems eine andere Variante von XDebug, deshalb kann ich hier keinen konkreten Link geben. Es gibt aber eine Beschreibung (englisch)[66] und eine sehr praktische Seite[67], die dabei hilft, die richtige XDebug-Erweiterung zu finden und zu installieren. Dafür benötigen Sie den kompletten Inhalt Ihrer *php.ini*-Datei. Diesen Inhalt bekommen Sie zum Beispiel in XAMPP, indem Sie *phpinfo()* aufrufen und den gesamten Inhalt (bis zum Schluss scrollen!) kopieren.

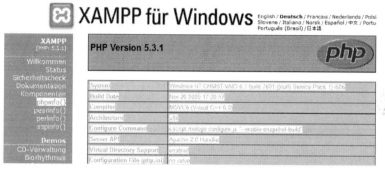

Bild 23.13: Markieren und kopieren Sie die php-Information

Diese Information übertragen Sie dann in das große Eingabefeld des XDebug-Wizard.

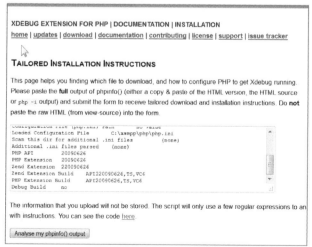

Bild 23.14: XDebug-Wizard ausgefüllt

---

[66]   *http://wiki.netbeans.org/HowToConfigureXDebug*

[67]   *http://xdebug.org/find-binary.php*

Ein Klick auf den Button *Analyse* bringt eine genaue Anleitung, wie weiter vorzugehen ist:

- Angegebene Datei herunterladen

- Datei unter *xampp/php/ext* speichern

- Datei *xampp/php/php.ini* erweitern mit der vorgegebenen Zeile

- XAMPP neu starten

Dann kann es losgehen mit dem Entwickeln, Testen, Debuggen.

C.3   NetBeans verwenden

Wenn Sie dieses Kapitel lesen, sind sie vermutlich Einsteiger ins Thema. Deshalb bringe ich hier ausschließlich Informationen für den erste Einsatz von NetBeans – weiterführende Informationen gibt es natürlich im Internet. Beim ersten Start der Anwendung erscheint das folgende Bild.

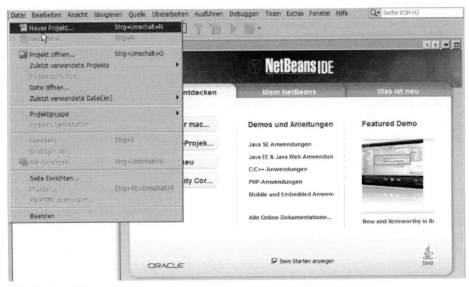

Bild 23.15: NetBeans-Start

C.3.1   Projekt einrichten

Klicken Sie jetzt auf *Datei – Neues Projekt*

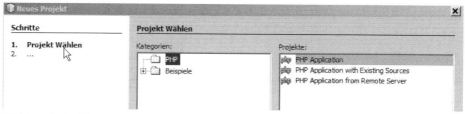

Bild 23.16: Wählen Sie »PHP Application«

Geben Sie dem Projekt dann einen Namen, zum Beispiel »*joomla-entw*« und wählen Sie dann ihr Anwendungsverzeichnis in *xampp/htdocs/*. Sie können beliebig viele Projekte aufnehmen für alle ihre Joomla-Installationen.

> **Tipp:** Aus Erfahrung klug geworden, rate ich Ihnen, nicht zu viele Projekte – am besten nur das aktuelle – anzulegen. Zu leicht verklickt man sich in einem Ordner und ändert Dateien im falschen Projekt.

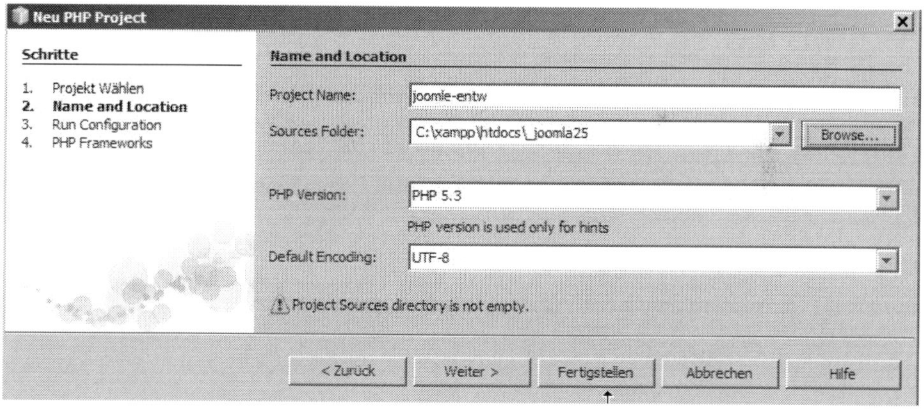

Bild 23.17: Projektnamen und Verzeichnis der Joomla-Installation eingeben.

Klicken Sie dann auf »Fertigstellen« und es sollte alles auf Schönste funktionieren. Meiner Erfahrung nach kommt es aber doch immer wieder zu Fehlern. Die häufigste Ursache dürfte sein, dass der Server nicht neu geladen wurde, dass eine Firewall den XDebug blockiert … zum Glück gibt es viele Foren, in denen schon jedes Problem gelöst wurde. Die Suchmaschine Ihres Vertrauens ist dann hilfreich.

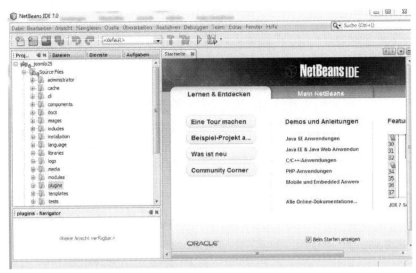

Bild 23.18: Das Projekt ist eingerichtet

C.3.2 Klassen und Methoden

Falls Sie sich einmal gefragt haben, woher wir immer wissen, welche Klassen und Methoden es gibt – hier sehen Sie es. Es ist keine Zauberei, sondern der Navigator im Entwicklungstool.

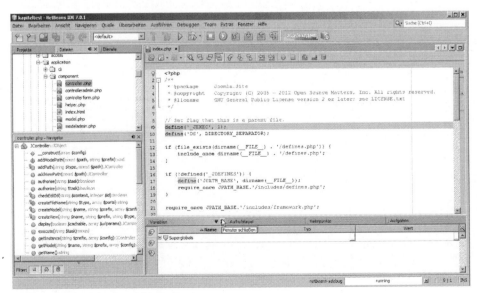

Bild 23.19: Standardansicht NetBeans

Links sehen Sie die zum Beispiel Basisklassen für die Komponentenentwicklung im Verzeichnis *joomla/application/component*. Im Hauptfenster ist momentan *index.php* aktiv, die Start-Datei jeder Joomla-Anwendung. Im darunterliegenden Frame haben Sie Registerkarten für das Debugging, Variablen, Aufrufreihenfolge, Haltepunkte und Tasks. Hier kann man alles verfolgen, was in der Anwendung während des Ablaufs vorgeht, ganz genau – jeden einzelnen Methodenaufruf, jede einzelne Variable. Dazu braucht man Übung. Es würde den Umfang dieses Buches sprengen, wenn wir das hier beschreiben wollten.

C.3.3 PHP-Editor

Wenn Sie den Code anschauen, sehen Sie, dass das Syntax-Highlighting aufs Beste funktioniert. Unter *Extras/Optionen* können Sie Ihre eigenen Farben und vieles andere einstellen. Sehr interessant: Bunt auf Schwarz – gewöhnungsbedürftig, aber gut zu lesen und sehr aussagekräftig.

Der Editor kann Code vervollständigen (code completion). Wenn Sie einen Namen eintippen, der in Joomla, PHP oder in Ihrer eigenen Klasse definiert ist, so zeigt NetBeans noch während des Eintippens, wie es sinnvollerweise weitergehen könnte. Im folgenden Bild werden bei der Eingabe *JToolbarHelper::t* gleich die Methoden angezeigt: *title* oder *trash* in allen Varianten, die Beschreibung kommt aus den Kommentaren der Klasse.

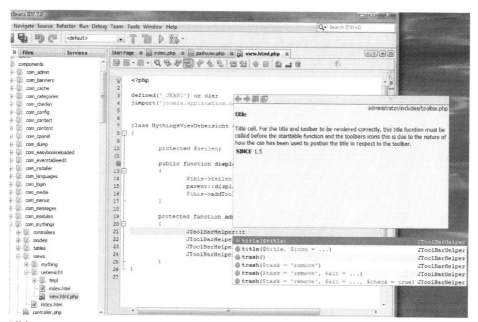

Bild 23.20: Auto-Ausfüllfunktion

NetBeans führt auch während der Eingabe schon eine Syntaxprüfung durch. Wenn Sie zum Beispiel eine Klammer oder ein abschließendes Semikolon vergessen haben, sehen Sie das sofort.

C.3.4 Debuggen

Sie können ohne Weiteres einfache Programme mit Notepad++ oder einem anderen einfachen PHP-Editor schreiben. Aber eine Komponente ohne Debugger zu entwickeln, ist unvorstellbar.

Bei NetBeans – und natürlich auch bei allen anderen IDEs – können Sie Haltepunkte setzen und von Haltepunkt zu Haltepunkt springen oder Einzelschritte ausführen und dabei ständig die Belegung von Variablen überwachen, die Aufrufreihenfolge kontrollieren und vieles mehr. Oft lesen wir Fragen der Art: »Wo muss man denn die Haltepunkte setzen?« Das können wir hier nicht beantworten, es gibt es kein Patentrezept. Es braucht Übung – viel, viel Übung. Denn an der Stelle, an der die Fehlermeldung kommt, ist es meistens viel zu spät.

Stichwortverzeichnis

Symbole

#__assets 150
#__extensions 306
#__menus 308
$_REQUEST 122
$1 278
$app 120
$cachable 159
$context 67
$key 99
$limitstart 67
$mainframe 120
$namespace 139
$param->get 296
$parent 374
$query 59, 343
$segments 343, 345, 346
$this 110
$type 374
$urlparams 159
%d 70
&$article 67
&$params 67
.ini 69
__call() 111, 227
__clone() 112
__construct () 106
__destruct() 106
__FILE__ 61
__get() 107
__set() 107, 227
<field>-Element 260, 320
<fieldset>-Element 319
-Elemente 131
<script>-Elemente 272

A

ableiten 103
abstract 108

Abstrakte Klasse 104, 108
access 150
Access Control List 319
Access Rules 152
access.actions 175
access.assetgrouplist 175
access.assetgroups 175
access.level 175
access.usergroup 175
access.usergroups 175
access.xml 330, 331
ACL 116, 152, 319
addEntry() 255, 256
addIncludePath() 171, 202
admin 356
Admin 24
Administrator 24, 118
Administratoren 151
Administratorfunktionen 150
Adminlisten 171
advanced 294
AJAX 132
Aktualisieren 162
Alias 297, 301, 344
Alternatives Layout 63, 295
Apache-Webserver 29
Apfelkuchen 59
API 115
API-Referenz 118
application 120
Application 116
Application Programming
    Interface 115
application.php 121
Applikation 120, 121
archive 158
array_merge 312
Arrays 141
article 67

ASC 298
Asset 323
asset_id 324
Assets 152
Aufrufreihenfolge 407
Aufrufverfolgung 393
Ausnahmefehler 225
Ausnahmen 226, 229, 231
Auswahlliste 175
Authentifizierung 150
authorise() 327, 328
autocomplete-Attribut 219

B

Backend 24, 96, 118, 127, 167,
    187
Backend-Zugang 150
BadFunctionCallException 225
BadMethodCallException 225
basic 293
Basisklassen 127
Bearbeiten 150
behavior.caption 176
behavior.colorpicker 176
behavior.core 176
behavior.formvalidation 176
behavior.framework 176
behavior.highlighter 176
behavior.keepalive 176
behavior.modal 177
behavior.multiselect 177
behavior.noframes 177
behavior.switcher 177
behavior.tooltip 260
behavior.tree 177
behavior.uploader 177
Behaviors 98, 176
Beispieldaten 40
Benutzer 148

Benutzergruppe 327
Benutzer-ID 148
Benutzernamen 148
Benutzerverwaltung 148
Berechtigungen 319
Berechtigungs-Panel 323
Bezeichner 88, 128
Bibliotheken 27
Bildbearbeitung 163
Bilder manipulieren 163
Binärdaten 132
bind() 324
Blätter-Funktion 234, 237
Blättern 243
BOM 81
Breadcrumbs 160
Brotkrumen 160
Browserweiche 272
Bugfixes 354
BuildRoute 342

C

cache 159
Cache 116, 160, 166
   Komponentenausgabe 159
   Modulausgabe 160
   Pluginausgabe 162
cachemode 161
calendar() 173
CamelCaps 44
captcha 163
categories 298
chaining 122
charset 370
Checkbox 196
checkToken() 140
class-Attribut 218
client 358, 362
CMS 23, 24, 96, 163, 180
CMS-Datenbank 117
Code 79, 393
   Kommentare 42
code completion 407
Code Injection 245
code smells 233
Code-Archiv 159
Code-Editor 21

Codevervollständigung 401
collection 377, 378
com_config 305
com_content 67
com_content.article 67
com_finder 133
com_search 133
Community Builder 372
config 216, 281, 293
Config 116
config.xml 305, 319
configuration.php 29, 166
Container-Elemente 215
Content 67
Content Management System 23
Content-Plugins 66
context 67
Controller 31, 32, 36, 42, 57, 189
Copyleft 17
Copy-Paste-Programmierung 236
Core 26
Core Hack 26
CSS 267, 271, 276, 383
CSS4you 383
CSS-Klasse 71

D

database 142
Database 116
date 173
Date 116
Dateibeschreibung 91
Dateien archivieren 158
Dateisystem 157
Daten formatieren 144
Daten laden 144
Datenbank 29, 59, 60
   Normalisierung 249
Datenbanken 142
Datenbanksystem 60
Datenbasis 31, 44
Datenfilter 219
Datum 173
DBO 116

Debuggen 22, 393, 399
   schrittweise 393
Debugger 22
Debug-Modus 181
de-DE 69
def() 119, 120
default.php 61, 62, 268, 276
default.xml 307
default-Attribut 218
defines.php 166, 167
Definitionsliste 265
deprecated 181
deprecated.php 181
Deprecation Log 181
DESC 298
description 281
description-Attribut 218
Destruktor 106
dispatcher 283
Dispatcher 154
DOCTYPE 352
Document 116
Dokument 130
Domain 23
DomainException 225
Dr. Web 383
driver 370
DRY-Prinzip 328
DS 61
DTD 352
Dummy-Installationsskript 37

E

EasyCreator 381
echo 71
Eclipse 393, 394
Editor 116, 260
Editor-Plugins 66
Eigene bearbeiten 150
Eigenschaften 93, 102
Eingabefelder 171
Eingabeformular 216
Eingabekontrolle 121
Einstiegsskript 41, 188
Einzahl/Mehrzahl 190
Einzelansicht 268
en-EN 69

Entwicklung 393
Entwicklungsprojekt 22
Entwicklungsumgebung 22
Entwurfsmuster 31, 112, 383
environment 137
Ereignis 29, 65
Ereignisroutinen 153
Ereignisse 153
error 133
error.php 133, 154
Erstellen 150
Erweiterungen 27, 43
  überprüfen 38
Erweiterungsverwaltung 38
escape 197
event 153
event handler 153
Events 153
Exception-Objekte 225
Exceptions 225, 226, 231
execute() 341
executeComponent() 130
extension 350, 354, 377
extensions.manifest_cache 353
eZ Publishing 398

F

Factory Pattern 116
Farbauswahl 223
fatal error
  Call to private... 112
feed 132
Feedparser 116
Feeds 132
Fehlerbehandlung 225
Fehlercode 226
Fehlercodes 230
Fehlermeldung 226
Fehlerseiten 133
Fehlertext 226
field 293
field-Elemente 215
fields 215, 216, 281, 293
  Attribute 217
fieldset 260, 281, 293, 306
fieldsets 215, 216
files 356

files() 157
filesystem 157, 158
filter 134
Filter 237, 257
filter fields 237
filter-Attribut 219
Filterregeln 219
folder 361
folders() 157
form 134, 216
Form 199
form field 304
forms.php 219
Formular 333
Formularanfragen 347
Formularansicht 127, 189, 190, 192
Formulare 134, 171, 215
Formularelemente 171, 175
Framework 25, 96
Frameworks 394
from 297
Frontend 24, 40, 50, 96, 118, 127, 167
Frontend-Zugang 150
FTP 158
FTP-Befehle 158
FTP-Client 158
function display($tpl = null) 283
Funktionen 58
Funktionsaufrufe 82
Funktionsdefinitionen 82

G

General Public License 17
get 282
get() 119
getAcl() 116
getApplication() 116
getCache() 116
getClientInfo() 126
getComponent() 129
getComponentName() 126
getConfig() 116
getDate() 116
getDbo() 59, 116

getDocument() 116
getEditor() 116
getFeedParser() 116
getForm() 205
getFormToken() 140
getInstance() 43, 112, 113, 117, 283
getItems() 47
getLanguage() 116
getLayoutPath 61
getListFooter() 242
getMailer() 116
get-Methode 116, 281
getParams() 129
getPath() 126
getPlugin() 153
getProperties() 119
getQuery 59, 296
getSession() 116
getStream() 116
getToken() 140
getURI() 116
getUser() 116
getUserStateFromRequest() 253
Gewährleistungsanspruch 18
Git 22, 182, 382
Github 22, 159, 182
globale Konstante 42
GNU General Public License 17
GNU/GPL 18, 19, 382
GNU-Projekt 17
GPL 17
Grafikdatei 174
group 285

H

Haltepunkt 393, 407, 408
hash key 159
hasToken() 140
Hauptverzeichnis 24
Helferlein 138
helper.php 58, 61
Helperklasse 236, 255, 328
Heredocs 273
hidden-Attribut 218
Highlighting 407

Hilfe
  kontextsensitiv 393
htaccess 167
HTML 382
HTML-Dokument 48, 131
HTML-Formulare 140, 215
HTML-Fragmente 134
HTML-Paket 170
HTML-Widgets 176

I

Icon 192, 357
icon-16-component 357
IDE 22, 393
if-Abfrage 85
iframe 174
image 163, 174
images-Verzeichnis 170
implementieren 105
implode 283
importPlugin 283
importPlugin() 153
index.html 41
index.php 24, 131, 275, 276
INI 141
Inline-Kommentare 94
input 201
Input-Feld 281
install 371, 372, 374
install.sql 372
Installationsskript 39
installer 162
Installer 24, 247
installfile 373
Installieren 162
instanzieren 103
int 297
int_array 219
Internet 24
Internet Explorer 272
Internetjargon 23
Internetpräsenz 24
InvalidArgumentException 225
isEnabled() 129
isRegistered() 171
Item 199
Itemid 344

J

JAccess 150, 152
JAccessRule 152
JAccessRules 152
JAdministrator 121
JApplication 120
JApplicationHelper 126
JArchive 158
JArrayHelper 138
Java Development Kit 402
JavaScript 223, 267, 271, 276
JavaScript-Bibliothek 276
JavaSE 402
JBrowser 137
JCaption 179
JCategories 121
JComponentHelper 129, 307, 316
JController 42, 43, 44, 127, 191
JControllerAdmin 191, 192
JControllerForm 191, 192
JDatabase 142, 143
JDatabaseException 142
JDatabaseQuery 45, 143, 145
JDate 138
JDispatcher 283
JDK 402
JDocument 130, 271
JDocumentFeed 132
JDocumentHTML 131
JDocumentRaw 133
JError 225
JEvent 153
JEXEC 42
JFactory 59, 116, 117, 296, 299
JFactory::getUser() 327
JFeedEnclosure 132
JFeedItem 132
JFile 157, 158
JFilterInput 134
JFilterOutput 135
JFolder 157
jform 338
JForm 134, 215, 259
JFormField 134, 259
JForms-Konzept 204
JFTP 158

JHtml 98, 170, 258
  Helperklassen 172
  Verwaltung 171
JHtmlGrid 197, 242
jimport() 42, 97
JInput 121, 123, 124
JInstallComponent 374
JInstallModule 374
JLanguage 136, 137
JLoader 97
JMail 156
JMailHelper 156
JMenu 121
JMenuAdministrator 121
JMenuSite 121
JModel 44, 127
JModelAdmin 205
JModelForm 203
JModelList 45, 47, 203
JModule 130
JModuleHelper 61, 130
JObject 119
John Doe 364
Join 250
JOIN 297
Joomla 383
Joomla! CMS 26
Joomla! Platform 25, 26
Joomla-API 115, 384
Joomla-Document 130
JPATH 165
JPATH_BASE 166
JPATH_CACHE 166
JPATH_COMPONENT 167
JPATH_COMPONENT_ADMI
  NISTRATOR 167
JPATH_COMPONENT_SITE
  167
JPATH_CONFIGURATION
  166
JPATH_INSTALLATION 166
JPATH_LIBRARIES 166
JPATH_MANIFESTS 166
JPATH_PLATFORM 166
JPATH_ROOT 157, 166
JPATH_THEMES 166
JPathway 121

JPathwaySite 121
JPlugin 67, 153
JpluginHelper 283
JPluginHelper 153, 283
JRegistry 141, 307, 312
JRequest 122, 124, 137
JResponse 137
JRoute 52, 342
JRouter 121, 125
JRouterAdministrator 121
JRouterSite 121, 125
JSite 121
JSON 132, 141, 352
JSON-Format 306
JString 135
JStringNormalise 135
JSubMenuHelper 255, 256
JTable 146, 202, 311
  bind 311
JText 70, 76, 194
JToolbarHelper 121, 193, 194
JURI 137
JUser 148, 152, 327
JUserHelper 152
JUser-Objekt 150
JUtility 138
JView 45, 127, 193

K

Kalender 173, 223, 260
Kapselung 107
Kategorie-Filter 253
Kategorien 247
Kategorienliste 299
Klammern 84
Klasse 96, 102
Klassen 88, 93, 95, 97
Klassenmethode 99
Klassennamen 89
Kommentare 91, 234
  Inline-Kommentare 94
Komponente 27, 28, 36
  Einstiegsskript 41
  Frontend 36
  Name 45
  Steuerung 42

Komponentenausgabe cachen
  159
Komponenten-Events 276
Komponenten-Layout 276
Komponentenname 41
Komponentenparameter 305
Konfigurationspanel 306
Konfigurationsparameter 216
Konfigurieren 150
Konfigurierungs-Icon 323
Konkrete Klasse 104, 108
Konstantennamen 88
Konstruktor 106, 203, 244
Kontrollkästchen 221
Kontrollstrukturen 85
Konventionen 79

L

label 201
Label-Attribute 217
Laden von Ressourcen 171
Länderkennung 70
language 69, 70, 136
Language 116
languages 360
Laufzeit 393
layout 295
Layout 46, 267, 268, 276
Layout-Overrides 267
LDAP 158
LengthException 225
libraries 364
libraryname 365
Lightweight Directory Access
  Protocol 158
LIMIT 298
limitstart 67
link 174
Listen 171
Listenansicht 127, 189, 190,
  192, 341
listFolderTree() 157
Literale 273
Lizenz 17
Lizenzbedingungen 17
loadAssoc() 144
loadAssocList() 145, 299

loadColumn() 145
loadNextObject() 145
loadNextRow() 145
loadObject() 144
loadObjectList() 144, 145
loadResult() 60, 145, 299
loadRow() 145
loadRowList() 145
log 154
LogicException 225
Löschen 150

M

mail 155
Mailer 116
Manager 151
manifest.xml 275, 352, 354, 371
Martin Fowler 233
media 375
media-Element 275
media-Verzeichnis 170, 177,
  275
Mehrfachansicht 341
Mehrfachvererbung 109
Mehrsprachigkeit 70, 165
Menü 160
menu.php 121
Menüpunkt 307
Menütyp 50, 307
Metadatei 362
Metadaten 171
method 353
Methoden 58, 88, 93, 102
  get 47
methods.php 76
Microsoft 394
Migration 182
MIME-Typ 133
Mini-Templates 273
mod 59
mod_articles_latest 160
mod_breadcrumbs 160
mod_menu 160
Model 31, 36, 44, 57, 58
Model-Klasse 129
Model-View-Controller 31, 32,
  41

Modulausgabe cachen 160
Module 27, 28, 293
  Basisoptionen 295
  Erweiterte Optionen 295
moduleCache() 161
moduleclass_sfx 295
modulelayout 295
Modulklassensuffix 295
Modultyp 358
Mootools 171, 177, 179
multilang 165
multiple-Attribut 218
MVC 31, 57, 62, 112, 383
MVC-Entwurfsmuster 36
MVC-Klassen 127, 128
MySQL 29, 30, 61, 382
MySQL-Datenbank 44
MySQL-Server 29

N

name-Attribut 216, 217, 218
Namen 88
Namenskonventionen 45
Namenskonzepte 95, 127
Nested Sets 147
NetBeans 21, 402
  Editor 407
  Installation 402
  Projekt 405
  Start 404
  Syntaxprüfung 408
Neueste Artikel 160
new 112
News 132
Nikolai Plath 381
Normalisierung 250

O

object.php 119
Objekte 88, 101, 141
Objekteigenschaften 142
Objektorientierte
  Programmierung 101, 103,
  383
Objektverkettung 122
oddball-Lösung 236
öffentliche Ressourcen 170

Office 2010 394
Offline-Zugang 150
onAfterDispatch 276
onAfterRoute 276
onchange-Attribut 218
onContentBeforeDisplay 276
onContentPrepare 67, 278, 282
onMythingsBeforeDisplay 283
onMythingsDisplay 276, 285
OOP 101, 113
Open Source 19
opensearch 133
option 294
Optionen 304, 305, 319, 323
optiongroup 175
Optionselement 175
order 298
ORDER BY 298
OutOfBoundsException 225
OutOfRangeException 225
OverflowException 225
Override 63

P

Paamayim Nekudotayim 109
packages 368
Pakete 115
Parameter 303
Parameterverwurstungs-
  maschine 303
params 67, 281, 282, 293, 306
params->get 282
Parsen 393
ParseRoute 345
pathway.php 121
Pfadangaben 165
Pfade 97
PHP 80, 106
php.ini 403
PHPEdit 21, 381, 394
PHP-Editoren 381
PHP-Klassen 115
phpMyAdmin 39
PHP-Tag 80
  Kurzform 80
PHPUnit 381
Platform 25, 96, 180

platform.php 166
Plattform 25
plg 67
plugin 153
Plugin 359
Pluginausgabe cachen 162
Plugin-Klasse 67
Plugins 27, 29, 65, 153, 277
Plugintyp 67
plural 72
populateState() 244
position 364
Positionsangaben 363
POST 140
postflight 374
Postversand 155
Prado 398
Präfix 128
Präsentation der Daten 31
preferences 304
preflight 374
preg_replace 278
Primärschlüssel 39
printf 70, 71
private 109, 112
Programmblöcke 81
Programmdateien 170
Programmierkonventionen 79,
  233
Programmierschnittstelle 115
Programmquelltext 79
Programmsteuerung 31
Projektverwaltung 395
Protokolle 154
public 120
Punktnotation 193

Q

Quelltext 79
queries 371
query 59, 371
Query 246
Query-Objekt 145
Quick-Icons 164
quote() 245

R
Radiobox 175
Radio-Buttons 221
raw 132, 219
Raw-Dokumente 133
readonly-Attribut 218
Redirect 133
Refactoring 233, 235
Regeln 79
regex 278
register() 172
registry 141
Registry-Objekte 141
Reguläre Ausdrücke 278
renderComponent() 129
require_once 61, 300
Reservierte Wörter 89
Ressourcen 173
Rohdaten 132
Root 24
Root Asset 152
Root-Verzeichnis 24
Router 341, 342
  Joomla!-Application-Router
   342
  Komponenten-Router 342
router.php 121, 341
Routing 341
rules 219

S
safehtml 219
schema 165
schemapath 372
Schlüsselnamen 125, 142
Schlüsselwert 159
Schlüsselwort 99
Schnellstart-Symbole 164
Schnittstellen 115
Schrotflinten-Chirurgie 235
script 174
Script-Elemente 171
scriptfile 373
search engine friendly URL 125
search engine optimization 125
section 330
SEF 125, 341

select 297
select.booleanlist 175
select.genericlist 175
select.groupedlist 175
select.integerlist 175
select.option 175
select.options 175
select.radiolist 175
Selectlist 260
Select-Liste 258
self 112
SelfHTML 382
SEO 125
separation of concerns 191
serialize() 141
server_utc 219
Session 116, 139, 237
set() 120
setFormatOptions() 172
setQuery 298
shotgun surgery 235
Sicherheit 245
Sicherheitsmaßnahme 41, 198
Singleton 112, 383
Singleton-Entwurfsmuster 116
Singleton-Objekt 117
site 356
Site 24
Sitzungsverwaltung 139
size-Attribut 218
Slider 263, 264
Sliderpanel 263
sliders.end 176
sliders.panel 176
sliders.start 176
Slug 344
Sortieren 237
Sortierfeld 245
Sortierrichtung 242, 245
Sortierung 234, 238
Sourceforge 382
Sprachdateien 69, 70, 136, 265,
  317
Sprachen 136
Sprachpaket 136
Sprachpakete 27
Sprachschlüssel 70, 331

Sprechende Namen 87
sprintf 71
sql 373
SQL 30, 61, 142, 143, 382
SQL Injections 382
SQL-Abfrage 59
SQL-Schemata 165
Stammverzeichnis 24
Standardlayout 268
Standardregeln 150
Standards 79
Standardsprache 137
state 237, 258
static 108
Statische Klassen 105, 108
Status ändern 150
Statusinformationen 245
Steuerung 42
Stream 116
string 135
stringURLSafe 135
Structured Query Language 30,
  142
Style-Elemente 171
stylesheet 174
Stylesheets 267
Sub-Klassen 98
submenu 357
Submenü 247, 248, 256
submit-Button 242
Suchergebnisse 133
Suchfilter 243
Suchmaschinenfreundliche
  URL 125, 341
Suchmaschinenoptimierung
  125
Such-Plugin 133
Super Admin 150
Super Users 151
Symphony 398
Syntaxprüfung 408
sys.ini 72
System-Plugins 66, 276
Systemumgebung 137

T
Tabellen 146

Tabellenansicht 268, 341
Tabellenpräfix 29
tabs.end 176
tabs.panel 176
tabs.start 176
task 193, 210
tel 219
Templates 27, 166, 276
Ternäre Kurzschreibweise 86
Texte 135
Textkodierung 81
Titel 344
tmpl 57, 62
token 338
Token 140, 198
Toolbar 177, 192, 193, 255, 319
toolbar.php 121
tooltip 173
Tooltip 173, 196, 260
Topliste 296
triggern 283
try-catch 339
type
  description 260
  input 260
type-Attribut 218
type-Attribute 217

U
UML 104
Umleitung 133
Unicode Transformation
  Format 20
Unicode-Format 81

Unified Modeling Language
  104
Uniform Resource Locator 23
uninstall 371, 374
uninstall.sql 373
uninstallfile 373
unregister() 172
unserialize() 141
unset 219
Unsortierte Liste 265
update 374, 378
Update 372
updater 162
Update-Server 349, 376
upgrade 353
URI 116
url 219
URL 23, 341, 343, 347
URL-Design 342
user 148
User 116, 247
user_utc 219
UTF 383
UTF-8 81, 350, 370
UTF-8-BOM 383
utilities 138
utility.php 138

V
Validierung 134
Variablennamen 88, 236
Vererbung 109
version 354
Versionskontrolle 22

Versionskontrollsystem 182
Versionsverwaltungssystem 22
View 31, 36, 44, 46, 50, 57, 90
View-Klasse 129
Virtuelle Methoden 104
Visual Studio 394

W
W3C 383
Waterproof 394
Web 24
Webauftritt 24
Web-Magazin 383
Webseite 23
Website 24
Werkzeugleiste 192
where 298
Widgets 98, 170, 173
WikiLeaks 19
Wikipedia 383
wohlgeformt 352

X
XDebug 228, 399, 403
XML 132

Z
Zielcontroller 193
Zugriffsberechtigung 319
Zugriffsrechte 150, 152
Zugriffsregeln 320, 323, 330,
  332
Zwischenspeicher 159

5398398R00242

Printed in Germany
by Amazon Distribution
GmbH, Leipzig